Siglind Bruhn

Ravels Klaviermusik

Ravels Klaviermusik

Siglind Bruhn

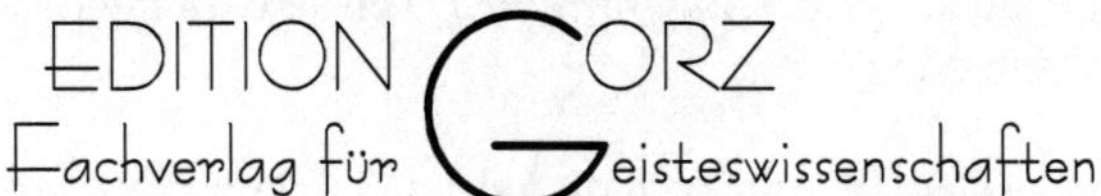

Bruhn, Siglind.
Ravels Klaviermusik.
Waldkirch: Edition Gorz, 2021.
kontakt@edition-gorz.de   http://edition-gorz.de

Umschlaggestaltung mit Digiart mw-20140214b von Meinolf Wewel

ISBN 978-3-938095-28-7

Bibliografische Information der Deutschen Bibliothek: Die Deutsche Bibliothek verzeichnet diese Publikation in der Deutschen Nationalbibliografie; detaillierte bibliografische Daten sind im Internet abrufbar über http://dnb.ddb.de.

Printed in Germany by rombach digitale manufaktur, Freiburg

Inhalt

Vorwort

Maurice Ravel wurde am 7. März 1875 in Ciboure im französischen Baskenland geboren, verbrachte sein ganzes Leben in und bei Paris und starb dort am 28. Dezember 1937 an den Spätfolgen einer ihn seit den 20er Jahren beeinträchtigenden, schleichenden aber nie eindeutig diagnostizierten Krankheit und einem am 8. Oktober 1932 erlittenen Autounfall.

Wie nicht allzu lange vor ihm Claude Debussy begann auch Ravel seine Karriere als hoffnungsvoller Pianist. Am 4. November 1889 waren der damals 14-Jährige und sein gleichaltriger Freund, der seit 1887 in Paris lebende katalanische Pianist Ricardo Viñes, zwei der 46 Bewerber um die begehrten Studienplätze am Conservatoire de Musique. Zwölf der jungen Klavierspieler – unter ihnen Viñes – wurden direkt in eine der fortgeschrittenen Klassen aufgenommen, sieben weitere – unter ihnen Ravel – einer zweijährigen Vorbereitungsklasse zugeteilt. In den Abschlussprüfungen dieser beiden Studienjahre erzielte Ravel gute Erfolge: 1890 erhielt er für seinen Vortrag einer Polonaise von Chopin und des Finale des Mendelssohn-Klavierkonzertes einen "zweiten Preis", ein Jahr später für Schumanns g-Moll-Sonate sowie eine Hummel-Sonate sogar einen "ersten Preis". Daraufhin stieg er zum Herbst 1891 in Charles de Bériots Klasse der Fortgeschrittenen auf, in der auch Viñes studierte. Mit diesem Erfolg endete allerdings sein Eifer beim täglichen Üben. Bériot konstatierte schon wenig später, dieser Schüler könne wohl vorzüglich spielen, wenn er übte, aber wenn er es, wie es häufig geschah, nicht tat . . .

Aufgrund dieser Nachlässigkeit wurde der 20-jährige Ravel, der in den Folgejahren keine weiteren Jahrespreise gewonnen hatte, 1895 aus der Klasse ausgeschlossen. Schockiert von diesem eigentlich vorhersehbaren Misserfolg verließ er das Conservatoire ganz und gar und beschränkte sich zunächst auf ein privates Klavierstudium, kehrte aber im Januar 1898 unter geänderten Vorzeichen an das Institut zurück, um – diesmal in Gabriel Faurés Kompositionsklasse und der von André Gedalge geleiteten Klasse für Kontrapunkt und Orchestrierung – seine Ausbildung abzuschließen. Schon kurz nach seiner 1893 erfolgten Zuteilung zum Harmonielehrekurs von Émile Pessard hatte Ravel begonnen, selbst zu komponieren, vor allem kleine Klavierstücke und Klavierlieder. Aus dieser Zeit gibt es ein aufschlussreiches Porträt aus der Feder des später weltberühmten Pianisten Alfred Cortot:

> Seine ersten Kompositionsversuche für Klavier gehen auf die Studienzeit im Konservatorium zurück. Seine Mitstudenten, zu denen auch ich gehörte, entdeckten bald Anzeichen für eine einzigartige musikalische Persönlichkeit bei dem sich gern spöttisch gebenden, intelligenten und etwas distanzierten jungen Mann, der Mallarmé las und mit Erik Satie verkehrte. Wenn wir auch einige Bedenken hinsichtlich seiner pianistischen Virtuosität hatten, so war es für uns doch immer ein großer Spaß, uns zwischen zwei Unterrichtsstunden ein paar außergewöhnlich kühne Takte vorzuspielen, wobei wir uns stets darüber einig waren, dass sie aus der jeweils letzten Komposition Ravels stammen mussten.[1]

Ravels Klavierwerk entfaltete sich in einer schöpferischen Phase von 38 Jahren, zwischen 1893 und 1931. Im Zentrum stehen die vier großen zyklischen Werke: *Miroirs* (1904-1905), *Gaspard de la nuit* (1908), *Valses nobles et sentimentales* (1911) und *Le tombeau de Couperin* (1914-1917). Diesen Hauptwerken gehen neben der mehrsätzigen Sonatine (1903-1905) vier einzeln stehende Stücke aus den ersten anderthalb Jahrzehnten seiner Schaffenszeit voraus: *Sérénade grotesque* (1893), *Menuet antique* (1895), *Pavane pour une infante défunte* (1899) und *Jeux d'eau* (1901); später entstand als Auftragswerk noch das *Menuet sur le nom d'Haydn* (1909).

Etwa parallel zu diesen Werken für Klavier solo komponierte Ravel drei Werke für mehrere Pianisten: das Diptychon *Sites auriculaires* für zwei Klaviere (1895-1897), den fünfsätzigen Märchenzyklus *Ma mère l'oye* für Klavier zu 4 Händen (1908-1910) sowie eine Miniatur in ungewöhnlicher Besetzung, *Frontispice* für zwei Klaviere zu 5 Händen (1918). Nach einem Hiatus von gut zehn Jahren, in denen er ausschließlich Vokal- und Instrumentalmusik schrieb, folgten in den Jahren 1929-1931 die zwei Klavierkonzerte. Mit dem heiteren Klavierkonzert in G-Dur hatte Ravel gehofft, seine Karriere als Pianist zu krönen, doch verhinderte dies am Ende seine fortschreitende Krankheit.

Die folgenden Kapitel bieten neben kurzen Hintergrundinformationen zu den Werken vor allem Analysen der Melodik, Rhythmik, Harmonik, Textur und Struktur. 163 Notenbeispiele veranschaulichen die Erläuterungen. Übersetzungen, sofern nicht anders vermerkt, sind von mir.

Waldkirch, Dezember 2020 Siglind Bruhn

[1] Übersetzt nach Alfred Cortot, *La Musique française de piano* II: Ravel, Saint-Saëns, Vincent d'Indy, Florent Schmitt, Déodat de Séverac, Maurice Emmanuel (Paris: Presses Universitaires de France, 1932), S. 23.

Einleitung

Aus Anlass von Ravels 100. Geburtstag im Jahr 1975 entstanden zwei wegweisende Würdigungen. Noch im Jubiläumsjahr selbst erschien das Porträt *Ravel: Man and Musician* des amerikanischen Ravelforschers und Pianisten Arbie Orenstein; wenige Monate später folgte mit *Maurice Ravel: Variationen über Person und Werk* die Darstellung des deutschen Musikwissenschaftlers Hans Heinz Stuckenschmidt.[1] Dieser hatte bereits in einer früheren Studie eine aufsehenerregende Skizze dieses in so vieler Hinsicht enigmatischen Komponisten entworfen:

> Es gibt keine rätselhaftere Figur in der Galerie der neueren Komponisten als die Maurice Ravels. Jeder Versuch, zwischen seiner Musik, dieser raffinierten, bald aufpeitschenden, bald dämonischen, bald sinnlich-kitzelnden Nervenkunst und den bekannten Tatsache seines Lebens eine Verbindung herzustellen, mündet in Ratlosigkeit. Je mehr man das Phänomen beobachtet, je gründlicher man die Studien liest, die Freunde und Schüler über ihn veröffentlicht haben, desto fester wird man in der Überzeugung, das Wesentliche an diesem Mann entziehe sich dem Licht.[2]

Als Ravel in den frühen 90er-Jahren zu komponieren begann, war der überwältigende Einfluss Wagners auf das französische Musikleben bereits abgeflaut. Schon um die Zeit seiner Geburt hatte der Deutsch-Französische Krieg und das damit einhergehende Ende des zweiten französischen Kaiserreiches dem kreativen Geist der Franzosen neuen Schwung gegeben. Französische Kunst, Literatur und Musik befreiten sich aus der schon länger als lähmend empfundenen Dominanz durch deutsche Komponisten, vor allem Wagner. Die bewusst gesuchte Begegnung von Vertretern der bildenden Kunst mit Literaten und Komponisten führte zu einer neuen Integration der schöpferischen Künste, Paris wurde zur Kulturhauptstadt Europas und Frankreich übernahm eine führende Rolle in der Musikwelt.

[1] Arbie Orenstein, *Ravel: Man and Musician* (New York, NY: Columbia University Press, 1975); Hans Heinz Stuckenschmidt, *Maurice Ravel: Variationen über Person und Werk* (Frankfurt: Suhrkamp, 1976).

[2] Hans Heinz Stuckenschmidt, *Schöpfer der neuen Musik: Portraits und Studien* (Frankfurt: Suhrkamp, 1958), S. 52.

Um die Jahrhundertwende bildete sich in der Pariser Kunstszene eine Gruppe, die sich "Les Apaches" nannte. Ihre Mitglieder empfanden das künstlerische Establishment mit seinen Akademien und Wettbewerbsauflagen ebenso wie die konservativen Vorlieben eines allzu lange eingelullten Publikums als jeder freien Entwicklung abträglich. Sie bekannten sich leidenschaftlich zu Debussys Oper *Pelléas et Mélisande* und besuchten als treue Unterstützer die Aufführungen zeitgenössischer Musik, die Dichterlesungen und die Ausstellungen zeitgenössischer Künstler. Bei ihren regelmäßigen Treffen, die sich noch bis zum Ausbruch des Ersten Weltkrieges fortsetzten, wurde über Malerei diskutiert, Poesie rezitiert und neue Musik gespielt.

Durch seinen Freund Ricardo Viñes, der ein Gründungsmitglied der Apachen war und auch den Namen der Gruppe angeregt hatte, gehörte Ravel von Anbeginn dazu. Da die Jahre, in denen die Apachen aktiv waren, die Zeit seines 25.-39. Lebensjahres umspannte, erwies sich ihr Einfluss auf seine Entwicklung als wesentlich. Hier traf er viele der Gleichgesinnten, mit denen er in der Folge zusammenarbeiten würde und mit denen ihn zum Teil eine lebenslange Freundschaft verbinden sollte.[3]

Der empfindungsbetonten Subjektivität der romantischen Musik des 19. Jahrhunderts stellten die Pariser Komponisten des *fin de siècle* eine Klangsprache gegenüber, die um ihrer selbst willen und nicht als Vehikel für das Ausdrucksbedürfnis ihres Komponisten eingesetzt wurde. Ravel teilte die Überzeugungen seiner Generation, insofern auch er glaubte, dass ein optimales Beherrschen des Kompositionshandwerks wichtiger ist als die Darstellung individueller Gefühle. Auch vertrat er die Auffassung, dass Inspiration aus der unermüdlichen Auseinandersetzung mit technischen Problemstellungen erwächst. Das hinderte ihn allerdings nicht daran, den Zusammenhang von guter Musik und Authentizität zu betonen. "Große Musik muss stets aus dem Herzen kommen. Musik, die nur von Technik und Gehirn geschaffen wird, ist das Papier nicht wert, auf das man sie schreibt."[4] Dies drückt sich auch in seiner zögernden Stellungnahme zur Frage seiner Ästhetik aus:

[3]Prominente Apachen waren die Dichter Tristan Klingsor und Léon-Paul Fargue, die Maler Paul Sordes und Édouard Bénédictus, der Bühnenbildner Georges Mouveau, die Komponisten André Caplet, Maurice Delage, Manuel de Falla, Lucien Garban, Paul Ladmirault, Florent Schmitt und Déodat de Séverac, die Kritiker Michel-Dimitri Calvocoressi, Magnus Synnestvedt und Émile Vuillermoz sowie der Pianist Marcel Chardeigne und der Dirigent Désiré-Émile Inghelbrecht,. aber auch ein Abbé, ein Mathematiker und ein Pilot.

[4]Zitiert nach Stuckenschmidt, *Ravel*, S. 275.

> Ich habe nie die Notwendigkeit verspürt, meine ästhetischen Grundsätze zu formulieren, weder für andere noch für mich. Würde man mich dazu auffordern, so würde ich darum bitten, mich mit den einfachen Bemerkungen begnügen zu dürfen, wie sie Mozart zu diesem Thema gemacht hat. Er beschränkte sich auf die Feststellung, dass es nichts gebe, was die Musik nicht versuchen, wagen oder darstellen könnte, vorausgesetzt sie höre nicht auf zu bezaubern und bleibe stets Musik.[5]

Zugleich war Ravel überzeugt, dass wahre künstlerische Kreativität sich notwendigerweise von allen Vorgaben lösen muss, auch und vielleicht vor allem von denen wohlmeinender Mentoren. In diesem Sinne lautete auch der Rat, den er jüngeren Komponisten gab:

> Wenn Sie nichts zu sagen haben, dann ist es für Sie viel besser, das Komponieren überhaupt aufzugeben, als etwas zu wiederholen, was schon gesagt worden ist. Wenn Sie aber etwas zu sagen haben, wird dieses Etwas nur dann deutlich hervortreten, wenn Sie Ihrem Vorbild, ohne es zu wissen, untreu werden.[6]

Ravel vermittelt seine musikalischen Vorstellungen nicht nur durch tonale oder modale Linienführung, eingängige Rhythmen und harmonische Kühnheiten, sondern ganz entscheidend auch durch Formen und Farben. Fasziniert von den klanglichen Möglichkeiten des Klaviers experimentierte er mit besonderen Effekten, die er oft durch ausgedehnte Orgelpunkte unter stark vagierenden Oberflächen und durch subtile Modifikationen seiner Texturen erzeugte.

Ein eher kurioses Charakteristikum seiner Klaviermusik verdankt sich seiner Physiognomie: Ravel, insgesamt eher klein gewachsen, hatte vergleichsweise große Hände mit ungewöhnlich breiten Daumen, mit denen er sehr bequem jeweils zwei weiße Tasten zugleich anschlagen konnte. Dies erlaubte ihm nicht nur, sechstönige Akkorde anzuschlagen, sondern sogar, sechstönige Arpeggien ohne Unter- oder Übersetzen auszuführen. Überhaupt sind Arpeggien ein essentieller Bestandteil seines Stils. Sie können eine Melodie einbetten, verzieren oder begleiten. Dies ist besonders charakteristisch für seine musikalischen Bilder zu Wasser- und Luftbewegungen:

[5]Übersetzt nach Roland-Manuel, "Lettres de Maurice Ravel et documents inédits", in *Revue de Musicologie* 38 (7/1956), S. 53.

[6]Übersetzt nach Émile Vuillermoz et al., *Maurice Ravel par quelques-uns de ses familiers* (Paris: Éditions du Tambourinaire, 1939), S. 145.

Jeux d'eau, "Ondine" aus *Gaspard de la nuit*, "Une barque sur l'océan" aus *Miroirs* sowie "Oiseaux tristes" und "Noctuelles" aus demselben Zyklus.

Unter den Gattungen, zu denen seine Klaviermusik immer wieder zurückkehrte, nehmen Tänze eine hervorragende Stellung ein. Dabei inspirierten ihn die Rhythmen, die einst die anmutigen Bewegungen der höfischen Gesellschaft seiner Heimat bestimmt hatten, ebenso wie der Walzer als musikalisches Emblem der Stadt Wien und die Volkstänze anderer Länder, insbesondere solche, die zum Ausdruck des spanischen Lebensgefühls geworden waren. Darin verband er mühelos die durch seine Geburt im Baskenland begründete Liebe für alles Spanische mit seiner Verehrung für die Clavecinisten des französischen Barock. Stilisierte Figuren begeisterten ihn, und so schätzte er die typisch spanischen Ostinati ebenso wie die anmutigen Gesten von Menuett und Walzer, nicht zuletzt um deren Dreivierteltakt dann zuweilen raffiniert unterlaufen zu können. 1906 schrieb er im Zusammenhang mit der Entstehung von *La Valse* an den Musikkritiker Jean Marnold: "Sie kennen meine tiefe Sympathie für diese wunderbaren Rhythmen, und Sie wissen, dass ich die im Tanz sich ausdrückende Lebensfreude weit höher schätze als den franckschen Puritanismus."[7]

In seiner Virtuosität orientierte Ravel sich an der Klaviertradition, die in einer Linie von Chopin und Liszt zu Saint-Saëns führte. Auch seinen Platz in der Entwicklung der Musik sah er in ihrer Nachfolge; er betrachtete sich keineswegs als einen bahnbrechenden Neuerer. Während seiner Zwanzig-Städte-Tournee durch die Vereinigten Staaten im Jahr 1928 bekannte er in einem Interview gegenüber David Ewen, dem Musikredakteur der Zeitschrift *Étude*:

> Ich bin kein moderner Komponist im strengsten Sinne des Wortes, weil meine Musik keine Revolution, sondern eher eine Evolution ist. Obwohl ich neuen Ideen in der Musik immer zugänglich war, habe ich niemals versucht, die Gesetze der Harmonie und Komposition über den Haufen zu werfen. Im Gegenteil, ich [...] habe niemals aufgehört, Mozart zu studieren, und meine Musik ist zum größten Teil auf den Traditionen der Vergangenheit aufgebaut und aus ihnen erwachsen.[8]

[7] Deutsch zitiert nach Arbie Orenstein, *Maurice Ravel: Leben und Werk*, übersetzt von Dietrich Klose (Stuttgart: Reclam, 1978), S. 144. César Franck (1822-1890) repräsentierte als Organist und Komponist eine stark polyphoniebetonte, eher konservative Musikästhetik.

[8] Zitiert nach Stuckenschmidt, *Ravel*, S. 275.

Auch hinsichtlich der Ausführung seiner Kompositionen hatte Ravel eine eher klassische Auffassung. Nichts fürchtete er mehr als eigenwillige Ritardandi in der gefühlsbetonten romantischen Tradition. Um diese zu verhindern, schrieb er an allen eventuell gefährdeten Stellen *sans ralentir* in den Notentext. Die von ausführenden Musikern vielfach eingeforderte "Freiheit" war ihm suspekt. Er hielt es mit einem seiner berühmten Zeitgenossen, dem Schriftsteller André Gide, der in einem 1904 in Brüssel gehaltenen, für seine dramaturgischen Überlegungen wichtigen Vortrag "De l'évolution du théâtre" betont hatte: "Die Kunst ist aus dem Zwang geboren, lebt vom Kampfe und stirbt an der Freiheit."[9]

Wie die vier großen Klavierzyklen zeigen, stellte Ravel sich mit jedem Werk eine neue Aufgabe: Auf die musikalische Darstellung imaginierter Bilder in *Miroirs* folgt die klingende Übersetzung von Gedichten in *Gaspard de la nuit*, auf seine Adaptation schubertscher Walzer eine Neubelebung verschiedener Gattungen der barocken Cembalomusik. Orenstein bezeichnet Ravels Entwicklung denn auch als "metamorphisch":

> Bei jedem neuen Unternehmen pflegte er sich Neuland zu erobern, indem er sehr unterschiedlichen Techniken und Idiomen den Stempel seiner Persönlichkeit aufprägte.[10]

Ravel leugnete seine Affinität zur Tradition auf keinem Gebiet. Seine Erkundung harmonischen und tonalen Neulands geschah in Schritten, die das in seiner Jugend bereits Bekannte in logischer Weise, wenn auch besonders schnell und kühn, weiterentwickelten. Seine Sprache wurzelt bis zuletzt in einer Mischung aus Tonalität und Modalität, in der bitonale Passagen zwar ihren Platz finden, jedoch in ihrer Ausdehnung stets beschränkt bleiben.[11] Lebenslang blieb er dem französischen Ideal einer Synthese von Klarheit und Eleganz verpflichtet.

[9] Der Vortrag erschien deutsch in André Gide, *Gesammelte Werke* XI (Stuttgart: Deutsche Verlagsanstalt, 1999), S. 262-274. Gide führt im Folgenden aus, was er mit "Zwang" versus "Freiheit" meint: "Die Kunst ist immer das Resultat eines Zwanges. Glauben, dass sie sich umso höher erhebe je freier sie sei, das ist zu glauben, das was den Papierdrachen am Steigen verhindere, sei die Schnur. Aber ohne Schnur könnte er sich nicht erheben. [...] Daher das Sonett, aus der üppigen Renaissance heraus, bei Shakespeare, bei Ronsard, Petrarca, selbst Michelangelo; die Verwendung der Terzine durch Dante; die Liebe zur Fuge bei Bach ...."

[10] Orenstein, *op. cit.* (deutsch 1978), S. 140.

[11] Dies trifft im weitesten Sinne sogar für sein ansonsten der Atonalität nahe stehendes *Fontispice* zu, in dem hinter allen Terzerweiterungen und Alterationen eine tonale Basis auszumachen ist.

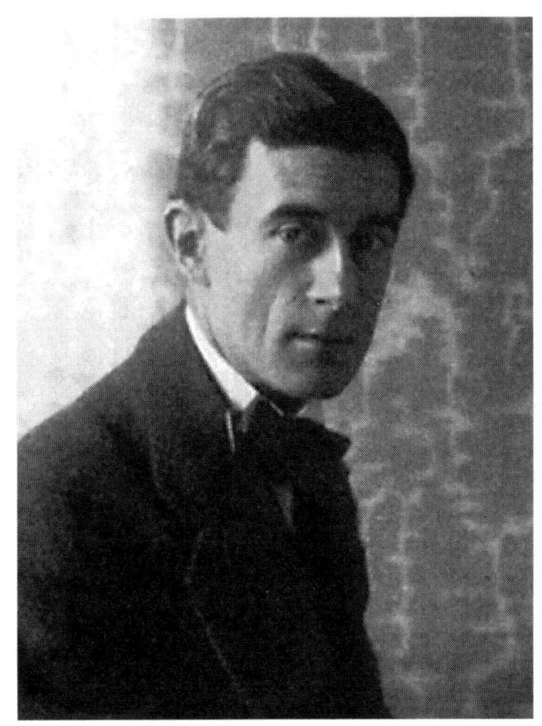

Maurice Ravel, 1912

Bedeutende frühe Werke

Sérénade grotesque

1893 vollendete der damals 18-jährige Student Ravel ein 158-taktiges Klavierstück, dem er den Titel *Sérénade* gab. Zu diesem Zeitpunkt war er am Pariser Conservatoire de Musique noch mit dem Ziel einer Pianistenlaufbahn immatrikuliert. Im Nebenfach besuchte er den Harmonielehrekurs von Émile Pessard, betrachtete die von diesem vermittelten Regeln jedoch schon bald lediglich als Basis. Noch keinerlei Einfluss auf Technik und Stil hatten der Kompositionsunterricht von Gabriel Fauré, dessen Klasse er erst fünf Jahre später beitrat, und sein späterer Mentor und Freund André Gedalge, dem auch Jacques Ibert, Arthur Honegger und Darius Milhaud ihre soliden Kenntnisse in Kontrapunkt und Orchestration verdankten.

Die *Sérénade grotesque* entstand vielmehr unter dem Einfluss eines Komponisten, der nicht zu den Lehrern am Conservatoire gehörte, sondern als musikalischer Autodidakt große Aufmerksamkeit genoss. Emmanuel Chabrier (1841-1894), ein Freund des Dichters Paul Verlaine und des Malers Édouard Manet, hatte als studierter Jurist zunächst im Innenministerium gearbeitet, bis er sich mit fast 40 Jahren ganz der Musik widmete. Im Frühjahr 1893 hatten Ravel und Viñes Gelegenheit erhalten, ihm vorzuspielen. Tief beeindruckt von seinem großzügigen und uneitlen Interesse an ihren Vorhaben studierten die beiden jungen Männer daraufhin eine Weile eifrig Chabriers Kompositionen. In seiner autobiografischen Skizze schrieb Ravel später: “Meine ersten, unveröffentlicht gebliebenen Werke stammen aus der Zeit um 1893. [...] Die *Sérénade grotesque* war deutlich von Emmanuel Chabrier beeinflusst.” Für die Idee der musikalisch ausgedrückten Ironie stand möglicherweise Chabriers *Bourée fantasque* aus dem Jahr 1891 Pate.

Die *fortissimo pizzicatissimo* markieren Arpeggienklänge in den ersten zehn Takten des Stückes evozieren, besonders in Kombination mit der Anfangsbezeichnung “très rude” (sehr grob), das Bild eines Gitarristen, der mit wenig subtilem Anschlag ein Ständchen ankündigt. Absicht und Ausführungsdetails dieses Rahmenabschnitts weisen auf das zwölf Jahre später als Teil der *Miroirs* entstandene “Morgenständchen des Narren” voraus. Die *Sérénade* wurde damals allerdings weder veröffentlicht noch auch nur aufgeführt.

Als Ravel sich das Klavierstück 1928, im Abstand von 35 Jahren, noch einmal vornahm, fügte er dem Titel das Attribut "grotesk" hinzu, das tatsächlich sehr passend erscheint. Die Drucklegung des Werkes beim Pariser Musikverlag Salabert und die Erstaufführung unter dem erweiterten Titel erfolgten erst posthum im Jahr von Ravels 100. Geburtstag durch den amerikanischen Pianisten und Ravelforscher Arbie Orenstein. Die Premiere erklang am 23. Februar 1975 im Charles S. Colden Auditorium des Queens College in New York City, das mit seinen über 2000 Plätzen zahlreichen Hörern Zugang zu diesem lange vernachlässigten Frühwerk eines großen Komponisten ermöglichte.

Das Adjektiv "grotesk" charakterisiert mindestens drei unterschiedliche Aspekte des Werkes: den Kontrast zwischen den leicht schmachtenden Melodiefetzen und den abgerissenen Gitarrenarpeggien im Mittelteil, die ungewöhnlich dichte Folge von Tempomodifikationen (auch dies ein Vorgeschmack auf "Alborada del gracioso") und die fast durchgehende Verwendung von quintlosen Septakkorden in der dritten Umkehrung, d.h. mit der Sept unter dem Grundton. Was Orenstein im Zusammenhang mit der *Habanera* für zwei Klaviere schreibt, die Ravel zwei Jahre später seiner schon in Teenagertagen begründeten und lebenslang fortdauernden Freundschaft mit dem Pianisten Ricardo Viñes widmete, fand ganz offensichtlich schon hier seinen Niederschlag:

> Den 15. August 1892 verbrachten die jungen Pianisten ohne Unterbrechung am Klavier, "mit neuen Akkorden experimentierend". Die Ergebnisse dieser und anderer Entdeckungen kamen später in der *Habanera* für zwei Klaviere ans Licht, worin Ravel seine Vorliebe für raffinierte, komplizierte Harmonien kühn zum Ausdruck brachte.[1]

Der Aufbau der Komposition ist schlicht. Im Zentrum ertönen ein Hauptabschnitt, der vier kontrastierende Segmente umfasst, und dessen nur leicht variierte Wiederholung. Sie sind umgeben von auszugsweise korrespondierenden Rahmenabschnitten. Die Eröffnung beginnt unter der Überschrift "sehr grob" mit einem wiederholten Viertakter gefolgt von einer ebenfalls wiederholten eintaktigen Ergänzung. Die parallel verschobenen quintlosen Septakkorde auf den Stufen V, IV und III von fis-Moll beziehen all ihre Töne aus der Ganztonleiter auf *cis*, zu der auch der Zielton im Bass, das in fis-Moll ganz fremde *g*, gehört. Die anschließende Überleitung zum Hauptabschnitt entfaltet sich stark verlangsamend über einem halbtönigen Basstremolo unter *g* mit Akkorden, in denen Ravel den quintlosen

[1] Orenstein, *op. cit.* (deutsch 1978), S. 20.

Tonikaseptakkord mit einem G-Dur-Dreiklang verschmilzt. Der Schlussabschnitt in T. 151-158 zitiert zunächst die "groben" Arpeggien von T. 1-3 bzw. T. 5-7 über einem *g-a*-Tremolo, dann die letzten drei Takte der verlangsamenden Überleitung, und fügt schließlich in *tempo primo* einen zweitaktigen "Rausschmiss" hinzu, mit dem das Stück in einem Fis-Dur-Quintsextakkord endet.

Der im 6/8-Metrum angelegte wiederholte Hauptabschnitt – T. 83-150 unterscheidet sich von T. 15-82 nur durch hinzugefügte Ornamente oder Oktavierungen – durchläuft vier Segmente mit vielen hörerfreundlichen Wiederholungen. Im *Presto* von T. 15-40 stellt Ravel den (hier nachschlagenden) Gitarrenklängen der Rechten zwei kurze melodische Motive der Linken gegenüber, kurz vor Ende des Segmentes unterbrochen durch *vivace* markierte, hemiolisch als 3/4-Takte wahrgenommene Einschübe mit einer gitarrentypischen Überleitung, einem Wechselschlag mit der reinen Quint.

Sérénade grotesque: Die Thematik im ersten Prestosegment

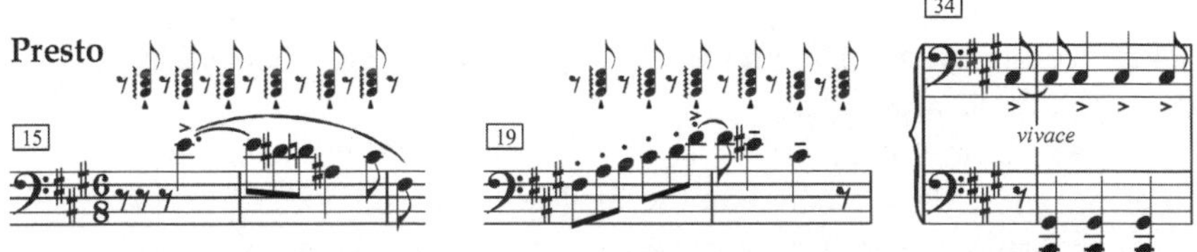

Das zweite Segment in T. 41-56 wechselt zwischen einem *Più lento* mit vier von *pp* zu *sff* crescendierenden Varianten eines höchst expressiven Taktes im zweifachen Tritonusaufstieg[2] und der Rückkehr zu den – diesmal leise und "sehr trocken" gewünschten – abgerissenen Gitarrenklängen in *Tempo primo*. Der neuerliche *vivace*-Einschub beginnt unvermittelt im *ff*, verklingt jedoch im Verlauf der hier auf zwei Takte verlängerten Form wieder zum *pp*. Der dynamische und agogische Ablauf wiederholt sich sodann in einer Quinttransposition der beiden Viertakter.

Im dritten Segment (T. 57-74, *Poco più lento,* später *Più lento*) konterkariert Ravel eine lyrische Phrase des Diskants, die er *très sentimental* gespielt wissen möchte, mit Staccatoklängen der Linken, wobei er den Dreiachtelgruppen des Metrums jeweils Duolen gegenüberstellt. Nach der Hälfte und erneut am Ende erklingen wieder die *vivace*-Einschübe, hier eingeleitet durch explizite 3/4-Takte, die den Eindruck verstärken, dass der Darbringer dieses Ständchens mit instabiler Metrik zu kämpfen hat.

[2]Vgl. die Septakkordfolge auf Cis-Dur / G-Dur (T. 41-42) und Fis-Dur / C-Dur (T. 43-44).

Sérénade grotesque: Die lyrische Phrase im dritten Prestosegment

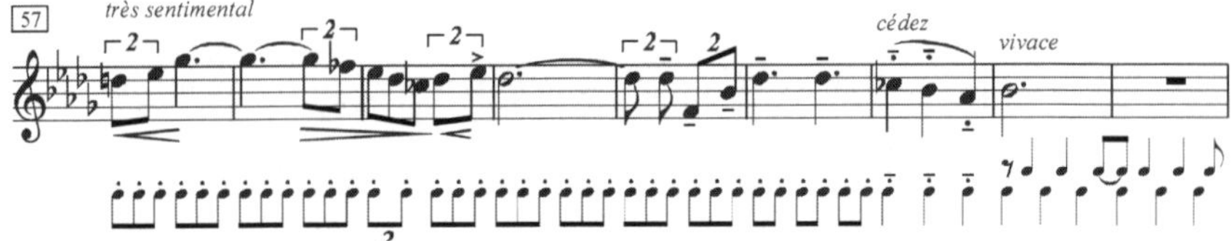

Den Abschluss des wiederholten Hauptabschnittes bildet ein Achttakter, in dem die beiden Eröffnungsarpeggien aus T. 1, die dritten Umkehrungen der quintlosen Dominantsept- und Subdominantseptakkorde von fis-Moll, mit einer akkordisch ausgesetzten Variante des *vivace*-Einschubs alterieren und in einem ganz offensichtlich schon vom 18-jährigen Ravel entdeckten 'doppelten Leittonklang' enden: dem Ganztonklang aus dem quintlosen Dominantseptakkord *cis/eis/h* über einem *g-a*-Basstremolo, dessen Rahmentöne, das *g* im Bass und das *eis* in der Oberstimme (mit seiner Verdopplung im Mittelbereich) chromatisch auseinanderstrebend in das tonikale *fis* münden.

Das vierminütige Stück ist für Pianisten und Hörer gleichermaßen lohnend, besonders, wenn man Ravels Metronomangaben wörtlich nimmt und der Ironie dieser Groteske die Zeit lässt, sich zu entfalten.[3]

[3]Vgl. hierzu die Aufnahme aus einem Klavierabend, den der junge Pianist Nikita Krilov in St. Martin in the Fields gegeben hat: https://www.youtube.com/watch?v=h3oSrXrsQmU (abgerufen am 13. Juli 2020).

Menuet antique

Mit dem 1895 komponierten “antiken Menuett”, seinem ersten veröffentlichten Werk, trat der damals zwanzigjährige Ravel ins Licht einer größeren Öffentlichkeit. Er edierte nicht nur den Notensatz der 1898 bei Enoch Cie. in Paris verlegten Partitur, sondern nahm sogar selbst Einfluss auf die Deckblattgestaltung: Angeblich geht sowohl die originale Illustration mit einem Aulos blasenden griechischen Hirten als auch die für den Titel gewählte, an altrömische Inschriften erinnernde Schrifttype – *MENVET ANTIQVE* – auf seinen Wunsch zurück.[4] Natürlich wusste Ravel sehr wohl, dass weder die Griechen noch die Römer der “Antike” etwas dem im Frankreich des späten 17. Jahrhunderts als höfischer Gesellschaftstanz entwickelten Menuett Vergleichbares gekannt haben. Schon die Titelgebung dieses als ungenanntes “Opus 1” anzusehenden Werkes[5] verrät Ravels Vergnügen am Paradox, das so viele seiner späteren Kompositionen charakterisieren sollte. Am 18. April 1898 spielte der Widmungsträger, Ravels Freund Ricardo Viñes, der sich inzwischen als Pianist einen Namen gemacht hatte, die Uraufführung. Erst mehr als dreißig Jahre später orchestrierte Ravel das Klavierstück. Im Januar 1930 dirigierte er selbst die Erstaufführung mit dem Orchestre des concerts Lamoureux, und noch im selben Jahr druckte Enoch die Partitur.

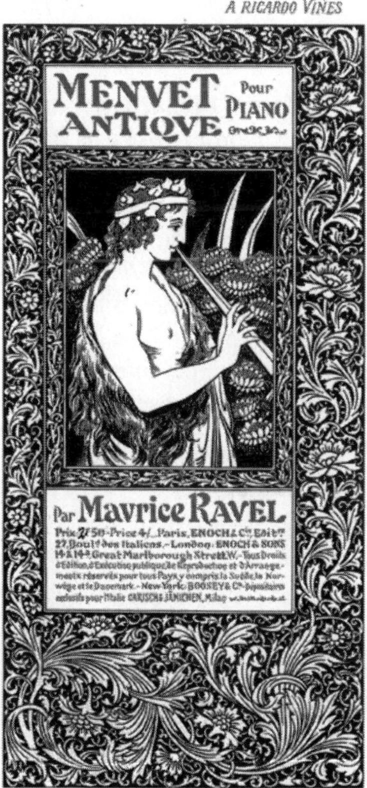

Menuet antique: Titelblatt 1898

[4] Siegfried Schmalzriedt, *Ravels Klaviermusik: Ein musikalischer Werkführer* (München: C. H. Beck, 2006), S. 38.

[5] Ravel selbst hat seinen Werken keine Opuszahlen gegeben. Im Werkkatalog von Marcel Marnat trägt das *Menuet antique* die Nummer 7.

Ist auch die Ironie in der äußeren Aufmachung der Partitur so dezent, dass sie übersehen werden kann, so äußert sie sich in der Musik selbst unmissverständlich: Ravel verbindet die strukturellen Vorgaben der barocken Form mit einer eigenwilligen rhythmischen und melodischen Gestaltung. Die Großanlage nach dem auch ohne gliedernde Zwischenüberschriften offensichtlichen Bauplan Menuett – Trio – Menuett besteht aus

A	T. 0-45	fis-Moll, *majestueusement*
B	T. 46-77	Fis-Dur, *doux*
A da capo	T. 77-122	fis-Moll (*majestueusement* nur implizit)

In seiner Untergliederung der beiden Großabschnitte deutet Ravel eine strukturelle Äquivalenz an:

A	=	a	b	b'	b"	a'	||: 8 :|| 6 + 6 + 17 + 8 Takte
B	=	c	d	d'	d"	c'	||: 8 :|| 4 + 4 + 8 + 8 Takte

Gleichzeitig unterläuft Ravel die mit der Gattung Menuett verbundenen Erwartungen. Schon die Vortragsbezeichnung *majestueusement*, das in der Metronomzahl ♩ = 76 angedeutete langsame Tempo und der Beginn im *forte* sind untypisch. Auch ist dies kein graziöser Tanz im eindeutigen Dreivierteltakt mit konventioneller Taktgliederung. Vielmehr ist schon der achttaktige Eröffnungsabschnitt gespickt mit Akzenten, *Sforzati* und schier unzähligen Synkopen. Verantwortlich zeichnen vor allem die beiden dominierenden Motive: Das führende Hauptmotiv untergräbt mit seinem 8/8-Umfang und akzentuierten Vorhaltakkorden auf unbetonten Achteln das für Menuette charakteristische Metrum und zieht sich anschließend als kontrapunktische Gegenstimme durch die ganze erste Hälfte des Abschnitts.

Menuet antique: Das Hauptmotiv des Menuetts

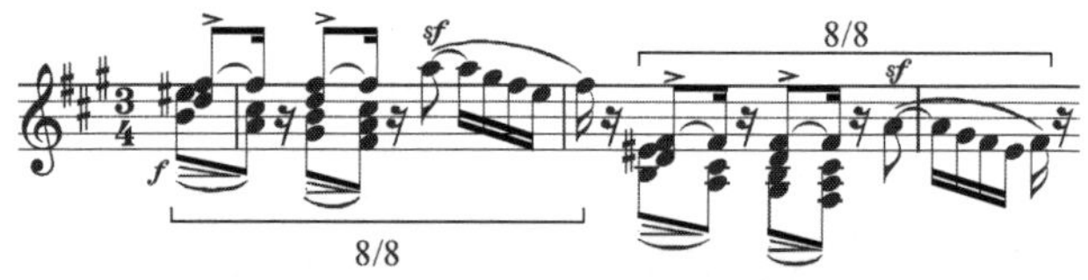

Im Sekundärmotiv untergräbt eine Kette metrisch versetzter 4/16tel-Gruppen alle Taktschläge. Erst mittels eine Kadenzformel, die in ihrer pedantisch wirkenden Harmoniefolge das traditionelle Genre parodiert, soll die Musik offenbar in die erwartete Ordnung zurückgezwängt werden, doch schließt auch diese Kadenz “auf dem falschen Schlag”, noch dazu eingeleitet von einer antikisierend leittonlosen Molldominante.[6]

[6]Die Tonika der durch Modulation erreichten Dominanttonart Cis-Dur fällt statt auf einen Taktschwerpunkt auf Schlag 2; statt ihrer fällt die Molldominante auf den Anfang von T. 8.

Menuet antique: Sekundärmotiv und Kadenzformel

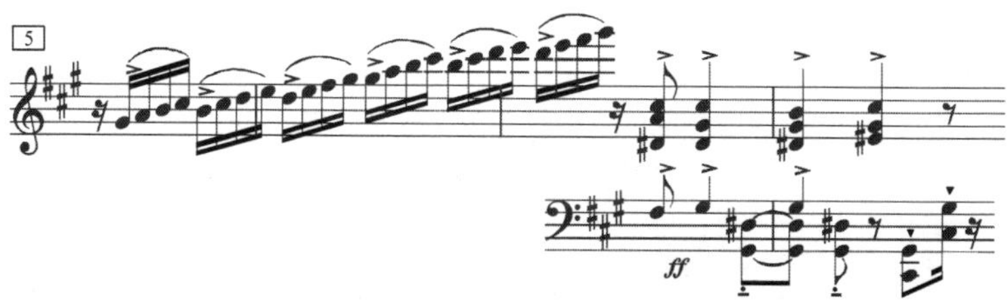

Im Kontrastabschnitt treten zwei weitere kleine Motive hinzu, die als quasi polyphone Gegenstimme den Schluss des Hauptmotivs ergänzen, dabei jedoch mit ihrem Umfang von je 7/8 die metrische Konfusion verstärken. Das Hauptmotiv reagiert mit einer zur Hemiole verdichteten Variante.[7] Die verbleibenden Takte des Kontrastabschnittes spielen mit Varianten von Haupt- und Sekundärmotiv. Die Reprise des Eröffnungsabschnitts (ab T. 37_3) weicht erst in der Transposition des Sekundärmotivs von der Vorlage ab und schließt mit einer Kadenz in Fis-Dur, allerdings erneut mit den entscheidenden harmonischen Schritten auf den "falschen" Taktzeiten. Das *da capo* verläuft bis auf den zu *ff* verstärkten Beginn identisch mit seiner Vorlage in T. 1-45.

Ganz anders gibt sich nach dem verlangsamten und zusätzlich mit einer Fermate verzögerten *ff*-Abschluss des Menuetts das mit der Vortragsbezeichnung *doux* überschriebene Trio. Hier ist die Textur homophon, die fast durchgängig mit pochenden Tonwiederholungen unterlegten melodischen Linien widersetzen sich nirgends dem erwarteten Dreivierteltakt und die Kadenzen – zwei Ganzschlüsse in Fis-Dur am Ende des eröffnenden Achttakters und seiner Reprise sowie ein Halbschluss in derselben Tonart am Ende des Kontrastabschnitts – weichen weder harmonisch noch metrisch von ihren Vorbildern in barocken und klassischen Menuettkompositionen ab. In der variiert wiederholten [d]-Phrase, die mit *ppp* und der Anweisung *avec la sourdine et sans aucune accentuation* (mit linkem Pedal und ohne jegliche Betonung) markiert ist, harmonisieren hemiolisch gesetzte 4/8-Akkordgruppen das sekundäre Triomotiv zu einem zuerst den Cis-Dur-, dann den cis-Moll-Dreiklang umspielenden Septakkord.

In der gleichfalls achttaktigen Entwicklung dieses Kontrastmaterials schwingen sich auch die pochenden Achtel erstmals zu einem Crescendo auf, das hier sogar *forte* erreicht, doch kehrt die Musik sogleich und abrupt

[7]Motiv 3 T. 9-10/15-16/21-24, Motiv 4 T. 11-12/17-18/25-26, Hemiole aus Hauptmotivvariante T. 12-13/18-20.

zum *doux* zurück. Wenn wenig später der Anfang der Trioreprise mit dem Hauptmotiv des Menuetts kontrapunktiert wird, kündigt sich die Rückkehr zur polyphonen Textur des Rahmenabschnitts an.

Die Zusätze und Änderungen, die Ravel vornahm, als er das *Menuet antique* 34 Jahre nach seiner Entstehung orchestrierte, konzentrieren sich auf das Trio, insbesondere dessen Mittelteil. Während dort in der Klavierfassung wie im vorausgehenden Menuett der eröffnende Achttakter [c] wiederholt wird, umschließt Ravel in der Orchesterfassung die umfangreichere Folge aus [d d' d" c'] mit Wiederholungszeichen. Die Auswirkung dieses Eingriffs ist größer, als es zunächst den Anschein haben mag, durchkreuzt der Komponist damit doch die ursprünglich geschaffene Strukturäquivalenz von Menuett und Trio und ändert auch deren Balance:

statt	Menuett	a	a	b	b'	b"	a'				53 Takte
	Trio	c	c	d	d'	d"	c'				32 Takte
	Menuett		a	b	b'	b"	a'				53 Takte
erklingt	Menuett	a	a	b	b'	b"	a'				53 Takte
	Trio	c	d	d'	d"	c'	d	d'	d"	c'	56 Takte
	Menuett		a	b	b'	b"	a'				53 Takte

Die hinzugefügte Wiederholung ornamentiert Ravel mit Einwürfen der Blechbläser: In den zwei Ergänzungstakten der Phrasen [d] und [d'] ertönt je ein Posaunenruf, dessen Staccatoschluss von den gestopften Hörnern aufgegriffen und verlängert wird. Zudem übernehmen die Trompeten die unprätentiöse Mittelstimmenkontur, die Ravel zunächst dem Solofagott übertragen hatte, und brechen sie mit mehreren Sechzehnteltriolen zu einer Lebendigkeit auf, die an dieser Stelle überrascht. Im großen Crescendo der nachfolgenden Entwicklung ersetzen Posaunenrufe die zuvor gehörte Parallele von Klarinette und tiefen Streichern, vor dem Höhepunkt unterstrichen von einem schmetternden Trompeteneinwurf.

Menuet antique: Zusätze in der Orchesterfassung

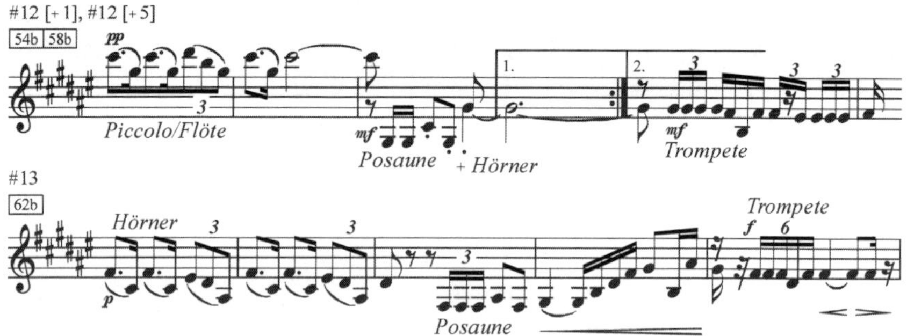

Sites auriculaires

Das Diptychon mit dem merkwürdig technisch klingenden Titel – "Sites auriculaires" bedeutet etwa "Ohren-Stätten" oder "hörbare Orte" – ist das einzige Werk Ravels geblieben, das im Original für zwei Klaviere komponiert ist. Dies ist umso erstaunlicher, als Ravel seit seiner Jugend viele Stunden im Duo an einem oder zwei Klavieren mit seinem Freund Ricardo Viñes verbrachte und den erweiterten Klangraum des Klaviers auch immer wieder für Transkriptionen seiner Orchesterwerke schätzte.

Wie Arbie Orenstein herausfand, war dieses Werk ursprünglich als Triptychon geplant: Ravel hatte drei Orte (*sites*) vor Augen, die er durch typische Klänge charakterisieren wollte. Die bereits im November 1895 komponierte "Habanera" weist mit ihrem Titel unmissverständlich nach Spanien. Das zwei Jahre später, im Dezember 1897, hinzugefügte "Entre cloches" mag auf Eindrücke aus Ravels Heimatland zurückgehen, wie es auch von "Vallée des cloches" in den *Miroirs* angenommen wird. Das dritte Stück mit dem geplanten Titel "Nuit en gondoles" sollte offenbar eine venezianische Szene evozieren. Zu diesem Stück scheint Ravel jedoch nicht einmal Skizzen gemacht zu haben.[8] Die Uraufführung des Diptychons fand am 5. März 1898 in einem Konzert der Société Nationale im alten Pleyel-Saal statt, mit Marthe Dron und Ricardo Viñes an einem der um die Jahrhundertwende von der Firma Pleyel propagierten, heute nicht mehr gebräuchlichen "Doppelflügel".[9] Die Veröffentlichung der Partitur bei Salabert erfolgte erst 1975 anlässlich der Feier zu Ravels 100. Geburtstag.

Der Plan eines Triptychons lokal charakteristischer Klänge zeigt deutliche Parallelen zu Claude Debussys *Images pour orchestre*, deren drei Komponenten ebenfalls auf die Klangwelt dreier Orte anspielen: "I. Gigues" auf England, "II. Ibéria" auf Spanien und "III. Rondes de printemps" auf Frankreich – wobei das Heimatland wie bei Ravel nicht explizit kenntlich gemacht wird.[10] Da Debussys Orchesterwerk jedoch erst 1905-1912 entstand, darf man hier eine vom älteren der beiden großen Komponisten aufgegriffene Anregung des jüngeren vermuten. Laut Orenstein "war Debussy bei der Premiere von *Sites auriculaires* zugegen und immerhin so weit an dem neuen Werk interessiert, dass er Ravel um das Manuskript bat."[11]

[8] Vgl. hierzu Orenstein, *op. cit.* (1978), S. 23-24.

[9] Mehr zu diesem Kuriosum unter https://egri-pertis.com/doppelfluegel (abgerufen 8/2020).

[10] Vgl. dazu S. Bruhn, *Debussys Instrumentalmusik im kulturellen Kontext* (Waldkirch: Gorz, 2019), S. 111-153.

[11] Orenstein, *op. cit.* (1978), S. 38.

Habanera

Das erste Stück, eine Habanera, erfreute sich von Anfang an großer Beliebtheit. Die Musik basiert wesentlich auf den beiden Rhythmen, die seit der gleichnamigen Arie aus Bizets (vier Tage vor Ravels Geburt uraufgeführter) Oper *Carmen* allen Pariser Musikfreunden vertraut war.

Sites auriculaires I: Die typischen Habanera-Rhythmen

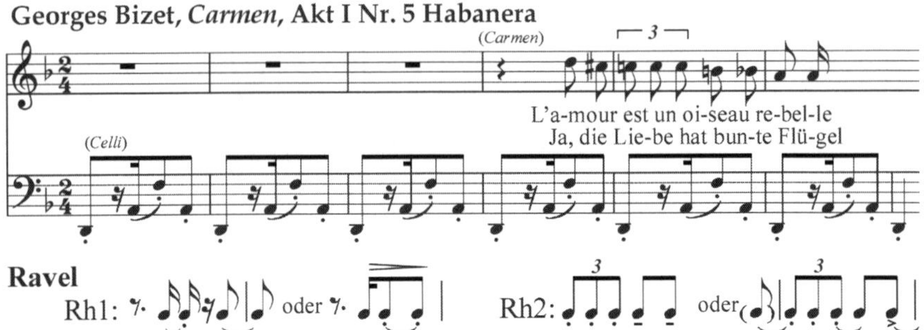

1907 orchestrierte Ravel die Habanera und integrierte sie als dritten Satz in seine *Rapsodie espagnole*. Mit der Eingängigkeit seiner überwältigend oft wiederholten Rhythmen nimmt das Stück den ebenfalls dem spanischen Lebensgefühl huldigenden *Boléro* aus dem Jahr 1928 vorweg; dabei spricht die schmachtende Qualität der Triolen über den Punktierungsgruppen lautmalerisch von Liebesleidenschaft und Sehnsucht.[12]

Dem Notentext geht als Epigramm die Anfangszeile des Gedichtes *À une dame créole* voraus, das Charles Baudelaire nach einem Besuch der Insel Réunion seiner Gastgeberin widmete: "Au pays parfumé que le soleil caresse" (Im duftenden Land, das die Sonne liebkost). Zwar gehört Réunion als Übersee-Département zu Frankreich und die Dame war keine Spanierin, doch assoziierte Ravel mit dem Vers offenbar eine ähnliche Exotik wie mit dem karibischen Kuba, auf das die Rhythmen der Habanera anspielen.

[12] Im Kontext seiner Orchestrierung schuf Ravel ebenfalls 1907 ein thematisch lose verwandtes Werk für tiefe Stimme und Klavier, das im Werkkatalog als *Vocalise-étude (en forme de habanera)* aufgeführt ist. Auch hier sind die Parameter des spanischen Kolorits so attraktiv, dass alle Instrumentalisten das Stück gern in ihr Repertoire aufzunehmen würden. So gibt es heute klavierbegleitete Fassungen für Violine (arrangiert von Georges Catherine), Bratsche (Paul-Louis Neuberth), Cello (Paul Bazelaire), Flöte (Louis Fleury), Oboe oder Englishhorn (Fernand Gillet), Klarinette (Gaston Hamelin), Saxophon (Jules Viard), Fagott (Fernand Oubradous), Trompete (Giovanni Abbiati) oder Bassposaune (John G. Mortimer) sowie für Bläserquintett (Clarke S. Kessler), Flötenquartett (Hideo Kamioka), Klavier und Orchester (Arthur Hoérée) etc. etc. – alle unter dem Titel *Pièce en forme de habanera.*

Die Tonart von Ravels Habanera ist fis-Moll und das Metrum der für Habaneras typische 2/4-Takt. Statt einer der üblichen italienischen Tempobezeichnungen stellt Ravel der Musik eine Zeile voran, in der er die Stimmung beschreibt, die die zwei Pianisten erzeugen sollen: *en demi-teinte et d'un rythme las* (leicht getrübt und mit müdem Rhythmus).

Die Struktur ist, obwohl ungewöhnlich, gut überschaubar. Auf eine Einleitung folgt ein Hauptteil mit variierter Wiederholung. Die größte Abweichung besteht darin, dass anstelle der viertaktigen Überleitung, die der Codetta am Ende der ersten Werkhälfte vorausgeht, in der zweiten Hälfte sekundäres thematisches Material in Form einer ihrerseits variiert wiederholten achttaktigen Phrase erklingt.

Einleitung		T.	1-8				
A	a	T.	9-12	A var	a var	T.	31-34
	b, b'	T.	$13\text{-}16_1/16\text{-}19_1$		b, b' var	T.	$35\text{-}38_1/39\text{-}41_1$
Überleitung		T.	19-22	B	c, c var	T.	$41\text{-}49_1/49\text{-}57_1$
Codetta		T.	$22_{2+}\text{-}30$	Coda		T.	$56_{2+}\text{-}63$

Bereits in der Einleitung des 64-taktigen Stückes kleidet Ravel die beiden Habanera-Rhythmen in polytonale Gegenüberstellungen, die somit schon dem Zwanzigjährigen am Herzen lagen: Über die in Rhythmus 2 mit Überbindungen ertönende Tonwiederholung auf dem oktavierten *cis* im zweiten Klavier stellt das erste Klavier Rhythmus 1 in Form arpeggierter sechstöniger Akkorde, die vom (enharmonisch notierten) D-Dur-Septakkord zum G-Dur-Septakkord führen und damit halbtönig über dem Dominantton *cis* und der (bisher noch nicht manifestierten) Tonika *fis* liegen.

Sites auriculaires I: Habanera-Rhythmen in polytonaler Gegenüberstellung[13]

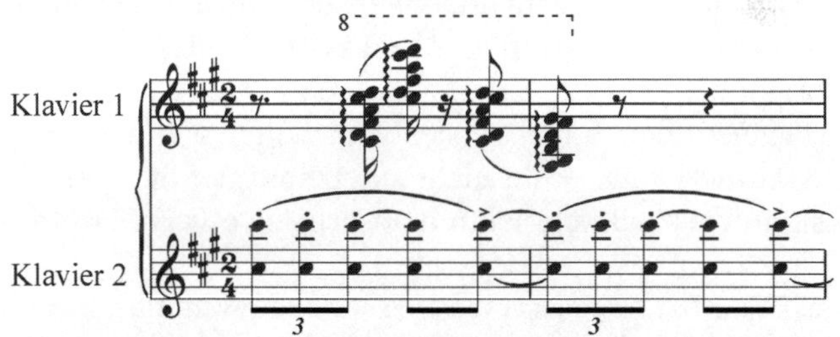

Die oben dargestellte zweitaktige Zelle erklingt dreimal, bevor die Einleitung endet, indem Klavier 1 mit einem Cis-Dur-Dreiklang in die Dominantharmonie von Klavier 2 einmündet.

[13]Die Notenbeispiele vereinfachen Ravels Partitur zugunsten leichterer Lesbarkeit: Dort ist der Part beider Klaviere auf zwei Hände verteilt und die Septen erscheinen als *his* bzw. *eis*.

Im thematischen Hauptabschnitt A unterlegt Ravel eine homophon gesetzte viertaktige Melodie auf der Basis von Rhythmus 2 mit nur der zweiten Hälfte von Rhythmus 1, bevor sich beide Instrumente in einem ergänzenden Zweitakter ganz auf diese zweite Hälfte beschränken.[14] Sowohl am Ende von [a] als auch als Zielakkord des melodischen Anfangs von [b] erklingt erstmals in dem Stück die Tonika in ihrer Durvariante. Die im ersten Hauptabschnitt folgende Überleitung kombiniert, zum *mf* leicht hervorgehoben, die Tonwiederholung auf *cis* in Klavier 2 mit zwei unter sich querständigen Akkorden im von Klavier 1 gespielten Rhythmus 1 (dis-Moll[7], A-Dur), die durch das *cis* in Beziehung gesetzt werden, bevor eine metrisch verschobene und von gegenläufigen Linien geprägte Rh2-Zelle *poco rubato* einen emotionalen Abschluss bildet. Die 4+4-taktige Codetta verlängert die Tonwiederholung auf *cis* in Rhythmus 2 unter dem Schritt von der Moll- zur Dur-Tonika.

Die Varianten des Hauptabschnitts A beschränken sich auf den Tausch der Klavierparts und die Hinzufügung einiger verstärkender Parallelen. Die kurze Überleitung jedoch ersetzt Ravel durch eine wiederholte achttaktige Phrase, in der die Tonwiederholung des Rh2 vorübergehend den Dominantton *cis* zugunsten einer harmonisch fremden Fortschreitung verlässt[15] und dem von Klavier 1 homophon gespielten Rh1 eine nachschlagende Sechzehntel angehängt ist: ||: 𝅘𝅥𝅯𝅘𝅥𝅯 𝄿𝅘𝅥𝅮 | ♬ 𝄿 :||. Die drei tonal unvereinbaren Schichten – der oktavierte Melodiefragmente in fis-Moll, die zwischen *his/dis* und *h/d* wechselnde Terz im Inneren der Klavier-1-Textur und die ausgewichene Tonwiederholung – finden erst am Ende der beiden Halbphrasen zum A-Dur- bzw. Fis-Dur-Dreiklang zusammen. In der variierten Wiederholung der Phrase ergänzt Klavier 2 den zuvor verlängerten Rhythmus 1 durch einen Anschlag im allerhöchsten Register, so dass die Gegenüberstellung der Rh2-Triole mit vier Sechzehnteln nun vollständig ist. Die Coda entspricht der Codetta, lässt aber deren Schlusstakt aus.

Die Habanera war Ravels erstes von vielen Werken im spanischen Idiom. Ihre Attraktivität beruht nicht zuletzt auf der mutigen Verschmelzung volkstümlicher Schlichtheit mit anspruchsvollster Harmonik.

[14]Die Struktur sieht eine Kombination von 4 + 3 + 3 Takten vor. Allerdings fügt Ravel im letzten Takt der beiden Dreitakter die Bemerkung “bis ad lib.” hinzu. Möglicherweise wollte er angesichts all seiner tonalen Freiheit anbieten, wenigstens der traditionell erwarteten Phrasenlänge genüge zu tun.

[15]Vgl. in Abschnitt B die oktavierte Tonwiederholung in T. 41-43 auf *e*, gefolgt in T. 44 von dem durch Septfall erreichten *f* und abgerundet mit der Quint *a/e,* in die sich das kurz wieder erstehende *cis* als Durterz einfügt. Korrespondierend damit ertönt am Ende der zweiten Phrasenhälfte (T. 48) *d – fis/cis.*

Entre cloches

Das zwei Jahre nach Vollendung des ersten hinzugefügte zweite Stück der *Sites auriculaires* erreichte nie annähernd ähnliche Beliebtheit. Ravel hat hier die Idee eines Ortes, an dem Glockenklang der alles entscheidende akustische Eindruck wäre, in vielleicht allzu wörtlicher Weise umgesetzt.

Die *Allègrement* markierten Rahmenabschnitte des zweieinhalbminütigen Stückes beginnen jeweils mit einer halben Minute in *fff* akzentuierten Achteln. Die 10/8-Takte und ihre im ostinaten ersten Klavier ungleiche Unterteilung[16] sollen vielleicht das unplanbare Klangerlebnis des "Zusammenschlagens" von Kirchenglocken imitieren, riskieren jedoch, die Hörer in ihrer Lautstärke zu überwältigen. Sowohl der Part des fast durchwegs in einer mit Quart oder Quint gefüllten Oktavparallele verlaufenden Ostinatos als auch der des moderat melodischen zweiten Klaviers sind zu Beginn als *trés marqué* bezeichnet, was die Orientierung für Hörer zusätzlich erschwert. In T. 5-8_1 betraut Ravel das zweite Klavier mit dem, was er im Notentext als *chant* charakterisiert. Hier soll das erste Klavier mit *mf subitement* in den Hintergrund treten. Da das zum "Singen" aufgeforderte zweite Klavier jedoch sowohl die überwältigende Klangfülle des *fff* als auch die vorherrschende Quartenharmonik beibehält, ist der Kontrast zum Vorherigen für Pianisten nur schwer zu erzeugen.

Sites auriculaires II: Der mächtige "Gesang" der Glocken

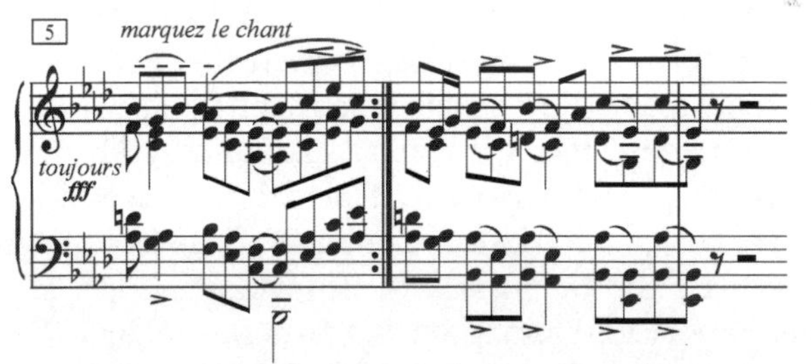

Der Ausklang des Gesangsabschnitts in T. 8-10 – das erste Klavier kehrt zum Schema der ersten Takte und zu *fff* zurück, das zweite stellt gepaarte quintlose Septakkorde dagegen – mündet in einer Überleitung, die erstmals die Tonika (As-Dur als Quintsextakkord) erreicht und dann im Zuge der Beruhigung einen als Subdominant-Nonakkord gehörten Klang verlangsamend zum C-Dur-Septakkord auflöst, in dem das zentrale *Lent* beginnt.

[16]In T. 1-10 spielt das 1. Klavier eine Abfolge von 3 + 3 + 2 + 2 Achteln, außer in T. 7 in jeweils notengetreuer Wiederholung; in T. 29-36 dagegen erklingen 2 + 2 + 2 + 2 + 2 Sechzehntelpaare.

Im 16-taktigen Mittelabschnitt, dessen Spielzeit etwa eine Minute beträgt, übernimmt das zweite Klavier den ostinaten Part, der die Andeutung eines Dominantseptklanges zur sekundären Tonika f-Moll mit erneuten Quartenschichtungen verbindet. Der dynamische Kontrast zu den Rahmenabschnitten könnte nicht größer sein: für beide Klaviere gibt Ravel *pp* vor, mit *très lointain* für das begleitende zweite und *très doux* für das melodisch führende erste Klavier; in der zweiten Teilphrase sogar *ppp*. Die ganz aus Quartschritten und großen Sekunden gebildete Melodie erhebt sich hier einstimmig über den im ersten Klavier unterlegten Orgelpunkttönen *c, es* und wieder *c.*

Sites auriculaires II: Die zarte Glockenmelodie im Mittelabschnitt

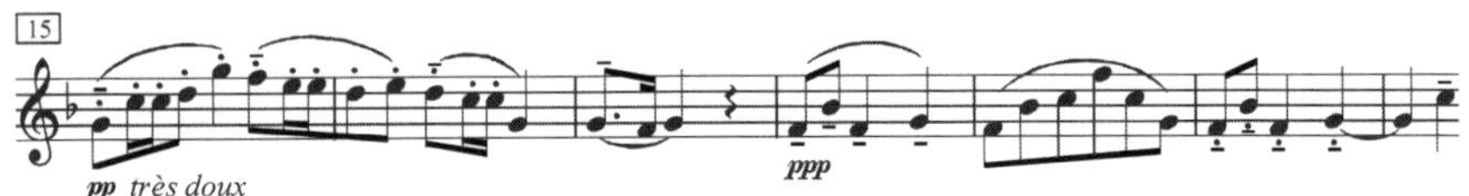

Auch im Anschluss an das gliedernde Rallentando im Zentrum des *Lento* heißt es wieder *ppp* für beide Instrumente, wenn auch *très expressif* für die Melodie. Sie ertönt hier kurz oktaviert und beendet den Abschnitt schließlich mit einem neuerlichen Rallentando in f-Moll – nach Ravels Angabe *le plus doux possible* wohl noch leiser als zuletzt.

Der mit *subitement fff* ins Ausgangstempo zurückkehrende dritte Abschnitt ersetzt in T. 29-32 die Parallele aus akzentuierten Achteln durch ebenfalls akzentuierte Sechzehntelpaare. In T. $33\text{-}36_1$ folgt analog zum Anfang der *chant* aus T. $5\text{-}8_1$, eine Quart höher transponiert aber wie zuvor mit auf *mf* gedämpftem Begleitpart. Die verbleibenden acht Takte, harmonisch über einem nur kurz unterbrochenen Orgelpunkt auf *as* ausgespannt, fungieren als Coda. Der Tonikagrundton ist in T. 38 kurz durch den Schritt *f-es-as* (VI-V^9-I), in T. 41-42 dann durch eine dreiteilige Tonwiederholung auf *des* unterbrochen, so dass die Schlussharmonie, wie am Ende des ersten Rahmenabschnitts ein As-Dur-Quintsextakkord, im Bass plagal von der Subdominante aus erreicht wird. Das erste Klavier allerdings schwingt sich schon ab T. 38 auf die Dominante Es-Dur ein. Mit der auskomponierten Verlangsamung der Anschläge in Kombination mit dem Schlussritardando und einem *dim. jusqu'à la fin* ruft Ravel glaubhaft das allmähliche und unregelmäßige Verstummen eines Glockengeläutes in Erinnerung.

Pavane pour une infante défunte

Die Pavane, ein feierlicher Schreittanz im 4/4-Takt, hat ihren Ursprung im Südeuropa des 16. Jahrhunderts und verbreitete sich von dort über den ganzen Kontinent. Ravels mütterlich baskische Herkunft, seine durch diese begründete Liebe zu Spanien und die Titulierung der Verstorbenen, deren Gedenken die Musik vorgeblich gilt, als "Infantin" legen somit bei diesem 1899 entstandenen Klavierstück einen Bezug zum iberischen Königshof nahe. Der vermutete italienische Pate der Tanzgattung, die Stadt Padua, kommt daher für Ravels Stück weniger in Frage als die Ableitung vom spanischen Wort *pava* für Pfau.

Auf die Frage nach dem Hintergrund der Widmung im Titel gab der Komponist selbst zwei ganz unterschiedliche Erklärungen. Mal verwies er auf seine an Mallarmé orientierte Freude an Assonanzen (-fante /-funte), ein anderes Mal auf das berühmte Gemälde *Las Meninas*, eines der Bilder, die Diego Velázquez vom spanischen Hofleben malte. Im Mittelpunkt der Szene steht die fünfjährige Tochter von König Felipe IV., die Infantin Margarita. Ravel will sich vorgestellt haben, dass das inzwischen längst verstorbene Königstöchterchen sich in ihrem formellen und reichen Kleid für einen feierlichen Tanz hergerichtet glaubte.

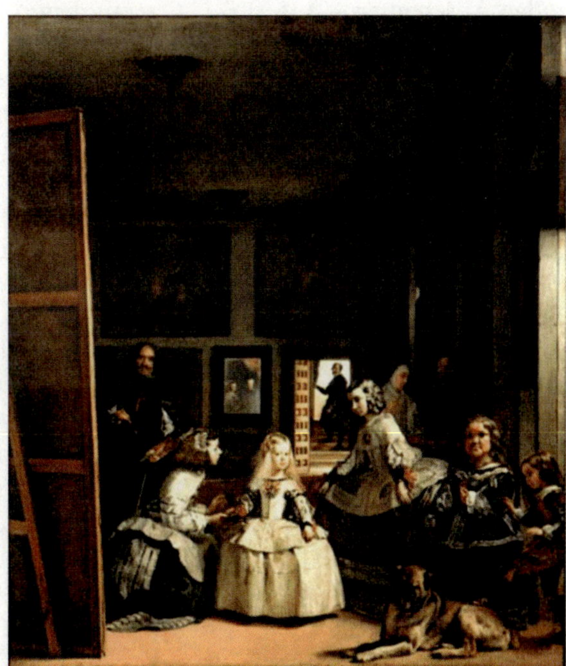

Diego Velázquez,
Las Meninas (1656)
Madrid: Prado

Ravel widmete das Stück der Musikmäzenin Winnaretta Singer, einer Erbin des amerikanischen Nähmaschinenfabrikanten Isaac Merritt Singer, die in Paris den aus altem Adel stammenden Komponisten Edmond de Polignac geheiratet hatte und in deren Salon, der von Pariser Künstlern wie Marcel Proust, Jean Cocteau und Claude Monet frequentiert wurde, Ravel Stammgast war. Er scheint das Stück, in dem von ihm bevorzugten extrem langsamen Tempo, dort wiederholt vorgetragen zu haben, und schon im Jahr 1900 erfolgte die Drucklegung durch den Verlag Eugène Demets. Ihren Siegeszug begann die Pavane im Anschluss an die öffentliche Uraufführung durch Ricardo Viñes am 5. April 1902 in einem Konzert der Société im alten Pleyel-Saal. Dank ihrer melodischen Eingängigkeit wurde sie schnell populär und Ravel über Nacht zu einem Star der Pariser Künstlerszene. Zehn Jahre nach der originalen Klavierfassung erschien, ebenfalls bei Demets, Ravels Orchesterfassung, die am 27. Februar 1911 im englischen Manchester unter der Leitung von Sir Henry Wood erstmals aufgeführt wurde. Die Pariser Premiere der Orchesterfassung folgte erst am 25. Dezember 1911.

Die Musik bewegt sich über einem feierlichen Achtelpuls. Ravel verschmilzt die in der Renaissance vorherrschende Struktur aus drei wiederholten Abschnitten – A A B B C C – mit dem Aufbau eines Rondos und erzeugt so den Bauplan A1 A1' – B1 B2 – A2 A2' – C1 C2 – A3 A3', wobei die (durch Zähler unterschiedenen) Wiederaufnahmen als Variation mit wenigen harmonischen Verdichtungen konzipiert sind, während die zweiten Hälften der 'Refrain'-Abschnitte tonal und strukturell von den ersten abweichen.

Wie im *Menuet antique* gibt sich somit auch die *Pavane pour une infante défunte* äußerlich konventionell. Und gleichfalls wie im Menuett erzeugt sie ihre Eingängigkeit durch wenige, den jeweiligen Abschnitt dicht durchdringende Motive. Schließlich zeigt sie auch in Hinsicht auf ihre metrische, dynamische und agogische Gestaltung Ähnlichkeiten mit der vom jungen Ravel so geliebten Tanzform: Die drei Motive sind, in zunehmendem Maße von A über B bis C, von Synkopen bestimmt, und während die melodischen Phrasen leise bis sehr leise klingen sollen, schreibt Ravel für die kadenzierenden Schlüsse der Abschnitte plötzliche Lautstärke und deutliche Verlangsamungen vor – dramatische Kontraste, die er teilweise in der späteren Orchesterfassung abmildert. Im Gegensatz zum Vorgängerstück entwirft Ravel auch den Umfang der Phrasen abweichend von traditionellen Normen, was er häufig durch verselbständigte Teilwiederholungen erreicht.

Der refrainartige Abschnitt A, markiert mit der Vortragsbezeichnung *Assez doux, mais d'une sonorité large*, besteht aus zwei Phrasen im Umfang von 5½ und gut 3 Takten, die jeweils in reinem h-Moll enden. Die Motivik ist von kleinen Tonschritten und wiederkehrenden Rhythmen geprägt, wobei sich die wenigen Synkopen auf die Taktmitte beschränken:

Pavane pour une infante défunte: Die Grundform des Refrains

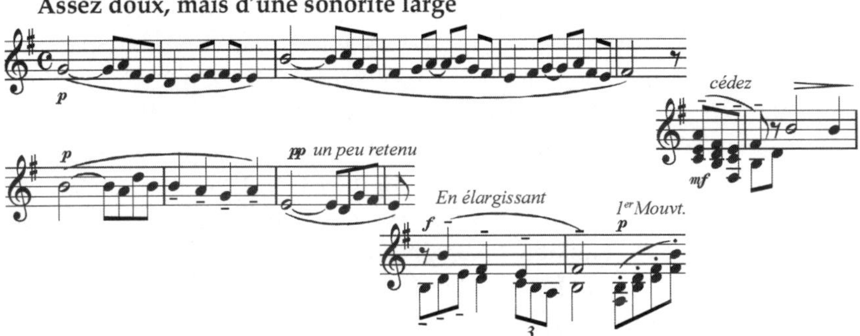

Durch ihre unterschiedlichen Abschlusskomponenten widersetzen sich die zwei ungleichen Phrasen zusätzlich einer klassischen Struktur. Die erste, elf Achtel umfassende Brücke ist mit *cédez* vom vorausgehenden gleichmäßigen Pulsieren und durch *mf* vom bisherigen *piano* abgehoben. Sie endet nach Aussetzung des Achtelpulses mit einem die zweite Phrase einleitenden Arpeggio. Die knapp zweitaktige Wendung am Schluss der zweiten Phrase folgt schon auf den dritten Phrasentakt, der mit *un peu retenu* und *pp* zurückgenommen ist. Sie besteht aus einer erneut elf Achtel umfassenden Komponente, die mit einem plötzlichen "En élargissant" im *forte* die Wucht der ersten Brücke noch übertrifft. Dann leiten, als wäre nichts gewesen, vier leise getupfte Achtel in Tempo I in den *très lointain* überschriebenen Abschnitt B über.

Dessen Hälften sind mit 6½ + 8 Takten ebenfalls unregelmäßig gebaut. Die zweite Phrase, von *pp* zu *ppp* abgedämpft, gleicht der ersten bis fast zum Schluss im Part der rechten Hand, während die Linke den zuvor viertaktigen Orgelpunkt auf *h* durch Quartengänge ersetzt, die die Bassgänge der Schlusskomponenten mit ihren quartversetzten leeren Quinten aufgreifen.[17] Im dominierenden Motiv, das zweimal absteigend sequenziert wird, erhöht Ravel die Häufigkeit der Synkopen gegenüber Abschnitt A:

[17]Vgl. T. 20-24: *h-e-a-d-g* mit T. 18-19: *e-a-d-a-e-a-d*, T. 24_4-26_2: *h-e-a-d-a-e-a-d* und T. 27: *g-d.*

Die Abschlüsse sind hier aus dem Phrasenmaterial selbst entwickelt, wobei die einfache Teilwiederholung am Ende von B1 (T. 18-19, sieben Achtel *mf très soutenu*) am Ende von B2 durch Verdopplung, Einschub von zwei Akkorden ohne Achtelhintergrund und *f un peu plus lent* übertroffen wird. Während die Harmonik in den Phrasen selbst klassisch bleibt, setzt Ravel die Abschlusskomponenten mit Sept- und Nonakkorden, die kurz vor dem Abschnittende sogar fünfstimmig parallel verlaufen.

Nach einer gliedernden Fermate erklingt die mit Oktavierungen und arpeggierten Akkorden verdichtete erste Variante des Abschnitts A. Hier ist die Schlusskomponente mit den Anweisungen *Large* und *ff* gegenüber dem ersten Refrainabschnitt noch einmal wesentlich verstärkt.

Wieder in Tempo I und einer Lautstärke nahe *pp* (*subitement très doux et très lié*) setzt Abschnitt C ein. In diesem Abschnitt erhöht Ravel die Dichte der Synkopen erneut: Im Hintergrund der hier nicht auf ein einziges Motiv beschränkten Oberstimme erklingen fast durchgehende Anschläge auf den unbetonten Achteln des Taktes. Zudem verdoppelt Ravel das Spiel mit Entsprechung und Variation: Schon die zehntaktige erste Hälfte besteht aus einem in d-Moll/G-Dur ankernden Viertakter und seiner Transposition auf *c*, mit einer um zwei Takte verlängerten Schlusserweiterung, die im Tempo stark reduziert ist.

Pavane pour une infante défunte: Der Diskant des großen Couplets C

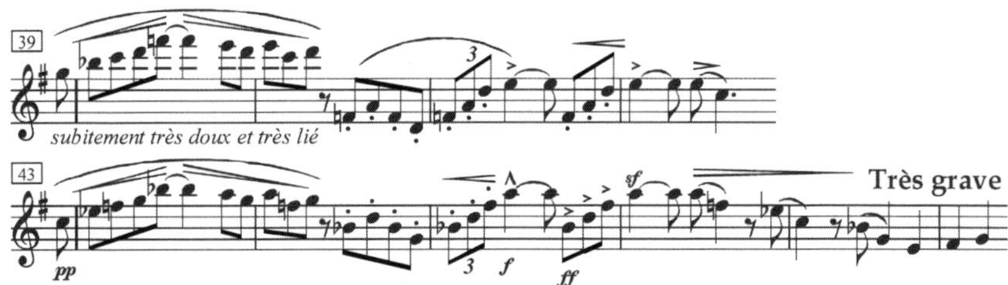

Schon vor dieser Schlusserweiterung sind die analogen Gesten erneut dynamisch und agogisch vom Vorausgehenden abgesetzt: Während am Ende des ersten Viertakters nur eine leichte Steigerung erklingt, führt dieselbe Tongruppe in der Transposition zu einem mit Keil akzentuierten *forte*-Akkord gefolgt von einem Crescendo, das von *ff* ausgehen und noch darüber hinausführen soll. Im verlängerten Schlussglied sinken absteigende Linien ins *piano* zurück, ergänzt durch vier feierliche Akkorde ohne Achtelpuls, die Ravel mit *Très grave* markiert, dem langsamsten der in diesem Stück verlangten Tempi. Die Komponenten dieses Abschnitts unterlaufen mit ihrem Umfang von 13 + 9 + 6 + 4, 13 + 9 + 6 + 9 + 8 Achteln durchgehend das die Pavane charakterisierende 4/4-Metrum. C2, die Variante des Abschnitts, unterscheidet sich von C vor allem durch vier ornamentierend eingefügte Arpeggien. Wie Abschnitt B endet auch Abschnitt C mit einer Fermate.

Die zweite Variante des Refrains übernimmt von der ersten die Oktavierungen und Arpeggien, spaltet jedoch den pochenden Achtelhintergrund in Akkordbrechungen aus gestoßenen Sechzehnteln auf. Aus dem ins *pianissimo* abgedämpften A3' bricht die letzte Abschlusskomponente sodann noch einmal in plötzlichem *forte* hervor, das sich mit akzentuierten Arpeggioklängen, die bald um eine Oktave ins hohe Register erweitert sind, zu einem letzten *fortissimo* steigert und mit einem viereinhalb Oktaven überspannenden Akkord aus offenen Quinten endet (*g/g/d/g/d/d/g/d*) – einem Schlussakzent von unerwartet explosiv geäußerter Trostlosigkeit und Trauer.

Insofern die Pavane mit ihrem Grundgestus des feierlichen Schreitens ihre emotionale Nähe zum Trauermarsch nicht verleugnet, mutet dieser triumphale Schluss tatsächlich befremdlich an. Das scheint auch Ravel selbst empfunden zu haben, als er elf Jahre nach Vollendung des Werkes daran ging, das inzwischen so populäre Klavierstück zu orchestrieren. Statt des in der Originalfassung unerwartet klangmächtigen *f—ff* beschränkt er das Crescendo im abschließenden *En élargissant beaucoup* jetzt auf ein kurzes *mf* < *f* von Schlag 2 zu Schlag 3 des drittletzten Taktes. Darauf folgt, in ausdrücklichem Gegensatz zur früheren Vorstellung, ein Diminuendo bis zum Ausklang, dem er wie zur Bestätigung seines geänderten Gestaltungswillens noch das Wort *perdendosi* hinzufügt.

Darüber hinaus reduziert Ravel in der Orchesterfassung die Anzahl der Temporeduktionen[18]; auch schwächt er die in der Klavierfassung sehr abrupt wirkenden unvorbereiteten Ausbrüche in den Schlusskomponenten der Segmente sowohl durch crescendierende Hinführungen als auch durch verminderte Ziellautstärken ab.[19]

[18]So bleibt die homophone Brücke zwischen B1 und B2im Klavierstück *très soutenu*, im Tempo, der Abschnitt schließt ohne Fermate. und auch in der Schlusskomponente von Abschnitt C steht nun nicht mehr *Très grave*.

[19]Am Schluss des ersten Refrainabschnitts steht unter *En élargissant* statt *f* nur *mp* < *mf* >, an entsprechender Stelle am Schluss des zweiten Refrains statt *ff* ebenfalls *mp*< *mf* >, und auch in Abschnitt C wird nirgends *ff* erreicht, sondern einzig ein melodisch eingebundenes *f*, das nicht plötzlich ausbricht, sondern stets durch Crescendi eingeleitet wird.

Ein überraschender neuer Zusatz findet sich in Abschnitt B. Hier destilliert Ravel aus der im dichten Akkordsatz des Klaviers nur fragmentarisch hervortretenden Zweitstimmenmelodik ein echtes Duett, das er in B1 zwei Holzbläsern (Oboe und Fagott, beide in der Partitur als *solo* hervorgehoben), in B2 den 1. Geigen und Celli übergibt – wobei er hier zum Schluss sogar noch einen chromatischen Übergang einwebt:

Pavane pour une infante défunte: Das Duett in der Orchesterfassung

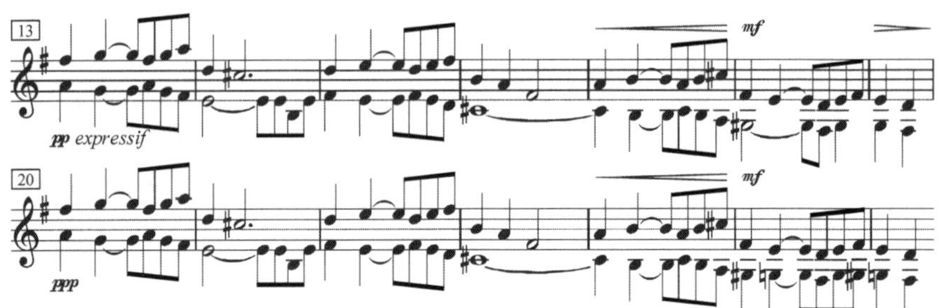

Die Tatsache, das Ravel im Abstand von zehn oder zwölf (im Fall der *Pavane* und der *Habanera*) bzw. 34 oder 35 Jahren (*Menuet antique, Sérénade grotesque*) beschloss, diesen frühen Kompositionen ein zweites Leben im Orchesterrepertoire zu ermöglichen, spricht dafür, dass er sich auch als reifer Komponist noch zu dem Charme und dem künstlerischen Wert der Werke bekannte.

Jeux d'eau

Das Werk, mit dem Ravel 1901 seinen Platz als wegweisender Komponist des Klavier-Repertoires einnahm, ist das erste aus seiner Feder, das ein musikalisches 'Bild' zu erzeugen sucht: das Bild von Wasserspielen. In seiner zehnseitigen "autobiografischen Skizze" beschreibt er die *Jeux d'eau* als "inspiriert vom Geräusch des Wassers und den musikalischen Lauten, die bei Springbrunnen, Kaskaden und Bächen zu hören sind".[1] Die Uraufführung durch Ricardo Viñes am 5. April 1902 in einem Konzert der Société Nationale im alten Pleyel-Saal, in dem auch Ravels *Pavane pour une infante défunte* erstmals erklang, war ein rauschender Erfolg und erhob den 27-Jährigen gleichsam über Nacht in den Rang eines der führenden Komponisten Frankreichs. Noch im selben Jahr veröffentlichte Demets die Notenausgabe, die von zeitgenössischen Pariser Pianisten begeistert aufgenommen wurde.

Sowohl in der autobiografischen Skizze als auch in einer Verteidigung gegenüber dem Vorwurf, er sei ein Nachahmer Debussys, verweist Ravel auf die pianistischen Neuerungen in diesem Stück, mit denen er Debussys Klavierwerk zu dieser Zeit tatsächlich deutlich voraus war. Diese "Neuerungen" hatten ein erkennbares Vorbild in den tönenden Wasserkaskaden lisztscher Klavierkompositionen. Neben dem auch im Wortlaut des Titels verwandten *Les jeux d'eaux à la Villa d'Este* aus Band III der *Années de pèlerinage* standen wohl auch *Au bord d'une source* aus Band II derselben Sammlung und möglicherweise sogar die Legende *St. François de Paule marchant sur les flot* Pate für Ravels Bravourstück. Auch die Einbeziehung der extremen Register der Klaviertastatur übernahm Ravel von Liszt: Zahlreiche Takte bewegen sich gänzlich im hohen Register, der Höhepunkt des *crescendo ed accelerando* in T. 44-48 erreicht mit *ais''''* die dritthöchste Taste, von der am Ende desselben Taktes auch das dramatisch abwärts rauschende Schwarze-Tasten-Glissando seinen Ausgang nimmt. Dieses springt von seinem Zielton *Gis* in zwei Oktavsprüngen weiter abwärts und erreicht am Ende die tiefste Taste der Klaviatur – wobei dieses *A''* wohl das auf der Tastatur nicht vorhandene allertiefste *Gis* ersetzen soll.

[1]Übersetzt nach Maurice Ravel, *Esquisse autobiographique* in Arbie Orenstein et. al., *Maurice Ravel: Lettres, écrits, entretiens* (Paris: Flammarion, 1989), S. 44.

Als Motto seiner "Wasserspiele" stellt Ravel dem Notensatz eine Zeile aus dem Gedicht "Fête d'eau" des Schriftstellers und Lyrikers Henri de Régnier (1864-1936) voraus: "Dieu fluvial riant de l'eau qui le chatouille" (Flussgott, lachend über das Wasser, das ihn kitzelt). Mit dem Verweis auf einen heidnischen Gott scheint er sich auf subtile Weise von der Frömmigkeit des späten Liszt abzugrenzen, der über T. 144-146 seiner Wasserspiele die Bibelworte drucken ließ:

> . . . sed aqua, quam ego dabo ei, fiet in eo fons aquae salientis
> in vitam aeternam. (Evang. sec. Joannem 4, 14)[2]

In seiner autobiografischen Skizze erwähnt Ravel, das Stück sei "nach Art eines Sonatenkopfsatzes gebaut". Dies beschreibt die Struktur von Exposition und Durchführung, verschweigt aber den Anklang an das Genre des Solokonzertes in der Reprise.

Jeux d'eau: "Nach Art eines Sonatensatzes gebaut"

'Exposition' T. 1-37

T. 1-8	Hauptmotivgruppe
T. 9-18	Hauptmotiv-Fortspinnung
T. 19-28	Sekundärmotivgruppe
T. 29-37	Sekundärmotiv-Fortspinnung mit Varianten und Entwicklungen

'Durchführung' T. 38-61

T. 38-47	Gruppe um das zweitaktige Motiv M3
T. 48-50	crescendierende Arpeggien zu Höhepunkt, Akkordtriller *fff*
T. 51-61	Rückleitung über Orgelpunkt *gis* mit Sekundärmotivvariante 3

'Reprise' T. 62-81

mit thematischen Komponenten, toccatenartigen Takten und einer virtuosen Passage nach Art einer Solokadenz

'Coda' T. 82-85

Während die Charakteristika der beiden in Ravels Klavierwerk vorausgehenden Tänze, das Spiel mit Synkopen und anderen Abweichungen vom gewählten Metrum, hier keine Rolle spielen, treten Texturvarianten und besonders eine außergewöhnlich reiche Harmonik in den Vordergrund. Für die Textur lässt sich schon im ersten Abschnitt eine allmähliche Vereinfachung beobachten: Unterscheidet man in T. 1-8 noch drei Stränge – eine Melodiestimme auf Basis des Rhythmus ♩. ♪ ♩. ♪ | ♩ ♩ |, ihre virtuose Umspielung in 16teln und 32steln und ihre Begleitung in Achteln –,

2 Der Vers stammt aus Jesu "Gespräch am Jakobsbrunnen" mit einer Samariterin. Er lautet in der deutschen Einheitsübersetzung der Bibel: "... vielmehr wird das Wasser, das ich ihm gebe, in ihm zur sprudelnden Quelle werden, deren Wasser ewiges Leben schenkt".

so stehen demselben Umspielungsmuster schon in T. 9-10 eine melodische Fortschreitung in gleichmäßigen Vierteln und eine Begleitung in ebenfalls zu Vierteln gepaarten Quinten und Quarten gegenüber, bevor die Melodiestimme vorübergehend ganz wegfällt und sich erst in T. 15-16 vor einem weniger komplexen Hintergrund neu emanzipiert. Danach herrscht über lange Strecken ein quasi monodischer Satz, in dem die melodisch führende Stimme jedoch wiederholt aussetzt.

Umso abwechslungsreicher ist die tonale und harmonische Gestaltung. Sie beginnt in den Rahmenphrasen der Hauptmotivgruppe (T. 1-2, 7-8) mit konventionell verwandten Sept- und Nonakkorden, durchwebt diese aber schon in der variierten Transposition von T. 3-4 mit Ganztonakkorden auf den melodischen Achteln, bis sie in T. 5-6 ausschließlich Ganztonklänge aneinanderreiht.[3] In der zehntaktigen Hauptmotiv-Fortspinnung gehen den jetzt auf die unbetonten Taktteile verschobenen Sept- und Undezimenakkorden in den ersten vier Takten Klänge aus leeren Quinten voraus, die sodann die Herrschaft übernehmen und schließlich der Heraufkunft einer pentatonischen Mittelstimme als Rahmen dienen.[4] Im zentralen Zweitakter des Abschnitts steigert sich die Musik recht plötzlich zum *ff*, fällt beim Auftreten der Mittelstimme jedoch von *f* in eine mit Dämpfer zu spielende Stille zurück, aus der sich nur die abschließende, auf die herrschende Quint reduzierte Überleitung noch einmal kurz zum *mf* erhebt.

Die folgenden zehn Takte präsentieren das sekundäre thematische Material und dessen Fortspinnung:

- ein eintaktiges Motiv in Oktaven, das für sich gehört die vorausgehende Pentatonik aufzugreifen scheint, im Zusammenspiel mit seiner wechselnden Begleitung aber mit Bezug auf cis-Moll harmonisiert ist, gefolgt von einer ersten leiseren Wiederholung und einer zweiten, die melodisch durch Binnenquarten, rhythmisch durch eine beschleunigte Begleitung und dynamisch durch eine Schwellung (< >) intensiviert ist;
- eine tonal anschließende Figur in drei rhythmischen Varianten, deren großes Crescendo durch *pp subito* abgebrochen wird;
- einen vierfach versetzten und leicht variierten Halbtakter, der aus diesem *pp subito* crescendierend zum *ff* führt;

[3] T. 1-2 und 7-8: E^9 A^7 E^9 A^7 E^9 ; T. 3-4: A^7 C^G (= Ganztonskala über *c*) A^7 C^G A^7 D^{11} + Arpeggiokurven aus C^G Cis^G C^G Cis^G; T. 5-6: C^G Cis^G C^G Cis^G C^G + C^G C^G C^G Cis^G.

[4] T. 9-10: dreimal Quint *e/h*, fis-$Moll^7$ + D^{11}; T. 11-12: Quint *cis/gis* + D^{11} + Quint *cis/gis*; T. 13-14 Quint *cis/gis* mit Nachbarquinten *d/a* + *h/fis*; T. 15-18: 𝄾 *h-gis-fis-gis-h-gis-fis* | *cis* vor Hintergrund *cis/gis*.

- den ersten Höhepunkt des Stückes: ein Doppelgrifftremolo mit der Diskantquint *g/d* über der Bassquint *es/b*, mit Oktavversetzungen über zwei weitere Takte diminuierend und ritardierend verlängert;
- und, wieder im *pp* und *a tempo*, eine fallende Kette mehrfach unterbrochener und zunehmend verkürzter Ableitungen aus dem Sekundärmotiv.

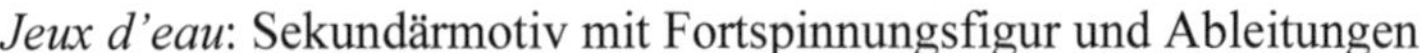

Jeux d'eau: Sekundärmotiv mit Fortspinnungsfigur und Ableitungen

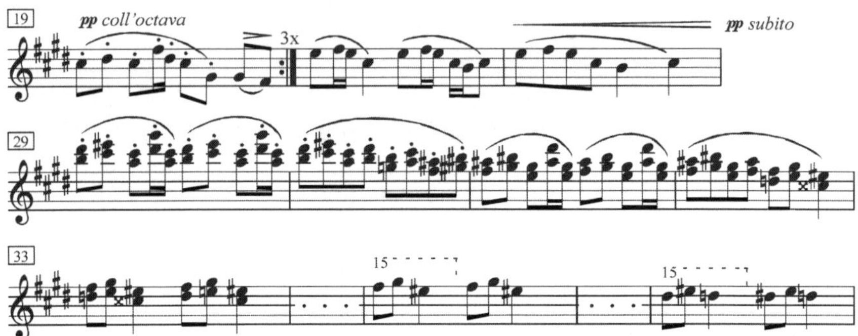

Im 24-taktigen Mittelabschnitt seiner "Wasserspiele" setzt Ravel die Anlehnung an die Sonatensatzform mit einer charakteristisch dreiteiligen Durchführung fort. Die ersten zehn Takte sind thematisch bestimmt durch ein neues Motiv, dessen Transpositionen sich crescendierend in die Höhe schwingen.[5] Im virtuosen zweiten Abschnitt ertönt der zweite Höhepunkt des Stückes, ein durch aufsteigende pentatonische Arpeggien vorbereiteter langer Akkordtriller in *fff* gefolgt von dem schon erwähnten, fünfoktavig fallenden Schwarze-Tasten-Glissando und einer allmählichen Entspannung. Diese setzt die Schwarze-Tasten-Pentatonik in Arpeggiowellen fort, wobei das *gis*, das dem Durchführungszentrum als Orgelpunkt dient, durch fünf Oktavpositionen springt, um schließlich anstelle des auf der Klaviertastatur nicht vorhandenen Subkontra-*gis* auf dessen Halbtonnachbarn, dem tiefen *a*, auszuklingen. Der dritte Abschnitt, wieder im Ausgangstempo und *p una corda*, bringt die Rückleitung mit weiteren Varianten des Sekundärmotivs und deren Ableitungen.[6] Der Orgelpunkt verbleibt grundsätzlich auf *gis*, in der Subkontra-Oktave zwei weitere Male ersetzt durch das tiefste *a*.

[5] Vgl. Motiv 3 erstmals vollständig in T. 39-40 nach Antizipation M3a in T. 38 (von *d'''*); T. 41-42 = M3a+b von *g'''*, T. 43-44 = M3a+b von *his'''*, T. 45 = M3b von *d''''*; T. 46-47 = viermal ½ M3b von *gis''''*.

[6] Vgl. die stufenweise ansteigenden Varianten des Sekundärmotivs in T. 51-52, 56 und 60.

Die Reprise, die nach kurzem Nachgeben zunächst das Tempo und das *pp una corda* des Anfangs aufgreift, beginnt mit einem Zitat der Takte 1-3, nun über einem *gis*-Orgelpunkt. Auch das Spiel mit den leeren Quinten tönt noch durch *gis* geerdet, bevor es in T. 67 dem *fis* als neuem Ankerton weicht. Zwei Takte lang fallen bitonale Arpeggien, zuerst paarweise in Ganztonschritten, dann einzeln in kleinen Terzen, bevor sie über einem durch die Oktaven absteigenden *fis* des Basses ins *ppp* ausklingen.

Unter Aufhebung des Dämpfers setzt die *très rapide* markierte, ohne Taktstriche notierte virtuose Kadenz ein, deren aus tritonal gegenpoligen Fis-Dur- und C-Dur-Dreiklängen zusammengesetzte Arpeggien sich in einem sechs Oktaven durcheilenden Aufstieg vom *ppp* zum *fff* steigern und von dort sehr allmählich wieder einer Entspannung entgegenstreben. Ein Zweitakter, der die erste Variante des Sekundärmotivs in Erinnerung ruft, beendet diese virtuose Einlage in der Reprise in leicht verlangsamtem Tempo mit zusätzlichem Rallentando und einer kurzen Pause. Eine neue Variante des Sekundärmotivs, nun ausdrücklich langsam und sehr ausdrucksvoll, endet zum letzten Mal auf dem alternativen Orgelpunkt. Unter einer neuerlichen Fermate schält sich ein *his* als Spitzenton des übermäßigen Undezimenakkordes heraus. Dieser mutiert jetzt zum Leitton des Kommenden.

Im weiterhin verlangsamten Tempo setzt sich die Reprise fort mit einer untransponierten Wiederaufnahme der Expositionstakte 19-20 und 22-23, in denen Ravel die ursprüngliche, pentatonische Version seines Sekundärmotivs und dessen Fortspinnungsfigur eingeführt hatte. Die zuvor in 16tel-Sextolen begleitenden Doppelgriffarpeggien sind auf das Doppelte beschleunigt, während die Begleitung der Fortspinnungsfigur zusätzlich verdickt ertönt über einer Basslinie, die nach einem anderthalbtaktigen *A* diatonisch zu *E*, dem Grundton des Expositionsbeginns, absteigt.

Für die anschließende Coda wünscht Ravel den Effekt eines Klangaufbaus bei durchgehendem Pedal. Die Musik besteht aus einer halbtaktig wiederholten melodischen Figur, die mit einem in 64steln arpeggierten E-Dur-Quintsextakkord verschmilzt. Die musikalischen Wasserspiele enden – *sans ralentir* – auf der Gegenüberstellung der beiden leerer Quinten *e/h* und *gis/dis*. So bekräftigt Ravel zuletzt noch einmal dezent die beiden zentralen Ankertöne des Stückes, *e* und *gis*.

Mit diesem ca. fünfminütigen Meisterwerk, "meinem lieben Lehrer Gabriel Fauré" gewidmet, begründet Ravel seinen ureigensten Klavierstil. Die in die Reprise eingeschobene, metrisch freie Kadenz weist die Struktur als eine Verbindung aus den Kopfsatzformen von Sonate und Solokonzert aus. Während die thematischen Komponenten ausnahmslos einfach und sehr eingängig sind, ist die mit pentatonischen Linien, Ganztonklängen und bitonalen Gegenüberstellungen durchsetzte Harmonik sowohl punktuell als auch in ihrer tonalen Entwicklung unverwechselbar. Dabei erweitert Ravel die schon in Liszts Werken höchst anspruchsvolle Klaviertechnik um weitere Finessen wie z.B. die durch Querstellung des Daumens und großflächige Handgelenkdrehung ermöglichten weit gespannten Arpeggien, Akkordtremoli und -triller, das Schwarze-Tasten-Glissando sowie die Verschränkung der Hände bei zwei im selben Register gespielten Strängen.

Sonatine

Am 12. März 1903 erschien in einer englisch-französischen Kulturzeitschrift, der exklusiven und ambitionierten aber nur sehr kurzlebigen *Weekly Critical Review,* der Aufruf zu einem Kompositionswettbewerb. Bis zum 31. März des Jahres sollte ein Sonatenkopfsatz in fis-Moll mit einer maximalen Länge von 75 Takten anonym eingereicht werden. Unter den Jurymitgliedern waren so bekannte Namen wie Vincent d'Indy, Paul Vidal und Charles Widor; dem Gewinner winkte die Publikation in einer Beilage der Zeitschrift sowie ein Preis in Höhe von 100 Francs. Ravel beteiligte sich und wählte, wie ein 1999 bei Sotheby's angebotenes Autograph belegt, für die Identifizierung seines Beitrages ein Anagramm seines Namens, "Verla".[1] Doch obwohl der Aufruf in der *Weekly Critical Review* mehrfach wiederholt und der ursprüngliche Einsendeschluss dabei zuletzt bis auf den 9. Mai 1903 verschoben wurde, blieb Ravels Satz offenbar die einzige Einreichung. Eine Drucklegung durch die Zeitschrift scheint in Angriff genommen, dann jedoch abgebrochen worden zu sein.

Im darauffolgenden Jahr spielte Ravel den Satz mehrfach in Pariser Salons, so u.a. am 8. Januar 1904 bei einer Soiree im Salon von Marguerite de Saint-Marceaux und am 16. Juni im Salon der Familie Godebski – engen Freunden, denen er das Werk später auch widmete.[2] Im Verlauf des Jahres zwischen dieser zweiten privaten Aufführung und dem im Autograph genannten Fertigstellungsdatum im August 1905 ergänzte er den Kopfsatz um zwei weitere Sätze. Im November 1905 erschien die Notenausgabe beim renommierten Musikverlag Durand, der Ravel kurz darauf für das exklusive Veröffentlichungsrecht aller zukünftigen Kompositionen ein Jahresgehalt von 12.000 Francs (ca. 42.000 Euro nach heutigem Wert) anbot. Die bejubelte Uraufführung der Sonatine fand am 10. März 1906 in Lyon mit der Pianistin Paule de Lestang statt; die Pariser Erstaufführung spielte Gabriel Grovlez am 31. März 1906. Die Sonatine entwickelte sich zu einem großen Erfolg. Noch zu Ravels Lebzeiten erschienen 26 Nachdrucke mit einer Gesamtauflage von 53.000 Exemplaren.[2]

[1]Peter Jost, "Neugierde lohnt sich. Zur Entstehung von Maurice Ravels Klaviersonatine" (ein Blog des Henle-Verlags, publiziert am 19. März 2012).

[2]Peter Jost im Vorwort der Urtextausgabe (München: Henle, 2011), S. IV.

Aufruf zum Kompositionswettbewerb
in der zweisprachigen Wochenzeitschrift *Weekly Critical Review*,
veröffentlicht am 12. 3. 1903, mit Wiederholung am 19.3., 9.4. und 23.4. 1903[3]

Musical Competition

Compose the first movement of a Pianoforte Sonate in F sharp minor, not to exceed 75 bars in length.

A prize of 100 francs will be given for the winning composition.

RULES

1.—All readers of the Weekly Critical Review are eligible to compete.

2.—All MSS. must be sent in by the 31st of March, 1903

3.—MSS. must be signed with pseudonym only. **The current** Weekly Critical Review **Competition Coupon with details fully filled up must accompany each MS.,** and must be enclosed in a sealed envelope on the outside of which is written only the pseudonym of the competitor. As this envelope will not be opened until after the awards have been made, any inquiry should be forwarded in a separate letter addressed to the Editor.

4.—**The fact of winning a prize in the Musical Competition involves a surrender of all rights in the winning matter to the Proprietor of the** Weekly Critical Review.

5.—Any infringement of any of the above rules will disqualify a competitor.

6.—**The winning composition will be published as a supplement to the "Weekly Critical Review."**

The following gentlemen have kindly consented to act as the judges of the pieces sent in to our Musical Competition:

M. ALFRED BRUNEAU
M. CAMILLE CHEVILLARD
M. VINCENT D'INDY
M. GEORGES MARTY
M. PAUL VIDAL
M. CHARLES M. WIDOR

[3] Abdruck nach Peter Jost, "Neugierde lohnt sich" (*op. cit.*).

Modéré

Der somit unter externen Vorgaben komponierte Kopfsatz ist lyrisch im Charakter und, nicht zuletzt bedingt durch die sehr begrenzte Taktzahl, konventionell gebaut. Nicht nur in der Reprise, sondern auch schon in der Durchführung repliziert Ravel die für die Exposition entworfene Abfolge. Im Bereich der Metrik und der Harmonik dagegen nimmt Ravel auch auf diesem engen Raum zahlreiche Freiheiten in Anspruch.

Das in Oktaven geführte Hauptthema besteht aus einer Phrase im Umfang von 10/8 und deren auf 8/8 verkürzter Wiederholung. Die Grundphrase setzt mit Akzent auf dem zweiten Achtel des ersten Taktes ein, gefolgt von einer Synkope auf dem leiseren Schlag 2 und ergänzt um ein Crescendo zur Mitte des dritten Taktes. Die auch weiterhin auf sekundäre Taktpositionen fallenden melodischen Betonungen, das weder melodisch noch harmonisch vorhersehbare erste Phrasenende, die metrisch verschobene Phrasenwiederholung und der wie ein plötzlicher Abbruch wirkende Themenschluss lassen Hörer, die nicht die Partitur mitlesen, im Unklaren über die zeitliche Ordnung. Die vage Atmosphäre wird unterstrichen durch die Harmonisierung in Dreiklangsparallelen und die Tatsache, dass die meisten Melodietöne nur von leeren Quinten gestützt werden.

Sonatine I: Das Hauptthema

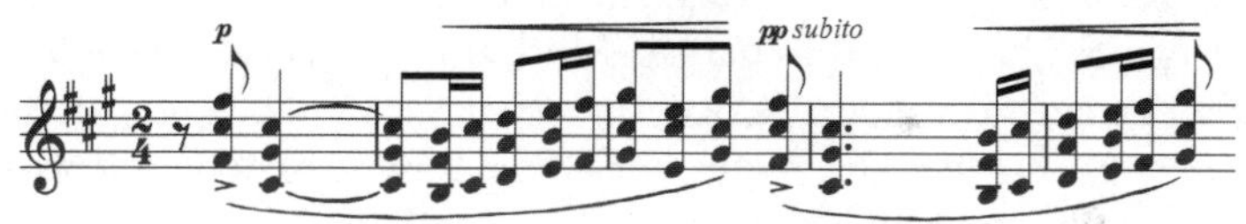

Der das Hauptthema ergänzende entwickelte Zweitakter, dessen Septakkorde wie die vorausgehenden Dreiklänge jeweils auf der Quint unter dem Melodieton ruhen, endet in zwei Überleitungstakten mit einem ersten *f*-Höhepunkt auf E^7 und einem kleinem *rallentando*. Harmonisch scheint sich im Seitenthema die Subdominante h-Moll anzukündigen, doch verwirklicht sie sich ausschließlich in dessen melodischem Ausgangston *h* und seinen Wiederaufnahmen, während die auch hier parallel verschobenen Hintergrunddreiklänge das dominantische Cis-Dur/Moll umkreisen.

Das metrisch anspruchslose Thema besticht durch seinen additiven Bauplan: Die siebentaktige Phrase ist als ||:a:||:b :|| c strukturiert. Danach führt eine Verwandte der Überleitungsfigur von Fis^{11} nach E^7 und, nach *rallentando* und langer Fermate, von dort zu einer wiederholten Schlussgeste, die den Hauptthema-Anfang antizipiert und dabei einen G-Dur-Quintsextakkord als ‘Leittonklang’ zum tonikalen fis-Moll einsetzt.

Die Durchführung beginnt mit der Transposition derselben Geste nach Fis-Dur und der daraus resultierenden metrischen Verschiebung der Nebenstimme in eine nachschlagende Position. Diese entwickelt sich zu einem durchgehend synkopierten Durchführungsmotiv – der einzigen nicht aus der Exposition abgeleiteten Komponente.

Sonatine I: Übergang zu und Beginn der Durchführung

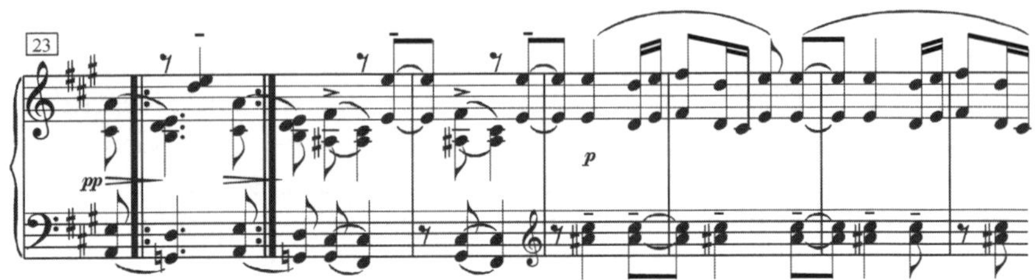

Eine Quart höher und *mf très expressif* folgen die zweite Hauptthemateilphrase, der ergänzende Zweitakter mit seiner Wiederholung (*f*) und eine Variante der Überleitungsfigur, die hier in den e-Moll-Dreiklang rund um das mittlere *c* und dabei zurück ins *pp* führt. Nach drei Takten Seitenthematransposition, die diesmal nicht von parallelen Dreiklängen in weiter Lage, sondern von parallelen Quarten begleitet sind, weicht die Musik von der Vorgabe der Exposition ab. Steigernd und beschleunigend steigt sie in Quarten von e- über a- und d- nach g-Moll, um in drei *f Animé* markierten und weiter crescendierenden Takten, die den angestrebten C-Dur-Dreiklang erst mit dem Zielton der chromatischen Mittelstimme bilden, in *ff passionné* den Höhepunkt des Sonatinensatzes zu erreichen. Die Harmonisierung dieses Höhepunkttaktes und der aus ihm entspringenden dreitaktigen Rückleitung verbindet die nächsthöhere Quart *c* mit dem in Vorbereitung auf die Reprise zu erwartenden cis-Moll zum übermäßigen Dreiklang *c/e/gis*, dessen Grundton sich erst im letzten Augenblick zum *cis* erhebt.

Die Reprise selbst entspricht in der Abfolge ihrer Komponenten der Exposition. Die variierte Überleitung zum Seitenthema ersetzt den aufsteigenden Quartengang der Durchführung mit einer durch vier Quarten fallenden Transposition ihres halbtaktigen Motivs. Das Seitenthema ertönt, tiefoktaviert, zwar in seiner Durvariante, entspricht aber sonst einschließlich der ihm folgenden Gesten der Vorlage und endet so in der Tonika. Dabei kadenziert Ravel mit einer höchst unkonventionellen Akkordfolge: E-Dur-Quintsext- und D-Dur-Sept-Akkord führen zum Fis-Dur-Dreiklang mit hinzugefügter None, die auch die stark verlangsamte, mit enharmonisch notierten a-Moll-Klängen alternierende Coda noch ganz durchklingt.

Mouvement de Menuet

Der zweite Satz steht in der Dominanttonart, wobei nur zwei der Moll-Einschübe in *cis* ankern, während die übrigen Phrasen enharmonisch mit Bezug auf Des-Dur notiert sind. Als Metrum wählt Ravel nicht den in Barock und Klassik bevorzugten 3/4-Takt, sondern eine Bewegung in drei Achteln, als wollte er eine allzu gemächliche Wiedergabe verhindern. Mit den zahlreichen Synkopen in den Grundphrasen scheint er an frühe französische Menuetts wie die von Rameau und Lully anzuknüpfen.

Die typische Form des Menuetts, das, in sich zweiteilig, von einem analog gebauten aber thematisch eigenständigen Trio gefolgt wird und mit einem *Da capo* des Menuetts schließt, wandelt Ravel ab. Auch ignoriert er die konventionelle Bevorzugung regelmäßiger, d.h. 8- und 16-taktigen Phrasen. Stattdessen konzipiert er den Mittelsatz der Sonatine derart, dass drei Abschnitte aus demselben thematischen Material entwickelt sind – was sich besonders deutlich in ihrer rhythmischen Verwandtschaft zeigt – und nur einer als eingeschobener Kontrast wirkt. Dies lässt sich schematisch folgendermaßen darstellen:

‖: A :‖	B	C	D	A'	B'	Coda
12	10	16	14	12	14	4 Takte

Von den drei gestisch analog beginnenden Abschnitten A, B und C ist der erste besonders reich an Synkopen. In ihm etabliert Ravel vier rhythmische Muster, die dann in Abschnitt B und C variiert und ergänzt werden.

Sonatine II: Rhythmische Muster und Synkopen in Abschnitt A

1 2a 3a 1 4a 4b 3b 2b

Alle drei Abschnitte beginnen rhythmisch mit Varianten der vier Eröffnungstakte und melodisch mit der zur Synkope aufsteigenden Quint, dem zur fallenden Quart zu Beginn des Kopfsatzhauptmotivs komplementären Intervall. Jenseits davon präsentiert jeder Abschnitt dezente Eigenheiten.

- Im *p* markierten Abschnitt A sind dies eine diatonische Unterstimmenkurve unter einem Binnenorgelpunkt, gefolgt von mehrfach aufsteigenden Quarten im Bass, wobei die Musik von Des-Dur nach f-Moll moduliert.[4]

[4] Vgl. T. 1-3: Binnenorgelpunkte *as/des* in der rechten Hand, dann *f/as* in der linken Hand, darunter *des-es-f-ges-f-es-des-c-b*; T. 6-7: *f-b-es*, T. 8-10: *f-b-es-as-des*, T. 11-12: *g-c-f*.

- Abschnitt B, der *pp* einsetzt, spannt seine ersten vier Takte über dem in Oktaven auf und ab springenden, die Synkopen des Vorangehenden aufgreifenden Grundton *f* und einer teils diatonisch, teils chromatisch fallenden Mittelstimme aus, gefolgt von einem Zweitakter, der dynamisch kurz aufblüht, und dessen Wiederholung mit diminuierender Ausleitung.
- In Abschnitt C sind die wieder im *pp* stehenden vier Ausgangstakte mit einem Es-Dur-Nonakkord harmonisiert, wobei die thematische Oberstimme im Duett mit einer wiederholten Binnenstimmenkurve erklingt. Im anschließenden, von *ppp* ausgehend crescendierenden Dreitakter übernimmt diese Binnenstimme allein die Führung. Die Steigerung setzt sich sodann fort: in der um eine Oktave höher versetzten Wiederholung des Dreitakters von *piano* zum *forte*, und dann in der verkürzten zweiten Wiederholung, die eine weitere Oktave höher und nun in der Oberstimme ertönt, von diesem *forte* zum strahlenden *fortissimo*. Die verbleibenden vier Takte bringen in einer auf der Stelle stehenden, hemiolisch rhythmisierten Figur über arpeggierten f-Moll-Dreiklängen einen Ausklang mit Diminuendo und Rallentando.

Der ins *pp* zurückfallende und mit *Plus lent* abgesetzte Abschnitt D ist in vieler Hinsicht bemerkenswert. Die Tonartsignatur mit drei Kreuzen suggeriert eine Rückkehr zum fis-Moll des Kopfsatzes. Darin bilden die meist durch Oktave und Quart gestützte Oberstimme der rechten Hand – eine Variante des Kopfsatzhauptmotivs (mehr dazu später) – und die sowohl dynamisch als auch mittels Arpeggien hervorgehobene Oberstimme der Linken einen Augmentationskanon, der sich mit Ausnahme eines Durchgangstones ausschließlich im cis-Moll-Dreiklang bewegt.

Sonatine II: Der cis-Moll-Kanon in Abschnitt D

Plus lent
Reprenez peu à peu le mouvement
a tempo
39
pp
p en dehors et expressif

Die Arpeggios unter der augmentierten Zweitstimme der ersten fünf Takte lassen sich als ein Wechsel zwischen cis-Moll-Non- und cis-Moll-Quintsextakkord hören, wobei die viermal im Bassregister angeschlagene Terz *e* als harmonisch ungewöhnlicher Orgelpunkt fungiert. In den letzten vier identischen Takten beschreibt das mittlere *e*, das für zweimal vier Takte nur als Teil der Hintergrundakkorde erklungen war, einen chromatischen Aufstieg, der als Teil des enharmonischen Übergangs von cis-Moll nach Des-Dur die Quint des Dreiklanges vorbereitet, mit der Abschnitt A' einsetzt. Mit dieser dezenten Nebenstimmenlinie weist Ravel zugleich darauf hin, dass die veränderte Begleitung der beiden Anfangstakte des *da capo* die zuletzt gehörten cis-Moll-Figuren weiterspinnt.[5]

Nach drei notengetreu aus Abschnitt A übernommenen Takten nimmt Ravel am Diskant und den begleitenden Stimmen minimale Änderungen vor, die die zuvor erfolgte Modulation nach f-Moll umgehen und den ersten Reprisenabschnitt mit einer authentischen Kadenz in Des-Dur beschließen. Für den wie seine Vorlage in Moll beginnenden Abschnitt B' wechselt Ravel erneut die Tonartsignatur, diesmal zu den vier Kreuzvorzeichen von cis-Moll, und verringert zudem das Tempo gegenüber dem analogen Abschnitt B (*un peu plus lent qu'au début*). Der nachschlagende Basston, hier *cis*, erklingt viermal synkopisch, bevor er im Hintergrund durch drei Oktaven auf und absteigend als nachdrücklicher Binnenorgelpunkt fungiert. Mit einem kurz vor dem erwarteten Abschnittende einsetzenden Rallentando und einer viertaktigen Erweiterung führt die Musik zu einer Fermate, unter der Ravel den Subdominantakkord von cis-Moll mit *d* und *his*, den beidseitigen (natürlichen und künstlichen) Leittönen des Grundtones, anreichert. Die kurze Coda, nun wieder in Des-Dur notiert aber *Très lent* und mit *mf* < *f* > dynamisch vom vorausgehenden *pp* abgesetzt, vervollständig die plagale Kadenz zuletzt mit einem zweimaligen Septakkord auf der Subdominantparallele es-Moll.

Für die Stimmung dieses interessanten Satzes liefert Ravel drei Hinweise. Die Wahl des 3/8-Taktes anstelle des üblicheren 3/4-Metrums wurde schon erwähnt. Die zahlreichen Vorschlags-Gruppetti und Arpeggien in den B-Abschnitten verleihen deren Mollcharakter Eleganz und spielerische Leichtigkeit. Und nicht zuletzt suggerieren auch die drei ausdrücklichen Reduktionen des Ausgangstempos[6] Abweichungen von einer grundlegenden Beschwingtheit. Ravels ästhetische Vorbilder waren offensichtlich die anmutig-lebhaften Menuette der französischen Clavecinisten.

[5]Enharmonisch notierte Chromatik in T. 49-53: *e-eis-fis-fisis-as*; neue Begleitung in den Eröffnungstakten von A' (in enharmonisch 'korrigierter' Notation: *gis-e-cis* über *cis-h-gis*).

[6]Vgl. beim Übergang von Abschnitt C zum *Plus lent* des Kontrastabschnitts D, beim Übergang von Abschnitt A' zum *Un peu plus lent qu'au début* in Abschnitt B', und am Ende der reprisenartigen Wiederaufnahme, gleichsam in Vorbereitung auf das (erst nach einer Fermate folgende) *Très lent* der Coda.

Animé

Für den Finalsatz entwirft Ravel eine hybride Struktur, die eine variierte Abfolge dreier Abschnitte (A B C, A' B' C') mit Kennzeichen der Sonatenhauptsatzform verbindet, insofern A' durchführungsartige Züge hat und C' sich durch einen Einschub und eine Stretta als Coda erweist.[7]

Mit fast durchgehenden Spielfiguren in Sechzehnteln oder Achteltriolen bei raschem Tempo erinnert der Satz an eine Toccata. Auch die Zusammenfassung größerer Taktgruppen durch Orgelpunkte und ostinat begleitende Intervalle bzw. Akkorde unterstreicht diesen Eindruck. Einzig einige Übergänge, kürzere Taktgruppen und die abschließende Stretta verlaufen ohne mindestens einen dieser tonalen Zusammenhalte.[8]

Die beiden Toccatenmuster selbst nehmen eine Mittelstellung zwischen Orgelpunkten und thematischen Komponenten ein. Das erste Muster, für viele Hörer das Charakteristikum dieses Stückes, erklingt als Einleitung in den drei Eröffnungstakten und begleitet auch noch die Einführung des ersten Themas, wird dann jedoch nie wieder aufgegriffen. Es handelt sich um eine Figuration in Sechzehnteln, die harmonisch den fis-Moll-Dreiklang um die Dursext erweitert und rhythmisch dem Taktbeginn einen zweiten Akzent auf Schlag 2 zur Seite stellt. Diese Synkopen, in der Einleitung die höhere Oktave des Orgelpunkttones, werden im ersten Thema des Satzes durch thematische Akzente ersetzt:

Sonatine III: Toccatenmuster 1

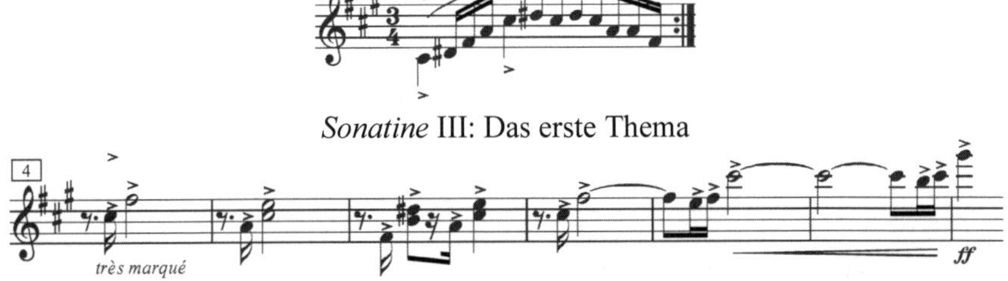

Sonatine III: Das erste Thema

[7]A: T. 1-36, B: T. 37-53, C: T. 54-59; A': T. 60-139, B': T. 140-156, C': T. 157-172.

[8]Für Bass- bzw. Mittelstimmenorgelpunkte (B, M) und ostinate Intervalle und Akkorde (I, A) vgl. T. 1-9: *cis* (B), T. 12-17: *fis* (B), T. 18-25: *d/fis* (I), T. 26-31: *gis* (B), T. 37-39: *e* (M), T. 40-42: *h* (M), T. 47-50: *cis/e/gis* (A), T. 51-53: *e/gis/his* (A), T. 60-70: *cis/e* (I), T. 72, 74 und 76-94: *ais/cis* (I), T. 95-97: *h* (B) und *h/fis/cis* (A), T. 98-99: *a* (B) und *a/e/h* (A, mit Echos in T. 106 und 113: *e/h/fis*, T. 120: *cis/gis/dis*), T. 100-105: *b/d* (I), T. 106-117: *gis/h* (I), T. 118-119: *c/e* (I), T. 125-134: *cis* (B; dazu T. 127-130: *ais* = M), T. 136-139: *eis/gis* (I), T. 140-142: *cis* (M), T. 143-145: *gis* (M), T. 149-153: *b/des/f* (A), T. 154-156: *a/cis/e* (A).

Wenn dieses Thema – mal mehr, mal weniger variiert – in den beiden äußeren Segmenten des durchführungsähnlichen Abschnitts A' auf je zwei verschiedene Tonstufen transponiert erklingt, bevor es zu seiner ursprünglichen Tonikaposition zurückkehrt, wird es vom zweiten Toccatenmuster begleitet: einer Dreitonfigur in fallenden Vierteln, umspielt mit je einem der schon erwähnten ostinat wiederholten Begleitintervalle oder Binnenorgelpunkte. Wie zu Beginn des Satzes gehen auch hier dem jeweiligen Themeneinsatz einleitende Takte voraus, in denen dieses zweite Toccatenmuster allein eingeführt wird. In den beiden Segmenten ergeben sich so deutliche Parallelen:

Sonatine III: Die Struktur im Mittelabschnitt

- T. 60-63: Einleitung *a-g-e* mit ostinater *cis/e*-Umspielung,
  T. 64-68: Begleitung der ersten Themenvariante
  T. 69-70: Ausklang,
  T. 71: polyrhythmische Überleitung
- T. 72-82: Einleitung *a-g-e* mit ostinater *ais/cis*-Umspielung (Einschübe mit Tritonus- und Oktavtransposition)
  T. 82-92: Begleitung der zweiten Themenvariante,
  T. 93-94: Ausklang
- T. 103-105: Einleitung *a-g-d* mit ostinater *b/d*-Umspielung
  T. 106-117: als Begleitung der dritten Themenvariante transponiert auf *fis-e-h* mit *g/h*- und *h-a-e* mit *c-e*-Umspielung
  T. 118-119: Ausklang
- T. 120-124: als Begleitung der vierten Themenvariante transponiert auf *dis-cis-gis* mit umspielendem Binnenorgelpunkt *e*

Eine fünfte Variante des ersten Themas erweist sich als Scheinreprise: Zwar wird sie erstmals wieder von einem Bassorgelpunkt *cis* gestützt und setzt wie zu Beginn des Satzes mit dem Sprung *cis-fis* ein, doch bleibt sie leise und weicht zudem bald wesentlich von der ursprünglichen Kontur und Struktur ab. So scheint es nur logisch, dass Ravel auch sie noch mit dem zweiten Toccatenmuster umgibt und damit dem durchführungsartigen Abschnitt A' zuordnet.[9]

Unmittelbar nach seinem ersten Auftritt wird das erste Thema durch ein Motiv ergänzt, unter dessen Oberstimme sich die Mittelstimmen in Septakkorden chromatisch auf und ab bewegen. Zwar ist die Bewegung

[9] T. 125-126: Einleitung *gis-fis-d* [!] mit *a/his*-Umspielung, T. 127-130: *gis-fis-cis* mit *ais*-Umspielung als Begleitung der 5. Themenvariante, T. 131: bitonaler Brückentakt (G-Dur-Arpeggio über *cis*), T. 132: *cis-h-fis* mit *dis*-Umspielung als Begleitung einer Teilsequenz, T. 133-134: Brückentaktvariante, T. 135-139: Ausklang *dis-cis-gis* mit *eis/gis*-Umspielung.

der Akkordbrechungen auf Triolenachtel reduziert, doch verhindert Ravels Hinweis *Agité* jegliche Entspannung. Auch dynamisch ist das Motiv mit mehrfacher Schwellung von *p* zu *f* sehr erregt. Das Thema (mit neuer Begleitung) und das Motiv werden sodann eine Quart höher wiederholt.

Abschnitt B setzt nach einer kurzen Überleitung um den am Ende der Motiv-1-Transposition erreichten Ankerton *e* mit dem zweiten Thema des Satzes ein. Dabei handelt es sich im Blick auf die Sonatine als Ganze recht eigentlich um das "Hauptthema": eine neue, diesmal in einen 5/4-Takt eingebettete Variante eines Themas, das sich spätestens hier als zyklisch zu erkennen gibt. Ihren Ursprung hat die Komponente im Kopfsatzhauptmotiv, das Ravel schon im zentralen Kontrastabschnitt des Menuettsatzes und erneut im Finalsatz in mehrmals leicht veränderter Form aufgreift. Das folgende Notenbeispiel zeigt die jeweils zuerst auftretende der intervallischen und rhythmischen Varianten, denen zum einfacheren Vergleich die Transpositionen auf denselben Grundton zur Seite gestellt sind.

Sonatine I, II, III: Das zyklische Thema

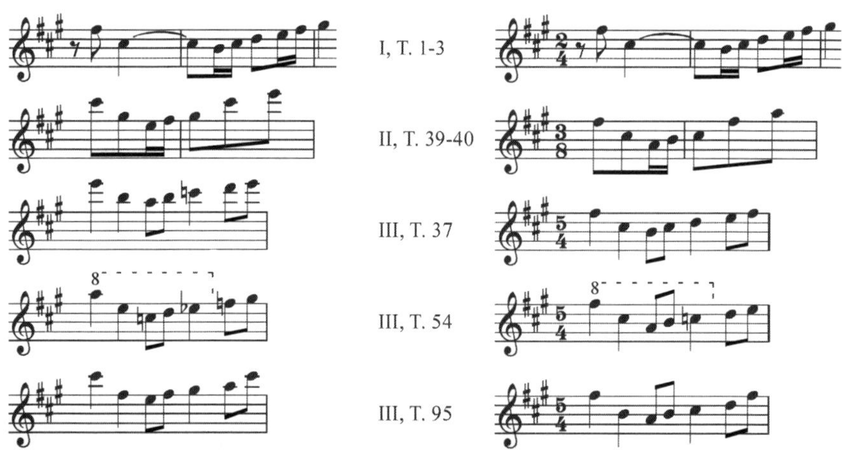

Wie das erste Thema wird auch das zweite in Quart-Transposition wiederholt; allerdings kehrt Ravel den zu Beginn des Satzes gehörten Schritt von fis-Moll nach h-Moll hier zum Schritt von E-Dur nach H-Dur um. Auch weicht das durchgehend akzentuierte *forte* einem *piano tranquillo*; im *Plus lent* der Transposition, in dem sogar die bewegte Mittelstimme wegfällt und der dritte Takt zusätzlich an Tempo verliert, ist die Wendung zum Leisen, Langsameren und Einfacheren noch verstärkt.

Wie das erste wird auch das zweite Thema durch ein eigenes Motiv ergänzt; allerdings ersetzt Ravel die zweifache Paarung Thema/Motiv durch die Zusammenfassung zu zweimal drei Takten Thema gefolgt von zweimal zwei Takten Motiv (jeweils 5/4 + 4/4; *pp subito, très doux et expressif*). Mehr Raum als zuvor nimmt jetzt die abschließende Überleitung ein, die die fallende Quart aus dem Beginn von Thema 2 und Motiv 2 isoliert, sie hemiolisch gegen einen in 3/4-Noten chromatisch fallenden Bassgang stellt und dabei zum *f* und, über einer dreitaktigen Ausweitung des erreichten Leittonklanges, zum *ff* crescendiert.

Im durchführungsartigen Abschnitt A' trennt Ravel die zwei durch Thema 1 und Toccatenmuster 2 bestimmten Segmente durch eine kurze Wiederaufnahme des zyklischen Themas. Gekleidet in ein *très expressif* gewünschtes *pianissimo* erklingt hier eine Variante, die sowohl in ihrem eröffnenden Melodieschritt als auch in der Schichtung des stützenden Arpeggios der linken Hand von der Quint statt der Quart dominiert wird.

Erst nach dem *ff*-Höhepunkt am Ende der Scheinreprise, d. h. am Ende des letzten, verlängerten Thema-1-Einsatzes, und dem darauf folgenden viertaktigen Diminuendo, ertönt das zyklische Thema wieder mit all seinen ursprünglichen Parametern. Damit beginnt Abschnitt B' – für Hörer eine nicht weiter auffällige Transposition von Abschnitt B. Einzig Leser des Notentextes mögen hier kurz stutzen angesichts der auffälligen Wechsel in den Tonartsignaturen vom ursprünglichen fis-Moll mit seinen drei Kreuzen zur Auflösung aller Vorzeichen (zu Beginn der Motiv-2-Transposition in T. 146) und zur Fis-Dur-Signatur mit sechs Kreuzen in der Mitte der Überleitung von B' zu C'. Die beiden Wechsel verdanken sich ganz unterschiedlichen Erwägungen. Im ersten Fall sorgt Ravel zur Erleichterung aller Pianisten für einfachere Lesbarkeit;[10] im zweiten dagegen suggeriert er für sein in fis-Moll entworfenes Werk einen ihm offenbar wünschenswert erscheinenden Fis-Dur-Schluss, den seine Musik jedoch tatsächlich gar nicht vollzieht.[11]

[10]Die harmonische Folge von Thema 2 / Transposition / Motiv 2, die in Abschnitt B als E-Dur / H-Dur / Gis-Dur vorgegeben ist, wäre in der Transposition des Abschnitts B' als Cis-Dur / Gis-Dur / Eis-Dur zu erwarten. Diese letzte, mit vier Doppelkreuzen komplizierte Tonart ersetzt Ravel durch F-Dur, wobei er allerdings die ♭-Vorzeichen direkt vor die Note schreibt.

[11]Nachdem die Überleitung, vom F-Dur ausgehend, einen b-Moll-Dreiklang erreicht hat, nimmt Ravel den enharmonischen Wechsel vor: die hemiolische fallende Terz *f-des* wird zu *eis-cis* etc. Doch sind reine Fis-Dur-Dreiklänge im anschließenden Abschnitt C' auf die Taktanfänge beschränkt, werden aber von den Akkorden auf Schlag 2 und 3 ignoriert.

Der schlussgruppenartige Abschnitt C beginnt mit einer Variante des zyklischen Themas, die in denkbar größtem Gegensatz zur ursprünglichen Stimmung der Komponente *ff très marqué* klingen soll und statt von einem Orgelpunkt von ganztönig abwärts versetzten Durdreiklängen begleitet wird. Auch zum auf den Quartfall reduzierten Abspaltungsmotiv, das auf die oktavversetzte Wiederholung der Themenvariante folgt, erklingen viermal, zunehmend leiser, die ersten drei Schritte dieser ganztönigen Parallele.

Abschnitt C ', der den Sonatinensatz beschließt, erweist sich als dessen erweiterte und intensivierte Transposition. A-Dur als Ausgangs- und Endpunkt von Abschnitt C weicht hier der Zieltonart der Sonatine, Fis-Dur – wenn auch nur scheinbar, denn die melodische Komponente hält an ihrer vorgegebenen Mollkontur und sogar an der in der Taktmitte tiefalterierten Quint fest, und die ganztönig parallel verschobenen Durdreiklänge der linken Hand zeigen wie zuvor keinerlei Bezug zu irgendeiner diatonischen Tonleiter. Auch die Quart *fis-cis* im Abspaltungstakt fällt wie zuvor vor dem Hintergrund der ersten drei Schritte dieser Parallele. Allerdings setzt hier nicht wie in Abschnitt C eine Entspannung mit Diminuendo zum *pianissimo* ein. Vielmehr wünscht Ravel schon zu den ersten drei Zitaten des Abspaltungstaktes eine Beschleunigung. Der *Très animé* markierte erste der beiden zweitaktigen Einschübe, die mit ihren hemiolischen Paarbildungen noch einmal an die Überleitungspassage nach Motiv 2 erinnern und mit ihren sechs Dreiklängen die Thema-2-Variante fortsetzen,[12] führt zu einer ins *ff* gesteigerten Wiederaufnahme des Abspaltungstaktes, der tiefoktavierte zweite zu dessen vierfacher Wiederholung im erstmals in diesem Werk gehörten *fff* – einem Schlusshöhepunkt, den die Musik im letzten Takt mit einem brillanten dreioktavigen Arpeggio bekräftigt.

Die aus äußerem Anlass begonnene, dann aber ebenso kompositorisch fantasievoll wie publikumswirksam vollendete *Sonatine* sollte Ravels einziges Klavierwerk in dieser klassischen Gattung bleiben. Erst knapp zwei Jahrzehnte später griff er die Bezeichnung wieder auf, als er 1920-1922 als Hommage an den 1918 verstorbenen Debussy eine *Sonate für Violine und Violoncello* und 1923-1927 eine *Sonate für Violine und Klavier* schrieb.[13] Noch später, ab 1929, folgten in der orchestral intensivierten Variante der Sonatenform seine beiden Klavierkonzerte.

[12]Vgl. T. 162-163 und 165-166: Fis-Dur — cis-Moll, a-Moll — e-Moll, C-Dur — Es-Dur.

[13]Diese Violinsonate wird oft als "zweite" gekennzeichnet, da ihr ein einsätziges Werk derselben Gattung und Besetzung aus Ravels Studienzeit voranging, das jedoch erst 1975 eine posthume Drucklegung und Uraufführung erfuhr.

Miroirs

Im Jahr 1905, in unmittelbarer Nähe zur *Sonatine*, entstand die fünfteilige Klaviersuite *Miroirs*. Wie Ravel in seinen autobiografischen Skizzen schreibt, erstaunte die darin entwickelte harmonische Sprache selbst die Musiker seines engeren Umkreises, die all seine bisherigen Schritte begleitet hatten, wie die Mitglieder der Künstlergruppe "les Apaches". Die fünf Sätze der *Miroirs* sind je einem der Apachen-Freunde gewidmet:

1 "Noctuelles" dem Dichter Léon-Paul Fargue,
2 "Oiseaux tristes" dem Pianisten Ricardo Viñes,
3 "Une barque sur l'océan" dem Maler Paul Sordes,
4 "Alborada del gracioso" dem Musikkritiker Michel Calvocoressi,
5 "La vallée des cloches" dem Komponistenfreund Maurice Delage.

In ihrem Stil und ihrer Absicht einer Malkunst mit musikalischen Mitteln ähneln die *Miroirs* Debussys zwischen 1903 und 1907 entstandenen Klavierzyklen *Images* I + II; in ihrem pianistischen Anspruch orientieren sie sich, wie schon die *Jeux d'eau*, an den Entwicklungen, für die Franz Liszt die Grundlage gelegt hatte. Die Uraufführung am 6. Januar 1906 in einem Konzert der Société Nationale im Érard-Saal spielte Ricardo Viñes. Noch im selben Jahr erschien die Erstausgabe bei Demets.

Zwei der fünf Stücke hat Ravel selbst orchestriert: An "Une barque sur l'océan" machte er sich schon kurz nach der Fertigstellung des Originals. Die Orchesterfassung dieses Stückes erklang erstmals am 3. Februar 1907 in den Concerts Colonne unter Gabriel Pierné. 20 Jahre später versuchte sich Ravel an einer Überarbeitung, die auch am 30. Oktober 1926 unter Albert Wolff aufgeführt, aber nie gedruckt wurde. Doch noch immer war der Komponist nicht wirklich zufrieden, und letztlich zog er die Orchesterfassung ganz zurück. Besser erging es "Alborada del gracioso", das Ravel 1918 orchestrierte. Die wunderbar farbige Transkription erklang erstmals am 17. Mai 1919 mit dem Orchestre Pasdeloup unter Rhené-Baton, und es folgten viele weitere, begeistert aufgenommene Aufführungen. Die Partitur erschien 1923 beim Musikverlag Eschig.

Das Titelwort des Zyklus, im umgangssprachlichen Gebrauch der Plural von "Spiegel", wurde um die Jahrhundertwende allgemein vor allem mit den Bildern assoziiert, in denen impressionistische Maler um Claude Monet den verschiedenen Wasserspiegelungen nachspürten.

Claude Monet, *Flut in Giverny* (1896)
Schweizer Privatsammlung

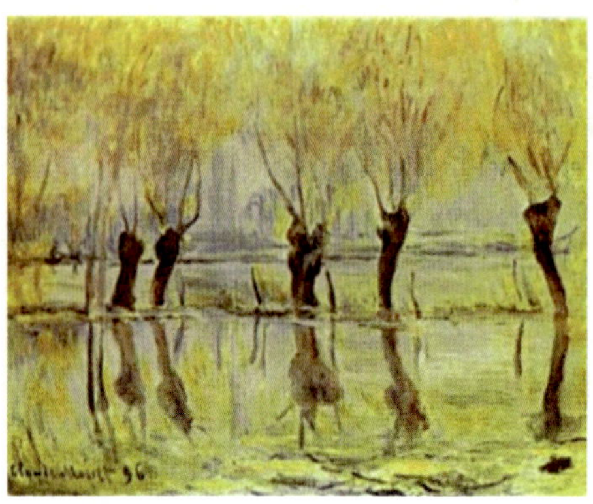

Claude Monet, *Vétheuil* (1901)
Puschkin Museum Moskau

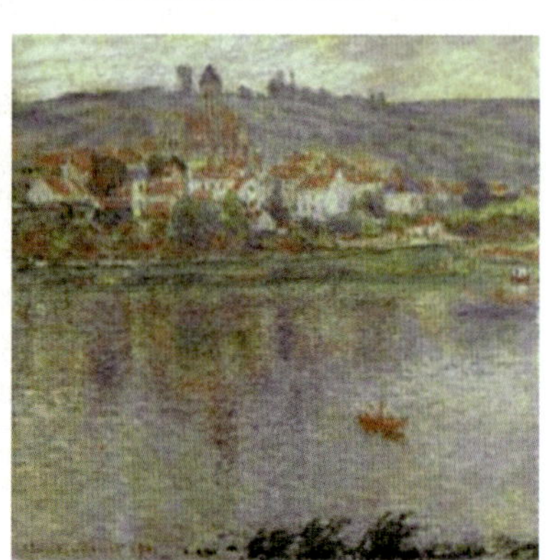

Ravel selbst spricht allerdings von einer anderen Assoziation. Wie er in einem zu seinen Lebzeiten unveröffentlicht gebliebenen Anhang zu seinen autografischen Skizzen schreibt:[1]

> Das Wort Spiegel sollte nicht zu der Vermutung verleiten, dass ich hier eine subjektivistische Kunsttheorie vertrete. Ein Satz von Shakespeare hat mir dazu verholfen, eine ganz gegenteilige Position zu formulieren. In Szene 2 des Dramas *Julius Caesar* sagt Brutus: ". . . das Auge sieht sich nur durch Widerspiegelung, durch gewisse andere Dinge."

Diese Aussage mag im Zusammenhang mit Ravel überraschen. Eine Erklärung liefern einige Zeilen aus Shakespeares Replik des Cassius:

> Deshalb, guter Brutus, hört mir bereitwillig zu. Und da Ihr wisst, dass Ihr Euch selber nicht besser als durch Widerspiegelung sehen könnt, will ich als Euer Spiegelglas bescheiden Euch selber das in Euch enthüllen, wovon Ihr noch nichts wisst.[2]

In seinen fünf "Widerspiegelungen" geht es Ravel offenbar darum, mit musikalischen Mitteln anzudeuten, dass es zur Selbsterkenntnis ein Gegenüber braucht, in dem die gespiegelten Wesen und Dinge sich allererst sehen und eine Wahrheit erfahren, die sie von sich selbst nicht wissen und nicht wissen können.

[1] Orenstein et al., *Lettres, écrits, entretiens*, S. 35.

[2] William Shakespeare, *Julius Caesar.* Englisch mit deutscher Prosaübersetzung, Kommentaren und einem Nachwort von Dietrich Klos (Stuttgart: Reclam, 1976), S. 15.

Noctuelles

Widmungsträger des Stückes, das den Reigen der *Miroirs* eröffnet, ist der Dichter Léon-Paul Fargue. Zwischen ihm und Ravel bestand ein tiefes, oft wortloses gegenseitiges Verständnis. In dem Aufsatz "Ravel's Poetics" zitiert Steven Huebner eine Bekannte der beiden, die es so zusammenfasste: "Einer von ihnen hörte das Unhörbare, der andere sah das Unsichtbare."[3] Und der Musikkritiker Émile Vuillermoz, einer der Apachenfreunde der beiden, betont in seinem Nachruf auf Léon-Paul Fargue den bedeutenden geistigen Einfluss des Dichters auf den Komponisten, der Fargue durchaus einen Platz in der Geschichte der zeitgenössischen Musik gesichert habe.[4] Ravel fand in dem von chronischer Schlaflosigkeit geplagten Freund einen idealen Partner für seine nächtlichen Streifzüge, die oft erst endeten, wenn die Bäckereien schon wieder öffneten. Dabei waren die Einsichten der beiden offenbar recht verschieden: Fargue ließ sich von den bei diesen Nachtschwärmereien empfangenen Eindrücken zu zahlreichen Gedichten inspirieren, in denen er sowohl die Tristesse als auch das Potential der industrialisierten Großstadt in den Vordergrund rückt, während Ravel weniger an der Realität als an der möglichen (Be)deutung des Erlebten interessiert war.

Die titelgebenden "Noctuelles" sind ganz prosaische Nachtfalter – Wesen, die nur im Dunkeln aktiv werden, sich dabei aber von jeder Lichtquelle angezogen fühlen und oftmals in dem Verlangen, dem Licht nahe zu kommen, abrupte Zusammenstöße erleben oder auch verbrennen. Fargue selbst hatte in seinem zeitgleich mit Ravels *Miroirs* im Jahr 1905 entstandenen Prosagedicht "La petite gare aux ombres courtes" das typische Verhalten dieser Falter lyrisch beschrieben: "Les noctuelles des hangars partent, d'un vol gauche, cravater d'autres poutres" (Die Nachtfalter der Lagerschuppen fliegen linkisch los, um sich wie Krawatten um andere Balken zu winden.) Es braucht nicht viel Fantasie, um in dieser Charakterisierung der von jedem Lichtschimmer angezogenen Flatterwesen ein Porträt der menschlichen Nachtschwärmer Ravel und Fargue zu erkennen.

Die Spezies der Noctuidae (Eulenfalter)

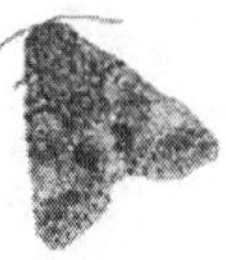

[3] Steven Huebner, "Ravel's Poetics: Literary Currents, Classical Takes", in Peter Kaminsky, Hrsg., *Unmasking Ravel: New Perspectives on the Music* (Rochester, NY: University of Rochester Press, 2011), S. 9-40 [19].

[4] Dieser Nachruf erschien zuerst am 9. Dezember 1947 im *Spectateur*. Nachdruck unter dem Titel "Un grand musicien" in *Ludions: Bulletin de la Société des Lecteurs de Léon-Paul Fargue* 8 (2002-3), S. 273.

Ravel übersetzt dieses Umherflattern und Anstoßen in polyrhythmische Gegenüberstellungen und schrille Dissonanzen. Die explosionsartigen Ausbrüche in T. 23 und 26, wo die Dynamik innerhalb von nur drei Achteln von *pp* zum *f* anschwellen soll, legen nahe, sich Zusammenstöße einer plumpen Motte mit einem Gegenstand im Raum oder aber den genervten Abwehrschlag eines menschlichen Mitbewohners vorzustellen.

Die Musik bewegt sich in höchst komplexen Rhythmen sowie ständig wechselnden, oft mehrdeutigen metrischen Mustern und liefert dabei ein faszinierendes Spiel mit der Tonalität, das rein äußerlich in den konventionellen Bauplan einer dreiteiligen Form mit Coda gekleidet ist. Wie schon in einigen Finalsätzen aus Beethovens frühen Klaviersonaten (z.B. op. 2/1 und op. 2/3) enthalten die Kontrastabschnitte durchführungsartige Elemente, und die Rahmenabschnitte können hinsichtlich ihres Materials und ihrer harmonischen Beziehungen als Exposition und Reprise gehört werden. Auf lokaler Ebene spielen Wiederholungen eine wesentliche Rolle. Sie beeinflussen die Wahrnehmung sowohl des metrischen Pulses als auch die der Größe und Form der musikalischen Bausteine.

Miroirs I: Wiederholungen und Analogien im Bauplan der "Noctuelles"

	Exposition	Reprise
A	T. 1 = 2	
	T. ½ 3 = ½ 3	
	T. 4 = 5	
	T. 6-7	90-91
	T. 8-9	92-93
A'	T. 10 = 11	94 = 95
	T. ½ 12 = ½ 12 = 13	½ 96 = *½ 96 = 97*
	T. 14 = 15	*98*
	T. 16-18	*100-102*
	T. 19-20	*103-104*
A"	T. 21-23 = 24-26	*105-107 = 108-110*
	T. 27 = 28	*111 = 112*
	T. 29-30	*113-114*
	T. 31 = 32	*115-116*
	T. 33-34_1 = 34_2-35	*117-118_1 = 118_2-119*
	T. 36	*120*

Kontrast/Durchführung B	B'	B"	Coda
T. 37 ≈	61-62		
T. 38-40 ≈	51-52/53-54		T. 121-125
T. 46-50 ≈	56-60	T. 63-89	T. 126-131

Im Bereich der tonalen Organisation haben Ganz- und Halbtonketten weit mehr Gewicht als diatonische Fortschreitungen. So erklingen die beiden alternativen Ganztonskalen z.B. im Part der linken Hand in T. 1-2 (*ges-as-b-c-d-fes*) und in T. 8-9 (*des-es-f-g-a-[h]*). Halbtöne treten in dreierlei Gewand auf: als fast-simultane Vorschläge, vertikal als bitonale Gegenüberstellungen, und horizontal als chromatische Linien. Um einige Beispiele zu geben:

1. In zahlreichen Takten erklingen tonale Dreiklänge, denen auf dem betonten Taktschlag natürliche oder künstliche Leittöne vorausgehen, die die erwartete Harmonie gleichsam verunreinigen. Dies geschieht im melodischen Kontext wie in Akkordbrechungen: 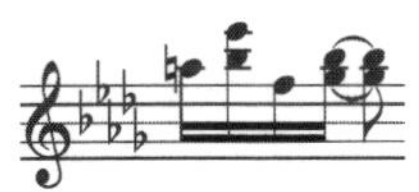 So werden die Töne des Es-Dur-Dreiklanges in der eröffnenden Figur der rechten Hand durch *a* und *f* hinausgezögert, und der Es-Dur-Nonakkord in T. 6-7 enthält die Leittöne *fis, a* und, später, *d.* Eine solche Häufung von Leittönen kommt dem Effekt von Bitonalität nahe, insofern die harmoniefremden Töne in T. 6-7 als D-Dur-Dreiklang gehört werden können, der sich gegen den Es-Dur-Klang stemmt.
2. An anderen Stellen ist die Bitonalität noch offensichtlicher; vgl. dazu die Arpeggien in T. 18-19 und 52-53 mit ihrer Gegenüberstellung von Fis-Dur-Nonakkord und G-Dur im ersten, Ges-Dur und F-Dur im zweiten Fall, sowie das es-Moll gegen F-Dur setzende Tremolo in T. 36 und die Quinten in T. 51 und 53 (rechts: *fes/ces*, links: *es/b*). Jedes dieser Paare besteht vorwiegend aus Halbtonreibungen.
3. Chromatische Linien ertönen in unterschiedlichen Rhythmen und Texturschichten. Halbtonreihungen in Sechzehnteln finden sich schon in den zweiten Hälften von T. 1 und 2. Ebenfalls in Zweitstimmen, aber doch deutlicher klingen die chromatischen Kurven in parallelen Terzen in T. 47-50, 57-60 etc. Doch auch in die führenden Stimmen mischen sich chromatische Linien, z. T. sogar zweistimmig mit Parallele oder Gegenbewegung (vgl. T. 21-23: *g-fis-f, c-ces-b* mit nachschlagender Quart- und Oktavparallele, über links *gis-a / d-dis, h-c, f-fis-g*). Hier ergeben sich zusätzlich Halbtonreibungen (vgl. T. 21_1: *g/gis* und T. 23_1: *c/des*).

In der Tabelle auf der vorausgehenden Seite werden Wiederholungen und Varianten gleichermaßen als strukturelle Entsprechungen behandelt und mit dem Zeichen = zueinander in Beziehung gesetzt. Kursive Taktzahlen markieren die Transposition eine Quint abwärts.

In diesem auffällig hohen Grad an Halbtonsaturierung fängt Ravel etwas von dem aufgeregten Flattern der Falter ein, die wie magisch angezogen auf jede Lichtquelle zuschwirren. Da sie aufgrund der sehr raschen Bewegung ihrer dünnen Flügel oft größer wirken, als sie tatsächlich sind, scheinen sie wie mit verschwommenen Rändern über ihren eigentlichen Körper hinaus in den Raum um sie hineinzureichen. Diese Ambivalenz ihrer Form zeichnet die Musik durch allgegenwärtige Halbtonreibungen und bitonale Gegenüberstellungen nach.

Die zeitliche Organisation der Musik trägt eine weitere Dimension von Unschärfe bei. Im grundlegenden Taktpaar zu Beginn ist jeder Viertelschlag polyrhythmisch als 4 : 3 unterteilt. Gleichzeitig ergibt sich eine polymetrische Diskrepanz: Während das vorgezeichnete 3/4-Metrum vom Part der linken Hand mit drei Achteltriolen unterstrichen wird, wird der Part der Rechten als aus zwei Hälften von je 6/16-Länge bestehend gehört. T. 3 folgt mit einer auf den ersten Blick einfachen Gegenüberstellung von 6 : 3 in jedem Schlag, wobei die metrische Organisation die Aufteilung in zwei Hälften weiterführt. Allerdings wird dabei das vorgegebene 3/4-Metrum in der Rechten gänzlich unterlaufen zugunsten einer wiederholten Gruppierung von neun Triolensechzehnteln, während der Rhythmus der Linken, wollte man ihn gesondert hören, schwer fassbar ist. In dieser subtilen Weise vermitteln schon die Muster in T. 1 und 3 der "Noctuelles" vielfältige Botschaften: Trotz der vertrauenerweckenden Wiederholungen in T. 1-2 und den beiden Hälften von T. 3 wirken die multiplen metrischen Teilungen zutiefst verstörend.

Miroirs I: Tonale, rhythmische und metrische Ambiguitäten

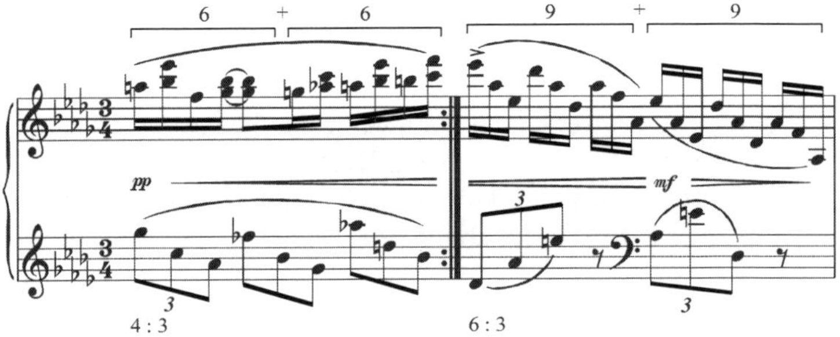

Ähnliche Vielschichtigkeiten setzen sich durch einen Großteil des Stückes fort. So enthält z.B. die Gruppe in T. 33-35, für die das Metrum zum 6/8-Takt wechselt, eine 9/8-Figur gefolgt von ihrer Wiederholung in der höheren Oktave. Dagegen stellt die Linke ein Muster, in dem die 18/16

nicht wie in der Rechten in drei gleiche Gruppen geteilt sind, sondern als 4 + 4 + 4 + 6 eine alternative Realität dagegenstellen – wobei jeder Gruppenbeginn durch einen Akzent zusätzlich hervorgehoben werden soll.

Stellenweise infiziert die metrische Zweideutigkeit auch die Melodiestimme. So zeichnet Ravel für das Taktpaar 14-15 ein 5/8-Metrum vor. Die ersten drei Achtel sind in sich triolisch unterteilt, während die Unterstimme in den verbleibenden zwei Achteln je fünf Noten spielt. Derweil führt die Dreitongruppe, die Ravel aus diesen Achteln als Oberstimme hervorhebt, ein sich überstürzendes Accelerando aus, im Vergleich zu dem die auskomponierte Beschleunigung in T. 6-7 geradezu zahm wirkt.

Auch die Phrasenstruktur ist einer betonten Irregularität unterworfen. Beispiele dafür sind zahlreich; ich wähle eins aus dem dritten Segment der Exposition: T. 21-23 und 24-26 umfassen je elf Achtel, die als 4 + 4 + 3 gruppiert sind; in T. 27-30 folgen neunzehn Achtel, zusammengesetzt aus 5 + 5 + {5 + 4}. Der damit erzielte Eindruck ist der einer wiederholten unvollständigen 12/8-Phrase und ihrer Ergänzung durch eine über ihre Grenzen hinaus gedehnte 15/8-Phrase. Die mit T. 31 beginnende variierte Sequenz dieser Ergänzungsphrase ufert dann zusätzlich aus in die oben beschriebene polymetrische Gegenüberstellung von T. 33-35.

Besonders auffällig sind diese Ambiguitäten im Kontrastabschnitt von T. 37-62. Die Taktangabe wechselt hier achtmal, meist zwischen 5/4 und 3/4, unterbrochen von einem einzigen 4/4-Takt. Um die Unstetigkeit dieser Passage ganz zu würdigen, ist es hilfreich, sich den akkordisch gesetzten Strang der Rechten als eine rhythmisch verzerrte thematische Kontur im 3/4-Takt vorzustellen. In deren metrisch 'regulärer' Fassung wären die Punkte der angenommenen 'ungeduldigen Kontraktionen' – die Halbenoten und punktierten Halben auf dem zweiten Schlag von T. 38, 41, 51 und 53 sowie auf dem ersten Schlag von T. 45 – jeweils um eine Viertel länger.[5] Vor diesem gedanklichen Hintergrund wird es umso deutlicher, mit welcher Unerbittlichkeit das gleichmäßige Pochen der Orgelpunktoktave das metrische Torkeln dieser Passage offenlegt.

Man kann nur spekulieren, auf welche Eigenschaften seiner so häufig mit dem Freund unternommenen Ausflüge durch das nächtliche Paris Ravel mit dieser musikalischen Darstellung des linkischen Nachtfalterfluges anspielen wollte.

[5]Die fiktive Ausgangsbasis dieser metrisch "zurecht gehörten" Kontur würde anstelle der vier genannten 5/4-Takte jeweils zwei 3/4-Takte zeigen und damit stetig pulsieren. Im als 4/4 notierten T. 52 deutet Ravels Fermate über dem letzten (Pausen-)Achtel ein ähnliches metrisches Zurechtrücken an – und erst recht in dessen 5/4-Variante in T. 54 .

Oiseaux tristes

Das zweite Stück in der endgültigen Anordnung der *Miroirs*, Ravels katalanischem Freund Ricardo Viñes gewidmet, entstand als erstes. Es galt dem Komponisten selbst auch rückblickend als das aussagekräftigste. Die Protagonisten der Musik beschreibt er in seiner autobiografischen Skizze als "des oiseaux perdus dans la torpeur d'une forêt très sombre aux heures les plus chaudes de l'été" – Vögel, verloren in der Benommenheit eines sehr dunklen Waldes in den heißesten Stunden des Sommers. Ein anderer Apachenfreund, Émile Vuillermoz, glaubt, dass Ravel die Idee zu dieser Musik aus dem Wald von Fontainebleau mitbrachte, wo er während einer bei Freunden verbrachten Sommerfrische frühmorgens voller Genuss einer Amsel gelauscht hatte.[6]

Die Musik, die der begeisterte Morgenspaziergänger hier aufzeichnet, hat drei klar erkennbare Solisten: Zur Amsel gesellt sich bald ein Kuckuck sowie ein monoton gurrender Vogel. Dazu treten zuweilen weitere zarte Vogelstimmen, die jedoch nicht als Individuen unterscheidbar werden. Noch andere Komponenten malen den Hintergrund, vielleicht den in der Hitze apathisch daliegenden Wald.

Dass jeder der drei solistisch singenden Vögel durch einen ganz eigenen Rhythmus typisiert ist, drückt Ravel in einer komplizierten Notation aus. Diese umfasst schon im neuntaktigen Eröffnungsabschnitt

- einen einfachen 4/4-Takt (T. 1),
- einen 4/4-Takt mit Triolenunterteilung (T. 2),
- eine 3/4-Signatur für (genau genommen) einen 6/8-Ruf (T. 3),
- eine Gegenüberstellung von 4/4 in der Rechten über 12/8 in der Linken (T. 4 und 5),
- einen alle Stimmen vereinenden 12/8-Takt (T. 6),
- eine Mittelstimme im 12/8-Takt in Gegenüberstellung mit Komponenten im 4/4-Takt in den zwei Außenstimmen,
- einen Takt mit 12/8 in Ober- und Mittelstimme über 4/4 (T. 8) und
- eine Mittelstimme im 6/8-Takt in Gegenüberstellung mit einem 2/4-Takt in den beiden Außenstimmen (T. 9).

Von T. 8 an wechseln triolische und duolische Unterteilungen der Viertel, ohne dass diese weiterhin im Notentext identifiziert werden.

[6]"Les *Oiseaux tristes* sont une libéralité de la forêt de Fontainebleau. En villégiature chez des amis, le musicien entendit, un matin, un merle qui sifflait [...]" Émile Vuillermoz, "L'Œuvre de Maurice Ravel", in ders. et al. *Maurice Ravel par quelques-uns de ses familiers* (Paris: Éditions du Tambourinaire, 1939), S. 34.

Schreibt man die drei Vogelrufe in dem ihnen natürlichsten Metrum, so erkennt man, dass jeder Sänger 'in seiner eigenen musikalischen Welt' lebt und singt. Kein Wunder also, dass die Gleichzeitigkeit dieser drei Vogelrufe komplexe polymetrische Gegenüberstellungen verlangt. Gemeinsam ist allen die ein- oder mehrmalige Wiederholung jeder Komponente:

Miroirs II: Die drei solistischen Vogelrufe

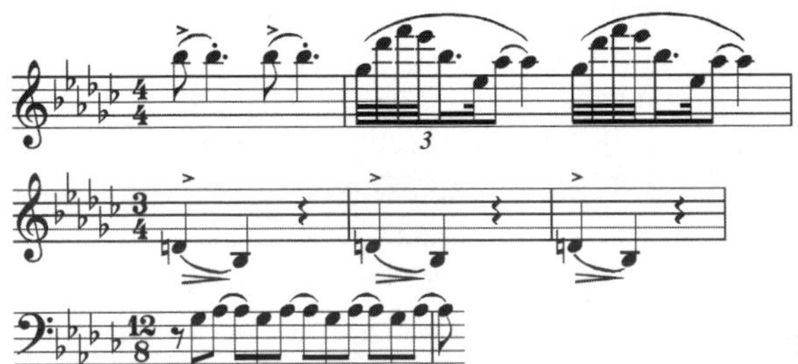

Zu Beginn hört man die Amsel allein. Die zwei Komponenten ihres Rufes erscheinen sehr unterschiedlich, ähneln sich jedoch in der Stimmung. Die erste wirkt wie ein Seufzer: Die Tonwiederholung ist charakterisiert durch eine besonders enge Verbindung (vgl. die *portamento*-Artikulation), große Emotionalität (ein akzentverstärkter Ton auf betontem Taktschlag wird zwischen den Taktschlägen ergänzt durch ein Echo, das – wie der Staccatopunkt über dem längeren Notenwert andeutet – ganz gewichtlos sein soll) und einen durch das Nachklingen auf einer unbetonten Synkope wehmütig wirkenden Rhythmus. Die zweite Komponente dieses Vogelrufes beginnt mit einem sehr lebhaften Zwitschern, das ebenfalls in einer unbetont weiterklingenden Synkope endet. In Ravels Notation sind die beiden ausklingenden Synkopen genau genommen nicht exakt gleich lang. Auch soll Ravel dem Pianisten Vlado Perlemuter, der all seine Klavierstücke einstudiert und dem Komponisten vorgespielt hat, in die Noten geschrieben haben, "Die Arabeske des 'traurigen Vogels' nicht genau im Takt spielen, sondern etwas kürzer".[7] Was Ravel offenbar nicht ausdrücklich erklärt hat: Infolge dieses kleinen Rubatos erhalten die nachklingenden Synkopen in T. 2 dieselbe Länge wie die in T. 1. Es sind diese jeder Emphase beraubten Nachklänge, die besonders dem ersten Vogelruf in Ravels Partitur eine so desolate Eindringlichkeit verleihen.

[7] Vlado Perlemuter in Hélène Jourdan-Morhange et al., *Ravel d'après Ravel* (Aix-en-Provence: Alinea, 1989), S. 25.

Im Verlauf des Stückes werden die beiden Komponenten des Amselrufes variiert; zudem werden sie nicht nur gemeinsam, sondern auch einzeln aufgegriffen. Die zweitaktige Einheit erklingt erneut in T. 7-8 und, einen Halbton tiefer transponiert, in T. 21-22. In beiden Fällen ist das Zwitschern metrisch verschoben, so dass der lange ausklingende Schlusston, unter dem zusammenfassenden Bogen weiterhin als passiv erkennbar, nun auf den Taktschwerpunkt fällt.

Der 'Seufzer' allein durchzieht das ganze Stück. Unmittelbar nach der Einführung des Rufes ertönt er transponiert und metrisch verkürzt in T. 3-5 und auf derselben (enharmonisch umgedeuteten) Stufe im wieder originalen Rhythmus in T. 10, außerdem nach der reprisenartigen Wiederaufnahme des gesamten Rufes in T. 23-24 und erweitert zu fünffacher Wiederholung, dabei aber getrennt durch stark verlängerte Pausen, in T. 26-32. Auf die arabeskenartige zweite Hälfte des Rufes dagegen greift Ravel ausschließlich in der zweiten Hälfte der *presque ad libitum* markierten Kadenz in T. 25 noch einmal zurück. Von den drei späten Echos sind die ersten beiden intervallisch stark verändert; das dritte büßt zudem seinen charakteristischen Rhythmus ein.

Der zweite Vogelruf ist der eines Kuckucks, der im vorgeschriebenen *Très lent* allerdings ungewöhnlich melancholisch klingt. Die fallende große Terz soll gebunden und mit einem starken Intensitätsabfall gespielt werden, wie die Kombination aus Akzent und Diminuendogabel zeigt. Wie im obigen Notenbeispiel dargelegt ist die originale metrische Grundlage dieses Rufes mit seiner anschließenden Pause der 3/4-Takt. Ravel entwickelt das Motiv von dieser Grundform weg und später zu ihr zurückkehrend:

T. 6 dieselben Töne (trotz Enharmonik) im 3/8-Rhythmus, als Lang-kurz-Muster ohne abschließende Pause;

T. 7 Transposition der großen Terz bei metrischer Verschiebung auf eine schwache Taktposition, Umkehrung des Rhythmus und Verzicht auf die dynamische Charakterisierung;

ab T. 8 in derselben Metrik und Rhythmik zuerst eingeschoben, in T. 10 (tiefer) durchgehend: Intervall verengt zur kleinen Terz,

ab T. 11 gespreizt zum Tritonus.

An diesem Punkt scheint die Position innerhalb des Klaviersatzes anzudeuten, dass der Kuckucksruf mit dem Gesamtklang der Vogelwelt verschmilzt. So verwundert es nicht, dass er eine Weile nicht herauszuhören ist.

T. 20 Rückkehr, in der zuletzt gehörten Metrik und Rhythmik, als *a-fis* – im Notentext weniger suggestiv als im Hörerlebnis;

T. 21-22 Wiederherstellung des ursprünglichen Großterzintervalls;

T. 29-31 Wiederherstellung des Lang-kurz-Rhythmus.

Der dritte solistische Vogelruf ist der nuancenärmste. Als eine Kette wiederholter steigender Tonpaare im ametrischen Kurz-lang-Rhythmus ohne jeglichen natürlichen oder hinzugefügten Akzent durchklingt dieser gurrende Beitrag einen Großteil des Stückes. In dem Augenblick, wo der Kuckucksruf mit den vielen Geräuschen des belebten Waldes verschmilzt, gibt auch dieser dritte Vogelruf seine rhythmische Charakteristik zugunsten einer durchgehenden Wechselbewegung auf und setzt dann während des dreitaktigen Höhepunkt-Einschubes ganz aus. In T. 17 erhebt er sich erneut, zuerst als steigender Halbtonschritt *g-gis,* der sich auf nachschlagenden Sechzehnteln allmählich aus dem Auflösungsprozess herauskristallisiert, und erklingt dann bald auch wieder in seiner ursprünglichen metrischen Position. Während der *presque ad libitum*-Kadenz tönen die durch mehrere Oktaven aufsteigenden Halbtonpaare *a-b* und *d-es* prominent als führende Stimme unter dem Oberstimmenarpeggio, bevor sie erneut in eine durchgehende Wechselbewegung übergehen. Erst in der *Encore plus lent* überschriebenen Schlusszeile, mit der die Musik zum ursprünglichen es-Moll zurückkehrt, revidiert Ravel auch das Intervall des Vogelrufes zum steigenden Ganzton, der nun, abwechselnd über und unter *ges*, mit seiner anfänglichen Kurz-lang-Rhythmisierung erstmals auf die Taktschläge selbst fällt.

Die einzige konstante Komponente neben den Rufen der drei Vögel ist eine Folge reiner Quinten im Bassregister. Auch diese durchziehen das Stück mit nur kurzen Unterbrechungen:

Miroirs II: Quinten im Bassregister von “Oiseaux tristes”

T.	4-5	5-6	7-9	10-12	17-18	20	21-23	24-25	26-28	29-31
	b	*fis*	*es-f*	*cis*	*h*	*g*	*d-f-b*	*es*	*h-gis-e*	*b - as - b*
	es	*h*	*as-b*	*fis*	*e*	*c*	*g-b-es*	*as*	*e-cis-a*	*es-des-es*

Bezeichnenderweise gibt es genau im Zentrum – in T. 15-16 des 32-Takte umfassenden Stückes – ein Segment, in dem die Vogelrufe ebenso wie die stützenden Bassquinten schweigen. Stattdessen hört man, als eine Art rauschendes Bild eines von zahlreichen Gesängen durchwobenen Waldes, eine fragmentarische Linie aus lauter Durdreiklängen mit tonal reibenden übermäßigen Oktaven, in einer Steigerung vom bisherigen *pp* über *mf* zum *f* mit gleichzeitiger Beschleunigung und der rhythmischen Intensivierung durch ununterbrochene 32stel.

In diesem ganz der Vogelwelt gewidmeten Stück scheint die Natur sich selber zu feiern. Menschen, wenn sie überhaupt gegenwärtig sind, stehen nicht im Fokus, weder als Quelle eigener Laute noch als Zuhörer. Die Homogenität der musikalisch suggerierten Protagonisten erzeugt eine ganz einzigartige Atmosphäre.

Une barque sur l'océan

Das zentrale Stück der *Miroirs* ist weit stärker als die anderen Sätze bildlich suggestiv. Besonders die Rufe der "traurigen Vögel" in Nr. 2, das Morgenständchen des *Gracioso* in Nr. 4 und die Glockenklänge in Nr. 5 rufen rein musikalische Assoziationen hervor. Dagegen evoziert die Titelzeile "Ein Boot auf dem Meer" eine visuelle Darstellung. So erscheint es stimmig, dass Ravel dieses Stück als einziges unter den fünfen einem Maler widmete: dem zwei Jahre jüngeren, zum Kreis der Apachen gehörenden Freund Paul Sordes.

Die rauschenden Arpeggien beschwören die Weite eines Ozeans, auf dem ein bedenklich kleines Gefährt schaukelt – *une barque*, nicht *un bateau*. Es ist verlockend, sich bei diesem Titel ein kleines Drama vorzustellen, in dem die Menschen an Bord des Bootes dem wechselnden Wetter ausgesetzt sind. Wie sie sich darin behaupten oder aber darin scheitern ist in dem Augenblick, da wir mittels der Musik zu Zeugen ihres Schicksals werden, noch ganz ungewiss. Ravels Klavierstück lässt uns als Hörer diese beunruhigende Unvorhersehbarkeit von Moment zu Moment miterleben.

Die zeitgenössische Kritik reagierte mit Skepsis auf Ravels musikalische Vertonung dieser Unvorhersehbarkeit. Wie Gaston Carraud, der Musikkritiker der Pariser Abendzeitung *La Liberté*, am 5. 2. 1907 über die Uraufführung der Orchesterfassung schrieb: "Leider wechselt der Anblick jeden Augenblick. Es ist ein verwirrendes Kaleidoskop und man kann nicht einmal sagen, welches Wetter über diesem Meer herrscht."[8] Das ist sicher Absicht. Vieles andere allerdings lässt sich sehr wohl beobachten.

Im Hauptteil bildet eine ausladende Wellenbewegung den Hintergrund für eine unscheinbare, durch ihren leicht verspäteten aber betonten Einsatz wehmütig wirkende Zweitonfigur sowie deren Wiederholung und Erweiterung. Nicht zuletzt in Erinnerung an "Sirènes", das dritte Stück in Debussys Orchestertriptychon *Nocturnes*, könnte man hier einen mythischen Gesang zu hören glauben, der aus den Tiefen des in Fis^9-Arpeggien polymetrisch bewegten Meeres heraufklingt.[9]

Miroirs III: Der Gesang aus dem Wasser

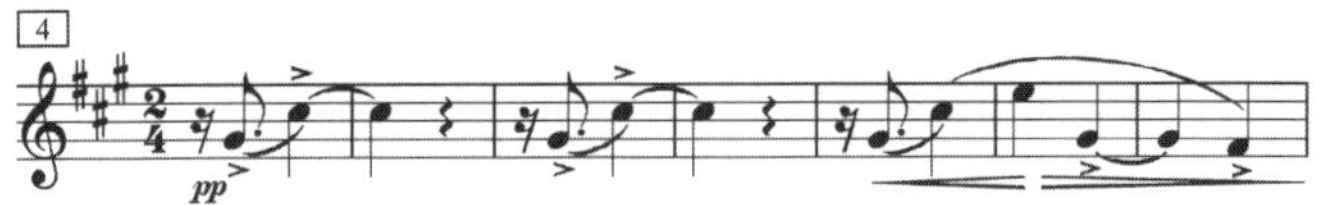

[8] Übersetzt nach Roger Nichols, *Ravel* (London: Dent, 1977), S. 44.

[9] Zur Polymetrik vgl. die zweiten Takthälften von T. 1-10: 3/8 in der zweistimmigen Kontur gegen 12/32 in den Arpeggien über 2/8 im Orgelpunktton *fis*.

Im dreitaktigen Ergänzungssegment lassen plötzliche Änderungen in der Höhe und Bewegtheit der Wellen an die Launenhaftigkeit des Meeres denken.[10] Eine verkürzte Wiederaufnahme der Takte 1-10 und eine nach Dur aufgehellte und verlängerte Transposition des Ergänzungssegmentes runden den ersten Abschnitt ab.

Nach einem ersten kontrastierenden Segment (dazu später mehr) ertönt in T. 38-43 die zweite thematische Komponente. Hier ist die Musik weniger durch Töne und Rhythmen als durch ihre Dynamik charakterisiert. Das sechstaktige Segment besteht aus gewaltigen Ausbrüchen, die ein im höchsten Register angesiedeltes Tremolo über einem sechsoktavig aufwärts rauschenden Wellen-Arpeggio innerhalb von nur drei Vierteln von *pp* nach *ff* steigern und in den folgenden vier Vierteln in absteigend versetzten 18/64-Wellen wieder verklingen lassen. Die erste Wiederholung verläuft identisch, doch die zweite ist auf 4/4 + 5/4 verlängert und in ihrem Höhepunkt zum *fff* verstärkt. Die im Medium musikalischer Intensität angedeutete lässt auf eine Zuspitzung schließen – sei es im Zustand des sturmgepeitschten Ozeans selbst oder im Kampf des kleinen Gefährtes mit den Wellen.

Die dritte thematische Komponente schließlich scheint in melodisch und auch dynamisch von einer menschlichen Präsenz in der Szene zu zeugen. Während alle Notenwerte, die schnell genug wären, Wellen oder auch nur Kräuselungen abzubilden, pausieren, erklingt ein akkordisch getragenes, als *très expressif* markiertes Melodiefragment. Ein Fis-Dur-Auftakt führt zu einem anderthalbtaktigen eis-Moll-Klang, der diminuierend eine Quart abwärts auf einen (enharmonisch verfremdet notierten) C-Dur-Dreiklang fällt. Doch mit einem plötzlichen *sf*-Akzent folgt ein Zusatz, der wie ein in großer Not ausgestoßener Ruf klingt. Insgesamt meint man einen verzweifelten Aufschrei zu hören.

Miroirs III: Der verzweifelte Aufschrei

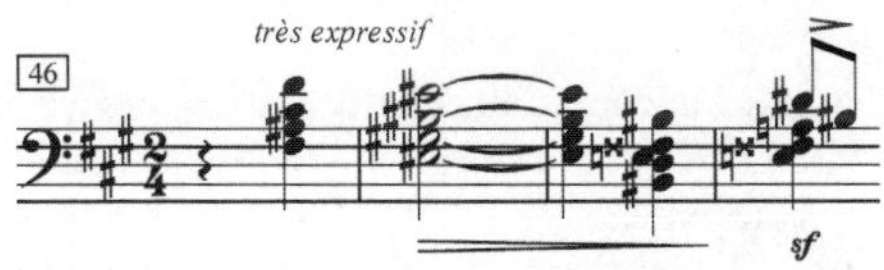

[10] So sind in T. 11 und 12 die Arpeggios im zweiten Viertel nur halb so rasch und halb so hoch aufschwellend wie die im ersten; im dritten Viertel ist die Anzahl der Töne identisch, doch sind diese durch den Gegensatz von Vorschlaggruppe und nicht triolischer Fortsetzung ganz anders verteilt. In der ersten Hälfte von T. 13 ist die Bewegung um ein Drittel langsamer (8/32 statt zuvor 12/32), in der zweiten Takthälfte dann plötzlich dem Oberstimmenrhythmus angepasst.

Jede dieser drei thematischen Komponenten macht in der Folge eine Entwicklung durch. Die erste – der Wellengang mit der Stimme aus dem Wasser – tritt im Verlauf des Stückes immer mehr in den Hintergrund. Seine erstes Auftreten zog sich über 27 Takte hin. In der Mitte des Stückes ist das Grundmuster auf sieben Takte verkürzt (T. 61-67), und in der Coda ertönen nur noch Fragmente vor dem leisen Rauschen des Ozeans.

Im Gegensatz dazu nimmt das menschliche Element, repräsentiert durch den verzweifelten Aufschrei, zunehmend mehr Raum ein und zieht damit die Aufmerksamkeit der Hörer auf sich. Die ursprünglich dreieinhalbtaktige Geste wird ab T. 76 verlängert, indem der abschließende Seufzer (in der Transposition von T. 79: *eis-d*) in T. 80 in dynamisch und rhythmisch sanfterer Form wiederholt wird. Noch leiser und eine Oktave höher versetzt ertönt er noch einmal in T. 83 (nun enharmonisch als *f-d*), um in der Folge von dieser fallenden Terz aus seine eigene Phrase zu entwickeln.[11] Wenn der Aufschrei zum letzten Mal erklingt, ist er in beide Richtungen hin erweitert. Die Begleitfigur und der Akkord, der das erste *g* in T. 121 trägt, werden bereits in T. 119-120 vorausgenommen (wenn auch mit einem *h* anstelle des späteren *b*). Noch früher bereiten schon die Arpeggien in T. 117-118 denselben Akkord vor. Ähnliches geschieht am anderen Ende: der abschließende Seufzer (hier *e-cis*) wird in T. 126 wiederholt, während der Schlusston einschließlich der Mittelstimmen, die ihn harmonisch einbetten, noch die Takte 128-131 durchklingt.

Die zweite Komponente dagegen, das klangliche Abbild der dramatischen Situation, die für das kleine Boot im weiten Meer durch Sturmböen entsteht, ist auf je ein lokales Ereignis beschränkt. Dabei ist der dreiteilige Ablauf des Ausbruches immer gleich; vgl. T. 38-39, 40-41 und 42-43, intensiviert in T. 68-69, 70-71 und 72-73, schließlich besänftigt in T. 111-112, 113-114 und 115-116.

[11]Ein Strukturaspekt dieser sekundären Phrase offenbart eine wichtige Facette ravelscher Kompositionstechnik: Ihre Entwicklung entspricht der des ersten thematischen Motivs:

	Wellengang mit mythischem Gesang	/	Phrase aus dem Seufzer
T. 1-3	Einführung der Begleitfigur	T. 81-82	Einführung der Begleitfigur
T. 4-5, 6-7	Zweitonaufstieg	T. 83	Zweitonfall
T. 8-10	fünftönige Erweiterung	T. 84-85	fünftönige Erweiterung
T. 11-13	Kontrastsegment	T. 86-88	Kontrastsegment
T. 14-15	Einführung der Begleitfigur	T. 88-89	Einführung der Begleitfigur
T. 16-17	Zweitonaufstieg	–	(Zweitonfall fehlt)
T. 18-20	fünftönige Erweiterung	T. 90-91	fünftönige Erweiterung
T. 21-23-27	Kontrast, transponiert + erweitert	T. 92-94-97	Kontrast, erweitert

Die Passagen mit den drei thematischen Komponenten und ihren Entwicklungen werden verbunden durch zwei kontrastierende Segmente. Das erste (T. 28-37) verbindet das anfängliche Bild des Wellenganges mit dem ersten Erklingen des 'dramatischen Ausbruchs'. Die strukturelle Gliederung ist mit einem Wechsel des Orgelpunktes zu *b* klar angezeigt. Der neue Basston wird im Eröffnungstakt des Kontrastsegmentes, T. 28, eingeführt und durchklingt die tiefste Texturschicht in T. 29-35. Die zweitoberste Schicht enthält die Arpeggien des Wellenganges, der damit wie eingehegt und unter eine gewisse Kontrolle gebracht klingt. Beiderseits dieser Wellen, d. h. oberhalb der Orgelpunkttöne sowie im höchsten Register, ziehen sich zwei Melodielinien hin, die aufgrund ihrer gegenläufigen Bewegung auffallen. Während die Kontur der oberen Spitzentöne in Schritten absteigt, die eine Ganztonleiter mit nur einem als Durchgangston fungierenden Halbtonschritt unterbrechen, steigt die mit Akkorden unterlegte Linie aus dem Tenor zunächst in chromatischen Schritten auf, vergrößert aber dann ihre Intervalle. Die beiden Linien kreuzen sich, wie es Wasserschichten beim Übergang von Wellenkämmen zu Wellentälern oft tun – ein treffendes musikalisches Bild für ein tumultuöses Geschehen an der Meeresoberfläche – und verklingen in derselben Ganztonleiter.

Miroirs III: Überkreuzung im ersten Kontrastsegment

pp *cre - scen - do - poco - a - poco* *f* — *ff* — *pp*

29 30 31 32 33 34 35 36 37

b as fis e d c ces b as cis d e f gis h c d e fis gis b c d

h c cis d e f as h c fis e d c h b as fis e d c b

Das zweite, wesentlich umfangreichere Kontrastsegment (T. 81-110) erklingt als Einschub vor der letzten Wiederkehr aller drei thematischen Komponenten. Seine Begleitfigur erwächst aus der oszillierenden Figur, die den vorausgehenden Ausklang des verzweifelten Aufschreis ergänzt.[12] Die mittlere Texturschicht verbindet bereits vertraute melodische Komponenten[13]

[12]Vgl. ab T. 79 die mehroktavige Terz *fis-a*, die ab T. 98 die Form eines unter Oktavierungen wiederholten Mordentes *a-g-a* annimmt, unterbrochen von verschiedenen ebenfalls oktavversetzten Dreiklängen: *d/g/a* in T. 98-99, *des/es/a* in T. 100-102. Letzterer wird gehört als Leittonklang, der jeweils auf dem vierten Schlag nach *c/e/a* aufgelöst wird.

[13]Der nachschlagend einsetzende Quintaufstieg in T. 98 erinnert an den Quartaufstieg aus dem ersten Motiv (T. 4), während die Gruppe aus drei Akkorden in der zweiten Takthälfte sowohl rhythmisch als auch melodisch an die erste Hälfte des verzweifelten Aufschreis anknüpft (vgl. die Oberstimmen in T. 46-48: *fis-eis—his* und T. 98: *g-f—c*.

mit einer Struktur, die die oben dargelegte parallele Entwicklung des mythischen Gesanges aus den Wellen und der Phrase aus dem Seufzer umkehrt.[14] Das Segment vermittelt somit zwischen den beiden eindrücklichsten Bildern dieses Stückes: dem im weiten Ozean prekär den Elementen ausgesetzten kleinen Boot und der einen verzweifelten Ruf ausstoßenden menschlichen Stimme.

Bei der Frage, welche emotionale Botschaft Ravel mit dieser ersten Verknüpfung der verschiedenen thematischen und strukturellen Elemente mit metaphorischen Bedeutungen verbinden mag, hilft der Blick auf die tonale Sprache in diesem Stück. Dabei muss die Horizontale ebenso wie die Vertikale berücksichtigt werden; es gilt sowohl zu erkennen, wie tonale Bezüge sich in den Verlauf einzelner Abschnitte oder des ganzen Stückes einordnen, als auch, wie jede thematische Komponente sich in ihrer vertikalen Verwirklichung darstellt.

Auf den ersten Blick erscheint "Une barque sur l'Océan" tonal recht traditionell angelegt. Dieser Eindruck resultiert nicht zuletzt daraus, dass Ravel den Grundton *fis* auf vielen Ebenen bekräftigt:

- Die Tonartsignatur mit drei Kreuzvorzeichen und der dazugehörige Orgelpunkt zu Beginn (T. 1-10, 14-20) und am Ende (T. 132-138) des Stückes präsentieren *fis* als Grundton einer Molltonart.
- In T. 1-10 und 14-20 erklingen ausschließlich Töne des fis-Moll-Nonakkordes.
- In T. 81-97 erklingt der Grundton mit seiner Mollterz zudem als indirekter Orgelpunkt im Part der rechten Hand.

Während die Transposition der ersten thematischen Komponente auf die Dominante (vgl. den cis-Moll-Nonakkord in T. 61-67) ganz konventionell ist, wählt Ravel als sekundären Ankerton des Werkes weder dieses *cis* noch das subdominantische *h,* sondern *b*. Dieser Ton, der vor allem als Bassorgelpunkt ins Bewusstsein dringt, ist nicht nur hinsichtlich der großen Anzahl der von ihm beherrschten Takte wesentlich, sondern auch dadurch, dass er die beiden umfangreichen Kontrastsegmente bestimmt. Als Orgelpunkt ertönt er in drei Passagen von insgesamt 29 Takten. im Falle der beiden ersten erzeugt sein Eintritt einen plötzlichen, gänzlich unvorbereiteten tonalen Kontrast. In T. 28 folgt der Basston *b* auf einen ausgedehnten G-Dur-Dreiklang, in T. 68 auf einen cis-Moll-Nonakkord. Beide Klänge enthalten ein *h*, so dass durch den sekundären Ankerton ein

[14]Vgl. die das Segment eröffnende 5-Ton-Figur in T. 98-99 mit der 5tönigen Enderweiterung in T. 8-10; den Zweitonaufstieg in T. 102-103 mit T. 4-5, und die Enderweiterung der Wellenbewegung in T. 103-106 mit der Einführung des Wellenganges in T. 1-3.

Querstand entsteht. In ihm drückt sich ein tiefsitzendes Unbehagen an der thematischen Suggestion dieser Kontrastsegmente aus – an der Beziehung zwischen dem aus dem Wellengang herauftönenden mythischen Gesang und den dramatischen Ausbrüchen im ersten Fall, der Gesang aus dem Wasser und dem verzweifelten menschlichen Aufschrei im zweiten. Einzig im dritten Fall, wo der Orgelpunktton *b* unter verschiedenen Umkehrungen eines langgezogenen Es-Dur-Undezimenakkordes erklingt, fehlt der Querstand mit seiner Schockwirkung. Wenn derselbe Akkord in T. 100 durch Alteration aus dem g-Moll-Septakkord erwächst, dient er als Subdominante des sekundären Ankers *b*. Seine sanfte Vorbereitung des zuvor stets unvermutet unterbrechenden Basstones kann als Bemühung um Integration der herrschenden Kräfte gedeutet werden, als Besänftigung nach viel innerem Kampf.

Die folgende Tabelle zeigt die Struktur des Stückes einschließlich der die Komponenten jeweils bestimmenden harmonischen Ausrichtung. Sie zeigt sehr deutlich die Gegenüberstellung der beiden Haupt-Ankertöne:

Miroirs III: Struktur und Orgelpunkte in "Une barque sur l'océan"

	T.			Orgelpunkt	
I	1-22	**A**	*1. thematische Komponente*	***fis***	
			mit Ergänzung T. 11-13 und 21-23		
			erweitert bis T. 27		*g*
	28-37	B	erstes Kontrastsegment	***b***	
	38-43	**C**	*2. thematische Komponente*		*gis*
	44-45		Überleitung		
	46-49	**D**	*3. thematische Komponente*		
	49-60		lange Überleitungspassage		*cis, gis*
II	61-67	**A'**	*1. thematische Komponente*		*cis*
			verkürzt. Quart tiefer, ohne Ergänzung		
	68-75	**C'**	*2. thematische Komponente*	***b***	
			(neu harmonisiert)		
	76-79	**D'**	*3. thematische Komponente*	***b***	
			(transponiert auf verminderte Terz)	***b***	
			verlängert und entwickelt	***b***	
	95-97		Überleitung	***fis***	
III	111-116	**C"**	*2. thematische Komponente*		*a*
	117-120		sekundäre Einleitung		
	121-124	**D"**	*3. thematische Komponente*		*a*
	125-131		Enderweiterung		
	132-139	**A"**	*1. thematische Komponente*, Fragment	***fis***	

Neben diesen beiden tonalen Zentren umfasst das Stück drei charakteristische vertikale Gebilde. Während der Mollakkord mit erweiternden Terzen (d.h. mit Septe, None und zuweilen auch Undezime) ein typischer Baustein in Ravels Harmonik ist und daher nicht überinterpretiert werden darf, verdienen die Abweichungen von seiner Grundform Aufmerksamkeit. So ist der Akkord in der ersten thematischen Komponente von "Une barque sur l'océan" immer wieder mit einer *sixte ajoutée* eingefärbt, die hier also nicht dem Dreiklang aufgesetzt, sondern in den Nonakkord eingefügt wird.

Miroirs III: Akkorde mit *sixte ajoutée*

T. 1-10	11-13		14-20	21-22		23, 25	24, 26-27
g	*fis*	*e*	*g*	*(h)*	*fis*	*fis*	
e	*d*	*c*	*e*	*gis*	*d*	*d*	*d*
cis	*h + c*	*a + h*	*cis*	*e + fis*	*h + cis*	*h + cis*	*h*
a	*g*	*f*	*a*	*cis*	*g*	*g*	*g*
fis	*e*	*d*	*fis*	*a*	*(e)*	*(e)*	

Die so entstehenden diatonischen Cluster – der Nonakkord mit *sixte ajoutée* auf *e* z.B. enthält mit den Tönen *h, c, d, e, fis* und *g* eine fast komplette phrygische Skala – verleihen der Musik dieses Abschnitts eine ganz eigene Farbe. Korrespondierend dazu aber doch farblich abgesetzt beruht die zweite thematische Komponente harmonisch auf einfachen Quintsextakkorden ohne Sept und Non: *gis/h/dis/eis* (in T. 38, 40 und 42), *h/d/fis/gis* (in T. 39 und 41) sowie *fis/ais/cis/dis* (in T. 43).

An anderen Stellen schöpft Ravels tonale Sprache alle Nuancen der Bitonalität und Querständigkeit aus. Dies zeigt sich besonders in der dritten thematischen Komponente, die ich oben als Aufschrei einer menschlichen Stimme gedeutet habe. Als Beispiel dient hier T. $46\text{-}49_1$, die Stelle, an der das Motiv erstmals gehört wird. Im Bass erklingt durch drei Takte ein *gis* als vieroktaviger Orgelpunkt. Darüber stellt Ravel Akkorde, die – der leichteren Lesbarkeit wegen hier enharmonisch vereinfacht – von Fis-Dur über F-Dur nach C-Dur führen. Auf diese binäre Gegenüberstellung folgt der abschließende 'Seufzer' mit drei in sich polytonalen, querständigen Schichten: Da sind zunächst das im tiefen Register vieroktavig angeschlagene *gis* sowie ein enharmonischer C-Dur-Quintsextakkord im mittleren Register (vgl. die Töne *e/fisis/a + his*). Darüber erklingt ein melodischer Terzfall, der mit Bezug auf das tiefe *gis* als dessen Quint-Terz-Fall *dis-his*, mit Bezug auf den über *c* errichteten Klang in der Mittelschicht aber als *es-c*, d.h. als Bestätigung des zweiten Grundtones mit dessen Mollterz, gehört wird. Und gegen all dies setzt Ravel zudem ein *cis* als am Taktanfang kurz unterbrechenden neuen Basston.

Miroirs III: Querständigkeit im verzweifelten Aufschrei

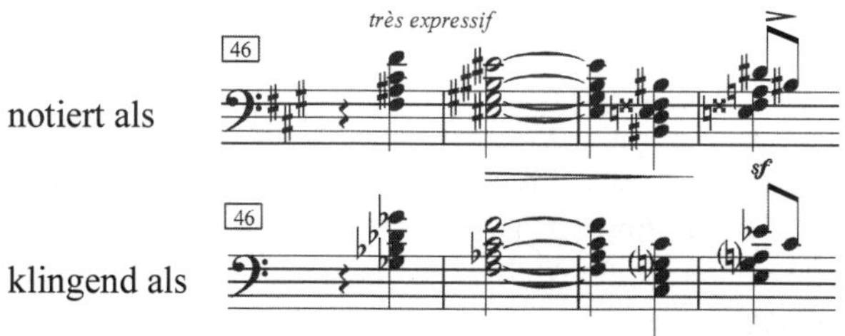

Der Versuch einer Deutung der tonalen Metaphern in diesem Stück könnte etwa so aussehen: Der anhaltend hohe Wellengang dient sowohl in seiner anfänglichen Ausgeglichenheit als auch in seinen dramatischen Ausbrüchen als romantisches Symbol für die Weite und Unbeherrschbarkeit der uns umgebenden Natur; die zugehörigen musikalischen Komponenten basieren auf konsonanten Intervallen, im ruhigeren ersten Fall sogar großenteils auf einer vertikalisierten diatonischen Skala. Die als menschlicher Verzweiflungsschrei gedeutete Komponente dagegen ist tonal zerrissen und sowohl melodisch-horizontal als auch akkordisch-vertikal von Ambivalenz und Unvereinbarkeit gezeichnet.

Wenn diese Deutung zutrifft, und sie ist natürlich nicht die einzig mögliche, so trifft Ravels Musik damit eindrucksvoll das Bild von der Gefährdung des Menschen inmitten der von ihm nicht beherrschbaren Natur – hier metaphorisch eindringlich gezeichnet als Schiffer in einem kleinen, nur allzu zerbrechlichen Kahn inmitten des weiten Meeres, “une barque sur l’océan”.

Alborada del gracioso

Der spanische Titel dieses Stückes verdient eine kurze Erläuterung. Eine *alborada* ist das Gegenstück zu einer *serenada*. Der zweite Begriff, abgeleitete vom italienischen Wort *la sera* (der Abend), beschreibt ein musikalisches Ständchen, das am Ende des Tages im Freien unter dem Fenster einer geliebten oder zu ehrenden Person dargebracht wird. Ähnlich liefert das spanische Wort für Morgengrauen, *el alba*, die Wurzel für ein ähnlich motiviertes Ständchen, das bei Tagesanbruch für ein umworbenes Mädchen, für eine Braut am Morgen ihrer Hochzeit oder für einen herausragenden Menschen am Tag seiner offiziellen Ehrung gespielt wird.

Das Adjektiv *gracioso* wird im heutigen Sprachgebrauch mit "lustig, erheiternd" gleichgesetzt. Verwandt damit ist *el gracioso*, die Figur des Narren in der spanischen Komödie. Ihm erlaubte die Gesellschaft, sofern er gewitzt war und sich mit meist überzogen gespielter Dummheit selbst ironisierte, die lächerlichen Gewohnheiten und zweifelhaften Ansichten der feinen oder auch bürgerlichen Kreise bloßzustellen. Er hatte somit eine ähnliche Funktion wie die Hofnarren der absolutistischen Fürsten. So wird das Morgenständchen eines solchen *gracioso* zum Akt der Ironie auf gleich mehreren Ebenen.

Wie die traditionelle italienische Serenade mit ihrer typischen Tempofolge *Allegro* (oder *Moderato*) – *Menuett* – *Adagio* – *Menuett* – *Allegro* enthielt auch die spanische Alborada einen langsamen, höchst expressiven Mittelabschnitt, der von lebhafteren Passagen gerahmt wird. Anthologien belegen, dass ein volkstümliches Hochzeitsständchen im 15.-17. Jahrhundert mit einem *saludo* (Begrüßung) in mäßigem 3/4-Takt begann und mit einer *despedida* (Verabschiedung) in einem raschen binären Metrum endete.[15]

Die Grundfarbe in Ravels "Alborada del gracioso" unterscheidet sich deutlich von den eher sanften Ausgangsnuancen der anderen vier *Miroirs*. Die Spielanweisungen im Eröffnungstakt – *sec*[,] *les arpèges très serrés* (trocken, die Arpeggien sehr dicht) – verraten, dass das Klavier Gitarren und Kastagnetten imitiert, die prototypischen Vertreter der spanischen Folklore. Dabei ist es faszinierend zu sehen, wie Ravels Narr alle überkommenen Regeln unterläuft: Die im 6/8-Takt notierten Rahmenabschnitte wechseln zwischen duolischem und triolischem Metrum, 9/8-Einschübe sorgen für Verwirrung, und die feierliche Gesangseinlage im Mittelabschnitt trieft vor Ironie, die sich als Tollpatschigkeit des Narren maskiert.

Der Zentralton des Stückes ist *d*. Wie die Tonartsignatur anzeigt und die linke Hand besonders in T. 1-11 bekräftigt, ist d-Moll die Grundtonart im Eröffnungsabschnitt; D-Dur dagegen herrscht von T. 62 an bis zum Beginn der langsamen Kantilene und erneut in der Coda (T. 219-229). Diese Tonarten werden jedoch ständig 'verunreinigt', indem Ravel fast jeden Akkord mit verminderter Oktave schreibt.[16]

Ein anderes überzeugendes Mittel, einem Narren, der oftmals die richtigen Töne verpasst, musikalische Gestalt zu verleihen, ist der Einschub mehrfacher Vorhalte, die spät oder auch gar nicht aufgelöst werden:

[15] Vgl. Antonio Martínez Hernández, *Antología musical de cantos populares españoles y un suplemento de cantos populares portugueses* (Barcelona: Isart Durán, 1930).

[16] Spielt man in T. 1-5 alle dem rechten Daumen anvertrauten Töne einen Halbton tiefer, so erklingen ausschließlich reine Durdreiklänge.

- In der zweiten Hälfte von T. 12 und T. 13 wird das Oberstimmen-*g* des c-Moll-Nonakkordes durch *a* und *fis* hinausgezögert;
- unter dem Akzent in T. 31-32 erklingen gleichzeitig fünf Leittöne (ein dreifaches *fis* und ein doppeltes *h*), die sich in Quart-/Quintparallele zum c-Moll-Dreiklang auflösen;
- die Läufe in T. 44 und 46 nehmen ihren Ausgang von einem Zweiklang, der im harmonischen Kontext wie ein verpatztes *gis* wirkt;
- in T. 105-118 und 133-147 spielt die rechte Hand einen oktavierten Zweiklang aus den beidseitigen Leittönen zu *fis*.
- Auch die Tatsache, dass das pianistisch ohnehin höchst anspruchsvolle Terzenglissando anfangs mit dem 'falschen' Intervallabstand einer Quart ausgeführt werden soll, kann derselben Absicht einer musikalisch abgebildeten Tollpatschigkeit zugerechnet werden.

Wie bereits angedeutet, erzeugt die metrische Organisation einen ähnlichen Effekt. Oftmals klingt eine Stimme wie ein Dreiertakt, wird dabei jedoch von einer anderen in Frage gestellt, vielleicht sogar im folgenden Takt gleichsam korrigiert. So entsteht der Eindruck, dass der Narr 'mit dem Takt auf Kriegsfuß steht'.

Miroirs IV: Das schwankende Metrum

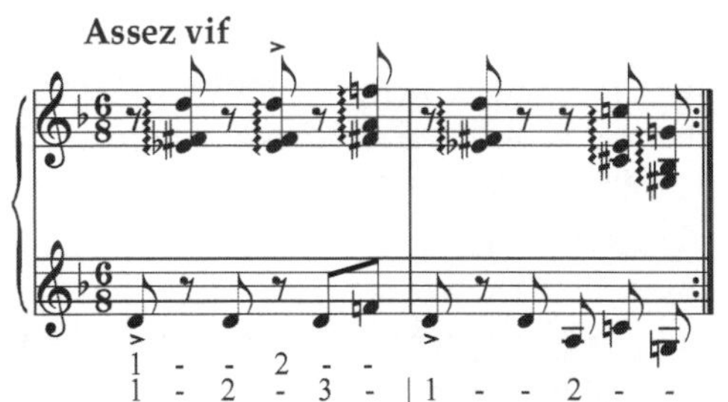

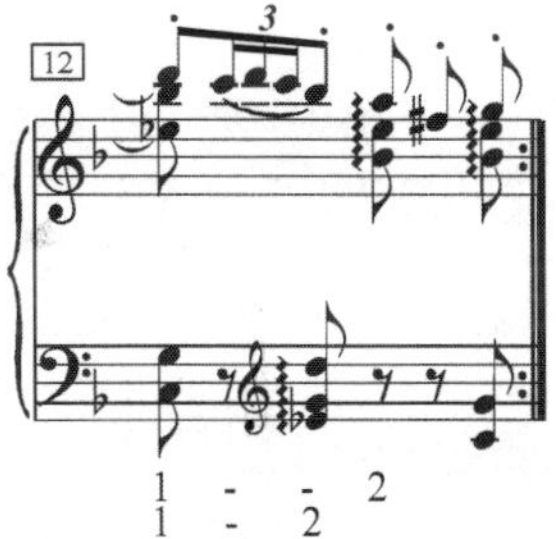

Dieser Eindruck verstärkt sich im Folgenden noch. Nach einem Paar im Hörerlebnis zweigeteilter Takte (T. 26-27), zwei dreigeteilten Takten (T. 28-29) und einem 3/8-Takt (der die Zweiteilung des 6/8-Metrums zu bekräftigen scheint) erklingen vier merkwürdig verlängerte Takte. Die Partitur weist sie als 9/8-Metrum aus, doch wirkt gleich der erste, T. 31, für unvorbereitete Ohren wie eine verkürzte Variante des Zweitakters in T. 14-15. Doch während hier der Sekundärakzent der Linken noch einmal an die ursprünglichen 3/8-Unterteilungen erinnert, fällt diese minimale metrische Stütze in den Folgetakten weg, so dass die Takte 35-36 schließlich wie ein aus allen Nähten geplatztes metrisches Ungetüm aus sechs 2/8-Gruppen und einer 3/8-Ergänzung klingen:

Miroirs IV: Clowneske Dehnungen

T. 14-15
1 (2) 1 (2 3 4 5) 1 (2 3 4 5)

T. 31, 32
(>)
1 (2) 1 (2 3 4 5) 1 (2)

T. 35-36

Im *p subito* einsetzenden zweiten Abschnitt des Stückes (T. 43-57) tritt dieser Wechsel aus miteinander wettstreitenden metrischen Schemata momentan in den Hintergrund zugunsten einer fließenderen Darbietung. Muster wie das im eröffnenden T. 43 können als zwei- oder dreiteilig gehört werden, eine beabsichtigte Ambivalenz, die durch keinerlei Akzent in die eine oder andere Richtung entschieden wird. Das musikalische Material aus schnellen Tonwiederholungen und virtuosen Doppelkurven verbannt die zuvor dominierende Gitarre in eine Begleitfunktion, während die tonale Orientierung rund um *gis* dem ursprünglichen Ankerton *d* als Tritonus polar gegenübergestellt ist. Erst die letzten sechs Takte des Abschnitts, in denen der Kastagnettenrhythmus auf die rhythmische Komponente aus dem ersten Abschnitt trifft, lassen die metrischen Spielchen des Narren wieder zart durchscheinen.

Umso verblüffender sind die Überraschungen hinsichtlich Metrum, Tempo und Klangfarbe im lyrischen Abschnitt der *Alborada*. Die zentrale Kantilene mit ihrem Grundmuster aus strukturell analogen Phrasen, die man einem imaginären Text glaubt zuordnen zu können, wird rhythmisch derart oft und drastisch durchbrochen, dass sie wie eine *ad libitum*-Passage wirkt und in den gleichsam schelmisch eingestreuten Unterbrechungen auch entsprechend frei und rubato gespielt werden darf.

Darüber hinaus enthält der Gesang selbst drei Kontraste, die das *plus lent*-Tempo des leidenschaftlichen Unisonos verlassen und auf das Tempo des Rahmenabschnitts zurückgreifen. Der erste dieser internen Kontraste besteht aus Einschüben eines wiederholten, sehr leisen Septakkordes (vgl. z.B. in T. 75-79: *h/d/fis/a/cis*), der nachschlagend zu jambisch gepaarten Bassoktaven erklingt. Der zweite interne Kontrast begleitet und verbindet das wiederholte Schlusszeilenpaar des Gesanges mit pochenden oktavierten Sekunden (vgl. T. 105-118/119-124 und 133-148/148-155). Das zweimal ertönende dritte Kontrastsegment schließlich beginnt *ff très expressif* im hohen Register mit einem Motiv, das mit emphatisch arpeggierten Klängen unterlegt und in dreifacher Weise intensiviert ist: emotional durch reibende

Zusatztöne, metrisch durch versetzte Melodieakzente und harmonisch durch einen statischen, durchgehend oktavversetzt springenden Bassorgelpunkt (vgl. T. 126-129 und 157-160). Dabei büßt das Motiv im Verlauf dreier absteigender Transpositionen alle anfängliche Strahlkraft ein.

Das folgende Notenbeispiel zeigt die Kantilene ohne alle Einschübe und Kontraste. Wie mit Klammern markiert, beginnen oder enden je sieben der acht Zeilen analog. Die Wiederaufnahme der Zeilenabschlusstöne zu Beginn jedes folgenden Fragmentes unterstreicht den melodischen Faden. Die Intensität des unbegleiteten Gesanges ist stets mit *mf* angegeben und das Tempo kehrt nach jedem Einschub zu *plus lent* zurück.

Miroirs IV: Der schmachtende Gesang ohne die launigen Unterbrechungen

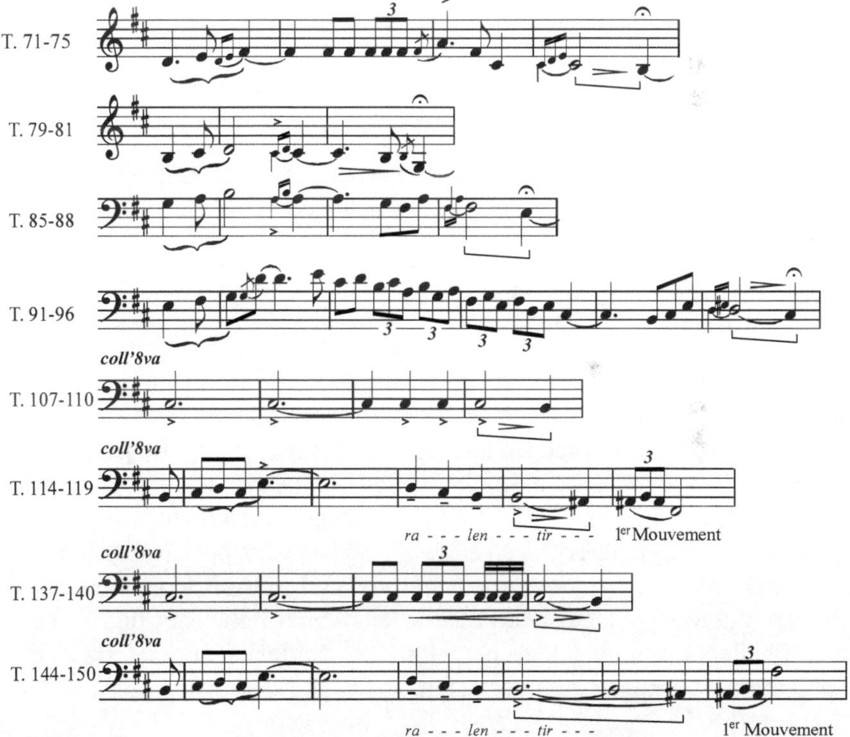

Der Form nach handelt es sich bei diesem Ständchen um ein fantasievolles Rondo mit allerlei Schabernack: Der Refrain wird im Verlauf des Stückes stark variiert und in der auf das erste Couplet folgenden Wiederaufnahme sogar frei entwickelt, bleibt aber dank seiner rhythmischen

Charakteristika immer gut erkennbar. Das in Rondos oft eigenständige zweite Couplet – hier die Gesangseinlage – bildet durch den Wechsel zwischen der fragmentierten *plus lent*-Kantilene [c1 + c2] einerseits und den Unterbrechungen [d] und Kontrastmotiven [e] eine Art Miniatur-Rondo.

Miroirs IV: Ein Ständchen in Rondoform

Refrain	T. 1-21	[a] = T. 1-11, [b] = T. 12-21
Refrain, Variante 1	T. 22-42	[a'] = T. 22-30, [b'] = T. 31-42
1. Couplet	T. 43-57	[c] = T. 43-51, [c'+a"] = T. 12-21
Refrain, entwickelt	T. 58-70	[b"] = T. 58-61, [a'''] = T. 62-70
- - - - - -	- - - - - -	- - - - - -
2. Couplet	T. 71-165	[c1] = T. 71-74 [+ d], T. 79-81 [+ d] T. 85-88 [+ d], T. 91-96 [+ d]
		[c2] = T. 105-124, [e1] = T. 124-132
		[c2] = T. 133-155, [e2] = T. 155-160
		Codetta T. 161-165
- - - - - -	- - - - - -	- - - - - -
Refrain, Variante 2	T. 166-173	vgl. mit [b'] (T. 31-42)
1. Couplet, variiert	T. 174-190	vgl. mit [c], [c'+a] (T. 43-57)
Refrain, entwickelt	T. 191-195	vgl. mit [b"] (T. 58-61)
- - - - - -	- - - - - -	- - - - - -
Durchführung	T. 196-218	
Coda	T. 219-229	

Wie die Tabelle zeigt, ertönt unmittelbar vor der in triumphalem *ff* gehaltenen Coda unerwartet eine 23-taktige Durchführung in wiederholt zu dramatischem *ff* ausbrechender, aber immer wieder zu *p subito* abgedämpfter Dynamik.[17] Wie schon beim dritten Refrain, der als Entwicklung angelegt ist, entsteht der Eindruck, als wollte Ravel seinem Narren die Möglichkeit geben zu beweisen, dass er sich auch mit Sonatensatzformen auskennt. So zeigt sich, dass der *Gracioso* nicht nur tonal und metrisch, sondern auch in der strukturellen Anlage seines Ständchens sein Möglichstes tut, die konventionellen Erwartungen seiner Hörer zu bedienen, um sie dann mit spürbarem Vergnügen zu unterlaufen.

[17]Die Fragmente dieser Durchführung entwickeln folgende Komponenten: T. 196-199 sowie 202-208 (rechts): [a] (erkennbar aus dem Refrain, aber mit neuer Harmonisierung einschließlich übermäßiger Dreiklänge), T. 200-201, 209-211 und 213-217: [b]. In Gegenüberstellung damit erklingt in T. 202-205, 210 und 212 eine Mittelstimme, die an das wiederholte Zeilenpaar am Schluss der Kantilene erinnert.

Die Orchestrierung des Stückes ist, besonders wo die Klavierimitation der Gitarre durch Harfen + Schlagzeug ersetzt wird, zarter und gleichsam leichtfüßiger; die Darbietung wirkt damit eher verschmitzt als tollpatschig. Einige zusätzliche Taktunterteilungen verdeutlichen den strukturellen Ablauf; Verlängerungen und neue Wiederholungen erhöhen die Spannung.[18]

Wesentliche melodische Akteure sind die Holzbläser. Im Refrain führt das Fagott über einer Begleitung aus Harfen und höheren Streichern die noch relativ tief liegende ornamentierte Figur in T. 6-9 ein, die in der Folge von Oboe, Englischhorn und Klarinette imitiert wird und schließlich, am Höhepunkt der Variante, alle hohen Holzbläser vereint. Die begleitenden und überleitenden rhythmisierten Tonwiederholungen beginnen dabei in den Streichern, werden aber in der Refrain-Variante von Hörnern verstärkt und im ersten Couplet dann ganz der Solotrompete überlassen.

Die Schlagzeugschicht ist gleichfalls vielfarbig. Pauken, Trommeln, Tambourin und Becken melden sich erstmals zum plötzlich auf 9/8 gedehnten *ff*-Takt des Tutti in der 1. Refrain-Variante, in der Erweiterung gefolgt von überleitenden Takten über einem Kastagnettenmuster:

Miroirs IV: Spanisches Kolorit in der orchestrierten Refrain-Variante

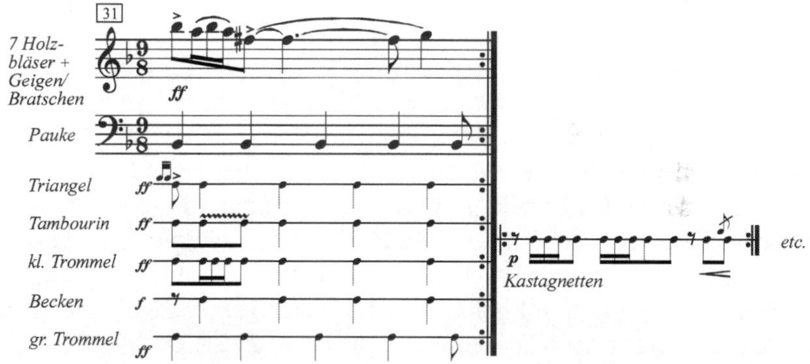

Eindrucksvoll ist auch Ravels Orchestrierung der zentralen Kantilene Die ersten vier Segmente, die in der Originalfassung als Fragmente einer unbegleiteten Linie konzipiert waren, übernimmt das solistische Fagott; in

[18] Der im Klavierstück mit 9/8 übermäßig lang wirkende T. 36 ist in der Partitur dem Hörerlebnis entsprechend aufgespalten in 6/8 + 3/8; die Fermate über einer 1/16-Pause in T. 195 ist durch einen Takt Generalpause ersetzt; die einleitenden Takte 165 und 183 sind verdoppelt. Auch der viertaktige Einschub bei Ziffer 32 erhöht lediglich die Spannung.

den jeweils ins ursprüngliche Tempo zurückfallenden Unterbrechungen ist der Rhythmus der Akkorde, die hier in Harfen und hohen Streichern instrumentiert sind, durch unterschiedlich viele Wiederholungen eines immer gleichen Zweitakters von kleiner Trommel, Becken und Xylophon unterstrichen. In der letzten unbegleiteten Gesangszeile erlaubt Ravel dem Fagott mit *Pressez – Rall.* (T. 94-95) eine improvisatorische Freiheit, die er für das Klavier an dieser Stelle nicht explizit vorgab.

Sobald der Gesang ab T. 107 durch Oktavierung intensiviert und von nachschlagenden Synkopen aus ebenfalls oktavierten Sekunden unterlegt wird, ändert sich die Transkriptionsweise. Die melodische Kontur in zwei Fagotten sowie je einer Hälfte der Bratschen und Celli ertönt nun nicht mehr wie im Klavierstück unterbrochen, sondern jeweils 18 Takte lang durchgehend mit verlängerten Schlusstönen jeder Zeile. Die oktavierte Sekunde der Begleitklänge, in den Harfensynkopen sanft dagegengesetzt und zuletzt von den jeweils zweiten Hälften der Bratschen und Celli verdoppelt, durchklingt die Textur zugleich als Liegeintervall der Geigen und hohen Holzbläser. In seiner Gefühlsbetonung wirkt dieser Abschnitt somit, weit mehr noch als in der ursprünglichen Fassung, als Höhepunkt des "Ständchens". Die stark akzentuierten Einwürfe in der Durchführung, die mit ihrer Gestik und Kontur an den Gesangsduktus anknüpfen, sind durch je unterschiedliche Klangfarben hervorgehoben.[19]

Die einzige wesentliche Neuerung in der Orchesterfassung findet sich in der variierten Wiederaufnahme des 1. Couplets. Nach dem zweifachen Wechsel zwischen der Tonwiederholung der Solotrompete und den mehrstimmigen glissandoartigen Skalenkurven spielen Flöten und Klarinette in Ziffer 25 anstelle des im Klavierstück hinzugefügten dritten Tonwiederholungstaktes und der erweiterten Doppelgriffglissandokurve einen dreistimmigen Skalenaufstieg gefolgt von einem ebenfalls dreistimmig parallelen chromatischen Abstieg in Flatterzunge über vier Takte, abgerundet durch eine Arpeggiokurve der Klarinette und ein Harfenglissando. Wie das ganze Stück wirkt auch diese neu hinzugefügte Passage in der Orchestrierung leichter und eleganter als im Klaviersatz und erinnert so über das Bild des Narren hinaus an das, was man als die andere Bedeutungsnuance mit dem Wort *gracioso* verbindet: grazil und anmutig.

[19]Vgl. T. 202-205: Englischhorn + Fagott, T. 210: Posaune, T. 212: Trompete + Posaune.

La vallée des cloches

Der Titel des fünften Stückes evoziert zwei unterschiedliche Aspekte: einen Ort und ein akustisches Erlebnis. Insofern die Glockengeläute, die Ravel in diesem Tal erklingen lässt, sich im Verlauf einerseits unterscheiden, andererseits ein angedeutetes Palindrom nachzeichnen, kann man sich eine imaginäre Wanderung von einem Ende eines Tals zum anderen und zurück vorstellen. Auf dem Weg liegen Dörfer oder Gemeinden, die neben anderen Eigenheiten auch durch ihre Glockenklänge – deren Tonhöhe, Dichte, Lautstärke und Klangqualität – charakterisiert sind. Der musikalische Ablauf legt nahe, dass einige dieser Glockenklänge den Wanderer schon vor seiner Ankunft in der Gemeinde begrüßen, alle ihn begleiten, und wieder andere als letzte bei zunehmender Entfernung verklingen.

Ravels Musik scheint ein Tal mit drei ganz unterschiedlichen Siedlungen zu beschreiben. Der Ort, nahe dem die Wanderung ihren Ausgang nimmt und wieder endet, ist als größere Gemeinde mit zwei Kirchen angedeutet. Er wird klanglich in T. 1-11 (mit zartem Nachhall bis T. 13) und in T. 49-54 hörbar. Ein eher kleiner Weiler in der Mitte des Tales wird auf dem Hinweg in T. 12-19 und auf dem Rückweg in T. 42-47 durchschritten. Die Lebenswelt der Menschen am anderen Ende des Tales schließlich wird in T. 19-34 zu Klang.

Lässt man sich auf diese fiktionale Choreografie ein, so beginnt die Wanderung unter dem Läuten von zwei auf *gis* gestimmten Glocken.[20] Sie ertönen langsam, in unregelmäßigen Abständen, wobei jeder Schlag lange nachhallt. In T. 8-9 hört man das Glockenpaar vorläufig zum letzten Mal; man mag sich sein allmähliches Verklingen schon ab T. 6 vorstellen, wo die Abstände zunehmend größer werden.

Die zweite Glockengruppe ist fünfteilig. Sie ist als pentatonisches Set gestimmt und erklingt in durchgehendem Sextolenläuten als Mordent zweier Quarten über *gis*. Dieser Grundton stellt den Bezug zum ersten Glockenpaar her und legt damit die Herkunft des Läutens aus demselben Kirchsprengel nahe. Interessanterweise wird in dem Augenblick, da ab T. 6 Mitte zwei neue und mit den bisherigen tonal querständige Glocken erklingen, die höchste Glocke des pentatonischen Läutens unhörbar. Als sich der Wanderer dann immer weiter von seinem Ausgangspunkt entfernt, hört er das nun nur noch viertönige Läuten noch einmal als Fragment und schließlich gar nicht mehr.

[20] Dass Ravel für jede dieser Glocken auf dem Klavier einen Oktavanschlag vorsieht, ist sicherlich der erwünschten obertonreichen Klangqualität geschuldet und setzt nicht für jeden Schlag zwei gleichzeitig angeschlagene Glocken voraus.

Auch der dritte Klangbeitrag aus einem Glockenstuhl scheint zum selben Kirchsprengel zu gehören. Er verdoppelt im mittleren Register vier der fünf Töne des pentatonischen Läutens und gestaltet daraus einen Terzfall aus zwei Quarten: *h/e–gis/cis*. Dabei bleibt der Rhythmus des Terzfalles konstant, während der Abstand zur nächsten Zweiquartengruppe variiert. Später einsetzend als die beiden vorausgehenden ist dieses Muster noch bis einschließlich T. 13 zu hören, zumal die Töne tiefer und entsprechend auch etwas kräftiger klingen (*p un peu marqué*) als die der anderen Geläute dieser Gemeinde. Dasselbe zeigt sich bei der Rückkehr des Wanderers.

Miroirs V: Die Glockenklänge am Eingang des Tales

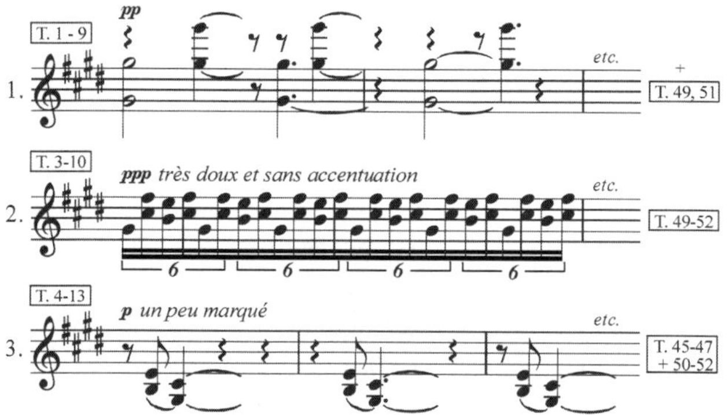

Dieser melodische Terzfall übertrifft in seiner akustischen Reichweite sogar die zwei in T. 6 einsetzenden, akzentuierten Einzelglocken: ein lang nachklingendes, insgesamt nur viermal ertönendes tiefes *g* und ein in *mf* kräftiger angeschlagenes, dreimal dreifaches *eis* im mittleren Register. Die tonale Querständigkeit dieser beiden Einzelglocken zum fünftönigen Klangraum *gis/h/cis/e/fis* legt die Vermutung nahe, dass sie zu einer zweiten Kirche desselben Ortes gehören. Beide setzen schon in T. 11 wieder aus, vor der Fermate, die den musikalischen Ablauf gliedert (und vielleicht gleichzeitig als Dorfgrenze gehört werden darf).

Miroirs V: Glockentöne aus einer zweiten Kirche

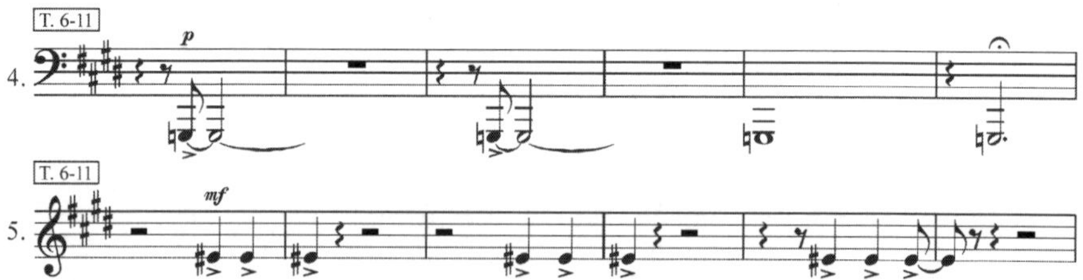

Diese beiden tonalen Außenseiter haben für das Tal eine ganz unterschiedliche Bedeutung. Die tiefe Glocke wird nie wieder gehört; sie bleibt auch bei der Rückkehr des Wanderers an seinen Ausgangspunkt stumm. Der Dreifachschlag der fünften Glocke fehlt ebenfalls bei der Rückkehr zum Taleingang, erweist sich aber sonst als weniger spezifisch: In der Mitte des Tales steigt er zur Quarte *b* auf, und beim Eintritt in die Ortschaft am anderen Ende des Tales hört der Wanderer, anfänglich im Hintergrund des hier herrschenden sonoren Gesanges, die oktavverdoppelte Sekunde *as/b* in ähnlichem Dreifachschlag. Auch den Rückweg begleitet der dreimal dreifache Glockenschlag noch ein letztes Mal, diesmal mit einem oktavverdoppelten *es*. Das Quartintervall, das das Läuten der Glockengruppen 2 und 3 charakterisiert, bestimmt somit auch die Transpositionen dieses offenbar im ganzen Tal beliebten Musters: Der Dreifachschlag wird zuerst als (enharmonisch notiertes) *f* gehört, dann als *b*, schließlich als *es* und davor vorübergehend als Sekunde *as/b*.

Miroirs V: Die im ganzen Tal beliebte Dreischlagglocke[21]

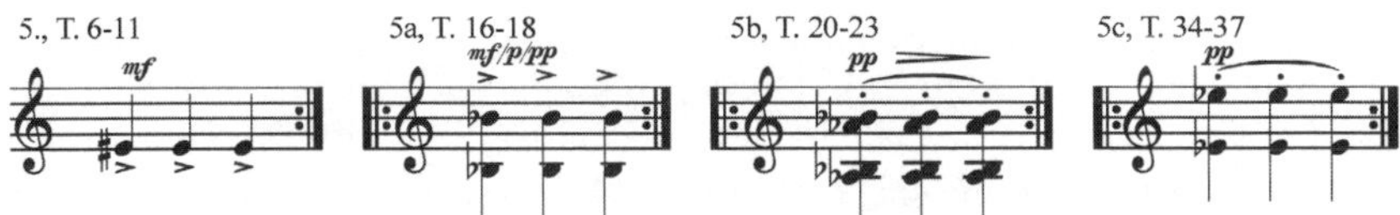

In der Mitte des Tales scheint es keine eigenen Glocken zu geben. Mit einer sukzessiven Modulation beschreibt die Musik eher den Weg zwischen zwei Eckpunkten als einen präzisen Ort. Diesen Weg markiert eine feierliche akkordische Komponente über einem Bassgang, der die Ankertöne *fis* und *dis* zum *c* durchschreitet. Über diesen erklingt, nach Ravels Anweisung *très calme* und im *pp* beginnend, ein absteigender Schritt in sechs- bis siebenstimmiger Homophonie, der zweimal wiederholt wird. Die zweite Wiederholung ist um eine fallende Sequenz verlängert, die gleichfalls nach einer dem Bassfortschreiten vorbehaltenen Pause wiederholt und sodann durch einen dreimaligen Schlussakkord abgerundet wird. Dieser verklingt, von *mf* über *p* nach *pp* abnehmend. Er wird dabei von der ersten Transposition der Dreischlagglocke begleitet.

Harmonisch ist besonders der Beginn dieses Talsohlendurchganges (T. 12-15) denkbar weit entfernt von der am Taleinstieg herrschenden tröstlichen Pentatonik. Der Eindruck einer gewissen Schwierigkeit des Weges entsteht durch den jeweils zweiten Klang im mittleren Strang der Textur. Während als Auslöser der absteigenden Schritte über dem jeweiligen

[21] Das *-Zeichen im Notenbeispiel steht für Pausen variabler Dauer.

Basston reine Durdreiklänge erklingen und die Quint/Oktav-Klänge im hohen Register auch lediglich umgekehrt werden, unterlegt Ravel dem Ankerton anschließend eine 'unreine Quartenschichtung': In ihr ist die unterste Quart zum Tritonus vergrößert und fungiert so, trotz ihrer Binnenlage, als Leitton zum Fundament des nächsten Dreiklanges.[22]

Viel eloquenter ist das Klangbild des Ortes am anderen Ende des Tales. Neben zwei weiteren Varianten der Dreischlagglocke (vgl. oben Glocke 5b und 5c) erklingt ein Geläut, das mit seinen gepaarten Quartenschichtungen an die dritte und mit seiner pentatonischen Grundlage an die zweite Glocke aus der Gemeinde am Taleingang erinnert, zumal es sich von dessen pentatonischer Skala lediglich in einem Ton unterscheidet: dort war es *gis-h-cis-e-fis*, hier ertönt *h-cis-e-fis-a*:

Miroirs V: Das pentatonische Läuten am anderen Ende des Tales

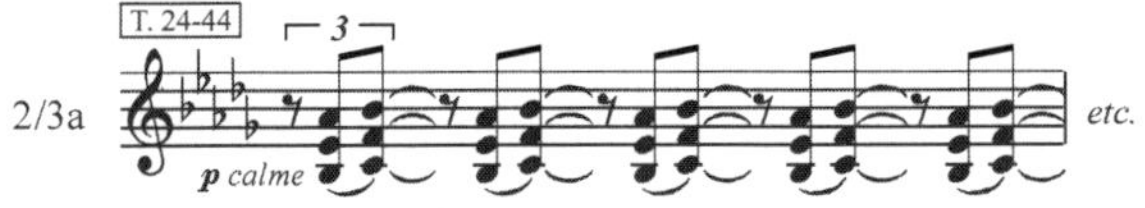

Die dreitönige Quartenschichtung wird in T. 28-30 auf zwei, in T. 31 sogar auf nur einen Ton verkürzt. In T. 32-33 ist die dreitönige Grundform wiederhergestellt, doch weicht sie in T. 34-36, als wie von weitem schon eine neue Transposition der Dreischlagglocke des Ausgangsortes hereinklingt, mit parallelen Terzen anstelle der Quarten kurz zur Ganztönigkeit aus. Dann jedoch, als der Ortsrand wieder erreicht ist, erklingt wie beim Eintritt noch ein letztes Mal die ursprüngliche Zusammensetzung der Töne. Auch beim Rückweg durch die Talsohle tönt dieses Läuten in seiner zweitönigen Form noch leise von fern, in Anbetracht der geänderten Tonartsignatur nun enharmonisch notiert.[23]

Allerdings ist Glockenklang nicht die einzige Musik, die in dieser Gemeinde erklingt. Wohin immer der Weg in diesem Ort führt, hört man eine teils oktavierte Kantilene, die Ravel *largement chanté* wünscht. Das feierliche Unisono besteht aus fünf Zeilen, deren erste und dritte, rhythmisch und syntaktisch aufeinander bezogen, eine bewegte zweite Zeile umrahmen. Es folgen zwei in die Tiefe steigende, zunehmend ruhigere Schlusszeilen. Der harmonische Weg führt von Des-Dur nach f-Moll.

[22]Vgl. in T. $12\text{-}14_3$: Fis-Dur-Dreiklang gefolgt von *d / gis / cis / fis*, mit *d* als Leitton zum *dis* in T. 14_3; in T. 14_4-15: Dis-Dur-Dreiklang gefolgt von *h / eis / ais / dis*, mit *h* als Leitton zum erst in T. 16 manifestierten *c*.

[23]Vgl. T. 42-44: *dis/gis – eis/ais* mit T. 28-30: *es/as – f/b*.

Miroirs V: Der Gesang der Gemeinde am anderen Ende des Tales

19 *mf largement chanté*

p

mf *mp*

p

Auch hinsichtlich der Bassgestaltung unterscheidet sich das Klangbild am Taleingang wesentlich von den beiden anderen Örtlichkeiten. An dem Punkt, wo der fiktive Wanderer seinen Weg beginnt und später wieder beendet, erklingen ausschließlich Glockentöne. Diese verschleiern das Metrum eher als dass sie es unterstreichen. Im Gegensatz dazu werden fast alle Taktschwerpunkte in der Mitte und am anderen Ende des Tales durch Bassoktaven (in der Talsohle: *fis-dis-c* auf dem Hinweg, *cis-ais-fis-e* auf dem Rückweg) oder durch Quinten (in der durch die zusätzliche Kantilene charakterisierten Ortschaft) bekräftigt. Doch während die Bassoktaven auf der Übergangsstrecke als harmonische Ankertöne der Modulation fungieren, stützen die Quinten, die den angedeuteten Gemeindegesang begleiten, durchaus nicht immer die tonale Aussage der darüber liegenden melodischen Kontur. So beginnt die Kantilene mit dem (bis auf den ersten Taktschwerpunkt verlängerten) Leitton zu Des-Dur und wendet sich im dritten Takt nach f-Moll, während der Bass drei Takte lang an *b/f* festhält. Am Beginn der zweiten Zeile hören wir einen es-Moll-Gesang über der Quint *ges/des*. Erst am Ende der zweiten Zeile treffen sich Melodie und Begleitung in einem gemeinsamen f-Moll.

Wie schon erwähnt, fehlt die tiefe Einzelglocke, mit der Ravel die reine Pentatonik seiner Musik erstmals unterbricht und gleichsam querständig in Frage stellt, bei der Rückkehr zum Ausgangspunkt am Ende des Stückes. Statt ihrer ertönt, sobald das in T. 49 wieder erreichte Läuten der ersten drei Glockensets dünn und durchlässig zu werden beginnt, im selben

Register eine Glocke, die die Quartenschichtung des Sextolengeläutes in die Tiefe fortsetzt. Ravel soll Schülern gegenüber von “la Savoyarde” gesprochen und damit auf den Stolz der Pariser Basilika Sacré-Cœur de Montmartre angespielt haben, die größte Glocke Frankreichs, die mit ihren fast 20.000 kg als die imposanteste schwingende Glocke der Welt gilt. Den besonderen Obertonreichtum dieser berühmten, 1891-1895 gegossenen und somit zum Zeitpunkt der Komposition der *Miroirs* erst seit 10 Jahren bekannten Glocke gibt Ravel pianistisch durch eine Vorschlaggruppe und rhythmisch durch ein langes, unbegleitetes Nachschwingen wieder. Mit ihrem verklingenden Anschlag endet “La vallée des cloches”, gefolgt von einem nur vom Nachklang erfüllten Pausentakt.

Miroirs V: Die tonal in ihr Umfeld eingebettete Königsglocke

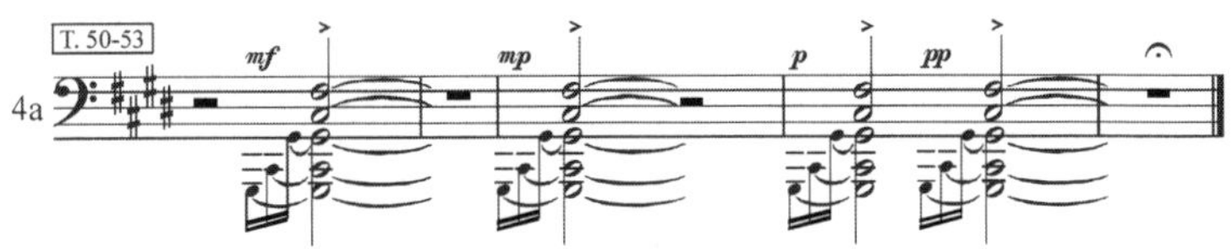

Das musikalische Erlebnis des fiktiven Wanderers bei seinem Weg durch das “Tal der Glocken” und zurück zum Ausgangspunkt lässt sich schematisch folgendermaßen darstellen:

Miroirs V: Klänge beim Hin- und Rückweg durch das Tal der Glocken

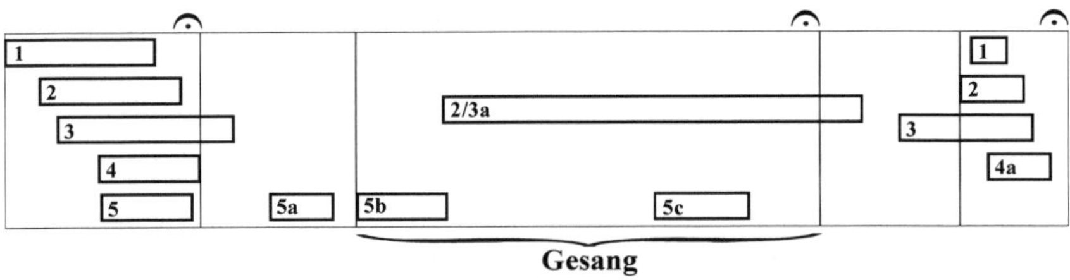

Ravels *Miroirs* halten dem Menschen in ihren Metaphern tatsächlich verschiedene Spiegel vor. Die erblickten Bilder reichen vom prekären Schicksal der von jeder Lichtquelle angezogenen Falter oder eines Bootes im weiten Meer über die Ironisierung durch einen Kritiker fragwürdiger Konventionen bis hin zur Bestürzung durch traurige Vogelrufe in einer menschenleeren Natur und das identitätsstiftende Angebot den Lebensweg begleitender Glockengeläute.

Gaspard de la nuit

Die 1908 komponierte dreiteilige Klaviersuite *Gaspard de la nuit* mit dem Untertitel "Trois poèmes pour piano d'après Aloysius Bertrand" gilt als Ravels bedeutendster Beitrag einerseits zum pianistischen Repertoire, andererseits zur Gattung der musikalischen Ekphrasis.[1] Ravel selbst betonte ausdrücklich, in all seinen Gedichtvertonungen sei es sein Ehrgeiz, mit Tönen zu sagen, was dort mit Worten ausgedrückt ist;[2] dies gilt besonders, wenn die Worte nicht Teil des musikalischen Werkes sind. Die drei Stücke basieren auf drei Gedichten in lyrischer Prosa, die der französische Dichter Louis Bertrand (1807-1841) – oder Aloysius, wie er sich bevorzugt nannte – bereits als junger Mann geschaffen hatte, jedoch vor seinem allzu frühen Tod durch Tuberkulose nicht veröffentlichen konnte.

Der Band umfasst 65 Gedichte, die in Strophen, aber ohne Reim und Metrum gefasst sind. Darunter sind 52, die Bertrand noch selbst für eine erhoffte Veröffentlichung zusammengestellt hatte, ergänzt um 13 inhaltlich verwandte, die seine Nachlassverwalter unter seinen Manuskripten fanden. Der renommierte Schriftsteller Charles-Augustin Sainte-Beuve besorgte 1842 die posthume Erstausgabe. Sie wurde seither über 40 mal nachgedruckt und in zahlreiche Sprachen übersetzt.[3] Die symbolistischen Dichter um Stéphane Mallarmé und Charles Baudelaire priesen Bertrand als den Erfinder des Prosagedichtes; er gilt heute als Klassiker der fantastischen Lyrik.

[1]Der Begriff bezeichnet eine "Transmedialisierung", die Übertragung von einem Medium in ein anderes, in diesem Fall von einem Werk der Dichtung in Musik. Vgl. S. Bruhn, *Musical Ekphrasis. Composers Responding to Poetry and Painting* (Hillsdale, NY: Pendragon 2000), auf deutsch außerdem die Kapitel "Verklärte Nacht" und "Pelleas und Melisande" in *Schönbergs Musik 1899-1914 im Spiegel des kulturellen Umbruchs: Von der Tondichtung zum Klangfarbenspiel* (Waldkirch: Gorz, 2015), S. 33-48 und 67-87 sowie "Les sons et les parfums tournent dans l'air du soir" und "La fille aux cheveux de lin" in *Debussys Klaviermusik und ihre bildlichen Inspirationen* (Waldkirch: Gorz, 2017), S. 105-110 und 125-130.

[2]Georges Léon, *Maurice Ravel – l'homme et son œuvre* (Paris: Seghers, 1964), S. 166.

[3]Vollständige Übersetzungen der Gedichtsammlung existieren u.a. in deutsch, englisch, dänisch, niederländisch, italienisch, spanisch, katalanisch, tschechisch, polnisch, russisch, rumänisch, griechisch, chinesisch und japanisch. Die vier deutschen Ausgaben erschienen 1958 (Castrum-Peregrini-Presse, Amsterdam), 1978 (Insel, Frankfurt), 2002 (Gemini-Verlag, Berlin) und 2013 (Reinecke & Voß, Leipzig).

Der Untertitel verweist auf zwei bildende Künstler, die im ersten bzw. zweiten Drittel des 17. Jahrhunderts wirkten. Der Niederländer Rembrandt Harmenszoon van Rijn (1606-1669) ist heute sowohl für seine eindrucksvollen Ölgemälde als auch für seine Zeichnungen und Radierungen bekannt; der Franzose Jacques Callot (1592-1635) war vor allem Grafiker und Zeichner. Bertrand scheint also seine Gedichte als "Fantasien" in der Art der Barockdrucke dieser beiden Künstler verstanden zu haben.

Der Hinweis auf fantastische Gestalten verdankt sich seinerseits einer dichterischen Vorlage. Sie stammt aus der Feder des deutschen Juristen und literarisch wie musikalisch und künstlerisch begabten Ernst Theodor Amadeus Hoffmann (1776-1822), der heute als Vorläufer einer Literatur der Phantastik gilt. Der langjährige Kammergerichtsrat in Berlin, zu Lebzeiten berühmt und berüchtigt als ein genialer Zeichner oft allzu treffender Karikaturen, wurde letztlich vor allem als Schriftsteller von Satiren und Schauergeschichten sowie als Musikkritiker bekannt. Dabei war es sein lebenslanger Traum, als Komponist anerkannt zu werden.[4] Doch während Hoffmanns facettenreiches Werk in Deutschland lange nur wenig Beachtung fand, avancierte er in Frankreich früh zum Klassiker. Heinrich Heine schätzte seine Werke, ebenso Honoré de Balzac, Théophile Gautier und George Sand. Für sie wurde er zur Leitfigur einer Gruppe junger Romantiker, der sogenannten "Jeunes-France", die sich in den Jahren um 1830 um Gérard de Nerval und Théophile Gautier bildete. Sie glaubten zu erkennen, dass die Zukunft der Kunst in der Beziehung zwischen deren unterschiedlichen Ausdrucksformen liegt. Dass auch der damals noch sehr junge Aloysius Bertrand die Begeisterung für das schriftstellerische Werk dieses Deutschen teilte, beweist er im Untertitel des *Gaspard de la nuit*: "Fantaisies à la manière de Rembrandt et Callot" ist eine ausdrückliche Anspielung auf Hoffmanns erfolgreiches Erstlingswerk, die 1814-1815 veröffentlichten *Fantasiestücke in Callots Manier*.[5]

[4]Als Komponist schrieb er zahlreiche Instrumental-, Vokal- und Bühnenwerke, darunter acht Werke der Vokalmusik einschließlich einer Messe, dreizehn Bühnenwerke und zehn Instrumentalwerke, die von Klavier- und Kammermusik bis zu einer Sinfonie reichen. Unter seinen sieben Opern erlangte einzig *Undine* nach Friedrich de la Motte-Fouquet, die 1816 im Nationaltheater in Berlin uraufgeführt wurde, einige Bekanntheit. Seine Bewerbungen um Kapellmeisterstellen scheiterten immer wieder, und so wurde er schließlich Musikkritiker an der in Leipzig verlegten *Allgemeinen musikalischen Zeitung*.

[5]Zu Hoffmanns berühmtesten Werken gehören neben diesen *Fantasiestücken* zwei Romane, *Die Elixiere des Teufels* (1815-1816) und *Lebensansichten des Katers Murr* (1819-1821) sowie die Erzählungen in *Nachtstücke* (1816-1817) und *Die Serapionsbrüder* (1819-1821).

Was es mit Bertrands Werktitel auf sich hat, erfahren Leser in einer fantastischen Geschichte, die der Dichter in der zwanzigseitigen Einleitung zu seinem Gedichtband erzählt. Demnach setzte sich eines Tages, als er sich auf einer Bank in einem Park ausruhte, ein seltsam gekleideter Mann neben ihn und begann ein Gespräch. Der Mann schien ärmlich und ein wenig schmutzig; insofern war sich Bertrand, wie er berichtet, nicht sicher, was er von ihm zu erwarten hatte. Aber als der Fremde erzählte, er habe fast sein ganzes Leben damit verbracht, nach einer Erklärung dafür zu suchen, was "die Kunst" sei, interessierte dies den Dichter natürlich sehr. Der Fremde sagte, er habe entdeckt, dass Kunst viel mit Liebe zu tun haben muss, wahrscheinlich auch mit Gott, aber so sehr er sich auch bemühte, er konnte nicht herausfinden, was genau die Grundbedingung war. Irgendwann begann er zu vermuten, dass Kunst vielleicht auch etwas mit dem Teufel zu tun haben könnte. Bei dieser Bemerkung glaubte Bertrand, der Mann könne wohl ein wenig verwirrt sein, war aber dennoch fasziniert von dem, was er hörte. Auf Bertrands Bitten, das Ergebnis seiner Forschungen zusammenzufassen, resümierte dieser: Den Teufel gibt es nicht wirklich, aber die Kunst schon. Er habe dazu ausführliche Aufzeichnungen gemacht. Dabei übergab er dem Dichter ein Buch und schlug vor, sie sollten sich zur Rückgabe einen Tag später am selben Ort wieder treffen. Daraufhin trennten sich die beiden Männer. Als Bertrand das Buch öffnete, sah er, dass es sich um eine Gedichtsammlung handelte, auf der ersten Seite identifiziert mit Autor und Titel: "Gaspard de la nuit" hieß der merkwürdige Mann demnach; und sein Werk nannte er "Phantasien in der Manier Rembrandts und Callots".

Wie man als Leser bereits vermutet, kam der fremde Mann am Folgetag nicht zur Parkbank zurück. Bertrand fühlte sich sehr bedrückt, glaubte er doch, das Ergebnis einer lebenslangen Suche nach der Wahrheit der Kunst in der Hand zu halten. Da er das kleine Buch unbedingt seinem Autor zurückgeben wollte, begann er, sich in seiner Stadt umzuhören, ob jemand eine Person namens "Gaspard de la nuit" kannte, und war äußerst überrascht, dass die Gefragten schroff reagierten. Ein Weinbauer klärte ihn schließlich auf:

> Ich rannte durch die Stadt und befragte jeden Passanten nach Herrn Gaspard de la nuit. Die einen antworteten mir: "Sie scherzen!" – Die anderen: "Er soll Ihnen den Hals umdrehen!" Und alle ließen mich stehen. Schließlich sprach ich einen kleinwüchsigen, buckligen Winzer an, der über meine Verlegenheit lachte. "Was wollen Sie denn von dem Kerl da?" – "Ich will ihm ein Buch zurückgeben, das er mir geliehen hat." – [...]

> "Er ist in der Hölle, vorausgesetzt dass er nicht woanders ist." – "Ah! Endlich glaube ich zu verstehen! Was! Gaspard de la nuit wäre ..." – "Ja, genau . . . Der Teufel!" – "Danke, braver Mann! . . . Wenn Gaspard de la nuit in der Hölle ist, mag er dort schmoren. Sein Buch aber lasse ich drucken."[6]

Auf diese Einleitung folgt in Bertrands Gedichtband ein kurzer "Prolog", in dem der Autor – Meister Gaspard de la nuit – erklärt, Kunst sei wie eine Münze mit zwei Seiten. Die eine Seite zeige Rembrandt, den weisen Künstler-Philosophen, der mit den Geistern von Schönheit und Wissenschaft, Weisheit und Liebe kommuniziert; auf der Rückseite sehe man Callot, den dreisten und prahlerischen Bettler, der in den Tavernen schimpft, die Dienstmädchen belästigt und auf seinen Bart und sein Schwert schwört. Diese Janusköpfigkeit symbolisiere den ambivalenten Charakter der Kunst. Auf die Frage, warum er denn nach all seinen der Forschung gewidmeten Jahren keine gute Kunsttheorie präsentiere, antwortet der teuflische Forscher, Witzbolde und Clowns zeigten ihrem Publikum schließlich nie die Fäden, mit denen sie ihre Puppen bewegen.

Die 65 Stücke in dem Band – 62 Gedichte und drei ebenfalls in kurze Prosastrophen gefasste Briefe – sind in sieben Abschnitte gegliedert:

1. Die flämische Schule (9 Gedichte)
2. Das alte Paris (10 Gedichte)
3. Die Phantasmagorien der Nacht (11 Gedichte)
4. Aus alten Chroniken (7 Gedichte + 1 Brief)
5. Spanien und Italien (7 Gedichte)
6. Albumblätter (6 Gedichte + 1 Brief)
7. Paralipomena (12 Gedichte + 1 Brief)

Bertrands "vom Teufel verfasste" Gedichte regten Charles Baudelaire zu eigenen Prosagedichten an, und auch Mallarmé fühlte sich von dieser neuen Form der Lyrik inspiriert.

Nachdem Ravel drei Gedichte ausgewählt hatte – "Ondine" aus der Abteilung "Die Phantasmagorien der Nacht", "Le Gibet" und "Scarbo" aus den Paralipomena – komponierte er seine Klaviersuite in einem einzigen Rausch. In einem Brief an eine Freundin schrieb er am 17. Juli 1908: "Als ich Gaspard komponierte, war ich wie vom Teufel besessen. Was nur logisch ist, da er ja der Autor dieser Gedichte ist."[7] Rauschend war auch der Erfolg der Uraufführung am 9. Januar 1909 durch Ricardo Viñes.

[6]Übersetzt nach Aloysius Bertrand, *Gaspard de la Nuit: Fantaisies à la manière de Rembrandt et de Callot* (Paris: Le Club français du Livre, 1957) S. 23-24.

[7]Übersetzt nach Georges Léon, *op. cit.*, S. 58.

Ondine

Alle Märchenliebhaber Europas kennen die Wassernymphe, die im Mittelalter *Melusine* hieß. In Friedrich de la Motte-Fouqués Novelle und Jean Giraudoux' Drama heißt sie *Ondine*, in E.T.A. Hoffmanns darauf basierendem Libretto für Albert Lortzings Oper wird daraus *Undine*. Viele weitere Inkarnationen durchziehen die europäische Literatur, darunter Hans Christian Andersens *kleine Meerjungfrau* und *Rusalka*, die Titelheldin in Antonin Dvořáks Oper nach einer verwandten Geschichte über einen Wassergeist aus der slawischen Mythologie. Noch Mitte des vorigen Jahrhunderts schrieb Hans Werner Henze im Auftrag des königlich-englischen Opernhauses Covent Garden eine Ballettmusik zu dem Thema.[8]

Das Märchen handelt immer von zwei Frauen: einer vornehmen, aus Sicht aller Feen und Wassergeister also "sterblichen" Dame und einer "unsterblichen Tochter der Wellen"; der deutsche Name Undine leitet sich vom lateinischen *unda* für Welle ab, sein romanisches Pendant Ondine vom französischen *onde*. Ausgangspunkt der Geschichte ist ein Paradies in den Tiefen des Wassers. In ihm ist Ondine zu Hause, doch verlässt sie es auf der Suche nach der Liebe eines Mannes, da allein diese Liebe ihr eine Seele geben kann. Sollte sie dies erreichen, wird sie zwar wie die Menschen sterblich werden, doch erscheint ihr das ein kleiner Preis für das unergründliche Gut namens "Seele". Das Unverständnis des Mannes für ihre Natur und Bedürftigkeit sowie seine letztliche Ablehnung zwingen sie, in die Wellen zurückzukehren, aus denen sie kam, ohne jedoch ihre ursprüngliche Unschuld und Sorglosigkeit wiederzuerlangen. So erzählt es die romantische Version der Geschichte.

Bertrand setzt in seinem Gedicht einen ganz anderen Akzent, indem er die Geschichte nicht aus Ondines Perspektive darstellt, sondern aus der Sicht des Mannes. Zwar "murmelt" auch seine Ondine "ein Lied" und fleht um Heirat. Doch sowie sie als Antwort auf ihre Bitte erfährt, dass der Mann eine sterbliche Frau liebt, überwindet sie ihre Enttäuschung sehr schnell und kehrt zu ihrer naiven Verspieltheit zurück. Sie erscheint somit als ein kindliches Wesen, das keineswegs Mitleid auslöst oder erwartet, sondern allenfalls ein nachsichtiges Lächeln. Dies zumindest ist die offensichtliche Botschaft von Bertrands Gedicht. Ravels Musik fügt dieser Deutung noch einige unerwartete Nuancen hinzu.

[8] Hans-Werner Henze, *Undine.* Ballett in drei Akten, Libretto von Frederick Ashton frei nach Friedrich de la Motte-Fouqué. Komponiert 1956-57, verlegt bei Schott Music, Mainz.

Ondine

— « Écoute ! — Écoute ! — C'est moi, c'est Ondine qui frôle de ces gouttes d'eau les losanges sonores de ta fenêtre illuminée par les mornes rayons de la lune ; et voici, en robe de moire, la dame châtelaine qui contemple à son balcon la belle nuit étoilée et le beau lac endormi.

» Chaque flot est un ondin qui nage dans le courant, chaque courant est un sentier qui serpente vers mon palais, et mon palais est bâti fluide, au fond du lac, dans le triangle du feu, de la terre et de l'air.

» Écoute ! — Écoute ! — Mon père bat l'eau coassante d'une branche d'aulne verte, et mes sœurs caressent de leurs bras d'écume les fraîches îles d'herbes, de nénuphars et de glaïeuls, ou se moquent du saule caduc et barbu qui pêche à la ligne. »

*

Sa chanson murmurée, elle me supplia de recevoir son anneau à mon doigt, pour être l'époux d'une Ondine, et de visiter avec elle son palais, pour être le roi des lacs.

Et comme je lui répondais que j'aimais une mortelle, boudeuse et dépitée, elle pleura quelques larmes, poussa un éclat de rire, et s'évanouit en giboulées qui ruisselèrent blanches le long de mes vitraux bleus.

"Hör nur! – Hör nur! – Ich bin's, Ondine, die mit diesen Wassertropfen über die wohlklingenden Rauten deines Fensters perlt, erhellt vom matten Strahlen des Mondes; und da steht im Moirégewand die Schlossherrin auf ihrem Balkon und betrachtet die bestirnte Nacht und den schönen schlafenden See.

Jede Welle ist ein "Wellenkind", das in der Strömung schwimmt, jede Strömung ist ein Pfad, der sich zu meinem Palast schlängelt, und mein Palast ist flüssig gebaut, am Grunde des Sees, im Dreieck von Feuer, Erde, und Luft.

Hör nur! – Hör nur! – Mein Vater schlägt das quäkende Wasser mit einem grünen Erlenast, und meine Schwestern liebkosen mit ihren Schaumarmen die frischen Inseln aus Gras, Seerosen und Iris oder spotten über den gebrechlichen, zottigen Weidenbaum, der mit einer Rute zu angeln scheint."

*

Nachdem sie ihr Lied gemurmelt hatte, beschwor sie mich, ihren Ring auf meinem Finger zu empfangen, damit ich der Gatte einer Ondine werde, und zusammen mit ihr ihren Palast zu besuchen, damit ich zum König der Seen werde.

Und da ich ihr antwortete, dass ich eine Sterbliche liebe, weinte sie ein paar Tränen, schmollend und verdrossen, brach dann in Lachen aus und zerfloss in den Regenschauern, die weiß über meine blauen Scheiben rannen.

Das Gedicht hat fünf Strophen, die der Dichter mit einem Sternchen zu zwei ungleichen Hälften von drei + zwei gruppiert. Die ersten drei Strophen handeln von Ondine, während die folgenden zwei über den Mann sprechen, dessen Liebe sie erhofft.

Die zweiteilige Struktur entspricht somit den beiden Hauptfiguren. Dieses "Paar" kann als Hoffnung oder als bloßes Objekt der Reflexion gedeutet werden. Dass Ondine auf eine Zweisamkeit hofft, zeigt sich sprachlich darin, dass ihre drei Strophen drei weitere Paarungen enthalten: das wiederholte "Hör nur! Hör nur!" in der ersten und dritten Strophe, das "jede ..., jede ..." in der zweiten Strophe und die Nebeneinanderstellung von Vater und Schwestern in der dritten Strophe. Ihre Zweifel an der Verwirklichung dieses Wunsches verraten sich in der Gegenüberstellung von Wellentochter und Schlossherrin in der ersten Strophe.

Inhaltlich charakterisieren Ondines Worte sie durch Kontrast und Metapher. In der ersten Strophe umgibt sie sich mit dem matten Strahlen des Mondes – also mit Mysterium, Unvorhersehbarkeit, Emotionalität – während der Schlossherrin die viel rationaleren und konventionelleren Wahrnehmungen der "bestirnten Nacht und des schönen schlafenden Sees" zugeordnet sind. Die sterbliche Rivalin zeichnet sich durch konventionelle Attribute aus: edle Kleidung (ihr seidenes Gewand), einen vornehmen Ort (den Balkon eines Herrenhauses) und nobles Zurückhaltung (Betrachtung). Dagegen stammt Ondine aus einem "Palast", der eine Manifestation der Wassergeister selbst ist. Wie vollkommen das Reich ist, zu dem sie gehört, vermittelt sie durch die vier Elemente und das perfekte geometrische Symbol: ihr Palast aus *Wasser* ruht im "Dreieck aus *Feuer*, *Erde* und *Luft*". Die dritte Strophe verschmilzt die metaphorischen Bilder zu einer Fantasie.

Die Strophen des Mannes unterscheiden sich in Sprache und Haltung deutlich von Ondines drei Strophen: Ihre Unmittelbarkeit kontrastiert mit seiner auf Argumentation basierenden in Ausdrücken wie "Nachdem sie ...", "damit ich ...", "und da ich ..." etc. Dabei vermittelt die vierte Strophe, was Ondine in Bezug auf den Mann erhofft und warum. Die von ihm wahrgenommenen und artikulierten Gründe – "damit ich der Gatte einer Ondine werde" und "damit ich zum König der Seen werde" – klingen allerdings ganz anders als die aus dem Märchen bekannten. Die fünfte Strophe beschreibt Ondines Reaktion auf die Antwort des Mannes. Es ist die Reaktion eines Kindes, das für einen Moment schmollt, aber Schmerz und Enttäuschung sofort wieder vergisst und damit zu verstehen gibt, dass alles nur Spiel war. Die letzte Strophe bildet eine Brücke zurück zur ersten und erinnert daran, dass es der Regen auf den Fensterscheiben war, der die Fantasie zu diesem Märchen beflügelte.

Die leicht übersehene Tatsache, dass die ersten drei Strophen in Anführungszeichen stehen, deutet darauf hin, dass es sich um direkte Rede handelt. Ein genauerer Blick auf die vierte und fünfte Strophen zeigt jedoch, dass auch sie in der ersten Person Singular gesprochen werden. Die ungleichen Gedichthälften sind also offenbar beide als Stimme des Mannes zu lesen oder zu hören, mit dem Unterschied, dass die ersten drei Strophen ein wörtliches Zitat dessen zu sein vorgeben, was er aus dem Mund der Ondine gehört zu haben meint, während die letzten zwei Strophen seine eigene Aussage enthalten. Allerdings scheint Ondine am Ende des Gedichtes in denselben Regentropfen zu verschwinden, die sie zuerst ins Bild gebracht haben. Ist sie also vielleicht nichts als die Halluzination eines Mannes, der kurz vor seiner Hochzeit mit einer "Schlossherrin" steht und angesichts der gesellschaftlichen Rolle, die ihn erwartet, noch einmal von Verspieltheit und märchenhaftem Tändeln träumt? Sein Traum, König in einem Reich der Vollkommenheit, Schönheit und verantwortungsfreien Verspieltheit zu werden, ist eine reizvolle Kulisse für die ernsteren Verpflichtungen im wirklichen Leben. Und bei Bertrand wird die zurückgewiesene Ondine nicht verletzt, sondern verbleibt in ihrem (wässrigen) Element.

Dem Gedicht geht ein Epigramm voraus. Die zitierten Zeilen stammen von Charles Brugnot (1798-1831), einem Freund Bertrands. Heute ist über diesen Dichter wenig bekannt. Dennoch sind die Zeilen aufschlussreich. Sie sprechen von leisen Klängen, die jemand hört, ob in der Realität oder im Schlaf. Bertrands Gedicht greift dies in seiner Eröffnung auf: "Écoute ! – Écoute !" – "Hör nur! Hör nur!"

> . . . Je croyais entendre
> Une vague harmonie enchanter mon sommeil,
> Et près de moi s'épandre un murmure pareil
> Aux chants entrecoupés d'une voix triste et tendre.
> Charles Brugnot, *Les deux Génies*

> . . . Ich glaubte eine vage,
> meinen Schlaf verzaubernde Harmonie zu hören,
> und um mich herum floss ein Murmeln, ähnlich
> dem unterbrochenen Gesang einer traurigen,
> zärtlichen Stimme.

Epigramm und Gedichttext sind in der Partitur der ersten Notenseite gegenüber abgedruckt und werden oft auch in Konzertprogrammen wiedergegeben. Sie sind so den Pianisten und Hörern zugänglich, und es ist spannend zu beobachten, welche Mittel Ravel wählt, um die zahlreichen Nuancen des Textes in reine Instrumentalmusik übersetzen.

Dies gelingt ihm mit bewundernswerter Nuanciertheit. So ist die im Epigramm erwähnte "vage Harmonie" in einem charakteristischen Akkord verkörpert: Das Murmeln des Wassers beginnt mit der bitonalen Gegenüberstellung eines Quintsextakkordes in einer Tonart mit einer melodischen Entwicklung in einer anderen Tonart. Schon der Akkord selbst mischt fast durchgehend zwei Tongeschlechter: Er ist entweder ein Dur-Dreiklang mit einer Moll-Sext oder ein Moll-Dreiklang mit einer Dur-Sext. So entsteht der Eindruck einer "vagen Harmonie".

Das in Ondines Zeilen beschriebene Schimmern des Sees verdankt sich einem komplexen Wechselspiel zwischen dem Dreiklang und der Sext: Jede rhythmische Figur besteht aus acht gleichmäßigen 32stel-Anschlägen, die aber nicht als 4 + 4 gegliedert sind, sondern in einer unregelmäßigen Gruppierung von 3 + 3 + 2 ertönen. Dieses Muster dominiert viele Takte. Es macht erst viel später vorübergehend weitschweifenden Arpeggios Platz.

Gaspard de la nuit I: Das Schimmern des Sees

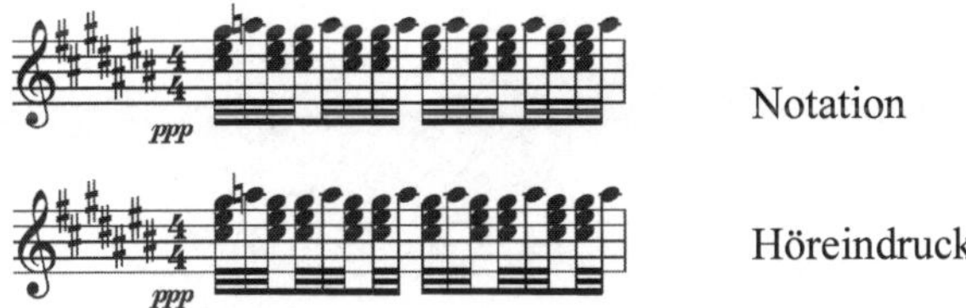

Inmitten dieser Wellen – mal darunter, mal darüber – durchklingt das Werk etwas, was eindeutig als Gesang zu erkennen ist.[9] Dieses Lied umfasst dreizehn unterschiedlich lange Zeilen. Die erste, fünfte und siebte Zeile wird von einem oder zwei Vorspieltakten eingeleitet, die zehnte um sieben Takte mit aus der Tiefe aufsteigenden Linien erweitert und die letzte mit einem Feuerwerk brillanter Arpeggien, die nur allmählich verklingen, abgerundet. Darüber hinaus lassen sich folgende Beobachtungen festhalten:

- Es gibt drei grundsätzlich unterschiedliche Themen, eines für jede der drei Personen. (Sie sind im Notenbeispiel zur visuellen Unterscheidung gestaffelt eingerückt.) Jedes dieser Themen besteht aus einem charakteristischen Basismodul und verschiedenen Ergänzungen. An der Häufigkeit, mit der jedes Thema im Stück erklingt, sowie an den typischen Zeilenanfängen erkennt man, auf welche der drei Personen sich das jeweilige Thema bezieht.

[9] Im folgenden Notenbeispiel sind alle exakten Taktwiederholungen durch die aus Partituren bekannten 𝄎 - Zeichen markiert, um sie auf den ersten Blick erkennbar zu machen. Der erste Halbtakt wird in Analogie zu T. 31 als T. 1 gezählt.

Gaspard de la nuit I: Das Lied der Ondine

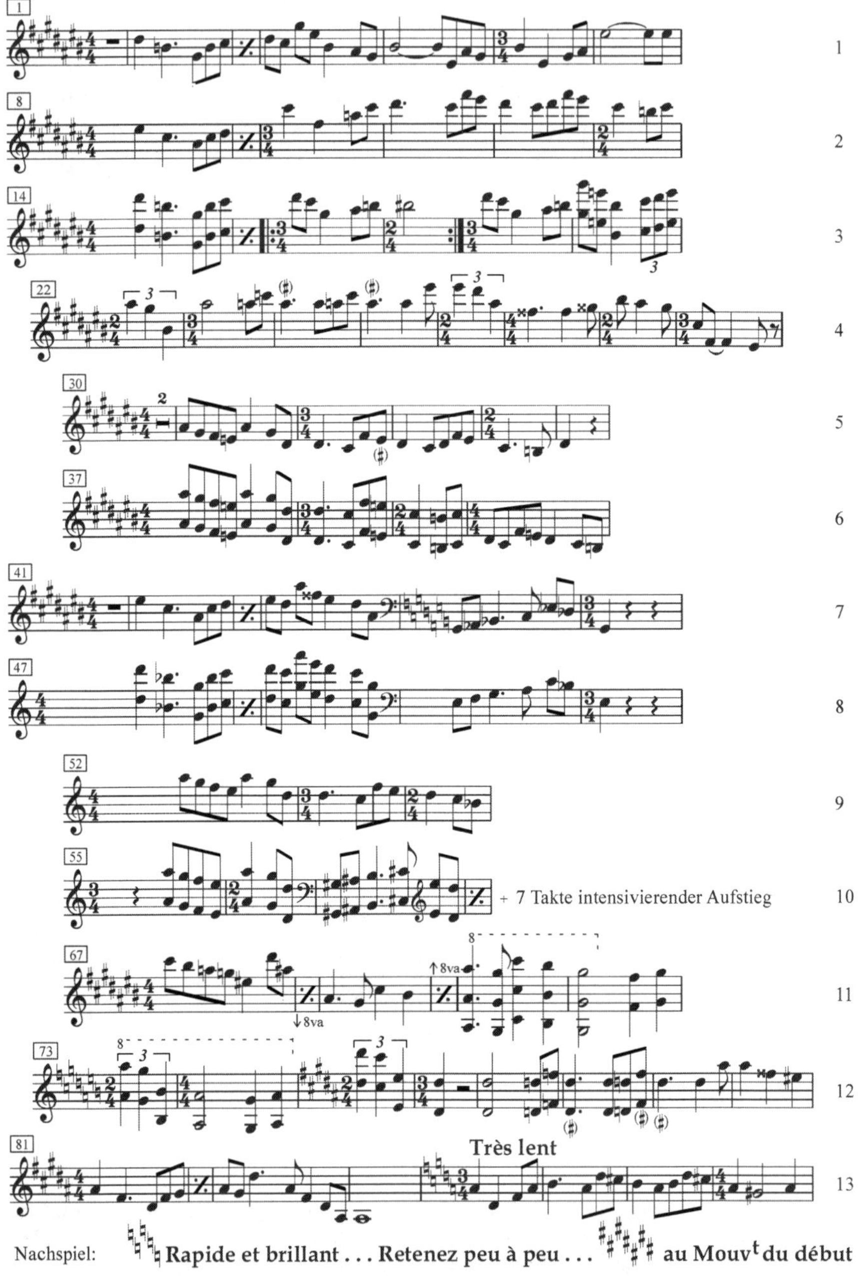

- Das Hauptthema beginnt mit einer Kontur in Form einer wiederholten Welle. Diese lässt sich als Symbol für Ondine deuten.
- Das Sekundärthema beginnt mit einem ganztönig absteigenden Viertonzug (vgl. Zeile 5 und 6: *ais-gis-fis-e*), der Hälfte einer Skala, die aufgrund der fehlenden Leittöne als emotionslos wahrgenommen wird. Dies ist offenbar das melodische Symbol des Mannes, der zunächst Ondines Worte zitiert und dann kühl berichtet, welche Gedanken und Argumente ihm infolge dieser Worte durch den Kopf gehen. Der Viertonzug seines Themas wird zwar in Zeile 9 und 10 vorübergehend diatonisch – spricht die Musik hier von momentanem inneren Schwanken? – kehrt aber in Zeile 11 zum erweiterten Ganztonzug zurück (*cis-h-a-g-eis*).
- Zwischen diesen beiden Hauptfiguren steht die von beiden erwähnte Dritte, die Schlossherrin, deren Thema auch hinsichtlich der Staffelung der Zeilenanfänge zwischen beiden liegt; vgl. Zeile 4 und 12.
- Wie Bertrand durch subtile Details nahelegt, ist Ondine eher ein Produkt der Fantasie des Mannes als ein reales Wesen. Ravel übersetzt dies, indem er die Themen der beiden eine Ergänzung teilen lässt: Sie wird in Zeile 2 von Ondine eingeführt, in Zeile 5 und 6 vom Mann in aufgegriffen, in Zeile 9 und 11 vom Mann in Erinnerung gerufen und kehrt schließlich, als Ondine wieder in den Regentropfen auf der Fensterscheibe des Mannes verschwindet, in ihr Thema zurück.
- Eine andere Ergänzung erhält Ondines Thema in Zeile 7 und 8: Hier wechselt ihre Melodie in den Bass-Schlüssel; man meint zu hören, wie sie verführerisch nach den Träumen des Mannes greift. Dass er dies spürt, zeigt sich in Zeile 10, als dieselbe Ergänzung im Bassregister als Teil der Entwicklung seines Themas wiederkehrt.
- Ein Segment in Ondines Thema, das der Mann nie aufgreift, ist die dreitönige, durch ein kleines und ein größeres Intervall fallende Figur. Diese Figur kehrt im Thema der Schlossherrin wieder – hier allerdings als Triole, was im geradtaktigen Metrum 'apart' klingt. Die Figur verbindet und kontrastiert also Ondine mit ihrer Rivalin.
- In der Begleitung wird das oben beschriebene 'Schimmern' mehrfach durch ausladende Arpeggien unterbrochen, deren Töne einen reinen Durdreiklang mit Septime und None durchlaufen. Ein solches Arpeggio ertönt zum ersten Mal als Begleitung zum Thema der Schlossherrin. Bald darauf wird es in einer doppelt so langen Version zum Thema des Mannes aufgegriffen. (Kürzere Wellen

folgen später im Stück.) Sowohl der Nonakkord als auch die harfenartige Begleitung sind konservative Kennzeichen der romantischen Musik. Sie sind harmonisch das Gegenteil der Bitonalität, die alles durchdringt, was unter Ondines Zauber steht, und in ihrer rhythmischen Gleichförmigkeit weit entfernt vom unregelmäßigen Schimmern des zu ihr gehörigen Wassers. Die Schlossherrin ist somit auch musikalisch charakterisiert als die 'konservative' Braut. Indem der Mann diese Charakteristika übernimmt, scheint er sich selbst davon überzeugen zu wollen, dass er seine gesellschaftlichen Verpflichtungen halten muss und nicht der Verführung durch einen Wassergeist erliegen darf.

- Schließlich bilden sogar die Tonartsignaturen den Verlauf der Geschichte nach:
  - Die erste Hälfte des Liedes steht mit den sieben Kreuzen von Cis-Dur in den ersten 6½ der 13 Zeilen ganz im Zeichen von Ondine.
  - In dem Augenblick, da ihr Thema eine Ergänzung nimmt, die zum ersten Mal ins Bassregister fällt – also dort, wo Ondine in die Träume des Mannes eingreift – werden alle Vorzeichen gelöscht. Danach ertönt die Umsetzung *ihres* Themas in Zeile 8 und die *seines* Themas in Zeile 9 und 10 ohne Vorzeichen.
  - Ondines sieben Kreuzvorzeichen werden in der Zeile wieder hergestellt, in der der Anfang des Sekundärthemas zu seiner ganztönigen Objektivität zurückkehrt.
  - Die Schlossherrin erklingt in der ersten Liedhälfte als Teil des Zitats der Ondine und daher in ihrer Tonart. Nachdem Ondine den Mann betört hat, beginnt die zweite Zeile der Schlossherrin in der Tonart des Mannes ohne Vorzeichen, legt dann aber mit fünf Kreuzen ihre eigene Tonalität fest, als wollte sie eigene Bedingungen formulieren. In der letzten Zeile des Liedes – Ondines Verführungsversuch ist bereits abgelehnt, da der Mann eine sterbliche Frau zu lieben bekennt – beginnt die Musik in der Tonart der 'anderen Frau' mit fünf Kreuzvorzeichen, kehrt aber dann zur nüchternen vorzeichenlosen Signatur des Mannes zurück.
  - Das brillante Nachspiel nach Zeile 13 beschließt das Stück mit der erneuten Emanzipation der Ondine: Die letzten drei Takte kehren zu den sieben Kreuzvorzeichen und dem ursprünglichen Cis-Dur-Dreiklang mit Mollsext zurück. Der Wassergeist spielt also wieder (oder nach wie vor) in seinem Element.

Le gibet

Das zweite Stück in Ravels Klavierzyklus basiert auf Bertrands Gedicht "Le gibet" – der Galgen. Bertrand stellt auch diesem Text ein Epigramm voran:

"Que vois-je remuer autour de ce gibet" – FAUST
(Was seh ich sich regen rund um diesen Galgen?)

Die Zeile stammt aus einer kurzen Szene ganz am Ende von Goethes *Faust*. Auf ihrer Flucht zu Pferd passieren Faust und Mephisto den Galgen, an dem Gretchen bald sterben wird. Sie sehen eine Leiche daran hängen und kommentieren die seltsame Bewegung um die Leiche herum.

Eine zu Lebzeiten Bertrands erschienene Ausgabe der französischen Übersetzung von Goethes Faust war mit Lithografien von Eugène Delacroix illustriert.[10] Für die gerade beschriebene Szene zeigt der Druck Faust und Mephisto und in lebhaftem Gespräch an einem Galgen vorbeireitend.

Eugène Delacroix, Illustrationen zu Goethes *Faust* (1827)
Abbildung zu *Faust* Teil I, Kapitel 26: "Nacht, offen Feld,
Faust, Mephistopheles, auf schwarzen Pferden dahinbrausend"

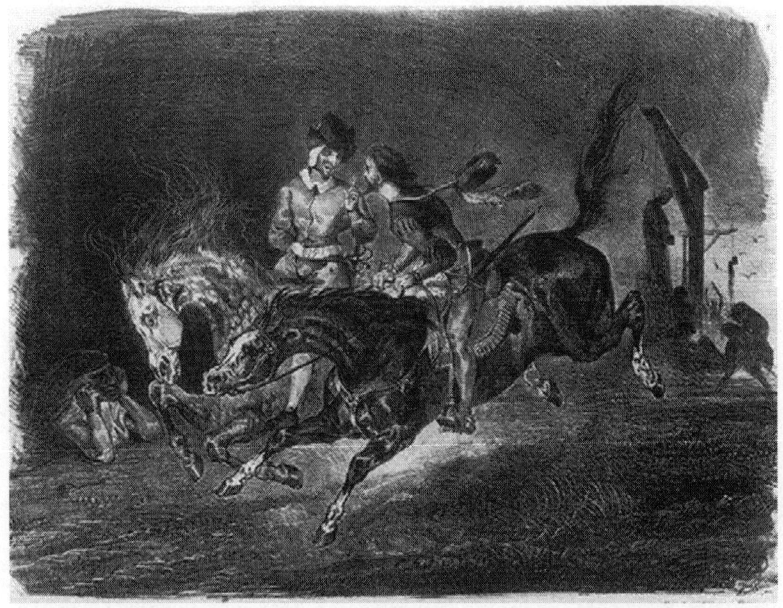

[10] *Faust. Tragédie, traduit d'Albert Stapfer, illustré de 18 lithographies d'Eugène Delacroix* (Paris: Motte, 1828).

Unter das Bild ist ein kurzer Auszug aus ihrem Dialog gedruckt:

Faust: Que vois-je remuer autour de ce gibet? . . .
Ils vont et viennent, ils se baissent et se relèvent.
Méph.: C'est une assemblée de Sorciers.
Faust: Ils sèment et consacrent.
Méph.: En avant ! en avant ![11]

Was Goethes Faust an der Szene auffällt – und Bertrand inspiriert – ist etwas eigentlich Sekundäres: die Bewegung rund um den Galgen.

Le gibet

Ah! ce que j'entends, serait-ce la bise nocturne qui glapit, ou le pendu qui pousse un soupir sur la fourche patibulaire?

Serait-ce quelque grillon qui chante tapi dans la mousse et le lierre stérile dont par pitié se chausse le bois?

Serait-ce quelque mouche en chasse sonnant du cor autour de ces oreilles sourdes à la fanfare des hallali?

Serait-ce quelque escarbot qui cueille en son vol inégal un cheveu sanglant à son crâne chauve?

Ou bien serait-ce quelque araignée qui brode une demi-aune de mousseline pour cravate à ce col étranglé?

C'est la cloche qui tinte aux murs d'une ville sous l'horizon, et la carcasse d'un pendu que rougit le soleil couchant.

Ah! was ich höre, sollte das der nächtliche Nordwind sein, der winselt, oder der Gehängte, der an der finsteren Gabel einen Seufzer ausstößt?

Sollte es eine Grille sein, die singt, verborgen in dem Moos und öden Efeu, mit dem das Galgenholz sich gnädig den Fuß verhüllt?

Sollte es eine Fliege auf der Jagd sein, die ihr Horn bläst rund um diese Ohren, die taub sind für die Fanfare des Halali?

Sollte es ein Käfer sein, der auf seinem schwankenden Flug ein blutiges Haar von dem kahlen Schädel pflückt?

Oder sollte es gar eine Spinne sein, die eine halbe Elle Musselin häkelt als Krawatte für diesen erdrosselten Hals?

Es ist die Glocke, die an den Stadtmauern läutet, unterm Horizont, und die Leiche eines Gehängten, den die untergehende Sonne rot färbt.

[11] Originaltext bei Goethe: Faust: Was weben die dort um den Rabenstein? Schweben auf, schweben ab, neigen sich, beugen sich. / Mephisto: Eine Hexenzunft. / Faust: Sie streuen und weihen. / Mephisto: Vorbei! Vorbei!

Eine erste Beobachtung zu Bertrands poetischer Ausspinnung der Goethe-Zeilen betrifft die Verben in Epigramm und Gedichtanfang. Faust fragt Mephisto nach dem, was er *sieht*; Gaspard de la nuit überlegt vor allem, was er *hört*. Beide beziehen sich auf verschiedene Facetten des Übergangsmomentes vom Leben zum Tod. Die Frage, die alle sechs Strophen des Gedichtes durchzieht, gilt dem Ursprung und Wesen eines Lautes. Die beiden Rahmenverse markieren dies sehr deutlich. Zu Beginn lässt Bertrand den bei ihm ungenannten Faust fragen, ob dieser Laut wohl der Seufzer des Erhängten ist; das setzt die Annahme voraus, dass dieser noch lebt. Am Ende dagegen spricht er von einem Leichnam. Auch die Wahl der Artikel verfolgt eine analoge Entwicklung. "Der Seufzer *des* Erhängten", mit seinem Gebrauch des bestimmten Artikels, der eine weiterhin bestehende Individualität impliziert, weicht dem "Leichnam *eines* Erhängten", dessen unbestimmter Artikel andeutet, dass jede Individualität im Augenblick des Todes endet. Das Gedicht als Ganzes kann also als eine Entfaltung dieses Übergangsmomentes von einem kleinen Rest Leben zum definitiven Tod gelesen werden.

Die Elemente in den Rahmenversen, die dieses Bild unterstreichen, sind von suggestiver Kraft mit grausigem Unterton. Der winselnde nächtliche Nordwind lädt dazu ein, sich den Körper nicht still hängend, sondern schwingend vorzustellen; die untergehende Sonne, die den Exekutierten mit Rot übergießt, ruft die Erinnerung an Scheiterhaufen wach und an die Körper, die auf ihnen verbrennen.

In den vier zentralen Strophen beschreibt Bertrand die vermeintliche Interaktion zwischen der lebendigen Welt und dem noch nicht ganz Toten. Bezeichnenderweise sind die Kreaturen, die als mögliche Quellen des rätselhaften Lautes vorgeschlagen werden, keine Tiere, denen ein Mensch in die Augen sehen könnte, sondern Insekten. Grille, Fliege, Käfer und Spinne begegnen dem Erhängten in Verhaltensweisen, die sich vom Neutralen zum Übergriffigen und Entwürdigenden steigern.

- Die Grille hält immerhin einen gewissen Abstand. Weder ihr Platz im Moos unter dem Galgen noch ihr Zirpen bezieht sich in irgendeiner Weise auf den Sterbenden. Nur ihr typischer Lebensraum, das öde Efeu, verweist auf die Trostlosigkeit des Ortes, wobei Bertrands Vorschlag, die Natur zeige mit der Hervorbringung von Moos und Efeu ein gewisses Mitleid mit denen, die hier nur der Tod erwartet, eine Spur von Emotionalität in die Szene einbringt. Gerade dieser Hinweis auf ein mögliches Mitgefühl der Umgebung aber bereitet den Leser auf den sukzessiven Verlust von Empathie in den folgenden Strophen vor.

- Die Fliege verletzt die Empfindsamkeit, indem sie in die Ohren eines Mannes brummt, der sich nicht mehr wehren kann. Seine Ohren sind jedoch bereits taub für Rufe zu Jagd oder jeglicher anderen Aktivität. Während der Galgen und die daran vollzogene Exekution Voraussetzung dieser Übergriffigkeit sind, verursacht das Verhalten der Fliege immerhin kein besonderes Grauen.
- Wenn dagegen der Käfer ein blutgetränktes Haar aus dem Schädel des erhängten Mannes rupft, so versinnbildlicht dies den völligen Verlust der menschlichen Würde, die Zudringlichkeit einer Welt, für die die körperliche Bestrafung noch nicht grausam genug ist. Auch zeigt sich hier ein Element von Ausbeutung.
- Die Spinne schließlich häkelt eine Krawatte für die Kehle des vom Strick Erwürgten, als wollte sie ihn zusätzlich verhöhnen.

Die Identifikation des Lautes dient Bertrand als Mittel, mit dem das Gedicht zusammengehalten wird. Durch die Reihe scheinbarer Versuche, dessen Ursprung zu ermitteln, werden mehrere Schichten miteinander verbunden. Auf der sprachlichen Ebene führt das fünffache *serait-ce que*, das in der sechsten Strophe endlich durch ein klärendes *c'est* abgelöst wird, zu einer syntaktischen Parallele: auf der einen Seite die objektive Szene (gebildet durch das Epigramm, die zweite Hälfte der ersten Strophe und die Schlussstrophe), auf der anderen Seite die alternativ durchgespielten Erklärungsversuche in den vier zentralen Strophen.

Schaut man noch näher hin, so fällt auf, dass die Kette in Erwägung gezogener Geräuschquellen äußerst unglaubwürdig ist. Es gibt keinen Glockenton, der mit dem Seufzen eines Menschen, dem Winseln des Windes, dem Zirpen einer Grille oder dem Brummen einer Fliege verwechselt werden könnte, und Käfer oder Spinnen geben ohnehin gar keine Laute von sich.

Tatsächlich verbirgt sich hinter dem vorgeblichen Fragen nach dem Ursprung eines Lautes eine Kette von menschlichen Verhaltensweisen, die in diesen Insekten allegorisch verkörpert sind. In den vier durch Insekten charakterisierten Nebenszenen spiegelt sich das ganze Spektrum der mitmenschlichen Reaktionen auf die vom Gesetz Bestraften, von Mitgefühl über ausbeuterische Übergriffigkeit bis zu Entwürdigung und grausamem Spott. All dies wird begleitet von der Totenglocke, die zwar in den vier Binnenszenen noch nicht als solche identifiziert ist, aber doch beständig läutet *aux murs d'une ville sous l'horizon*, d.h in einem fernen Ort, dessen Bewohner sich von der Details der Exekution nicht betroffen, geschweige denn für sie verantwortlich fühlen müssen.

Ravel fängt viele dieser Nuancen in dem täuschend einfachen Stück ein.[12] Wie im Gedicht ist das Läuten der Glocke das verbindende Element. Die Glocke pausiert nie und ändert nie ihre Tonhöhe, ein durchgehendes *b*, das nur im Schriftsatz für kurze fünf Takte enharmonisch durch *ais* ersetzt ist. Rhythmus und Metrik des Läutens machen jedoch deutlich, dass es sich hier um etwas im wahrsten Sinne Außer-Ordentliches handelt.

Drei Aspekte scheinen wichtig: die Position des Rhythmus im Takt, die Art und Weise, wie das rhythmische Grundmuster den Viervierteltakt konterkariert, und die Unterbrechungen oder Verzerrungen, die das Muster im Laufe des Stückes durchläuft. Die Musik beginnt mit dem Glockenrhythmus allein, der nach einer 3/8-Pause auf ganz unbetonter Taktzeit eintritt. Da den Hörern keinerlei Anhaltspunkte gegeben sind, welches Metrum zugrunde liegt und wo dessen Takteinheiten beginnen und enden, wird dieser Glockenrhythmus notwendigerweise als eine eigene zeitliche Realität wahrgenommen. Diese Realität ist allen Emotionen enthoben, wie Ravel in seiner Spielanweisung unterstreicht: "Bis zum Schluss ohne zu beschleunigen oder zu verlangsamen"

Gaspard de la nuit II: Der Grundrhythmus der Totenglocke

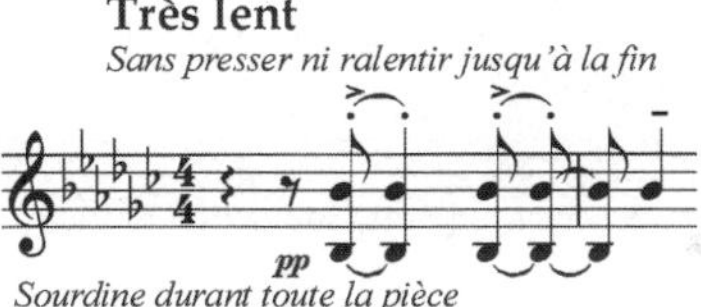

Diese Realität – man fragt sich bald, ob es sich um die sekundäre oder primäre in Bertrands Gedicht handelt – wird im gesamten Stück beibehalten, auf einer Ebene, die neben der metrischen Organisation der thematischen Komponenten verläuft. Während die Motive den vorgegebenen Viervierteltakt respektieren und damit die akzeptierte Ordnung bestätigen, enthält der Rhythmus der Glocke drei ungleich lange Bestandteile – 3/8 + 3/8 + 2/8 – ein Muster, das immer wieder unregelmäßig unterbrochen wird. Die metrische Strukturierung der acht Achtelnoten innerhalb des Musters selbst sowie innerhalb des Metrums erzeugt so den Eindruck, dass die Totenglocke eine Botschaft verrät, die den thematischen Komponenten nicht zugänglich ist. Angesichts der Gegenüberstellung von 4/4-Metrum

[12]Ravel widmet das Stück einem alten Freund, dem Musikkritiker Jean Marnold. Mit liebevollem Spott fügt er hinzu, dieses sei wohl das einzige der drei Stücke, das er spielen könnte.

und dreiteilig ametrischem Rhythmus fühlt man sich unwillkürlich an die Symbolik der Zahlen 3 und 4 für das Geistige und das Materielle erinnert. In diesem Stück, das thematisch vom Übergang von dieser in eine andere Welt handelt, stellt Ravel beharrlich die göttlich-trinitarische 3 der irdisch-elementaren 4 gegenüber. Und obwohl der trinitarische Rhythmus im Verlauf des Stückes mehrfach durchbrochen wird, trifft er doch kein einziges Mal mit der Ordnung des Weltlichen zusammen.

Die Unterbrechungen des Glockenrhythmus während der Entfaltung des Stückes stellen einen interessanten Prozess dar. Man kann einen zunächst geringen, dann drastischen Verlust der Eigenstruktur beobachten: Die Passagen mit dem ursprünglich regelmäßigen Muster werden zunehmend kürzer (von 13 Wiederholungen über 11 zu plötzlich nur 2 und 1), während die Verzerrungsmomente immer invasiver werden.

Gaspard de la nuit II: Der Glockenrhythmus im Verlauf

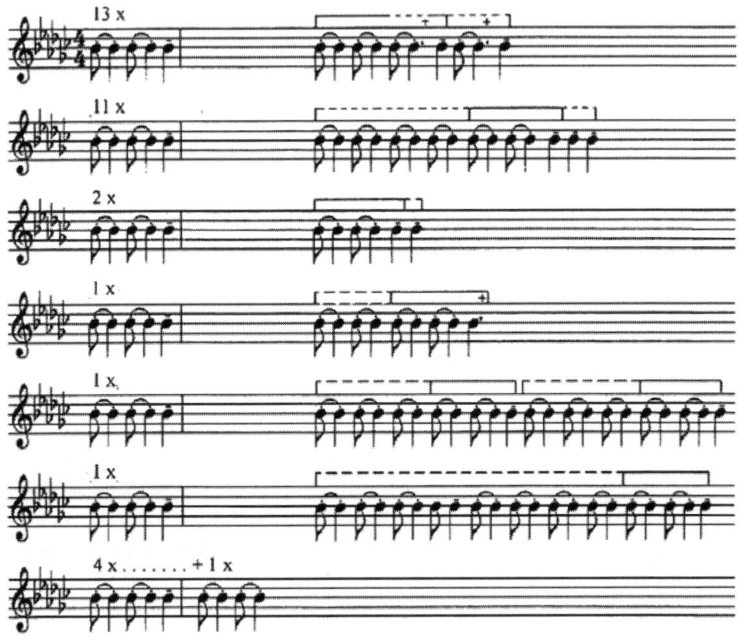

Erst ganz am Ende des Stückes wird der ursprüngliche Rhythmus wieder hergestellt. Hier setzt das Läuten fünfmal zum vollständigen dreigliedrigen Rhythmus an; nur beim letzten Einsatz fehlt der abschließende

Schlag. In Anbetracht der Tatsache, dass die Glocke, die hier läutet, das Totenglöckchen ist, liegt es nahe, dieses Abbrechen als Metapher für den erfolgten Eintritt des Todes zu lesen. Allerdings kann das unvollständige rhythmische Muster mit von Ravels Dynamikangaben (*ppp diminuendo*) auch als ein Ausblenden gehört werden. Dies würde bedeuten, dass die Hörer nicht länger Zugang zu einer Realität haben, die sehr wohl fortbesteht – ein indirektes Zeichen des Respekts gegenüber einem, der hingerichtet, verachtet und verspottet wurde.

In diesem Licht sind die Abweichungen des rhythmischen Musters wesentlich. Während die immer neuen Deutungsversuche in Bertrands Text den Lesern des Gedichtes erst rückblickend klar machen, dass der am Galgen Hängende schon seit dem ersten Glockenschlag tot gewesen sein muss, steht dies in Ravels Musik von vornherein fest. Das Klavier präsentiert uns den Glockenrhythmus als das Erste und Letzte, vermeidet es aber, den psychologischen Prozess vorzeitig abzuschließen.

Ähnlich wie in Bertrands Gedicht die vier zentralen Strophen eine allmähliche Zunahme der Übergriffigkeit nachzeichnen, vollzieht sich in Ravels Musik eine Entwicklung, die die thematischen Komponenten in einen immer größer werdenden Konflikt mit dem kontinuierlichen *b* der Totenglocke bringen. Das erste der Motive, die da so regelmäßig und dem Takt perfekt angepasst erklingen, zeigt eine parallel geführte Quintenschichtung. Die melodische Linie enthält weder Halbton noch kleine Sext oder irgendein anderes "emotionales" Intervall. Die zentrale Schichtung *es/b/f* am Anfang, in der Mitte und am Ende des Motivs ist in *b* zentriert und unterstreicht so den Ton der Glocke. Seine Struktur, ein eintaktiges Segment, dessen Wiederholung sowie ein abrundender Einzelschlag – ist zudem in seiner dreiteiligen Konzeption der des Glockenrhythmus verwandt. Die 'objektive' Natur dieses Motivs steht in direkter Korrespondenz mit dem Charakter, der in Bertrands Rahmenversen zum Ausdruck kommt, in denen der Erhängten unemotional erwähnt wird, ohne dass es zu einer Reaktion oder Interaktion kommt.

Gaspard de la nuit II: Das erste Motiv in seiner Grundform

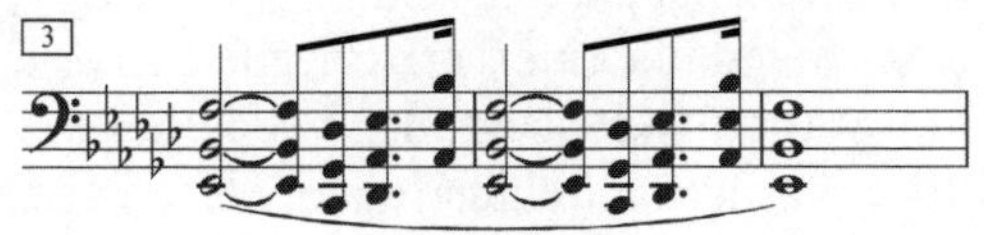

Das zweite Motiv folgt in T. 6-7. Während es in der Vertikalen mit einer Oktavparallele nach wie vor neutral erscheint, ist sein tonaler Bezug mehrdeutig. Für sich allein gehört, könnte es als des-Moll gehört werden. In Kombination mit dem *b* der Totenglocke jedoch bleibt unklar, ob die Musik sich auf einen abweichenden Ankerton bezieht oder vielmehr vom ursprünglichen es-Moll zu einem b-Moll-Dreiklang mit verminderter Quint fortschreitet. Die horizontale Kontur mit dem Halbton *fes-es*, dem punktierten *c*, das als Leitton zum alternativen Grundton *des* gehört wird, und dem Vorhalt zum Auflösungston am Ende erzeugen den Eindruck einer intensivierten emotionalen Beteiligung, die durch die verkürzte Wiederkehr von Motiv 1 in T. 8-9 zunächst noch einmal abgeschwächt wird.

Gaspard de la nuit II: Das zweite Motiv in seiner Grundform

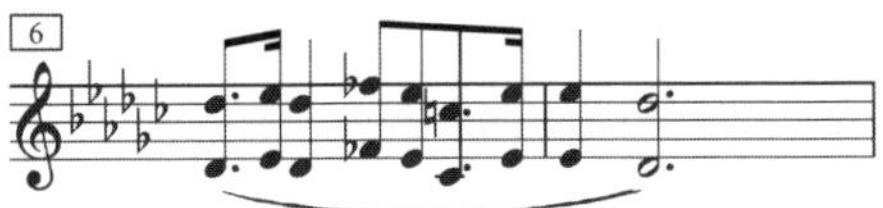

Wenn Motiv 2 wenig später zum zweiten Mal ertönt, erhöht Ravel die emotionale Spannung, indem er die Linie mit Terzen verdoppelt und damit den Eindruck einer Hinwendung zur alternativen Tonart des-Moll verstärkt. Gleichzeitig erhöht er durch die Alteration des Absprungtones und den dadurch entstehenden Tritonusschritt *g-des* die emotionale Intensität.

Gaspard de la nuit II: Die Variante des zweiten Motivs

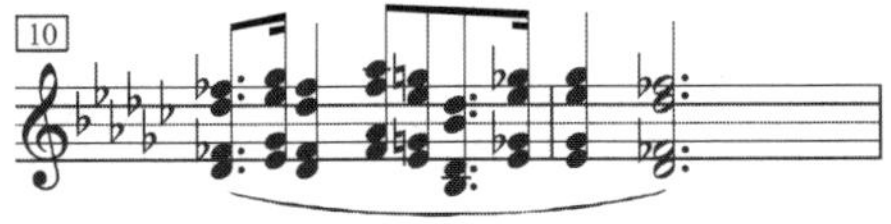

Gleich darauf erklingt Motiv 1 zum dritten Mal, wie unter dem Einfluss des zweiten Motivs deutlich verändert. Ravels Transposition sorgt dafür, dass der Grundakkord nun keinerlei tonalen Bezug zum *b* der Glocke mehr hat, und auch die vertikale Struktur ist drastisch modifiziert. Die neutrale Quintenschichtung ist durch Dreiklänge ersetzt, die unterhalb ihres Grundtones um eine 'fremde' kleine Terz erweitert sind. Dabei folgen die Akkorde querständig aufeinander (vgl. das wiederholte *ces* → *cis* → *c*) und enthalten im triolisch variierten Schluss einen chromatisch verschobenen übermäßigen Dreiklang. So entzieht sich das modifizierte Motiv sowohl horizontal als auch vertikal jeder tonalen Zuordnung.

Gaspard de la nuit II: Die Variante des ersten Motivs

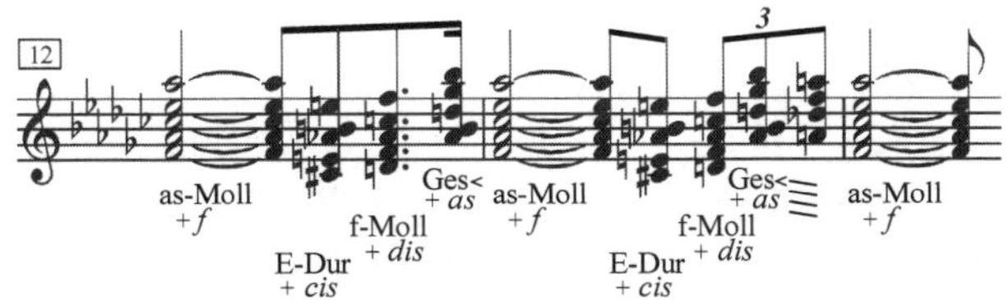

Gleichzeitig mit dieser dramatischen Entfremdung erhält allerdings der Glockenklang unerwartete Verstärkung: Im bisher stummen tiefsten Register führt Ravel einen Orgelpunkt ein, dessen oktaviertes *b* als freie Augmentation des Glockenrhythmus erklingt.

Gaspard de la nuit II: Die freie Augmentation des Glockenrhythmus

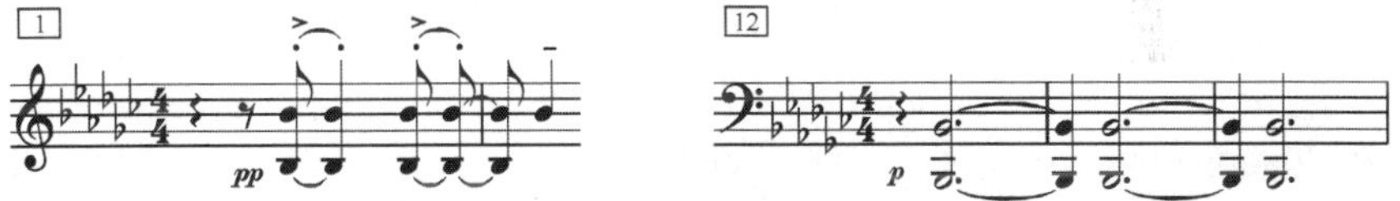

Nach einer Transposition der Taktgruppe, in der der augmentierte Glockenrhythmus auf der Subdominante ertönt, präsentiert Ravel neues thematisches Material. Die Textur ist jetzt auf vier Stränge erweitert. In gleichmäßigem Achtelnotenrhythmus bewegen sich zwei Akkordfolgen aufeinander zu, die ihre Töne aus dem as-Moll-Septakkord mit verminderter Quint und *sixte ajoutée* (*as-ces-eses-fes-ges*) beziehen. Gestützt von einer rhythmisch neutralen Orgelpunktoktave *as* umgibt diese Zusammenziehung einen metrisch verschobenen und verzerrten Glockenrhythmus. Sobald dieser seine ursprüngliche Rhythmik wiedergewonnen hat, vereinen sich die Achtelstränge zu freien Parallelen. Unmittelbar darauf erhält auch diese thematische Komponente eine Variante, in der alle noch vorhandene Harmonie unterlaufen wird: Über der ganztönig versetzten Orgelpunktoktave *g* sind die gegenläufig aufeinander zustrebenden Akkordstränge meist zum Bass und durchgehend zum Glockenton querständig. Auch die nur noch andeutungsweise parallel verlaufenden Akkordfolgen in der zweiten Motivhälfte erschrecken durch die schrillen großen Septen, die der absteigenden Linie im Mittelgrund als Rahmenintervalle dienen, und die polar tritonale Gegenüberstellung des hier vorherrschenden E-Dur-Nonakkordes mit dem Glockenton. Beides kann als musikalisches Äquivalent der verweigerten Empathie gelesen werden.

Der vierte Schritt, mit dem die thematischen Komponenten der Musik sich vom durchgehenden Läuten der Totenglocke entfernen, ist in T. 26-34 erreicht. Horizontal erklingt ein mehrteiliges melodisches Motiv, das durch zahlreiche fallende Ganz- und Halbtonschritte gekennzeichnet ist. Mit den schlussfloskelartigen Endungen in gleich allen drei Hauptsegmenten erweckt das Motiv den Anschein des überbetont Konventionellen, ja Hausbackenen – das musikalische Äquivalent einer Häkelkrawatte. Tonal erreicht diese Passage den Höhepunkt der Unvereinbarkeit. Das Motiv selbst steht in d-Moll, doch wird sein Ankerton durch die Orgelpunktoktaven *cis* und *es* in Frage gestellt. Auch die vertikale Harmonisierung selbst ist allerdings trügerisch. Die einleitenden Takte 26-27 ertönen als Dominantnonakkord über *cis*, doch auf eine Auflösung nach *fis* oder eine seiner Stellvertreterharmonien wartet man vergebens. Der das erste und zweite Motivsegment auf unbetontem Taktschlag verbindende A-Dur-Septakkord erfüllt diese Aufgabe ebenso wenig wie der B-Dur-Septakkord zwischen dem zweiten und dritten Segment. Dasselbe wiederholt sich im Dominantnonakkord über *es*, der die transponierte Schlussfloskel empfängt und auf den anstelle einer Auflösung ein halbverminderter Septakkord über *c* folgt. Die Reihung von Leittonakkorden ohne Auflösung kann als musikalischer Hohn interpretiert werden. Die vierte thematische Komponente erinnert damit an die Spinne und ihre Verspottung des Erhängten.

Tonart im Diskant	d-Moll,		g-Moll
Glockenrhythmus	b	=	ais
Begleitharmonie	Cis^9 – [statt Fis] B^9	–	Es^9 – [statt As] C

Bertrand verblüfft die Leser seines Gedichts, wenn er ihnen auf dem Höhepunkt des Grauens über den erniedrigten Menschen die wahre Quelle des Tons verrät, der alle Spekulationen ausgelöst hat. Es ist das traditionelle Totenglöckchen, und da dies den Tod des Erhängten kündet, kann, was auch immer die Insekten tun mögen, diesen nicht mehr berühren.

Während Bertrand also die Identifizierung des Klanges, um die der Text so lange kreist, bis zum Schluss hinauszögert, geht Ravel umgekehrt vor. So wie er die im Gedicht geschilderte Situation deutet, hat die Glocke von Anfang an geläutet. Vom Leichnam angezogene Insekten mögen versucht haben, den Gehängten zu belästigen, doch war er bereits allen Leides enthoben, da er nicht mehr am Leben war. Alle verstörenden Zudringlichkeiten lagen im Auge und Ohr des Betrachters, der wie Faust zu sehen meinte, dass sich "um den Galgen etwas regt", und der uns wie Gaspard de la nuit glauben machen will, dass das, was wir hören, die Laute einer bösen Plage sind, und nicht das sanfte Läuten einer Totenglocke.

Scarbo

Wer ist nur dieser Scarbo? In der französischen Literatur und Volksdichtung ist ein so benanntes Wesen offenbar nicht bekannt. Bertrand scheint den Namen selbst gebildet zu haben. Das liegt nahe angemessen, da er ihn zum heimlichen Helden der vorgeblich von Gaspard de la nuit verfassten "Fantaisies à la manière de Rembrandt et Callot" macht. Er beschreibt ihn als einen Zwerg oder Gnom, der im Grenzbereich zwischen Wirklichkeit und Traum sein Unwesen treibt.

Erstmals tritt Scarbo in drei aufeinanderfolgenden Gedichten zu Beginn des dritten Abschnitts auf, der unter dem Titel "Die Phantasmagorien der Nacht" auch das dem ersten Stück des Ravel-Zyklus zugrundeliegende "Ondine" enthält. Hier legt der Text schon durch das eröffnende Epigramm nahe, dass Scarbo dem Reich der Teufel angehört – dass er also letztlich als ein Avatar von Gaspard de la nuit auftritt. Als pseudo-ernsthaften Beleg zitiert der angebliche diabolische Autor "aus den Schriften der Kirchenväter" den lateinischen Spruch "Nox et solitudo plenae sunt diabolo" – Die Nacht und die Einsamkeit sind voll des Teufels.

Dem ersten Gedicht des Abschnitts, "La chambre gothique", geht ein zweites, nun französischsprachiges Epigramm voraus, das offenbar von Gaspard de la nuit selbst, dem Verfasser des folgenden Gedichtes, stammt. "La nuit, ma chambre est pleine de diables" (Nachts ist meine Kammer voller Teufel). Der Gedichttext selbst beschreibt einen Albtraum, dessen beängstigender Quälgeist erst in der letzten Strophe identifiziert wird: "Es ist Scarbo, der mich in den Hals beißt, und um meine blutige Wunde zu auszubrennen, seinen im Ofen geröteten eisernen Finger hineintaucht!"

Auch in "Le fou" (Der Narr), dem dritten Gedicht dieses Abschnitts, tritt Scarbo als Hauptperson und bedrohliches Gegenüber des lyrischen Ich auf. Hier wird er als höhnischer Gnom und Falschmünzer beschrieben. Am wichtigsten für die Zusammensetzung der Texte, die Ravels musikalischem Zyklus zugrunde liegen, ist jedoch das dazwischenliegende zweite Gedicht der "Phantasmagorien der Nacht", das wie das von Ravel gewählte letzte den Namen "Scarbo" im Titel führt. Hier präsentiert Bertrand ein nächtliches Gespräch zwischen dem Gnom und einem zum Tode Verurteilten. Dieser Text zeigt etliche Gemeinsamkeiten mit "Le gibet". Dies wird am deutlichsten in den Worten, mit denen Scarbo in Strophe 1 und 3 dem Todeskandidaten vermeintlichen Trost zuspricht. Dabei erwähnt der Gnom zwei der Insekten, mit denen Bertrand später auch die Bewegungen, die Goethes Faust um einen Gehängten zu sehen meint, die Spinne und den Käfer, sowie den Laut, den er dabei zu hören meint.

> "Ob du nun freigesprochen oder verdammt stirbst", raunte Scarbo in jener Nacht in mein Ohr, "du wirst ein Spinnennetz als Leichentuch haben, und ich werde die Spinne mit dir begraben!"
>
> ". . . du wärst die Weide des Käfers, der am Abend nach den von der untergehenden Sonne geblendeten Mücken jagt!"

Dieser Käfer, im Französischen *escarbot,* ist in der Aussprache nahezu identisch mit *Scarbo.* Seine Bezeichnung ist zudem verwandt mit dem Mineral *escarboucle*, dem schimmernden Karfunkelstein, und mit dem deutschen Wort für den Pillendreherkäfer, den Skarabäus, der in der altägyptischen Mythologie unter anderem als Symbol des Weiterlebens nach dem Tode verehrt wurde. Der Name Scarbo eröffnet folglich vielfältige Bezüge, die vom physiologischen Verfallsprozess des Lebens bis zu seiner kulturgeschichtlichen Überhöhung reichen, und unterstreichen damit die über- und unmenschliche Natur dieser als *alter ego* des Teufels auftretenden Erscheinung.

Wenn Scarbo in der letzten der "Phantasien in der Manier Rembrandts und Callots" seinen abschließenden Auftritt hat, muss er den Lesern der Sammlung daher nicht neu vorgestellt werden. Er wird hier beschrieben als ein Wesen, das in Nächten, die vom silbrigen Glanz des Mondes und einem gestirntem Himmel verzaubert sind, in die Schlafzimmer der Menschen eindringt. Erst in der vierten von fünf Strophen spricht der Text ohne Übergang von einem Zwerg, dessen Schatten vor den Augen des entsetzten Zeugen plötzlich so groß wird wie der Glockenturm einer Kathedrale.

Das Epigramm dieses letzten Gedichtes lautet:

> Il regarda sous le lit, dans la cheminée, dans le bahut ; –
> personne. Il ne put comprendre par où il s'était introduit,
> par où il s'était évadé.
>
> Er schaute unter das Bett, in den Kamin, in den Schrank:
> niemand. Er konnte nicht verstehen, wodurch er herein-
> gekommen war, wodurch er entflohen war.

Damit bezieht Bertrand (bzw. Gaspard de la nuit) sich noch einmal auf den deutschen Dichter her, dem er den Titel seines Zyklus nachgebildet hat. Als Quelle der Zeilen nennt er E. T. A. Hoffmanns *Contes nocturnes* (*Nachtstücke)*, ein Buch, das tatsächlich bereits 1930 beim Heine-Verleger Eugène Renduel in Paris in französischer Übersetzung erschienen war. Jedoch findet sich der zitierte Vers weder dort noch im deutschen Original. Wichtiger als diese Zuschreibung ist jedoch das Gedicht selbst:

Scarbo

Oh ! que de fois je l'ai entendu et vu, Scarbo, lorsqu'à minuit la lune brille dans le ciel comme un écu d'argent sur une bannière d'azur semée d'abeilles d'or !

Que de fois j'ai entendu bourdonner son rire dans l'ombre de mon alcôve, et grincer son ongle sur la soie des courtines de mon lit !

Que de fois je l'ai vu descendre du plancher, pirouetter sur un pied et rouler par la chambre comme le fuseau tombé de la quenouille d'une sorcière.

Le croyais-je alors évanoui ? le nain grandissait entre la lune et moi, comme le clocher d'une cathédrale gothique, un grelot d'or en branle à son bonnet pointu !

Mais bientôt son corps bleuissait, diaphane comme la cire d'une bougie, son visage blémissait comme la cire d'un lumignon, – et soudain il s'éteignait.

Oh, wie oft habe ich ihn gehört und gesehen, Scarbo, wenn um Mitternacht der Mond am Himmel glänzt wie ein Silbertaler auf einem azurblauen Banner, das mit goldenen Bienen besät ist!

Wie oft habe ich sein Lachen im Schatten meines Alkovens dröhnen und seinen Nagel auf der Seide meiner Bettvorhänge kratzen hören!

Wie oft habe ich ihn von der Decke heruntersteigen, auf einem Fuß Pirouetten drehen und durch das Zimmer rollen sehen wie eine vom Rocken einer Hexe gefallene Spindel.

Glaubte ich ihn nun verschwunden? Der Zwerg wuchs zwischen dem Mond und mir wie der Glockenturm einer gotischen Kathedrale, mit einer auf seiner spitzen Mütze bimmelnden goldenen Schelle!

Doch bald wurde sein Körper blau, durchsichtig wie das Wachs einer Kerze, sein Gesicht wurde blass wie das Wachs eines Lichtstumpfes, – und plötzlich erlosch er.

Während die erste Strophe betont, der Eindringling sei "gehört und gesehen" worden, trennen die beiden folgenden Strophen diese sinnlichen Erfahrungen, indem sie sich auf "Wie oft habe ich gehört" in der einen und auf "Wie oft habe ich gesehen" in der anderen konzentrieren. Bei genauerer Betrachtung zeigt sich jedoch, dass Strophe 2 nicht nur Geräusche wie Scarbos dröhnendes Lachen und das Kratzen seiner Fingernägel auf dem seidenen Vorhang beschreibt; ebensowenig beschränkt sich Strophe 3 auf visuelle Eindrücke, wie ihre Anfangsworte glauben machen. Sowohl das Lachen des Phantoms als auch das kratzende Geräusch kommen aus dem Schatten des Alkovens und suggerieren so, dass sich der Eindringlich in unmittelbarer Nähe des im Bett erstarrten Erzählers befinden muss. Umgekehrt werden Scarbos Pirouetten auf einem Fuß kaum lautlos verlaufen sein, und wenn er "wie eine vom Rocken einer Hexe gefallene Spindel" durchs Zimmer rollt, so kann man sich dies kaum vorstellen ohne das Poltern, das ein solches Verhalten notwendigerweise begleitet.

Die beiden abschließenden Strophen wechseln in mehrfacher Hinsicht die Perspektive. Der Eröffnungssatz der Strophe 4 ergänzt die Reihe der Beschreibungen, in denen das lyrische Ich als Subjekt den Eindringling wahrnimmt (oder fantasierend ins Leben ruft). Nach *je l'ai entendu et vu* (Strophe 1), *je l'ai entendu* (Strophe 2) und *je l'ai vu* (Strophe 3) erklingt, wie als Schlussfolgerung des Erlebten, eine Frage: *le croyais-je . . . ?* Mit ihr versucht der Erzähler sich Rechenschaft darüber abzulegen, wie er das Erlebte denn nun deutet. Auf der semantischen Ebene wechselt damit das grammatische Subjekt: Im Zentrum steht nicht mehr das lyrische Ich und sein Erleben, sondern der Zwerg, sein Körper und sein Gesicht. Entsprechend beziehen sich auch die Verben nicht mehr auf Wahrnehmungen, seien diese nun real oder das Produkt einer überreizten Fantasie. Den zwei Verbalaussagen "ich hörte" und "ich sah" stehen nun drei Schilderungen von Transformationen gegenüber: Der Zwerg wuchs körperlich bis ins schier Unfassbare, sein Körper wurde blau, sein Gesicht dagegen blass. Mit diesem Wechsel des erzählerischen Blickwinkels geht auch eine veränderte Charakterisierung des Eindringlings einher: Scarbo ist nicht mehr bestimmt durch das, was er tut, sondern durch das, was ihm geschieht. Nicht mehr wie zuvor laut und lebendig, scheint er plötzlich erstarrt, Opfer einer Metamorphose ins Hagere und Durchsichtige.

Trotz des auffälligen dreifachen Komparativs mit *comme*, der den Transfomationsbeschreibungen folgt (*grandissait . . . comme le clocher d'une cathédrale gothique*, *bleuissait . . . comme la cire d'une bougie, blémissait comme la cire d'un lumignon*) sind die drei unterschiedlichen und psychologisch bedeutsamen Bilder nicht als direkte Entsprechungen zu den drei Verben entworfen, sondern überlappen diese. Dabei sind sie geschickt so gewählt, dass sie all die gemischten Gefühle ansprechen, die ein Eindringling bei dessen unfreiwilligem Gastgeber auslösen würde. Im Bild des majestätisch hohen Glockenturms einer gotischen Kathedrale drückt sich ein Gefühl der Ehrfurcht aus. Gleichzeitig kommt eine nervöse

Spottlust zum Vorschein, wenn dieser Turm und seine Glocke zur bimmelnden Zipfelmütze eines Narren umgedeutet werden. Und zuletzt wird das Bedürfnis des ängstlichen Schläfers, den Spuk zeitlich begrenzt zu wissen, verkörpert in der Kerze, die sich schon in der folgenden Zeile als Lichtstumpf erweist und dem Heimgesuchten versichert, dass der Zwerg eher früher als später verschwinden wird.

Angesichts der in der Frage "was verursacht was?" ausgedrückten Ambiguität der Zuschreibung, der Zweideutigkeit der visuellen und auditiven Eindrücke, der Veränderung der Perspektive beim Sprechen über Scarbo, der Veränderung von Scarbos Befinden gegen Ende des Spuks und den psychologisch bedeutsamen Metaphern seiner Metamorphose lässt sich Bertrands Gedicht unter zwei ganz verschiedenen Aspekten lesen: als Schauergeschichte über einen um Mitternacht in Schlafkammern eindringenden Gnom oder als psychologische Deutung der Ursachen und Umstände von Visionen jeglicher Art.

Ravels Klavierstück, mit 20 Partiturseiten und 627 Takten ungleich umfangreicher als "Ondine" und "Le gibet", lässt vielfältige Parallelen zu den im Text vorgefundenen Ambiguitäten erkennen. Auf der zugänglichsten Ebene, der des musikalischen Bauplans, repräsentiert es eine Variante der Sonatenhauptsatzform. Auf die dreiteilige Exposition mit 189 Takten und die erste Durchführung mit 205 Takten folgt eine Reprise, deren zwei Hälften von 53 und 66 Takten durch einen kontrastierenden 29-taktigen Einschub getrennt sind, dann eine zweite Durchführung mit 37 Takten und eine 48-taktige Coda. Wie im Sonatenhauptsatz gibt es zwei tonale Zentren, hier *dis* und *h* – wobei die Frage nach der Unterscheidung von 'primär' und 'sekundär' auf der Basis von Überlegungen beantwortet werden muss, die jenseits der für klassische Sonatensätze geltenden Kriterien liegen.

Das thematische Material umfasst drei rudimentäre Figuren und vier Themen. Der Umfang dieser Komponenten reicht von einem Takt mit drei Achtelnoten in Figur [a] bis zu 13 Takten im ersten Thema.

Gaspard de la nuit III: Die Segmente der Gesamtstruktur

T. 1 - 31	Expositionssegment 1	mit Figur [a], [b] und [c]
T. 32-120	Expositionssegment 2	mit 1., 2. und 3. Thema
T. 121-189	Expositionssegment 3	mit 4. Thema
T. 190-394	Durchführung 1	mit allen vier Themen
T. 395-447	Reprise, Beginn	mit [a], [b], [c] und 2. Thema
T. 448-476	kontrastier. Einschub	mit fremdem Material
T. 477-542	Reprise, Fortsetzung	mit 4. Thema
T. 543-579	Durchführung 2	mit 4. Thema
T. 580-627	Coda	mit 1. und 2. Thema

Die drei Figuren eröffnen das Stück. Sie treten zunächst eng verzahnt auf und scheinen sich zu einem einzigen Motiv zu vereinen, doch zeigt der Verlauf mit unterschiedlichen Zusammen- und Gegenüberstellungen, dass es sich um drei getrennte Entwürfe handelt: [a] ist eine in *pp legato* aufsteigende Achtelgruppe, bestehend aus der Quint *gis-dis* mit vorausgehendem künstlichen Leitton *fisis*, [b] ein zweifach angeschlagener Akkord unter der seufzerartig fallenden Quart *e-h* und [c] eine 56fache, verschwommen gewünschte Tonwiederholung auf *dis*. Im Sinne klassischer Harmonie repräsentieren die drei Figuren die Kadenzschritte zum tonalen Anker *dis*, mit [a] = *gis/dis* als terzloser Subdominante und [b] = *cisis/e/gis/h* als Dominantnonakkord (*ais/cisis/eis/gis/h*) ohne Grundton und mit tiefalterierter Quint. Im Sinne der Beziehungen zu Bertrands Gedicht lässt sich die Gleichzeitigkeit von Dominante und Tonika in [b] über [c] als Abbild der Ambiguität von objektiver und subjektiver Wirklichkeit lesen.

Gaspard de la nuit III: Drei rudimentäre Figuren

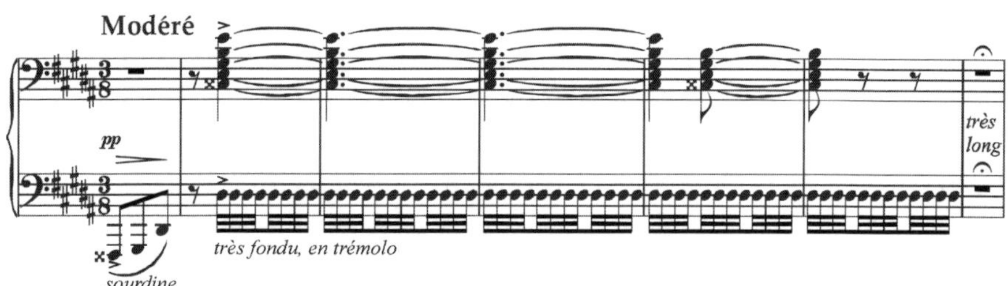

Ravels Zusatz zu seiner Spielanweisung, *en trémolo*, ist doppeldeutig. Als musikalischer Terminus gibt sie einen Hinweis auf die gewünschte Ausführung der Tonwiederholung; zugleich charakterisiert die wörtliche Übersetzung aus dem Italienischen die Komponente als Abbild des Zitterns, von dem ein zu Fantasiegespinsten neigender Menschen ergriffen wird.

Die drei thematischen Figuren werden ergänzt durch ein viertes Element, das meist nicht mitgezählt wird, jedoch im ganzen Stück bedeutsam mitwirkt: die ganztaktige, durch eine Fermate verlängerte Pause. Nicht zuletzt dank Ravels Anweisung *très long* trägt die plötzliche Stille von unbestimmter Dauer entscheidend zum Eindruck des Gespenstischen bei, der das Stück *Scarbo* durchzieht.

Die Unbestimmtheit zwischen Traum und Wirklichkeit bestimmt auch sonst dieses erste Segment. Während die Partitur in einem konsequenten Metrum mit Taktstrichen und akkuratem Rhythmus notiert ist, präsentiert die Musik sich Hörern als etwas ganz und gar Unerklärliches. Aufgrund der ab T. 2 durch Pausen oder Überbindungen ersetzten Taktanfänge bleibt das Metrum im Dunkeln, und es entsteht der Eindruck einer aus zwei Bestandteilen in seltsamer Proportion zusammengefügten Einheit. Die erste, einstimmig aus der Tiefe aufsteigend und dabei verklingend, besteht aus vier gleich langen Schlägen (drei Achtelnoten und einer Achtelpause); die zweite aus einem "Zittern" unergründlicher Dauer: die neun Achtelwerte des ersten Akkordanschlages wirken wie ein einziges langes Schaudern, während die fünf noch zählbaren Schläge des zweiten Akkordanschlages in ein zeitlich undefinierbares Nichts verschwinden und damit eine fast unerträgliche Spannung erzeugen.

Ravels Eröffnungsphrase entspricht somit auf psychologischer Ebene dem, was auch Bertrands Gedicht andeutet: Ein leises Geräusch und/oder eine unerklärliche Bewegung suggeriert dem zu Fantasiegespinsten neigenden Schläfer eine fremde Gegenwart, die jedoch noch nicht konkret ist. Nach einer ersten kurzen Pause, während der der Aufgeschreckte nervös ins Dunkel hineinlauscht, fühlt er ein längeres leises Schaudern.

Nach einer Wiederholung der Figurenkombination mit abwärts oktavversetzter rechter Hand erklingt nach einer zweiten spannungsvollen Pause eine Fortspinnung, in der die gespenstische Präsenz in allen Dimensionen dramatisch anwächst. Figur [a], durch oktavierte Wiederholung aufs Doppelte verlängert und in der Mitte durch zwei Töne aus [b] bekräftigt, steigt durch sechs Oktaven aufwärts. Dabei verstärkt Ravel die in Notenwerten auskomponierte Beschleunigung durch ein zusätzliches *en accélérant* zu einem sich fast überschlagenden Drängen. Zielpunkt ist ein Tremolo im hohen Register, in dem ein Zusammenklang der Töne aus [a] im Wechsel mit [b] über sieben Takte eine machtvolle dynamische Aufwallung bildet – *pp subito* < *ff* > (*pp*) – gefolgt von einer diesmal zweitaktigen Pause.

Das umfangreiche zweite Expositionssegment führt die drei Themen ein. Das erste Thema, eng verwandt mit den Figuren [a], [b] und [c], gilt der Entstehung der Vision im Kopf des Erzählers. Dieser ist zutiefst erschrocken: Ravel soll in die Noten seines Schülers Vlado Perlemuter unter die Anfangsgeste mit der aufsteigenden großen Sept den emotionalen Ausruf "*Quelle horreur*" geschrieben haben. Die melodische Linie beginnt im Diskant als [a] mit Binnenerweiterung (aus *fisis-gis-dis* wird durch Transposition und Einschub *dis-e- ... -h*), endet kurz darauf mit einer gestauchten Version derselben Transposition (*dis-e-ais*), und wird nach einem Pausentakt im tiefen Register ergänzt durch eine Ableitung von [b]: zwei synkopisch gesetzte Intervallanschläge unter einem seufzerartigen Quartfall.

Gaspard de la nuit III: Das erste Thema

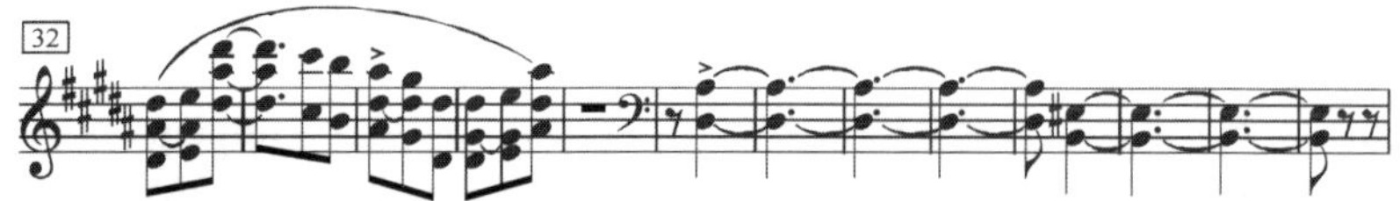

Währenddessen senken die Arpeggien der Linken die tonale Basis vom ursprünglichen *dis* zum *cis* ab, so dass sie den Intervallen ebenso fremd gegenübersteht wie zuvor das *dis* in [c] den Akkorden in [b].[13] Dabei verliert der Bass im Verlauf der 19 Takte dramatisch an aktiver Kraft: Dynamisch verklingt er von *mf-ff-mf* zu *pp*, rhythmisch verlangsamt er sich von drei Sechzehnteltriolen pro Takt auf drei Duolen, und im Ambitus verengt er sich von einem Rausch über mehr als drei Oktaven zur einfachen Oktave und, im sechstaktigen Ausklang, zur tremolierenden Quint.

Das zweite Thema setzt in T. 51 ein. Im Bass ertönt *h*, der alternative Ankerton, als metrisch wiederholter Orgelpunkt, darüber ein unterbrochener Ganztontriller. Der oberste, hier recht tief liegende Texturstrang beginnt mit der eintaktigen Pause gefolgt von einem Eintakter um *dis*, erweitert zu einer zweitaktigen Pause gefolgt von einem Zweitakter. Das Rahmenintervall der melodischen Kontur *cis-dis-ais-gis-cis-gis* ist *dis ... gis*. Es stellt dem zweiten Anker *h* somit noch einmal den ersten, *dis*, gegenüber.

Gaspard de la nuit III: Das zweite Thema

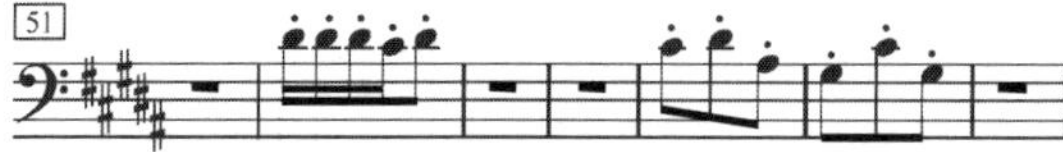

Dieses zweite Thema entwickelt im Folgenden eine relativ komplexe Kleinform mit wechselndem Bezug auf die zwei tonalen Ankertöne:

T. 51-57	Grundphrase (über *h*)
T. 58-64	Wiederholung der Grundphrase (über *h*)
T. 65-72	Kontrastphrase (über *gis*)
T. 73-78	variierte Reprise der Grundphrase (über *h*)
T. 79-85	erste Erweiterung (über *h*)
T. 86-92	zweite Erweiterung (über *gis*)

Die Kontrastphrase mit ihrem hemiolischen Beginn über schwellenden Tremoli und ihrem Abschluss mit einer dreitaktigen Pause durchbricht die Zartheit dieses Themas mit plötzlicher Dramatik; auch die 'pirouettenartig'

[13] Auch hier kann man einen stark alterierten Dominantnonakkord ohne Grundton erkennen: aus *gis/his/dis/fis/ais* wird mit *h* statt *his* und *eis* statt *fis* das Intervallpaar *dis/ais–h/eis*.

kreiselnden Läufe im Diskant der Erweiterungen steigern sich von *pp* bis *f*. Den Abschluss der Miniatur bildet ein schnelles, über fast drei Oktaven in die Höhe schießendes und mit seinem abrupten Diminuendo wie weggewischt klingendes Arpeggio, das plagal zum ersten tonalen Zentrum zurückführt.[14] Wie die Ankertöne zeigen, ist dieses Thema als “Scarbos Possen im Auge des Erzählers” entworfen.

Das dritte Thema setzt unmittelbar nach diesem Arpeggio ein. Seine Melodiestimme beginnt volkstümlich mit zwei rhythmisch identischen und hörbar verwandten Zweitaktern. Man glaubt, das leise Knacken von Dielen zu hören, die der Schläfer als den “wie eine vom Rocken einer Hexe gefallene Spindel durchs Zimmer rollenden” Scarbo deutet:

Gaspard de la nuit III: Das dritte Thema

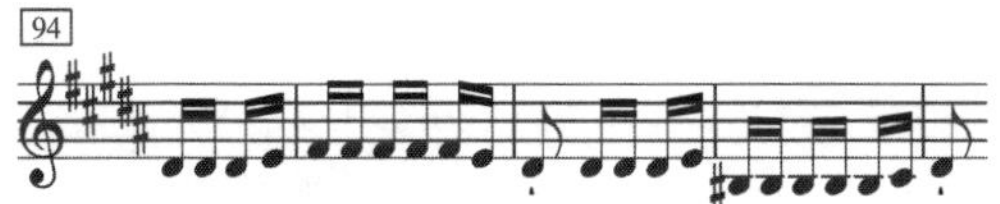

Nach einer variierten Wiederholung folgt eine Fortspinnung, deren Fragmente unter einem machtvollen Crescendo zum *ff* immer kürzer werden und schließlich einem dröhnenden Lachen gleichen, bis sie vor einem Pausentakt abrupt abbrechen. Tonal ist dieses Thema auf andere Weise zweideutig: Während die in spielerischem ||: ♪ 𝄾 | ♪ 𝄾 ♪ | ♪ :||-Rhythmus gehaltene Begleitung über einem durchgehenden *fisis* ertönt und damit die Dis-*Dur*-Ergänzung des zweiten Themas verlängert, bewegt sich die thematische Kontur konsequent in dis-*Moll*.

Den Abschluss des zweiten Expositionssegmentes bildet der noch einmal höchst expressive Kopf des ersten Themas. Diesmal wird das begleitende Arpeggio nicht wie zuvor um einen Ganzton abwärts versetzt. So setzt sich die Vision des Erzählers durch: Das Segment endet mit einem sechsoktavig aufschießenden und dabei ins Nichts verklingenden *dis*, ergänzt um den längst vertrauten Pausentakt des erschreckten Innehaltens.

Die Tatsache, dass jedes dieser drei Themen von mindestens einem Querstand geprägt ist, lässt sich als musikalisches Pendant zur Ambiguität lesen, in der die realen und vermutlich sehr zarten Laute und Bewegungen in der nächtlichen Schlafkammer in reibungsvollem Gegensatz zu den Konkretisierungen stehen, in die sie der aufgeregte Erzähler übersetzt. Seine ängstlichen Deutungen sind von intensiver Emotionalität geprägt. Dies zeigen die dynamischen Aufwallungen zum *ff*, die rauschhaften

[14] Subdominante = gis-Moll-Dreiklang mit zwei künstlichen Leittönen, Tonika = Dis-Dur.

Arpeggien, mit denen die Begleitung des ersten Themas einsetzt, und das schon erwähnte *horreur*-Intervall der großen Sept *e-dis*. Wenn es dagegen gilt, statt der Gefühle und Ängste des Erzählers zu zeigen, welche Bilder er den Geräuschen und Bewegungen unterlegt, die er in seiner Schlafkammer wahrzunehmen meint, so klingt die Musik viel verhaltener. Die Themen 2 und 3 sind durch leise Ausgangsdynamik und einen zarten Anschlag über unaufgeregter Begleitung charakterisiert.

Im Gedicht wechselt nach dem ersten Satz der vierten Strophe der Blickwinkel, von den Vorstellungen des Erzählers zu Scarbo selbst und vom grammatischen Subjekt "ich" zu "er". Und ganz plötzlich ist Scarbo nicht mehr wild und laut. Vielmehr wird er einer bizarren Metamorphose unterworfen, die seinen Körper zunächst in der Länge, dann auch in der Farbe und schließlich gar in seiner Konsistenz verändert. In der Musik vollzieht sich der analoge Perspektivenwechsel im Übergang zum dritten Expositionssegment, das ganz dem vierten Thema vorbehalten ist. Den horizontalen Konturen der ersten drei Themen steht jetzt eine im Wesentlichen akkordische Textur gegenüber. Dieses Thema unterzieht Ravel in insgesamt 69 Takten fünf sukzessiven Mutationen, wobei er jeden Schritt in etwas verkürzter Form wiederholt.

Die Struktur des in seiner Grundgestalt zwölftaktigen Themas besteht aus einer fünf- bis sechsstimmigen Homophonie, die von einem dreioktavigen schnellen "Zittern" überlagert, aber nicht unterbrochen wird. Der nur drei aktive Takte mit drei Akkordpaaren umfassende Hauptstrang wirkt dabei, trotz seines Weiterklingens hinter dem im *ppp* verschwommen klingenden mehroktavigen Tremolo, wie ein Rahmen. Im späten Stadium der Metamorphosen überwuchert das Zittern auch diesen Rahmen selbst.

Gaspard de la nuit III: Die Grundgestalt des vierten Themas

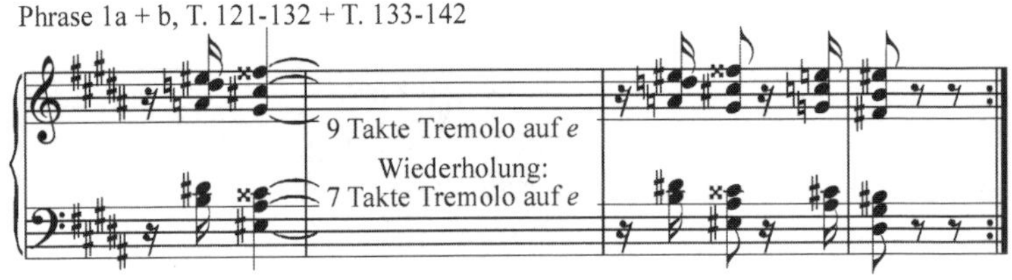

Im Verlauf der fünfstufigen Metamorphose wird der Abstand zwischen dem Akkordpaar, das den Rahmen eröffnet, und dessen Wiederaufnahme immer kürzer. Dabei verlieren die Akkorde zunehmend ihre tonale Farbigkeit: Die anfangs deutlichen Querstände werden seltener und verschwinden

schließlich ganz,[15] während gleichzeitig die Anzahl der Oktavverdopplungen zunimmt. Die Gegenbewegung in den Außenstimmen weicht zunächst einer immer größeren Anzahl liegender Töne und wird dann zur Parallele, bis die Rahmenakkorde ab Metamorphose 4 nur noch zwei verschiedene Töne enthalten und auf die rechte Hand beschränkt werden. Doch während Scarbo musikalisch zu desintegrieren scheint und man seine unmittelbar bevorstehende Auflösung ins Nichts erwartet, treten in diesen letzten zwei Verwandlungsphasen die bisher in diesem Expositionssegment fehlenden Bassorgelpunkte wieder hervor. Ihre Töne, *b* und *es* – enharmonisch für *ais* und den ursprünglichen Ankerton *dis* – führen Hörer zurück ins Reich der Halluzinationen. Scarbos Auftritt ist noch nicht vorbei!

Wenn das erste Expositionssegment als eine Art psychologischer Hintergrund für die durch leise Laute und schattenhafte Schemen ausgelösten Fantasiebilder gelesen werden kann, so kann man das zweite und dritte Segment als musikalische Übertragungen der ersten drei bzw. der letzten zwei Strophen des Gedichtes lesen. Danach bildet der lange Durchführungsabschnitt sowohl die Erfahrungshäufigkeit ("*Que de fois ...!*") des verstörten aber zugleich hypnotisierten Erzählers als auch seine beträchtliche Verwirrung ab. Im Verlauf von 205 Takten kehrt das zuvor eingeführte thematische Material in einer Unzahl von Fragmenten und Umwandlungen wieder, die gleichsam übereinander purzeln oder miteinander verschmelzen, wobei sie den aus dem Schlaf Geschreckten als jemanden zeigen, den die vermeintlichen nächtlichen Erscheinungen zugleich in Panik versetzen und bezaubern.

Die Durchführung besteht aus sieben Segmenten, einer Zahl, die Ravel schon in der siebentaktigen Eröffnungsphrase des Stückes dem Spuk und im siebentaktigen zweiten Thema dem herumtollenden Scarbo zugeordnet hatte. Das erste Segment (T. 190-214) knüpft an die gleichsam 'objektive' Einführung des Halluzinationsthemas zu Beginn des Stückes an; das zweite (T. 214-255) greift Scarbos Ausgelassenheit auf, indem es das zweite Thema erweitert. Nach einer Kette der drei Scarbo-Themen 3, 2 und 4 im dritten Segment (T. 256-276) kehrt das vierte Segment (T. 277-313) noch einmal zu dessen Ausgelassenheit zurück, diesmal mit Schwerpunkt auf dem dritten Thema. Danach wechselt die Perspektive. Das fünfte Segment (T. 314-324) nimmt den Blickwinkel des Erzählers wieder auf, indem es den drei Scarbo-Themen seine Deutung – in Form von Varianten einzelner

[15]Vgl. Phrase 1a/b: T. 121/131 + 133/141: *d* über *dis*, *cis* über *cisis*, T. 131-132/141-142: *c* über *cis*, *h* über *his*; Phrase 2a/b: T. 143 und 150: *a* über *ais*, T. 149/154: *a* über *ais*, *fisis* über *fis*; Phrase 3-5: kein Querstand.

Charakteristika des ersten Themas – überstülpt. Dies verändert besonders das spielerische dritte Thema, das im sechsten Segment (T. 325-365) denn auch immer drastischere Verzerrungen und Auflösungsprozesse durchläuft. Das siebte Segment (T. 366-394) beginnt mit dem Höhepunkt der Durchführung, indem ein in *ff* einsetzendes Fragment aus dem vierten Thema, das über vier Oktaven abwärts stürzt, das schaurige Bild des metamorphosierenden Scarbo heraufbeschwört, und endet damit, dass es nach einem leise aber ausgedehnt grummelnden tiefen Triller mit einer emotional aufgeladenen Augmentation des ersten Themas die subjektive Wahrnehmungsperspektive des Erzählers wiederherstellt.

Mit dem Beginn der Reprise kehrt die Musik zum *Modéré* der ersten fünfzehn Takte des Stückes. Rückblickend zeigt dabei die hier eingefügte Metronomformel "♪ = ♩. *du précédent*", wie stark Ravel sich das Accelerando vorstellt, das die zweite Hälfte des ersten Expositionssegmentes beherrscht und dessen Zieltempo erst im abschließenden Segment der Durchführung mit *Un peu retenu* ein wenig zurückgenommen werden soll: jeder der drei Achtelnoten in Figur [a] soll ein ganzer 3/8-Takt im zwischen T. 23 und T. 365 geltenden *Vif* entsprechen.[16]

Figur [a] setzt zu Beginn der Reprise mit zwei verzerrten Oktaven ein. Dies ist – wie schon in T. 15 – rein praktisch den Grenzen der Klaviertastatur geschuldet, trägt aber zugleich dazu bei, die zarte Bewegung, die die Schauergeschichte in Gang setzt, noch grauenerregender klingen zu lassen. Nach der Wiederholung der Phrase besteht die Entwicklung aus einer Vergrößerung und Mystifizierung, die alle Parameter einbezieht. Figur [a], leiser als je zuvor, wird zu anderthalbfacher Größe gestreckt; Figur [b], tiefer als je zuvor, klingt von 9/8 + 3/8 zu 12/8 + 6/8 gedehnt; und Figur [c], ebenfalls eine Oktave tiefer als früher und zusammen mit [b] verlängert, stürzt anschließend noch eine weitere Oktave tiefer, wo ihr 'Zittern' zu vier Takten eines beklemmend langsamen Schauderns wird. Doch statt zu verklingen und dem im Schlaf Gestörten so Grund zur Annahme zu liefern, alles sei vorbei, klingt das tiefe *dis* fort und bringt eine aus drei kleinen Terzen gebildete neue Figur hervor, die (wenn auch in der Partitur nicht markiert) die Duolen der vorausgehenden Tonwiederholung zu Triolen beschleunigt und nach vierfacher tiefer Lage durch drei Oktaven aufsteigt. Im Mittelregister angekommen formt Ravel dieselben Töne zu einer Kurve um und beschleunigt diese auf die Geschwindigkeit eines begleitenden Rauschens. Mit der gleichzeitigen Änderung des Metrums zum 3/4-Takt

[16]Diese extreme Tempoproportion ist kaum realistisch, vermittelt jedoch eindrucksvoll, wie extrem Ravel sich die Unterschiede zwischen den Passagen dieses Stückes vorstellte.

und der Wiederaufnahme des zweiten Themas geht hier eine gruselige Metamorphose einher: eine radikale Zunahme der Hintergrundturbulenz bei deutlicher Verlangsamung der thematischen Komponente.

Auf die verzerrte Wiederaufnahme der thematischen Figuren folgt in einem kontrastierenden Einschub vollkommen fremdes Material, das Ravel zu weiteren Spielen mit Tempodimensionen veranlasst. In der rechten Hand erklingt ab T. 448 eine 6/8-Figur aus meist chromatisch verschobenen Ganztonintervallen, die im Verlauf von zwanzig Takten in unregelmäßigem Wechsel mit ihrer Umkehrung aufwärts steigt. Die Intensität entwickelt sich dabei von *ppp* zu *f*, das Tempo mittels *En accélérant* (T. 452-457) und *Toujours en accélérant* (ab T. 460, Achtel des 3/4-Taktes = Sechzehntel im wiederhergestellten ursprünglichen 3/8-Takt) zu *Vif* (T. 464). Damit endet dieser Einschub in einem Tempo, das dreimal so schnell ist wie das, in dem er begonnen hat, und 'rekapituliert' so in gänzlich fremdem Material die drastische Zunahme des 'Schauderns', das im ersten Expositionssegment die noch unaufgeregte Reaktion auf unerklärliche Laute und Bewegungen zum exaltierten Stadium halluzinatorischer Visionen steigert. Während dieses Vorganges in der rechten Hand stemmen sich jedoch die Akkordbrechungen in der Linken gegen die Beschleunigung, indem sie in mehreren Schritten ihre Dichte verringern. Diese gegenläufige Entwicklung erzeugt das Bild einer gespaltenen Realitätswahrnehmung.

Hier zeigt sich ein weiterer Aspekt von Ravels musikalischer Deutung des *Scarbo*-Gedichtes. Während der Beginn der Reprise mit seinen Verzerrungen von Tönen und Tempi einen neuen Blick auf den Auslöser des Spuks (die drei Figuren) und den angeblich wild herumtollenden Scarbo (das zweite Thema) nahelegt, entsteht der Eindruck, dass all diese Verzerrungen im Auge und Ohr des Betrachters stattfinden. Dies wird besonders deutlich, wenn die extrem zunehmende Erregung das zuvor unbändige Verhalten des Eindringlings in grotesker Zeitlupe erscheinen lässt.

In diesem Zustand beginnt nach einem dramatischen Spannungsabfall von *f* zu *ppp* die Fortsetzung der Reprise. Hier geht es noch einmal um die in der zweiten Gedichthälfte angedeuteten mysteriösen Metamorphosen des nächtlichen Besuchers. Allerdings beschränkt sich das, was Ravel hier auszugsweise rekapituliert, nicht auf das dritte Expositionssegment, sondern bezieht zudem das Segment aus der Durchführung mit ein, das Scarbos Metamorphose neu beleuchtet.

Gleichzeitig wird die Wiederherstellung einer Wirklichkeit, in der Scarbo als das erkennbar wird, was er ist – das Produkt einer überreizten Fantasie – tonal bekräftigt. Von den zwei Ankertönen *dis* und *h*, auf denen dieses Stück ruht, war lange Zeit *dis* eindeutig vorherrschend. Eingeführt als der Ton, der das vom vermeintlichen Eindringling ausgelöste Zittern im ersten Segment charakterisiert, dient *dis* als melodischer Anker der imaginierten Possen, wie Ravel sie im zweiten und dritten Thema darstellt. Im zweiten Thema tönt dem melodischen Anker *dis* zwar ein konstantes *h* im Bass entgegen, doch räumt der von seiner Vision faszinierte Erzähler solche Zweifel an der Realität seiner Wahrnehmung schnell aus dem Weg. Umgekehrt verliert sich die emotionale Reaktion des Erzählers auf das Phantom, ausgedrückt im ersten Thema, nach seinem Beginn auf *dis* bald in bitonaler Verwirrung.

Bertrands Gedicht durchzieht eine Vermutung, die erst ganz am Ende artikuliert wird: dass die Wahrheit über Scarbo außerhalb der Vision des m Schlaf Gestörten zu suchen ist. In diesem Sinne steht der Ankerton *h*, der sich im Verlauf der *Scarbo*-Geschichte nirgends melodisch etabliert, für zwei Ausdrücke, mit denen Bertrand die Strophen 4 + 5 umrahmt: "*Le croyais-je alors évanoui ?*" und "*– et soudain il s'étaignit.*" Der alternative Zentralton verkörpert somit das Wissen, dass Scarbo samt seiner frechen Späße und befremdlichen Verwandlungen nur im Kopf des Erzählers existiert.

Der letzte Abschnitt von Ravels *Scarbo* macht damit Aussagen, die über die Wiederkehr des vierten Themas weit hinausgehen. Er beginnt in T. 477-510 mit einer Bassfiguration, die unter dem 'Zittern', das die Rahmensegmente verbindet und hier auch begleitet, 26mal die aufsteigende Tongruppe *eis-fis-fis* wiederholt. Mit ihrem Leitton erinnert diese Gruppe an Figur [a], in der der Leitton zu *gis* führte und damit den Ankerton *dis* stützte. Hier führt seine Variante zu *fis*, stützt damit das alternative *h* und bereitet damit auf die Änderung der Wirklichkeitswahrnehmung vor.

Doch wie im Gedicht die Frage "Glaubte ich ihn nun verschwunden?" das Phantom noch nicht restlos vertreibt, zeigt auch die Musik seinen Schatten, wenn in T. 513-514 zweimal die Transposition *d-es-es* erklingt und damit *es*, enharmonisch für *dis*, die Überzeugung des Erzählers von der fantastischen Wirklichkeit eines Scarbo momentan wiederbelebt. Doch die Vision, einmal in Frage gestellt, hat ihre Kraft verloren. Im Anschluss an die vierte Metamorphose des vierten Themas erklingt ab T. 556 ein siebenfach variierter Takt über einem von *p* nach *fff* crescendierenden oktatonischen Abstieg nach *h*. Der Zielton wird im Anschluss noch fünfmal bekräftigt, wobei Ravel die Durchführung der fünften Metamorphose des vierten Themas nachholt, die im zweiten Reprisenabschnitt fehlt. Nach einem weiteren rauschenden Toccatencrescendo endet der Abschnitt mit einem letzen Themenfragment und der Wiederaufnahme des zuletzt lange vernachlässigten Pausentaktes.

Die Coda reiht ein weiteres Mal Fragmente aus den drei Themen und einer thematischen Figur. Dabei ist der Beginn des ersten Themas nicht nur in seinen melodischen Rahmentakten und seiner arpeggierten Begleitung vertikal gespreizt, sondern zudem in seinem Höhepunkt gedehnt und zu *fff* intensiviert, während der Beginn des zweiten Themas fast dreimal so langsam erklingt wie zuvor. Die durchgehend rauschenden Arpeggien entwickeln sich über einer Folge von Orgelpunkten im Bass, die den Ankerton *h* mit traditionell kadenzierenden Schritten bekräftigt:

T. 580-583	584-591	592-614	615-627
cis	*gis*	*fis*	*h*

Vor dem Hintergrund eines geheimnisvollem *ppp* erklingt noch einmal, von einer letzten Variante des Zitterns begleitet, die Figur [a], die im Eröffnungstakt den ganzen Spuk ausgelöst hatte – auch sie nun stark verlangsamt. Und mit vielerlei Trillern und einem geisterhaft aufschießenden, vielfarbig erweiterten H-Dur-Septakkord verschwindet Scarbo endgültig in das Reich, dem Gaspard de la nuit entstiegen war.

Der Zyklus *Gaspard de la nuit* repräsentiert den virtuosen Höhepunkt der Klaviermusik Ravels. Sein Ziel, soll der Komponist gesagt haben, sei es, nicht nur die berüchtigte Schwierigkeit von Liszts *Études d'exécution transcendante* in der Aneignung von dessen Idee einer "diabolischen" Virtuosität, sondern auch die Herausforderung des gefürchteten "Islamey" von Mili Alexejewitsch Balakirew (1837-1910) zu überbieten. Diese "orientalische Fantasie" für Klavier, die der russische Komponist nach einem im Nordkaukasus traditionellen tscherkessischen Volkstanz desselben Namens 1869 komponiert und 1902 noch einmal überarbeitet hatte, galt zu Ravels Lebzeiten als das schwierigste Solowerk der Klavierliteratur überhaupt. Dass Ravel sich bei der teuflischen *tour de force* seines "Scarbo" eines Schrecken einflößenden Gnoms bedient, den ein *alter ego* des Satans erdichtet haben soll, erscheint vor diesem Hintergrund nur stimmig.

Eine Herausforderung ganz anderer Art bietet das zentrale "Gibet". Dem französischen Pianisten Henri Gil-Marchex (1894-1970) wird die Aussage zugeschrieben, zur Ausführung dieses Stückes seien 27 verschiedene Anschlagsarten erforderlich.[17] In allen drei Stücken bestechend ist der Nuancenreichtum, den Ravel durch immer neue Kombinationen aus Artikulation, Orgelpunkt- und Pedaleffekten, komplexer Rhythmik und vagierenden tonalen Fortschreitungen erzeugt.

[17]Oehlmann, Werner, "Maurice Ravel" in *Reclams Klaviermusikführer* (Stuttgart: Reclam, 1967), S. 640-665 [656, ohne Quellenangabe].

Gaspard de la nuit ist im höchsten und besten Sinne musikalische Poesie. In seiner mehrbändigen Würdigung der französischen Klaviermusik urteilte Alfred Cortot, die drei "Gedichte" – so müsse man sie nach Ravels eigener Beschreibung bezeichnen – bereicherten das Klavierrepertoire unserer Epoche um eines der erstaunlichsten Beispiele instrumentaler Erfindungskraft."[18]

[18] "[...] ces trois "poèmes" – pour employer sa propre désignation – enrichissent le répertoire pianistique de notre époque de l'un des plus surprenants exemples d'ingéniosité instrumentale". Alfred Cortot, *La musique française de piano*, Band 2: *Maurice Ravel, Saint-Saëns, Vincent d'Indy, Florent Schmitt, Déodat de Séverac, Maurice Emmanuel* (Paris : Presses Universitaires de France, 1948).

Ma mère l'oye. 5 pièces enfantines

Der Titel dieser Suite für Klavier zu vier Händen – wörtlich: "Meine Mutter die Gans, fünf Kinderstücke" – geht zurück auf die Märchen in den *Histoires ou Contes du temps passé* (Geschichten oder Erzählungen aus alter Zeit), die der französische Schriftsteller Charles Perrault (1628-1703) im Jahr 1697 veröffentlichte und die auch unter dem Zweittitel *Les Contes de ma Mère l'Oye* bekannt wurden. Die acht Märchen, die Perrault teils aus mündlicher Überlieferung übernommen und gezielt literarisch verfeinert, teils aber wohl auch selbst erschaffen hat, sind

- "La Belle au bois dormant" (Dornröschen)
- "Le petit Chaperon rouge" (Rotkäppchen)
- "La Barbe bleue" (Blaubart)
- "Le Maître Chat ou le Chat botté" (Der gestiefelte Kater)
- "Les Fées" (Die Feen = Frau Holle)
- "Cendrillon ou la Petite Pantoufle de verre" (Aschenputtel)
- "Riquet à la Houppe" (Riquet mit dem Schopf)
- "Le petit Poucet" (Der kleine Däumling)

Die Erzählungen fanden auch in Deutschland viele Bewunderer. So schrieb Herder in *Adrastea*: "Perrault's Märchen der Mutter Gans bekamen einen Ruf, einen Umlauf, der beinahe an Pascals's "Provinzialbriefe" reicht. 'Habt Ihr die Märchen der Mutter Gans gelesen?' fragte Jeder den Andern. 'Vortreffliche Märchen, an die nichts im Alterthum reicht!'"[1] Als die Brüder Grimm 1812-1858 ihre *Kinder- und Hausmärchen* herausgaben, übernahmen sie die Geschichten um Dornröschen, Rotkäppchen, Aschenputtel und Frau Holle an zentraler Stelle; in der ersten Auflage von 1812 fanden sich zudem "Der gestiefelte Kater" und "Blaubart". Derweil adaptierte Ludwig Bechstein 1845 die Abenteuer des kleinen Däumlings für sein *Deutsches Märchenbuch*. Im Gegensatz zu den deutschen Sammlungen aus der Mitte des 19. Jahrhunderts waren Perraults Geschichten allerdings nicht in erster Linie für Kinder gedacht. Vielmehr erfreuten sie sich großer Beliebtheit in Pariser Salons und Adelskreisen, so dass allein in den sechs Jahren bis zu Perraults Tod acht Nachdrucke erschienen.

[1] Heinrich Düntzer, Hrsg., *Herders Werke* XIV (Berlin: Gustav Hempel, 1879) S. 234.

Da Ravels Werktitel einen direkten Bezug zu Perraults Sammlung erwarten lässt, mag es überraschen, dass nur die ersten zwei Sätze auf die genannte Quelle zurückgehen: Nach "Pavane de la Belle au bois dormant" und "Le petit Poucet" folgen "Laideronnette, impératrice des Pagodes" (Die kleine Hässliche, Kaiserin der Pagoden) aus dem Märchen *Die grüne Schlange* von Marie-Catherine d'Aulnoy (1650-1705) und "Les entretiens de la Belle et de la Bête" (Die Gespräche zwischen der Schönen und dem Biest) nach einem ursprünglich als Volksmärchen tradierten, 1756 von Jeanne-Marie Leprince de Beaumont (1711-1780) literarisch aufbereiteten Märchen. Ravels Finalsatz "Le jardin féerique" (Der Feengarten) schließlich scheint seiner eigenen Fantasie entsprungen zu sein.

Den ersten Satz der Suite hatte Ravel schon 1908 für zwei kleine Pianisten, die Kinder seiner Pariser Freunde Cyprian und Ida Godebski, komponiert. Auf Drängen dieser Freunde sowie seines Verlegers Jacques Durand schrieb er 1910 die vier ergänzenden Stücke. Das fünfsätzige *Ma mère l'oye* wurde am 20. April 1910 in einem Konzert der Société musicale indépendante im Pariser Gaveau-Saal uraufgeführt, allerdings nicht, wie Ravel erhofft hatte, durch Mimie und Jean Godebski, die sich einen öffentlichen Auftritt nicht zutrauten, sondern durch zwei andere junge Pianistinnen, Jeanne Leleu und Geneviève Durony.

Die Stücke sind in der Fassung für Klavier zu vier Händen zwar nicht annähernd so anspruchsvoll wie Ravels vorausgehende Kompositionen, jedoch so geschickt konzipiert, dass sie sowohl melodisch als auch harmonisch und in ihrer Einbeziehung von kontrapunktischen und kanonischen Passagen sehr attraktiv wirken. Leere Quinten, Quarten und Oktaven sowie modale Konturen suggerieren eine zuweilen archaische, auf jeden Fall überzeitliche Märchenwelt. Die Musik wurde nicht nur von den Hörern der Uraufführung begeistert aufgenommen, sie erfreut sich auch bei heutigen Pianisten großer Beliebtheit. Theodor W. Adorno urteilte über den Zyklus: "*Ma Mère l'Oye* ist in ihrer Unschuld und Raffinesse Schumanns *Kinderszenen*, Mussorgskys *Kinderstube* und Debussys *Children's Corner* an die Seite zu stellen."[2]

Angesichts der sehr positiven Reaktion von Publikum und Musikkritik orchestrierte Ravel die Suite Ende 1911 für Holzbläser, Hörner, Pauken, Schlagzeug, Tamtam, Xylophon, Glockenspiel, Celesta, Harfe und Streicher. In einem dritten Schritt entwickelte er daraus durch Umstellung der fünf Sätze und Ergänzung auf etwa die doppelte Länge eine Ballettmusik, für die er auch das Libretto schrieb. (Mehr dazu am Ende dieses Kapitels.)

[2] Adorno, *op. cit.,* S. 62.

Pavane de la Belle au bois dormant

In der Fassung des Dornröschen-Märchens, wie es in Deutschland durch die Brüder Grimm bekannt wurde und auch in Ludwig Bechsteins *Deutsches Märchenbuch* einging, verwünscht eine böse Fee die Prinzessin zu einem frühen Tod. Eine gute Fee vermag den Fluch nicht aufzuheben, verwandelt den Tod jedoch in einen hundertjährigen Schlaf. Die Geschichte endet mit dem Kuss des Prinzen, der den Zauber des Schlafes bricht. Franzosen jedoch kennen die dramatische Fortsetzung bei Perrault, in der die Mutter dieses Prinzen die unwillkommene Schwiegertochter und deren Kinder töten will und daran erst im letzten Augenblick von ihrem herbeieilenden Sohn gehindert wird. Eine Pavane kommt in keiner der Fassungen vor, lässt sich aber als ehrfurchtsvolles Geleit der in langen Schlaf gefallenen Prinzessin zu ihrer verwunschenen Liegestatt vorstellen.

Der a-Moll-Satz in langsamem 4/4-Takt ist kurz und einfach gebaut. In zwanzig durchgehend leisen Takten umrahmen zwei Hauptphrasen eine zentrale Kontrastphrase: Der vom Secondopart allein vorgetragene Vordersatz, dessen zwei identische Eröffnungstakte durch pavanentypische Synkopen charakterisiert sind, wird durch den Primopart mit einem Nachsatz beantwortet, der das Gehörte in freier Umkehrung aufgreift.

Ma mère l'oye I: Die Hauptphrase

Lent ♩ = 58

1 *Vordersatz: Secondo*

p

5 *pp*

Nachsatz: Primo

Die kurze Kontrastphrase übernimmt von den Hauptphrasen den Beginn mit der Taktwiederholung, erweitert den Einsatz der Synkopen unter einer kleinen dynamischen Schwellung und führt in die variierte Wiederaufnahme der Hauptphrase.

Ravels Orchestrierung übergibt die melodischen Linien überwiegend den Holzbläsern (Flöte 1 und 2 im ersten Abschnitt, Klarinette und Englischhorn im Kontrast, Flöte 1 und gedämpfte 1. Geigen im Schlussabschnitt), begleitet von einem gestopften Horn, einem *d*-Orgelpunkt der Harfe im Wechsel von *ordinario* und Flageolett, und Streicherpizzicati. Schlagzeugfarben erklingen in diesem Stück nicht.

Petit Poucet

> *Il croyait trouver aisément son chemin par le moyen de son pain qu'il avait semé partout où il avait passé; mais il fut bien surpris lorsqu'il n'en put retrouver une seule miette: les oiseaux étaient venues qui avaient tout mangé. (Ch. Perrault.)*
>
> *Er dachte, er würde seinen Weg mit Hilfe seines Brotes, das er überall, wo er vorbeigekommen war, ausgestreut hatte, leicht finden; aber er war überrascht, als er keinen einzigen Krümel davon wiederfinden konnte: Die Vögel waren gekommen und hatten alles aufgefressen.*

Das abenteuerliche Herumirren des kleinen Däumling und seiner sechs Brüder im Wald übersetzt Ravel in eine Rondoform mit variiertem Refrain. Dabei führt er den Secondopart in dem 79-taktigen, immer wieder das Metrum wechselnden Stück in durchgehenden Achteln, die oft in Terzenparallelen verlaufen. Im Primopart wird diese Gleichförmigkeit durch reguläre und synkopische Viertel sowie Halbenoten und seltene Triolen aufgelockert; zudem fügt Ravel lautmalerische Waldvogelrufe hinzu.

In den drei Couplets des Rondos kann man die drei Stationen auf dem Weg der Brüder erahnen: die Nacht im Haus des kinderfressenden aber vom Däumling überlisteten Ogers, das Versteck unter dem Felsen, an dem der betrogene Wüterich mit seinen Siebenmeilenstiefeln eingeschlafen ist, und die neuerliche List des Däumlings im Haus des Ogers, der dessen Frau unter Vorzeigen der dem Schlafenden ausgezogenen Siebenmeilenstiefel um ein großes Lösegeld für ihren angeblich von Räubern entführten Mann erleichtert. So ergibt sich eine Struktur, die man mit der im Epigramm angesprochenen Episode des Märchens in Beziehung setzen kann:

Ma mère l'oye II: Die Episoden des Märchens in der Musik

T. 1-4	Vorspiel (Secondo allein)
T. 4-11	Refrain, Hauptphrase und verkürzte, modulierende Wiederholung (Herumirren)
T. 12-22	Couplet 1 (Unterschlupf im Haus des Ogers, Lebensgefahr)
T. 23-26	Refrain-Variante mit tiefoktavierter Wiederholung
T. 27-33_1	Überleitung mit sechtaktigem Crescendo *pp* < *f*
T. 33-39	Couplet 2 (Versteck am Felsen)
T. 40-50	Couplet 1 transp. (listige Lebensrettung im Haus des Ogers)
T. 51-55_1	Refrain-Variante transponiert, mit Waldvogelrufen
T. 55-59	Überleitung mit zuletzt abgedämpftem Crescendo
T. 60-66	Refrain mit Teilwiederholung (Rückkehr zu den Eltern)
T. 67-79	Coda

Den Refrain – die Musik zum Gang der Brüder durch den Wald – entwirft Ravel als Dreiklangsparallele. Dabei wechselt die c-Moll-Skala, wie schon im Vorspiel, zwischen einem Aufstieg im melodischen Moll mit *a* und *h* und einem Abstieg im reinen Moll mit *as* und *b*, wobei Ravel Dreiklänge abwechselnd in Grundstellung und in erster Umkehrung bildet. Die im Notenbeispiel gezeigte Hauptphrase endet auf der Tonika, während die verkürzte Wiederholung zur Dominante von Es-Dur moduliert, in der das erste Couplet folgt. Die Refrainvariante in g-Moll, die im Anschluss an dieses Couplet erklingt, modifiziert Ravel mit einer von den beiden inneren der vier Hände gespielten chromatischen Kleinterzparallele. In der Transposition dieser Variante, die auf die listenreiche Ausbeutung der Frau des Ogers folgt, verziert der Primopart die noch einmal transponierte, nun nach d-Moll versetzte Refrainvariante mit Vogelgezwitscher. Die Reprise der Refrainhauptphrase nach glücklich überstandenem Abenteuer erklingt zwar leise, aber nun vierstimmig mit Verdoppelung der führenden Melodie in der tieferen Oktave.

Ma mère l'oye II: Der Refrain und seine verkürzte Variante

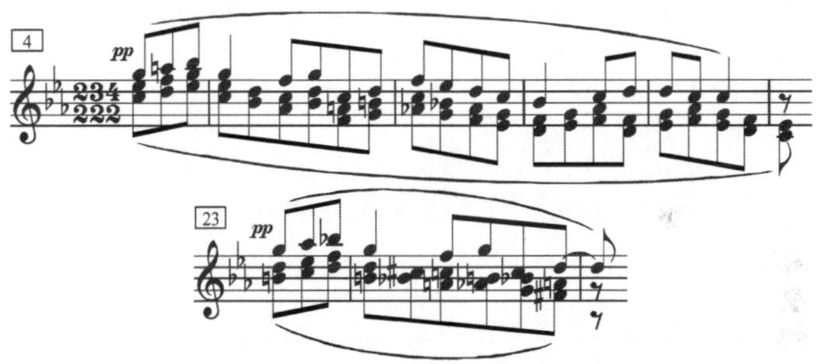

Auch die beiden Couplets sind ebenso schlicht wie anrührend gestaltet. Das erste Couplet beginnt mit einer unschuldig und ahnungslos wirkenden Kontur, die sich im Anschluss an eine verzierende Triole plötzlich steigert und dabei in die Dreiklangsparallelen des Refrains zurückfällt, die die Flucht der Brüder aus dem Haus des Ogers zurück in den Wald anzudeuten scheinen. Das zweite Couplet ist dynamisch durch *f expressif* hervorgehoben und in der Textur, indem die Linke des Secondoparts die Rechte des Primoparts verdoppelt und dabei kurzfristig rhythmische Vielfalt zulässt.

In der Coda zieht sich der Primopart ganz auf die Tonika zurück, wird jedoch anfangs von der über subdominantischer Begleitung kreiselnden Chromatik des Secondoparts in Frage stellt. Die letzten Takte zitieren das Vorspiel mit Refrainbeginn und schließen mit pikardischer Terz in C-Dur.

Bei der Orchestrierung dieses Stückes verzichtet Ravel erneut auf Schlagzeugfarben. In den parallel geführten Achteln der Refrainvarianten und des ersten Couplets einschließlich seiner Transpositionen erhebt sich jeweils ein Holzbläser über zwei Streicherstimmen.[3] Nur im expressiven Crescendo, mit dem die Musik zum zweiten Couplet überleitet, um vor der transponierten Wiederholung des zweiten Couplets ins *pp* zurückzusinken, vereinigen sich kurzfristig alle Bläser und Streicher.

Ganz neue Farbigkeit entsteht dagegen in der am deutlichsten lautmalerischen Passage, d.h. in der dritten, tiefen Variante des Refrains, zu der schon in der Klavierfassung Andeutungen von Vogelrufen ertönen. Während diese dort jedoch der Fähigkeit der kindlichen Widmungsträger angepasst einfach gehalten sind – die Rechte des Primoparts spielt in T. 51 und 53 im höchsten Register je eine dreifache Tonwiederholung mit Halbtonvorschlägen, die Linke in T. 52 und 54 an Kuckucksrufe erinnernde Terzfälle – schreibt Ravel für das Orchester ein Vogelstimmenkonzert, das trotz des nur viertaktigen Umfanges vielfarbig schimmert: Über dem Orgelpunkt-*d* im 2. Fagott und der zweiten Hälfte der Kontrabässe sowie einem viertaktigen Tremolo, in dem die 2. Geigen den Orgelpunktton mit seinem unteren Ganztonnachbarn *c* einfärben, erhebt sich die thematische Sextenparallele in Solofagott und Bratschen. Dazu gleitet in T. 51 und 53 eine erste Solovioline dreimal chromatisch durch Flageoletttöne aufwärts zu einem hohen *d*, während in T. 52 und 54 zwei weitere Soloviolinen auf einem hohen *c* und *d* trillern, die übrigen 1. Geigen ein ganztaktig dreioktaviges *d* ↗ *d* ↘ *d*-Glissando ausführen und die beiden Flöten die im Klaviersatz vorgegebenen Tonwiederholungs- und Kuckucksruf-Figuren in einen Takt zusammenfassen. Dabei sind die Instrumente, die der ursprünglichen Fassung entsprechen, die einzigen, die zwar leise, aber ungedämpft spielen. Alle im Orchestersatz hinzugefügten Vogelstimmen klingen in der einen oder anderen Weise 'fahl' und märchenwaldhaft unwirklich: Die Oktavverdoppelung des Orgelpunkt-*d* im Horn und der zweiten Hälfte der Kontrabässe ertönt als Flageolett, das *d*-*c*-Tremolo der 2. Geigen soll "auf dem Griffbrett" gestrichen werden, und die Glissandi der 1. Geigen erreichen ihren oberen Umkehrpunkt ebenfalls auf einem Flageoletton.

[3]Vgl. Refrain T. 4-11: Oboe über 1. und 2. Geigen; Couplet 1 T. 12-22 und 40-50: Englischhorn über Bratschen und Celli; Refrain T. 23-26: Klarinette über Geigen übergeben an Flöte über Bratschen und Celli; Refrain T. 51-55: Fagott über Bratschen.

Laideronnette, impératrice des pagodes

> *Elle se déshabilla et se mit dans le bain. Aussitôt pagodes et pagodines se mirent à chanter et à jouer des instruments : tels avaient des théorbes faits d'une coquille de noix ; tels avaient des violes faites d'une coquille d'amandes ; car il fallait bien proportionner les instruments à leur taille. (Mme d'Aulnoy, Serpentin Vert)*

> *Sie entkleidete sich und stieg ins Bad. Alsbald begannen Pagoden und Pagodinen zu singen und auf Instrumenten zu spielen: Die einen hatten aus Nussschalen gefertigte Theorben, andere Gamben aus Mandelschalen; denn die Instrumente mussten natürlich ihrer Größe entsprechen.*

Die Geschichte um eine durch den Fluch einer bösen Fee abstoßend hässlich heranwachsende Prinzessin, die ein ebenfalls verzauberter, in den Körper einer grünen Schlange verbannter König vor dem Ertrinken rettet, bei sich aufnimmt und heiratet, hat kein Gegenstück in deutschen Märchensammlungen. Die Szene, die Ravel in dem Epigramm beschreibt, das er seiner Musik voranstellt, ereignet sich, als die Prinzessin im Königspalast aus ihrer Ohnmacht nach ihrem Bootsunfall aufwacht und sich von Hunderten kleiner Wesen umgeben sieht, die ihr dienen und sie verwöhnen wollen:

> Sie sah, wie hundert Pagoden zu ihr kamen, gekleidet und gestaltet auf hundert verschiedene Weisen; die größten waren eine Elle hoch, und die kleinsten nicht mehr als vier Finger.[4]

Die Bezeichnung dieser Wichtel als "Pagoden und Pagodinen" deutet darauf hin, dass die Märchenschriftstellerin an chinesische Wichtel gedacht haben mag, die – vielleicht mit Kegelhüten bedeckt – entfernt an Stupas mit den typischen runden Stockwerkvorsprüngen erinnern. (Der Text liefert allerdings keinen Hinweis auf die Herleitung des Lehnwortes.) Ravel seinerseits nimmt die Bezeichnung zum Vorwand, dem Satz, den er mit dem Zusatz "Mouvement de Marche" überschreibt, ein betont asiatisches Kleid zu verleihen. Der Primopart ist gänzlich pentatonisch; er verwendet ausschließlich die schwarzen Tasten in den dreieinhalb Oktaven über dem mittleren *cis* der Tastatur. Der Secondopart beschränkt sich nur in

[4]Übersetzt nach Marie Catherine Le Jumel de Barneville Aulnoy, *Contes des Feés: suivis des Contes nouveaux, ou Les fées à la mode* (Paris: Champion, 2004), S. 581.

Abschnitt C auf die schwarze-Tasten-Pentatonik, ergänzt in Abschnitt A jedoch ab und zu ein *h*, in Abschnitt B zusätzlich vier weitere der sieben weißen Tasten und in Abschnitt D schließlich auch die noch übrigen.[5]

Der gut überschaubare Bauplan präsentiert sich als eine Variante der dreiteiligen Bogenform mit Überleitungen und Kontrastpassage:

A T. 1-23		A' T. 138-152
Ü1 T. 24-31		Ü1 T. 153-160
B T. 32-55		B T. 161-193
Ü2 T. 56- 64		Ü2 T. 185-193
	C T. 65-104	Coda T. 194-196
	D T. 105-130/132	
	C' T. 131/133-137	

Dabei unterscheiden sich die Rahmenabschnitte und der zentrale Kontrast ganz wesentlich in ihrem melodischen Gestus. Die vom Primopart dominierte Thematik in Abschnitt A hat etwas spieldosenartig Kreiselndes. Wollte man ohne Rücksicht auf Ravels Takteinteilungen den Höreindruck wiedergeben, so müsste man folgendermaßen notieren:

Ma mère l'oye III: Das spieldosenartige Kreiseln der Wichtel

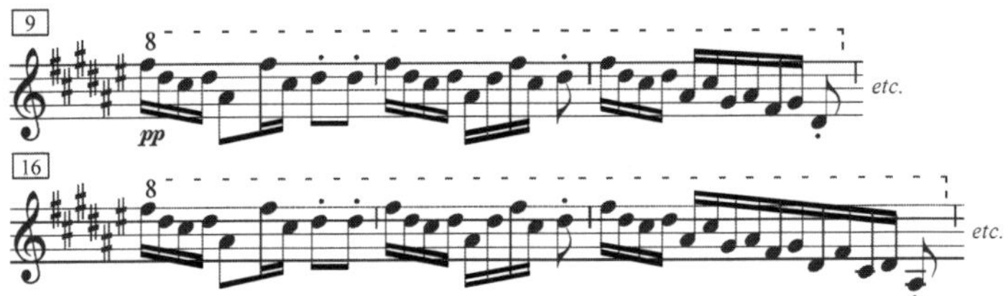

Ähnlich spannungsfrei, wenn auch überwiegend metrisch, klingt der Primopart in den Ergänzungen und in Abschnitt B. Ganz anders tönen Melodik und Textur in Abschnitt C. Nach dem einstimmigen, polyphones Spiel ankündigenden Einsatz einer Phrase im Secondopart tritt eine an Musetten erinnernde Bordunbegleitung hinzu, über der die Phrase oktaviert und variiert wiederholt wird, bevor sie dem zuletzt überlappend einsetzenden Primopart in kanonischer Staffelung folgt. Dabei weist die Kanonphrase trotz ungleich größerer Notenwerte und stark kontrastierender Dynamik strukturelle Analogien zu Thematik des A-Abschnitts auf, insofern auch sie aus drei voneinander abgeleiteten Segmenten besteht:

[5] Vgl. in Abschnitt A: *h* in T. 13-15 und 25/27; in Abschnitt B: *h/e* fast durchgehend, ergänzt durch *c, d, e* und *his* in T. 40-41 und 44-45 sowie *eis* in T. 46 und 48; in Abschnitt D enthält schon der erste Sechstakter 11 der zwölf Halbtöne.

Ma mère l'oye 3: Die Kanonphrase in Abschnitt C

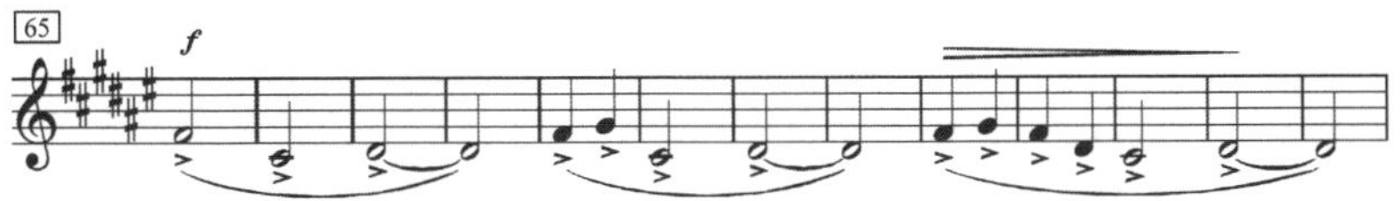

Harmonisch aus dem "asiatischen" Gesamtklang herausfallend sind neben der Elftönigkeit in der ersten Hälfte von Abschnitt D vor allem die ganztönigen Einschübe in Abschnitt B (wo Ravel in T. 40-41 und 44-45 den absteigenden Tetrachord *his-ais-gis-fis* der Secondo-Linken durch die Töne *c, d* und *e* in der Secondo-Rechten ergänzt, während der Primopart um *fis-gis-ais* kreiselt) sowie der in diesem pentatonischen Stück unerwartet 'europäisch-westliche' Abstieg durch die Hälfte des Quintenzirkels.[6]

Wollte man die feierliche Kanonphrase des Secondoparts und ihre Antwort im Primo vor dem Hintergrund der Märchenhandlung als Begegnung zwischen König und Prinzessin hören, so deutet sich in der Wendung zur Reprise eine hoffnungsvolle Entwicklung an. Am Ende von Abschnitt D biegt Ravel den ausklingenden Phrasenschluss des Primoparts zum *fis–cis–dis*— der Kanonphrase um. Der Secondopart beeilt sich, noch überlappend einsetzend, eine vollständige Antwort anzustimmen – und behält diese auch im ersten Abschnitt der Reprise noch bei. Das Resultat ist eine Übereinanderstellung des spieldosenartigen Themas (mit *fis/cis*-Begleitung) im Primo und der Kanonphrase (mit *dis/ais*-Bordun) im Secondo. Am Schluss vervollständigt der Secondopart sogar die abgebrochene erste Kanonphrase des Primo.[7] Erst danach folgt die untransponierte Reprise ihrem Vorbild zu Beginn des Stückes

Die Überleitungen zeichnen sich jeweils durch Binnenorgelpunkte aus, für die der Primopart sorgt; so erklingt in T. 24-31 und 153-160 durchgehend ein hohes *cis*, in T. 56-64 und 185-193 ein als nachschlagendes Sechzehntel wiederholtes *fis*. Im zentralen Kontrast übernimmt der Secondospieler die Ankerung mit dem schon erwähnten Borden *dis/ais*, der in Abschnitt D als synkopisches *ais* weiterklingt. Auch die knappe, aus einem elfstimmig pentatonischen, vierfach wiederholten Akkord bestehende Coda lässt es noch einmal offen, ob *fis* oder doch ein anderer Ton der schwarze-Tasten-Pentatonik als Ankerton angesehen werden soll.

[6]Vgl. im Secondo T. 44-56: *his – eis – ais, eis – ais – dis – gis, dis – gis – cis – fis.*

[7]Vgl. Abschnitt C, Secondo: Kanonphrase 1 = T. 65-77, 2 = T. 79-90, 3 = T. 91-102; Ende Abschnitt D, Primo: T. 131-134 = Secondo T. 65-68; Abschnitt A', Secondo: T. 133-144 = T. 79-90, T. 145-152 = T. 69-76.

In der Orchesterfassung tritt die auffälligste Abweichung in den Abschnitten A und A' auf, wo die spieldosenartige Pentatonik von mehreren Schichten begleitet wird. Dies beginnt in den Bläsern, wo die im Original vom Secondopart vorgetragenen Tonpaare *cis-dis, fis-gis* und *ais-cis*, die dort anfangs durch nachklingende Überbindungen phrasiert, bald jedoch als ungegliedert sechstöniger Aufgang erscheinen, nun konsequent auf ein Fagott (+ ½ Celli), ein gestopftes Horn (+ ½ Bratschen) und eine Flöte (+ ½ 2. Geigen) verteilt erklingen, so dass der Eindruck nicht eines linear horizontalen sondern vielmehr eines dreistimmigen Ablaufs entsteht, wobei die Streicher ihre Verdoppelung der Tonpaare auf gedämpften Saiten zupfen. Eine vierte Schicht, die im Klavierstück nicht angelegt ist, ertönt in der Harfe, die die fünf Töne der "schwarze-Tasten-Pentatonik" nach einem Beginn in Vierteln ab T. 5 zu einem ♫ ♫ ♩ - Ostinato zusammenzieht, dessen 3/4-Umfang den 2/4-Rhythmus des vorgeblichen Marsches konterkariert. In einer fünften Schicht ertönt die Pentatonik als durchgehendes Tremolo in den Hälften aller Streichergruppen, mit Dämpfer und auf dem Griffbrett gestrichen.[8] Die 'Spieldosenfigur' im hohen Register ist in Abschnitt A der Piccoloflöte anvertraut.

Die zweite farbliche Bereicherung ergibt sich im Zusammenhang mit der Kanonthematik in Abschnitt C. Die unbegleitete Einführung der Phrase durch das Secondo, in der die ersten zwei Segmente als akzentbetontes *f* markiert sind, bevor das dritte Segment rasch verklingt, ist hier durch Wegfall erst einiger, dann der meisten Bläser farblich abschattiert, dafür aber mit einem ergänzenden Tamtamschlag am Ende jedes Segmentes neu charakterisiert.[9] Der eigentliche Kanon erklingt sodann in einer Klarinette über der Bordunbegleitung durch die Harfe und mit segmentabrundenden Tamtamschlägen, imitiert von der Celesta.

Dieselbe Paarung eröffnet auch die Reprise: Eine Oktavparallele der Celesta übernimmt im thematisch verdichteten Abschnitt A' die Diskantpentatonik, mit einer Oktavparallele der Kanonphrase in Klarinette (später Englischhorn) und Bratschen als polyphoner Gegenstimme. Wie im Original fehlen hier die anfänglichen Tonpaare. Harfe und Xylophon teilen sich die Töne der vierten Schicht, ohne deren rhythmisches Ostinato aufzugreifen, und die Streicher tremolieren pentatonisch. In der klangmächtigen dreitaktigen Coda unterstreicht Ravel das Tutti mit Becken und Glockenspiel.

[8] In T. 13-15 unterbricht Ravel nicht nur, wie schon im Original vorgegeben, die Pentatonik der Begleitschichten durch den Zusatz eines *h*, sondern zudem die geschilderten Muster.

[9] Vgl. T. 65-68: Flöte/Oboe/Englischhorn/Klarinette/Fagott/Horn + Celesta/Harfe; T. 69-72: ohne Oboe und Englischhorn; T. 73-77: zusätzlich ohne Klarinette und Fagott.

Les entretiens de la Belle et de la Bête

> *« Quand je pense à votre bon cœur, vous ne me paraissez pas si laid. » – « Oh ! dame oui ! j'ai le cœur bon, mais je suis un monstre. » – « Il y a bien des hommes qui sont plus monstres que vous. » – « Si j'avais de l'esprit, je vous ferais un grand compliment pour vous remercier, mais je ne suis qu'une bête.» ..... « La Belle, voulez-vous être ma femme ? » – « Non, la Bête ! » ..... « Je meurs content puisque j'ai le plaisir de vous revoir encore une fois. » – « Non, ma chère Bête, vous ne mourrez pas : vous vivrez pour devenir mon époux ! » – La Bête avait disparu et elle ne vit plus à ses pieds qu'un prince plus beau que l'Amour qui la remerciait d'avoir fini son enchantement. (Mme Leprince de Beaumont)*
>
> *"Wenn ich an Euer gutes Herz denke, scheint Ihr mir nicht so hässlich." – "Oh! edle Dame, ja! Ich habe ein gutes Herz, aber ich bin ein Monster." – "Es gibt viele Männer, die größere Monster sind als Ihr". – "Wenn ich geistreich wäre, würde ich Euch ein großes Kompliment machen, um Euch zu danken, aber ich bin nur ein Biest." ..... "Meine Schöne, wollt Ihr meine Frau werden?" – "Nein, Biest!" ..... "Ich sterbe glücklich, da ich das Vergnügen habe, Euch wiederzusehen." – "Nein, mein liebes Biest, Ihr werdet nicht sterben: Ihr werdet leben, um mein Mann zu werden!" – Das Biest war verschwunden, und sie sah zu ihren Füßen nur einen Prinzen, schöner als Amor, der ihr dafür dankte, dass sie seine Verzauberung beendet hatte.*

Der lange Textausschnitt, den Ravel seiner Musik voranstellt, fasst unter Auslassung der Vorgeschichte und aller Nebenrollen den wesentlichen Gehalt dieses altfranzösischen Märchens zusammen: die Stadien der Unterhaltung zwischen einem Tier, das sich seines monströsen Aussehens bewusst ist, und einem sanften jungen Mädchen, das sich der Willkür dieses Tieres zu opfern glaubt. Indem Ravel Ausschnitte aus dem Gespräch der beiden Titelpersonen bis zum glücklichen Ende zitiert, ergänzt er gleichsam, was er in der Szene aus dem Märchen "Die grüne Schlange" ausgelassen hat: In beiden Fällen ist ein Prinz in ein unheimlich aussehendes Tier verwandelt worden und kann nur durch die Liebe und das Vertrauen eines schönen und edelmütigen Mädchens erlöst werden.

Wie die Auslassungspunkte im Epigramm andeuten, will die Musik drei Stadien der Begegnung illustrieren: Anfangs die Wertschätzung des jungen Mädchens, das dem demütigen Tier zu versichern sucht, ein gutes Herz zähle mehr als ein hässliches Äußeres, in der Mitte den mutigen Heiratsantrag des Tieres, den das Mädchen zu diesem Zeitpunkt ablehnt, und zum Schluss die märchenhafte Erlösung in dem Augenblick, als das Mädchen, in die Zukunft schauend, die glückliche Vermählung voraussagt.

Ravel komponiert die Abfolge als einen gemächlichen Walzer (*Mouv[t] de Valse très modéré*). Dabei werden die Themen, mit denen die Musik die beiden Hauptpersonen charakterisiert, einander allmählich angenähert, bis sie schließlich in polyphoner Gegenüberstellung miteinander verschmelzen.

Die Diskantmelodik des sanften Mädchens steht im lydischen Modus auf *f* und bewegt sich innerhalb ihrer auftaktig beginnenden Segmente in ruhigen Vierteln mit lang ausklingenden Schlusstönen, begleitet vom regelmäßigen 1 - 2 —, 1 - 2 — des Secondoparts. Sie bestimmt den ersten Abschnitt des Stückes in zwei ungleich gegliederten Segmenten:

A	T. 1-23	(8, 2+2 + 4, 2+2 + 3 Takte)
A'	T. 24-48	(7, 2+2 + 5, 9 Takte)

Hier ist der Beginn:

Ma mère l'oye IV: Das Thema der "Schönen"

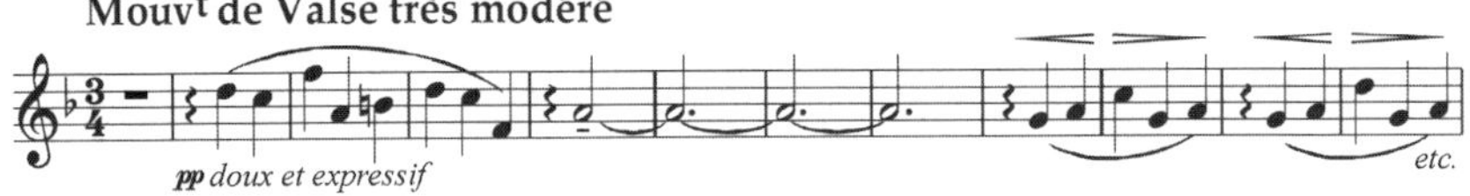

Das Biest präsentiert ab T. 49 ein Thema im Bass, dass mit seinem chromatischen Abrutschen zur verminderten Quart, seinem abschließenden Fall zur verminderten Oktave und deren Unterfütterung mit einem keiner Tonart angehörigen Klang gleich dreifach auf sein "monströses" Äußeres hinzuweisen scheint. Ravel löst für diesen Abschnitt das ursprüngliche, im Thema des Mädchens auf F-Dur bezogene ♭-Vorzeichen auf. Die Töne, mit denen die Rechte des Secondos und der Primopart in T. 53-38 den verlängerten Schlusston des Bassthemas begleiten, entstammen einer symmetrischen Skala aus kleinen und übermäßigen Sekunden, überbrückt durch einen als verminderte Quart geschriebenen Ganzton: *e-f-gis-b-cis-d*. Ravel hätte im Secondopart leicht konventionellere Intervalle schreiben können (so im Motiv: *dis—d-c-cis-h—dis—e*; in der Begleitung: *gis/ais* statt *gis/b*). Dass er dies nicht tut, zeigt, dass er auch seine Notation als Teil der illustrativen Kraft der Musik entwirft, gleichsam mit 'monströsen' Intervallen:

Ma mère l'oye IV: Das Thema des "Biestes"

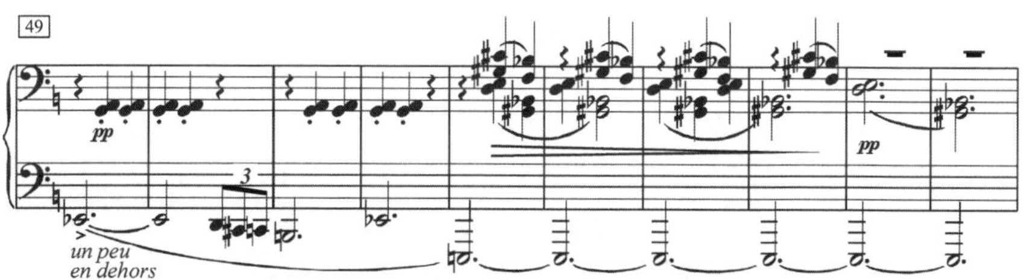

Nach der Einführung des Verwunschenen[10] folgt sein Austausch mit dem schönen jungen Mädchen. Beide Gesprächspartner zeigen sich zunächst unsicher: Die Schöne beginnt ihr Thema zwar wie zuvor mit *d* (eine Oktave höher als zuvor), verändert jedoch dessen Intervalle und wendet die Kontur schließlich nach Fis- und H-Dur statt nach F-Dur. In einem zweiten Anlauf versetzt sie dieselbe Variante eine Sept tiefer und führt dabei vom melodischen *e* über Gis-Dur zum Ausklang in Cis-Dur. Das Biest, anfangs auf Distanz bedacht und voller Skepsis, wie ihm die Schöne begegnen wird, beginnt in großen Abstand zu ihrer Linie mit einem sehr tiefen *fis*, rückt ihr jedoch angesichts ihrer freundlichen Ansprache bald um eine Oktave näher. Wie in Freude darüber, dass die Schöne sein gutes Herz in seinem monströsen Äußeren zu erkennen weiß, kehrt das Biest seine im Thema abwärts gerichteten chromatischen Triolen in kleine Aufwärtszüge um – dies allerdings erst, nachdem das Mädchen den ausklingenden Schlusston ihrer Phrase erreicht hat. Wenn die Schöne ihre Phrase nun transponiert wiederholt, beträgt der vertikale Abstand zwischen den beiden thematischen Stimmen nur noch 2⅔ statt der anfänglichen 4⅔ Oktaven. Spürbar erleichtert über die Annäherung und das gegenseitige Vertrauen beschleunigen beide das Tempo über *Animez peu à peu* zu *Assez vif.* Gleichzeitig steigern sie die Lautstärke von *p* über *mf* und *f* bis zum *ff.* Dabei verdichtet das Biest seine Aufwärtsschwünge und schreitet zuletzt sogar, wie mit neu gewonnenem Optimismus, diatonisch aufwärts.

Die Erlösung folgt musikalisch ähnlich überraschend wie im Märchen: Statt eines Akkordes der Dominante oder Subdominante des Grundtones *f* ertönt in T. 104-105 ein gis-Moll-Dreiklang, auf den, funktionsharmonisch

[10]Faszinierend an Ravels Gestaltung des zweiten Themas ist nicht zuletzt, dass zwar die aktiven Gesten abwärts gerichtet sind (man glaubt, die Selbstverachtung des sich seines abstoßenden Äußeren schämenden Tieres zu hören), dass aber die implizite Linie schon im Thema aufwärts zeigt; vgl. die Ecktöne in T. 49-68: *es — e — f — fis.*

ganz unüblich, die Wiedereinsetzung des ♭-Vorzeichens und die reprisenartige Rückkehr zu F-Lydisch folgt. Dabei wird die aufsteigende Linie in der Unterstimme des Biestes – zuletzt *fis–g–gis* – von der Linken des Primoparts zum *a* ergänzt, während die lydische vierte Stufe der Zieltonart das im Hintergrund des *Assez vif* neuntaktig wiederholte *h* aufzugreifen scheint.

Ma mère l'oye IV: Annäherung, Hoffnung, Erlösung

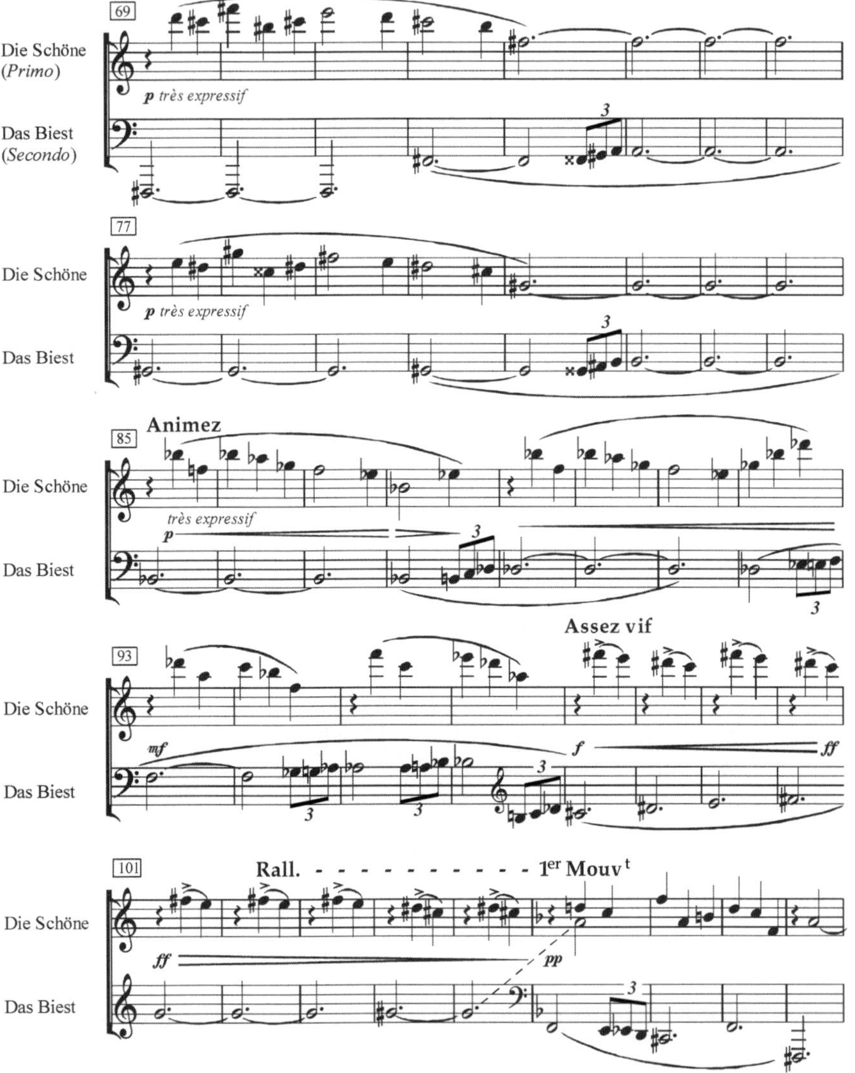

Wie die letzten Takte des obigen Musikbeispiels andeuten, treffen sich die beiden Protagonisten dieses Märchens am Ende in einer Reprise. Darin wiederholt der Primopart die ersten 23 Takte der Exposition notengetreu (Abschnitt A mit seiner unregelmäßigen Phrasengliederung in 8, 2+2 + 4, 2+2 + 3 Takte). Kontrapunktisch gegenübergestellt erklingt im Bass des Secondoparts das Thema des nun in einen wunderschönen Prinzen zurückverwandelten Biestes, in drei sprunghaft aufsteigenden Transpositionen der Ausgangsphrase, ergänzt um drei Zweitakter mit den triolischen Aufwärtszügen aus dem schon ganz von Freude geprägten Abschnitt der vorausgegangenen Entzauberung.[11] Besonders in der ersten Phrase dieser Themengegenüberstellung hört man die sanft aufgelöste Diskrepanz zweier Ankertöne: Das Thema der Schönen bezieht sich auf das ursprüngliche *f*, mit dem das Thema des Prinzen ebenfalls einsetzt, bevor es in seinem Fall über die verminderte Oktave auf *fis* zum Stehen kommt.

In den folgenden 17 Takten spinnt der Primopart die Thematik der Schönen mit einem Viertakter und seiner dynamisch gesteigerten Quarttransposition, einem Zweitakter und dessen zusätzlich beschleunigter Terztransposition und einer freien Variante des Durchführungsschlusses weiter, während der Secondopart seine freudigen Aufwärtszüge wieder aufgreift: zunächst nur in jedem vierten Takt, dann jedoch, unter einem erneuten *Animez peu à peu* mit Crescendo zum *fortissimo*, taktweise mit zwischen chromatischen, diatonischen und Dreiklangsschritten wechselnden Intervallen über zwei Oktaven steigend.[12]

Eine ganztaktige, durch eine Fermate verlängerte Generalpause trennt diese Reprisenentwicklung von der anschließenden Coda, die nach einem dreieinhalboktavig aufschießenden Weiße-Tasten-Glissando sehr leise einsetzt (*pp très expressif*). Mit Blick auf die Märchenerzählung besonders anrührend ist Ravels Entscheidung, die Themaphrase des inzwischen als Prinz entpuppten Biestes hier zunächst dem Primopart anzuvertrauen, wo sie im allerhöchsten Register erklingt. Wenig später stehen sich die beiden Themenanfänge noch einmal kontrapunktisch gegenüber, in reduziertem Tempo (*Presque lent*) und mit einer sanft arpeggierten Oktavparallele im Diskant, bevor ein bis fast zum Schluss zwischen F-Lydisch, F-Dur und Fis-Dur changierendes letztes Rallentando den Gegensatz zugunsten von F-Dur auflöst.

[11] Vgl. im Bass des Secondo, T. 106-112: *f* ↘ *cis* ↗ *f* ↘ *fis*; T. 113-116: *b* ↘ *fis* ↗ *b* ↘ *h*; T. 117-120: *cis* ↘ *a* ↗ *cis* ↘ *d*; gefolgt von T. 121-127: *g* ↗ *h* , *cis* ↗ *f* , *fis* ↗ *b – h – c*.

[12] Vgl. T. 128-131: *c*, T. 131-134: *es*, T. 135-144: *es–f–fis–g–a–h–cis–f–gis–h*.

In der Orchestersuite ist die Instrumentierung der Thematik mit einer Klarinette für "die Schöne" und dem Kontrafagott für "das Biest" so lautmalerisch sprechend, dass selbst Kinder die Entwicklung der märchenhaften Befreiungs- und Liebesgeschichte beim Hören gut mitverfolgen können.[13] Die Klarinettenkantilene wechselt nur für kurze Einwürfe (wenn "die Schöne" eine momentane Unsicherheit spürt?) in eine Flöte oder Oboe.[14] Erst in der Reprise, als das Mädchen dem Biest, in dem sie vielleicht dank seiner Güte bereits einen verzauberten Menschen vermutet, die Hochzeit in Aussicht stellt, wird die Klarinettenfarbe dauerhaft mit Oboe, Flöte, und Geigen verdoppelt und so zusätzlich aufgehellt. Am Ende der Coda schließlich, wo Ravels Anweisung *Presque lent* den Schritt der nun vereinten Liebenden in ihr zukünftiges gemeinsames Leben andeutet, erklingt das Kopfmotiv der Schönen, das im Klaviersatz hier in hohen Oktaven arpeggiert ist, in der Piccoloflöte in Parallele mit Tönen und Obertönen der Harfe.

Auch das "Biest" ist vorwiegend in einem Instrument verkörpert, wobei begleitende Einfärbungen auf die Stimmungswechsel hindeuten. In seinen ersten zwei Äußerungen, als es noch ganz erfüllt ist vom traurigen Wissen um sein monströses Aussehen, setzt zum tiefen Zielton des Motivs die große Trommel mit einem mehrtaktigen Wirbel ein, und die schon im Klavierstück anschließenden Akkorde – hier in Holzbläsern, Horn und Harfe – werden durch einen Beckenschlag unterstrichen sowie durch fahle Tremoli der tiefen Streicher untermalt und verlängert.[15] Anlässlich seines wenig hoffnungsvollen Heiratsantrages übernehmen die Kontrabässe jeweils wie mutmachend den vorausgeschickten tiefoktavierten Anfangston,[16] bis sie sich zum Schluss mit dem Kontrafagott und, bei dessen Aufstieg in höhere Gefilde, dem Fagott abwechseln oder schließlich vereinen. In der Reprise mit ihrer Beschreibung der zunehmenden Freude des Biestes geht das Motiv vom Kontrafagott in Fagott + Kontrabässe über, bis es nach der Generalpause und dem (die Entzauberung anzeigenden) Harfenglissando im Flageolett einer Solovioline einsetzt, von wo es nur langsam absteigt und bei *Presque lent* von einem Solocello lieblich weitergeführt wird.

[13] Achtung: Ravel fügt im sinfonischen Satz nach der ersten Äußerung des "Biestes", die in T. 58 endet, eine eintaktige Generalpause ein. Danach divergieren daher die Taktzahlen in Klavier- und Orchesterpartitur. Alle hier genannten Taktzahlen beziehen sich auf das Original.

[14] So bei der ersten Gegenüberstellung der musikalischen Embleme beider Protagonisten in extra großer Distanz: Die hochoktaviert einsetzende Kontur des Mädchens mit 'falschem Zielton' (T. 69-76) erklingt in der Flöte, ihre Imitation eine Sept tiefer in der Oboe.

[15] Vgl. T. 53-58 (danach die hinzugefügte Generalpause) und T. 63-68 des Klaviersatzes.

[16] Vgl. T. 69-71, 77-79, 85-87 und 89-91.

Le jardin féerique

In seinem Tempo ebenso wie in seiner rhythmischen und tonalen Unkompliziertheit antwortet Ravels "Feengarten" auf die eröffnende "Pavane" für Dornröschen und schließt damit einen Rahmen um die drei szenisch definierten Mittelsätze. Im Kopfsatz sind 12 der 20 Viervierteltakte durch eine Synkope auf dem zweiten Schlag charakterisiert; mit 33 der 55 Dreivierteltakte ist die Proportion hier identisch. Kaum ein Zweitakter, in dem nicht wenigstens eine der vier Pianistenhände eine Variante des rhythmischen Musters ♩ ♩. ♪ | ♩ ♩ ♩ | spielt, oft (besonders anfangs, vgl. dazu T. 4, 6, 8, 10, 17 und 19) ergänzt durch die Synkope ♩ 𝅗𝅥 |.

In der Struktur unterscheidet man sechs ungleich lange Abschnitte, die lose miteinander verknüpft sind:

- Die zwei ersten in T. 1-13 und T. 14-22
  bleiben durchwegs leise (*pp* < > *pp* / *pp* < > *pp*);
- die zwei mittleren in T. 23-32 und T. 33-39
  deuten eine dramatische Entwicklung an,
  die sich aber noch nicht verwirklicht (*pp* <*f*> *pp* / *pp* <*f*> *pp*);
- die zwei letzten in T. 40-49 und T. 50-55
  führen zum krönenden Triumph (*pp* < *ff* / *ff*)

Melodisch ist das Stück bestimmt von direkt oder indirekt aufsteigenden Linien sowie sukzessiven Oktavversetzungen. Gleich zu Beginn steigen alle vier Stimme in unsynchronisierten und auch in sich unregelmäßigen Schwüngen aufwärts.

Ma mère l'oye V: Aufstieg zu Beginn

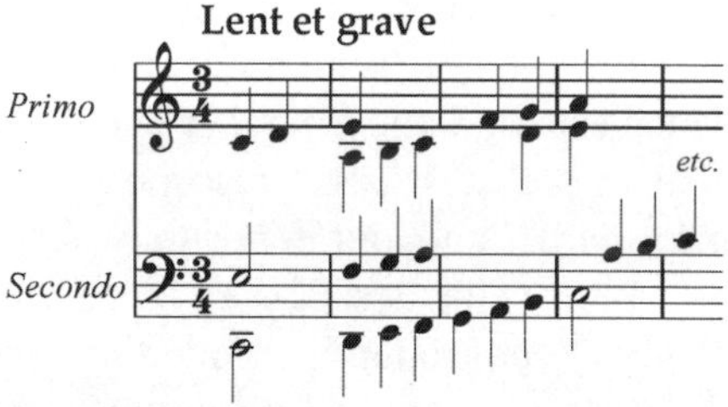

Zudem schreibt Ravel an zwei Stellen direkte Aufwärtsbewegungen in Form analoger Skalenausschnitte, die jeweils im Secondo initiiert und vom Primo entweder (T. 11-12) in einem zweiten Takt als Terzenparallele verdoppelt oder (T. 36-39) in drei ergänzenden Takten weitergeführt werden.

Ma mère l'oye V: Weitere Aufwärtsbewegungen

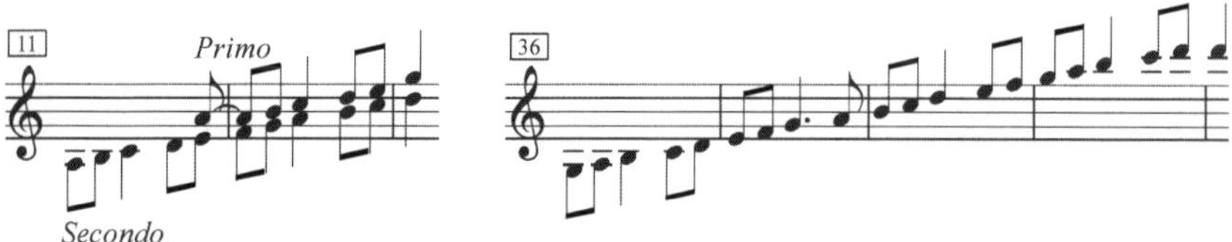

Die zweite thematische Komponente, vom Secondopart in T. 14-15 über dem Orgelpunktbass *f* vorgestellt, wird vom Primo anschließend einschließlich seiner Begleitstimmen zweimal jeweils eine Oktave höher imitiert. Denselben Zweitakter präsentiert in T. 44-45 der Primopart selbst, bevor er ihn erneut zweimal hochoktaviert, wobei die Textur diesmal vom zweistimmigen über den vierstimmigen zum sechsstimmigen Satz zunimmt und der Aufstieg dabei bis zum *ff* anschwillt.

Aus diesen aufsteigenden Linien und stufenweisen Verschiebungen herausfallend übersetzt Ravel den verzauberten Zustand des Feenwaldes lautmalerisch: In T. 23-39 ertönen alle homophonen Anschläge als bis zu zehnstimmige Arpeggien mit zweifacher mächtiger Steigerung; in der Coda stellt der Komponist rauschende Weiße-Tasten-Glissandi im *ff* über vollklingende Akkorde des Secondo und einen paukenschlagähnlichen Bass.

In seiner sinfonischen Bearbeitung beginnt der "Feengarten" mit zwölf ganz den Streichern vorbehaltenen Takten. Die oktavversetzte Figur wird bei ihrem ersten Aufstieg jeweils durch ein Holzblasinstrument verstärkt und steigert sich zur Parallele von Flöte, Oboe und Geigen, mit Klarinette und Bratschen für die abschließende Engführung; anlässlich der Wiederaufnahme kurz vor der Coda bezieht der in Flöte und Bratschen beginnende, sich mächtig steigernde Aufstieg schließlich Oboe, Englischhorn und Klarinette sowie die Celesta und alle Streicher außer den Bässen mit ein. Der Aufstieg mit seinem sechstaktigen Crescendo von *p* zum *ff* wird zudem von einem Paukenwirbel und, auf der dritten Oktavierungsstufe, von einem ebenfalls stark anschwellenden Beckenwirbel unterstrichen. Dieser Beckenwirbel setzt sich in der krönenden Coda fort, wo die Glissandi aus dem Primopart in Celesta und Harfe erklingen, die punktierte Melodik aus dem Secondo den hohen Holzbläsern sowie einem Glockenspiel übertragen ist und die Geigen und Bratschen durchgehend in den sieben Tönen des C-Dur-Raumes tremolieren, bis das ganze Tutti auf den C-Dur-Dreiklang einschwenkt.

Die Ballettfassung

Etwa anderthalb Jahre nach der Premiere der originalen Fassung von *Ma mère l'oye* erhielt Ravel von Jacques Rouché, dem damaligen Direktor des Théâtre des Arts, die Anfrage, ob er seinen vierhändigen Klavierzyklus zu einer Ballettmusik umarbeiten könne. Ravel war begeistert und machte sich sofort daran, ein Libretto für die getanzte Bühnenhandlung zu entwerfen. Dessen erste Version ist in einem seiner Briefe an Rouché enthalten. Demnach sollte die Handlung mit Dornröschen beginnen, die sich an einer Spindel sticht, damit den Fluch auslöst, den eine böse Fee über sie ausgesprochen hat, aber dank des sofortigen Eingreifens einer guten Fee nicht sterben muss, sondern nur in einen tiefen (hundertjährigen) Schlaf fällt.

Nach Ravels ursprünglicher Vorstellung sollte die gute Fee in der Verkleidung einer alten Frau am Spinnrad sitzen und somit zugegen sein, wenn die Prinzessin in ihren langen Schlaf fällt. Sie sollte dann auf den Fingern pfeifen und damit einen Pagen herbeirufen.[17] Dieser sollte bei seinem Auftritt mit dem Gewicht eines sehr großen und schweren Buches kämpfen, das beim Herbeitragen seinen goldgeprägten Titel zeigt: "Charles Perrault. Les Contes de Ma Mère l'Oye". Das Buch, aufrecht hingestellt, sollte den Hintergrund der Bühne vollkommen ausfüllen, im Verlauf der Szenenfolge Seite für Seite umgeschlagen werden und so die Atmosphäre der Märchenwelt präsent halten. Auf der ersten Innenseite wäre der Titel des zweiten Märchens zu lesen gewesen: "Les Entretiens de la Belle et de la Bête."[18]

In einem zweiten Entwurf wurde der Pfiff der guten Fee durch ihren Kuss auf die Stirn der schlafenden Prinzessin ersetzt.[19] Letztlich stimmte Ravel aus bühnenpraktischen Gründen dem Kompromiss zu, dass die jeweils nächste Märchenszene statt durch das Umblättern einer Seite des enormen Buches durch das Entfalten eines Banners zwischen zwei Pagen angekündigt werden sollte.

[17] Ravel verwendet durchgehend das heute inakzeptable Wort *négrillon*, das *Le Petit Robert* als "vieilli ou péj.: Enfant noir" ("altertümlich oder abwertend: schwarzes Kind) erläutert. Da die in der Bibliothèque Nationale bewahrten Fotos der Erstaufführung als höfische Diener ausstaffierte schwarze Knaben zeigen, gebe ich die Bezeichnung mit "Page" wieder.

[18] Maurice Ravel, *12 Lettres à Jacques Rouché*, Brief vom 2. Februar 1912; Autograph in der Bibliohtèque-musée de l'Opéra (LAS Ravel 1-13).

[19] Deborah Mawer, *The Ballets of Maurice Ravel: Creation and Interpretation* (Aldershot, England: Ashgate, 2006), S. 50.

Um aus dem fünfteiligen Zyklus mit ganz unterschiedlichen Personen eine durchgehende Bühnenhandlung zu machen und auch Zeit für die Kulissenveränderungen zu schaffen, brauchte es jedoch einerseits zusätzliche Musik, andererseits einen Entwurf, der die einzelnen Szenen in Beziehung setzt. Wie vor allem die Thematik in Ravels erweiterter Musikfassung zeigt, aber auch in seinem Handlungsszenario erkennbar ist, liegt dem Libretto die Idee zugrunde, dass Dornröschen die vier zusätzlichen Märchenausschnitte während ihres langen Schlafes träumt. Dafür veränderte Ravel deren Reihenfolge, fügte den entscheidenden Auslöser des Dornröschen-Schlafes hinzu und widmete den ursprünglich eher neutral als "Feengarten" betitelten Finalsatz zum guten Ausgang des Dornröschenmärchens um. Dafür komponierte er ein "Prélude", ein neues erstes Bild mit dem Titel "Danse du rouet et scène" (Tanz des Spinnrads und Szene) sowie Zwischenspiele nach jedem der Bilder, nun in der Reihenfolge "Pavane" – "Les entretiens de la Belle et de la Bête" – "Petit Poucet" – "Laideronnette" – "Le jardin féerique" (mit dem Zusatz "Apotheose").

Indem Ravel das Coda-Motiv aus dem Finalsatz als Hauptmotiv des neu konzipierten "Prélude" übernimmt, macht seine Musik die Rahmenfunktion explizit: Was leise und ahnungsvoll beginnt, wird nach vielen "Träumen" triumphal enden.

Ma mère l'oye V und Prélude: Das "Dornröschenmotiv"

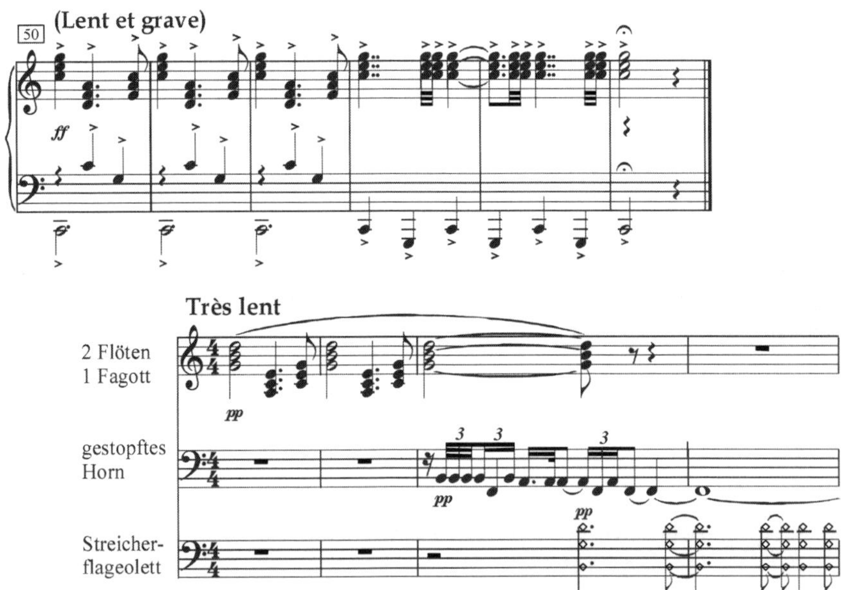

Die Rahmenabschnitte des Prélude (T. 1-13 und 35-50) ergänzt Ravel mit einer neu harmonisierten Variante des "Dornröschenmotivs" und der Hornfanfare sowie einer mächtigen Schwellung tremolierender Streicher, auf und ab schießender Harfenglissandi und Klarinettenparallelen. Der Mittelabschnitt beginnt erneut mit dem Dornröschenmotiv, von Flöte und Oboe kontrapunktiert mit einer Variante des Rahmenmaterials aus der Pavane. So weist diese instrumentale "Ouvertüre" des Balletts musikalisch bereits sowohl auf den guten Ausgang des Dornröschendramas als auch auf die Trauer über ihren Jahrhundertschlaf voraus.

Mit dem für die Ballettfassung neu komponierten Tableau 1 "Danse du rouet et scène" schickt Ravel der im Klavierstück mit der Pavane beginnenden Märchenfolge den Auslöser des Dornröschendramas voraus. Tremoli und chromatische Kurven in Sekundparallelen der Klarinetten und 1. Geigen ahmen die Geräusche des Spinnrades nach. (Man fühlt sich an Schuberts "Gretchen am Spinnrade" erinnert.) Dazu heißt es im Libretto: "Ein Feengarten. Rechts im Vordergrund sitzt eine alte Frau an ihrem Spinnrad." Mit T. 7 tritt Prinzessin Florine[20] auf – seilspringend, wie es in der Szenenanweisung heißt und auch in den Sprüngen der Holzbläser zu hören ist, die jetzt das Surren des Spinnrades übertönen. In T. 24-46 präsentiert die Flöte eine Thematik, die erneut den Diskantbeginn der Pavane vorwegnimmt, hier allerdings mit chromatischen Durchgangsnoten verziert:

Ma mère l'oye: Die Vorwegnahmen des Trauermotivs in der Ballettmusik

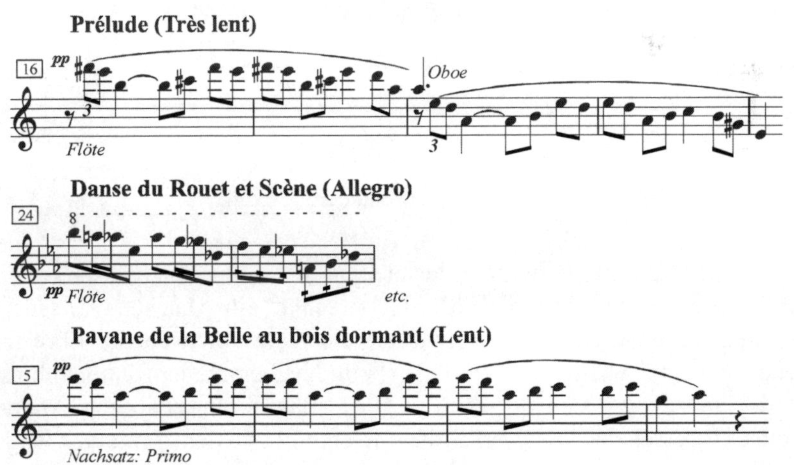

[20]Bei Perrault hat die Prinzessin keinen Namen, und auch bei den Brüdern Grimm wird sie ja erst als Schlafende "Dornröschen" genannt. Ravel (oder seine Mitarbeiter am Ballett) führen sie ein als "Florine" (Diminutiv von Flora, also etwa "Blümchen").

Zur teils variierten Wiederholung der beiden thematischen Komponenten[21] spielt die Prinzessin mit einem Federball. Zu einem auskomponierten Ritardando stolpert sie auf das Spinnrad und verletzt sich an dessen Spindel – wie es die böse Fee bei ihrer Geburt vorausgesagt hatte. Ein viereinhalboktavig zum *ff* aufschnellendes Harfenglissando übersetzt den Aufschrei der alten Frau, die sodann zu wiederholten Aufwärtsbewegungen in Bläsern und Streichern gestikulierend die Höflinge alarmiert.

Im langsamer werdenden Schlussabschnitt des Satzes (T. 108-121) greift die Oboe das chromatisch verzierte Pavanenmotiv auf, spreizt allerdings das fallende Intervall und scheint mit der augmentierten Verlängerung die Trostlosigkeit bei der vergeblichen Wiederbelebung der Prinzessin auszudrücken. Während das Dornröschenmotiv dreimal in unterschiedlicher Farbe erklingt, greifen die Kontrabässe das gespreizte Motiv auf, ziehen es immer mehr zusammen und führen im Verein mit Geigen und Celli zum oktavierten *a*, mit dem die Pavane einsetzt.

Ma mère l'oye, Danse du Rouet et Scène: Übergang zur Trauerpavane

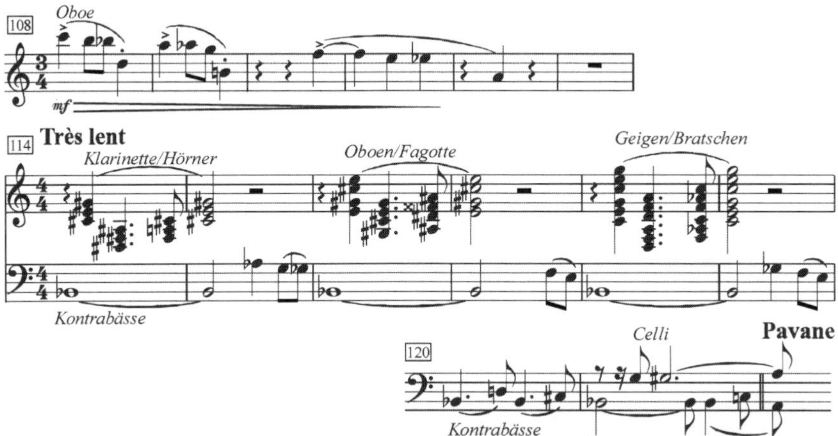

In die Orchesterpartitur der Pavane fügt Ravel Szenenanweisungen ein: (am Ende der ersten Phrase, T. 8): Florine schläft ein. Man setzt sie sanft in den Sessel der Alten. Die Höflinge erweisen ihr feierlich die Ehre und ziehen sich auf Zehenspitzen zurück; (beim Neubeginn der Rahmenphrase, T. 14): Die Alte hat sich aufgerichtet. Sie schlägt ihren schäbigen Umhang zurück und erscheint in der prächtigen Kleidung und den anmutigen Zügen der guten Fee. Sie küsst die schlafende Prinzessin auf die Stirn.

[21] T. 48-64 ≈ 7-23 mit Intervallsprüngen, T. 65-85 ≈ 24-44 mit Pavanemotiv-Antizipation.

Der Pavane angefügt ist eine 25-taktige Zwischenspielmusik, die mit unterschiedlichen Komponenten ganz verschiedene Stimmungen erzeugt.

Ma mère l'oye: Aufbau der ersten Zwischenspielmusik

T. 21-23	Einleitung mit Piccolo- und Celestaeinwürfen über Beckenschlag und Paukenwirbel; Liegeklang mit Fermate
T. 24-37	*Allegro – Plus lent – Allegro*
T. 38-45	*Mouv^t de Valse modéré*

In der Einleitung ruft die alte Frau, die sich als gute Fee zu erkennen gegeben hat, die zwei Pagen herbei. Darauf erklingt in Flöten, Klarinetten und 1. Geigen erstmals das Motiv der Pagen. Ihnen überträgt die Fee die Obhut der Prinzessin, was sie mit einer tiefen Verbeugung quittieren. Im viertaktigen *Lent* entrollen sie ein Transparent mit dem Titel der ersten Erzählung, die nun folgen soll: "Das Gespräch zwischen der Schönen und dem Biest".

Ma mère l'oye, Zwischenspiel 1: Das Motiv der Pagen

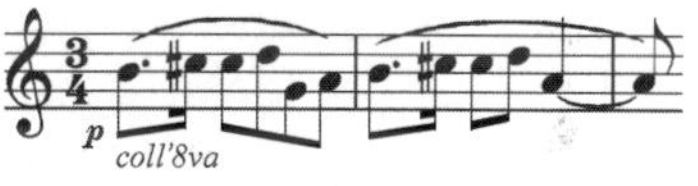

Bei der Wiederaufnahme des *Allegro*, die von den Streichern als abwechselnde Bogenholztremoli gespielt werden, laufen die Pagen zum Bühnenhintergrund, wo sie zu einem abwärts schießenden Glissando aller Streicher und dem wieder einsetzenden Paukenwirbel ein Kulissenbild enthüllen, das ein galant ausgestattetes Boudoir zeigt. Prompt ertönt als Überleitung zum nächsten Tableau in Streichern und Harfe eine leise Walzerbegleitung.

Schon in dieser achttaktigen Walzereinleitung hebt Ravel die märchenhafte Schönheit der nächsten Protagonistin hervor, indem er über die Pagen schreibt: "Sie stellen sich auf beiden Seiten der Bühne auf, nachdem der eine ein Kästchen mit Puder und Schönheitspflästerchen, der andere einen Spiegel geholt hat." Tatsächlich verbringt "die Schöne" die ersten 48 Takte des Stückes – den ganzen Abschnitt A – damit, ihren Putz und ihr Makeup zu kontrollieren und zu erneuern.

Pünktlich zum Bassthema ab T. 49 tritt das Biest von hinten rechts auf die Bühne. Sein Anblick lässt die Pagen am ganzen Körper zittern. Die Schöne nimmt zunächst nur bestürzt die Bewegung ihres Spiegels wahr, setzt jedoch dann ihre Toilette fort. Nachdem sie (T. 63-68) jedoch das Biest auch selbst in ihrem Spiegel erblickt hat, erstarrt sie. Darauf folgt die erste Themengegenüberstellung in besonders großer Distanz; Ravel schreibt dazu: "Sie wagt endlich sich umzudrehen und weist die Erklärungen des Biestes mit Entsetzen zurück." In diesem Aug-in-Auge zieht das Tempo an, bis das Biest bei *Assez vif / Rall.* schluchzend auf die Knie fällt.

Beruhigt durch die Demut des Verwunschenen beginnt die Schöne zum wieder aufgenommen Ausgangstempo, kokett mit ihm zu spielen. Erneut steigert sich das Tempo, und als das zweite *Vif* erreicht ist, fällt der Verzauberte in Ohnmacht – die schon im Klavierstück hier vorgesehene Generalpause dient in der szenischen Aufführung dem Ausdruck des Schreckens über die Intensität des Leidens dieser zum Monster verhexten Kreatur. Mit dem ins höchste Register steigenden Harfenglissando will Ravel den Sinneswandel der koketten Schönen zeigen: "Berührt von dieser großen Liebe hebt die Schöne das Biest auf und reicht ihm die Hand." Die Belohnung folgt auf dem Fuße: Im nächsten Takt, wo die Flageolett spielende Solovioline das Motiv des Biestes zitiert, sieht die Schöne "zu ihren Füßen nur noch einen wunderschönen Prinzen, der ihr dafür dankt, dass sie seine Verzauberung beendet hat."

Das zweite Zwischenspiel setzt, diesmal in *Lent*, mit dem Motiv der Pagen ein. Anschließend nimmt die Oboe den Beginn ihrer Solokantilene im Tableau "Der kleine Däumling" voraus, während die Pagen das dazugehörige Transparent entrollen und dann, zum erneuten Bogenholztremolo, zum Bühnenhintergrund laufen, wo sie zum Abwärtsglissando aller Streicher und dem daraus erwachsenen Paukenwirbel das Kulissenbild eines Waldes enthüllen.

Die Musik bereitet über acht Takte den Auftritt der sieben Kinder des Holzfällers vor. Als sich das Englischhorn erhebt, sieht man den kleinen Däumling ein Stück Brot zerbröseln. Sodann suchen Däumling und seine Brüder zu stetiger Achtelbewegung einen Unterschlupf. Da sie nichts finden, wächst ihre Verzweiflung (zum großen Tutti-Crescendo in T. 27-34) und sie "werfen sich einander weinend in die Arme". Doch das Englischhorn setzt erneut mit seinem Kontrastmotiv ein, und Däumling beruhigt seine Brüder, "indem er ihnen das Brot zeigt, das er auf ihrem Weg gesät hat." So legen sich alle Brüder nieder und schlafen ein. Zum Vogelgezwitscher ab T. 51 jedoch verschwinden die Brotkrümel in den Schnäbeln der Vögel. Als die Brüder zum erneuten großen Crescendo (ab T. 55) aufwachen, finden sie keinen einzigen Krümel mehr. Die Coda führt hier keinen glücklichen Ausgang herbei, sondern endet in tiefster Verzagtheit (T. 67): "Verzweifelt fällt einer der Brüder auf die Knie, ein zweiter, zwei weitere, die beiden letzten." (T. 71): "Däumling, der sich bisher zurückgehalten hatte, kniet seinerseits schluchzend nieder." (T. 75): "Sie erheben sich und entfernen sich traurig."

Das folgende dritte Zwischenspiel beginnt erneut mit dem Motiv der Pagen. Daraus erwächst als romantischer Exkurs eine ausführliche Harfenkadenz, zu der es in Ravels Szenenanweisung heißt: "Der Mond beleuchtet das dritte Transparent: Laideronette, Kaiserin der Pagoden." Wenn dann die Kadenz der Harfe in ihrer zweiten, in leise auf und ab schießende Glissandi übergehenden Hälfte zum Duett mit der Celesta erweitert wird, ist die Märchenstimmung perfekt. Ein Abwärtsglissando aller Streicher mit anschließendem Paukenwirbel kündigt das nächste Kulissenbild an, hier "Ein Zelt im chinesischen Stil". Über zart tremolierenden Geigen spielt die Flöte eine zweite Kadenz, die bereits weitgehend pentatonisch klingt. Nach einem verlängerten Triller wechseln Tempo, Metrum und Tonartsignatur, so dass die zwei letzten Takte des Zwischenspiels im *Mouv^{t} de Marche* mit sechs Kreuzvorzeichen nahtlos zum folgenden Tableau überleiten.

Dieses Bild ist vor allem dem Tanz gewidmet. Wer das Märchen von der grünen Schlange kennt, erwartet die doppelte Befreiung der "kleinen Hässlichen" vom Fluch ihrer Verunstaltung und die Rückverwandlung der Schlange in einen König. Doch wie schon Ravels Epigramm in der Klavierpartitur zeigte, geht es ihm allein um das chinesische Flair, das die als "Pagoden und Pagodinen" bezeichneten Wichtel verkörpern. So dient auch im Ballett die Musik vor allem den stilisierten Bewegungen: Die Wichtel treten auf und verbeugen sich (ab T. 9), es folgt ein nicht weiter spezifizierter "Tanz" (ab T. 24). Die Ankündigung des Kanons ab T. 65 führt zur Unterbrechung des Tanzes. Die Wichtel fallen auf die Knie (T. 72), bald darauf sogar flach auf den Bauch (T. 78), um so der jungen Frau in ihrer Obhut ihre Ehrerbietung zu erweisen. Diese beschreibt Ravel bei ihrem Auftritt als "Laideronnette, im chinesischen Stil eines Boucher, eine schwarzsamtene Augenmaske ihr Gesicht verbergend, eine Tulpe in der Hand." Zur Flötenkantilene ab T. 105 "kriecht die grüne Schlange verliebt an ihre Seite". Reprise und Coda sind ausschließlich dem Tanz vorbehalten. Die Gegenüberstellung des Kanonmotivs mit dem spieldosenartigen pentatonischen Kreiseln wird passend als *Pas de deux* von Laideronette und der grünen Schlange realisiert. Dabei stellt Ravel sich eine sehr künstliche Szene vor: "Pagoden und Pagodinen, mit gekreuzten Beinen im Kreis sitzend in der Haltung von Porzellanfigürchen, senken und heben maßvoll ihre Köpfe und Hände." Die übrigen 44 Takte beschreibt Ravels letzte Regieanweisung dieser Szene als *Danse générale*.

Mit dem *Allegro*, das als viertes und letztes Zwischenspiel mit dem Hornmotiv aus dem Prélude einsetzt, beginnt sich der Reigen zu schließen. Noch einmal laufen die Pagen zu Bogenholztremoli der Streicher in den Bühnenhintergrund, um ein Transparent zu enthüllen. Dieses zeigt wieder das Dekor des Feengartens vom ersten Tableau der Ballettfassung, dem Spinnradtanz. Die Musik zitiert ansonsten jedoch vor allem aus dem Prélude: Es erklingt nicht nur das Dornröschenmotiv und die Thematik, die dieses im Rahmenabschnitt ergänzt, sondern auch die im Mittelabschnitt des Prélude bereits auf die Pavane und die Trauer um den langen Schlaf der Prinzessin vorausweisende Kontur.[22] Dazu heißt es gleich im zweiten Takt: "Alle ziehen sich überstürzt zurück" – ein Hinweis, dass der allgemeine Tanz der Wichtel und ihrer Herrschaft noch kaum geendet hat. Auch dieses Zwischenspiel geht, wie alle vorherigen, nahtlos in die folgende Szene über.

Dem Finalsatz hat Ravel bei der Einrichtung seiner Orchesterfassung als Ballettpartitur den Titelzusatz "Apothéose" verliehen, der ja tatsächlich erst richtig verständlich wird, wenn dem Aufwachen im Feengarten der die Verletzung an der Spindel und damit der Auslöser des langen Schlafes vorausgegangen ist. Gleich zu Beginn des Satzes tritt der Märchenprinz auf, "geführt von einem Amor". Zum ersten der oben erörterten Skalenaufstiege in T. 11-13 erblickt er die schlafende Prinzessin. Anlässlich des himmlischen Klangteppichs von Harfe und Celesta (ab T. 23), mit dem Ravel den Anbruch des Tages – vielleicht auch im übertragenen Sinne das Ende der unfreiwillig langen Nacht – verbindet, wacht die Prinzessin auf. Der zweite, längere und von Instrument zu Instrument gestaffelte Skalenaufstieg in T. 36-40 bringt alle Personen der vorausgehenden Bilder wieder auf die Bühne. Sie "gruppieren sich um Prinz und Prinzessin, die Amor vereint hat." Zuletzt, anlässlich der triumphalen Coda mit dem nun in *ff* über unablässigen Harfen- und Celesta-Glissandi erschallenden Dornröschenmotiv, tritt die gute Fee noch einmal auf und segnet das Paar.

Die Ballethandlung, wie Ravel sie entworfen hat, legt sehr indirekt nahe, dass die zwischen Dornröschens verspieltem Stolpern und ihrem Aufwachen im Beisein des Märchenprinzen erlebten Szenen als Träume der hundertjährig Schlafenden gedeutet werden können. Dies gibt der Szenenfolge eine Logik und Rundung, die sie in ihrer Form als Suite (für Klavier zu vier Händen oder für Orchester) nicht hatte. Noch mehr als durch diese Einbettung auf der Ebene der Dramaturgie überzeugt Ravel durch seine musikalischen Querbezüge. Man möchte wünschen, dass die "Kinderstücke" auch ohne das Engagement einer Balletttruppe öfter in dieser großartigen Weise verbunden erklingen mögen.

[22]Vgl. Z4 (= Zwischenspiel 4, nach "Laideronette"), Horn: T. 1-4 und 2 Hörner: T. 10-14 mit Prélude, Horn: T. 3-5 und 2 Hörner 5-8; Z4, T. 8-14 mit Prélude, T. 8-14; Z4, T. 14-20 mit Prélude, T. 14-20.

Valses nobles et sentimentales

Als Ravel nach der Komposition der Klavierzyklen *Miroirs*, *Gaspard de la nuit* und *Ma mère l'oye* 1911 erstmals wieder zu einer nicht von Bildern, Gedichten oder Märchen inspirierten Instrumentalmusik zurückkehrte, geschah dies im Kontext seiner Bewunderung für die Beschwingtheit und Eleganz, die er mit dem Genre des Walzers und darüber hinaus mit der Stadt Wien verband. Schon 1906, kurz nach der Uraufführung der *Miroirs*, hatte Ravel begonnen, Material für eine größere Walzerkomposition zu sammeln. Dieses Werk vollendete er jedoch erst 1919, als Sergei Diagilew bei ihm für seine Ballets Russes eine Ballettkomposition zum Thema "Wien und seine Walzer" bestellte.

Während er im Fall seines sinfonisch konzipierten *La valse* offenbar an eine Huldigung des Wiener Walzerkönigs Johann Strauss dachte, nahm er sich diesmal Franz Schubert zum Vorbild, unter dessen etwa einhundert Walzern für Klavier zwei Zyklen mit den (im Original französischen) Titeln *Valses sentimentales* (op. 50, 1823) und *Valses nobles* (op. 77, 1827) sind.

Neben den vorhersehbaren stilistischen Diskrepanzen gibt es allerdings zwischen Schuberts und Ravels Zyklen entscheidende Unterschiede. Rein äußerlich umfassen Schuberts Zyklen mit 34 *Valses sentimentales* und zwölf *Valses nobles* eine wesentlich größere Anzahl an Einzeltänzen. Diese sind durchgehend auftaktig konzipiert, relativ kurz, und bestehen überwiegend aus identisch wiederholten Hälften.[1] Jeder Zyklus ist durchkomponiert und behält das Anfangstempo ohne Unterbrechungen, Fermaten oder Ritardandi bis zum Schluss bei. Hemiolen, ein beliebtes Mittel bei Ravel, finden sich nur in Schuberts *Valse sentimentale* Nr. 13, wo zehnmal ertönt.

[1]Schubert bildet 26 seiner 34 *Valses sentimentales* und 5 seiner12 *Valses nobles* aus zwei wiederholten Achttaktern, sieben weitere *Valses sentimentales* und fünf weitere *Valses nobles* als ||: 8 :||: 16 :||, letztere meist nach dem Bauplan A B A'. Die größte Abweichung innerhalb der *Valses sentimentales* ist der Walzer Nr. 13, der mit einer abtaktigen 4/8-Einleitung beginnt, gefolgt von auftaktig konzipierten ungleichen Hälften mit Binnenerweiterung. In den *Valses nobles* hat diese Sonderstellung der Walzer Nr. 3 aufgrund seiner viertaktigen Einleitung gefolgt von ||: 16 :||: 38 :||. Eine weitere Eigenheit, beschränkt auf die *Valses nobles*, sind Unisono-Passagen, die sich in Nr. 5, 9 und 12 finden.

Ravel dagegen reduziert die Anzahl der Einzeltänze auf acht, komponiert fast alle Phrasen abtaktig, vermischt die Repräsentanten des "edlen" (vornehm-schlichten) und des "sentimentalen" (romantisch-expressiven) Typus, strukturiert die auch im Umfang stark erweiterten Tänze mit Binnenwiederholungen unterschiedlicher Position und Länge und behandelt die Tempi frei sowohl von einem Walzer zum anderen als auch innerhalb eines Stückes. Alle enden mit einer Verlangsamung (Nr. 1-3) oder einer durch eine Fermate verlängerten Pause (Nr. 4-7).

Die Tonarten in den beiden Schubert-Zyklen kreisen um C-Dur. Acht der *Valses sentimentales* (Nr. 1-2, 16-17, 26 und 30-32) und sechs der *Valses nobles* (Nr. 1, 3, 5-6 und 11-12) stehen in der Tonika, die anderen meist auf verwandten Stufen. Allerdings gibt es eine wichtige Ausnahme: Die *Valses sentimentales* haben eine Sekundärtonart, in der der Zyklus sogar schließt: As-Dur erklingt mit fünf Walzern auf der Tonika (Nr. 18-20 und 33-34) und sechs auf deren Dominante Es-Dur (Nr. 21-23 und 27-29). Ravel dagegen reiht die Tonarten der sieben Walzer und des unter Nr. VIII hinzugefügten walzerartigen "Epilogs" frei aneinander und rahmt sie durch das eröffnende und abschließende G-Dur. Als Besonderheit komponiert er in Nr. III einen Walzer, der durchgehend moduliert und sich dabei dieser impliziten Grundtonart annähert.[2]

Während Schubert in seiner Walzerbegleitung das konventionell eintaktige 'hum-da-da'-Schema nur vereinzelt durchbricht, die Melodiestimme jedoch mit allerlei abweichenden Akzenten versieht, erfindet Ravel für die linke Hand eine Fülle verschiedener Muster einschließlich hemiolischer Gruppierungen mit der oder gegen die Oberstimme, zweitaktiger Kurven, mehrstimmiger Rhythmik etc.

Zu den hervorstechenden Charakteristika in Ravels *Valses* gehören Harmonien, deren bis zu siebenstufige Terzenschichtungen spannungsreiche Dissonanzen erzeugen, sowie indirekte (d.h. von einer Stimme zur anderen wechselnde) chromatische Linien, momentane Verselbständigungen einer Begleitstimme, Durchbrechungen des walzertypischen Dreivierteltaktes mit Hemiolen unterschiedlicher Größe und unerwartete Verkürzungen oder Verlängerungen der traditionell vier-, acht- oder sechzehntaktigen Phrasensegmente.

Der Zyklus entstand Anfang 1911, wurde am 9. Mai 1911 durch den Widmungsträger Louis Aubert im Gaveau-Saal uraufgeführt, noch im selben Jahr bei Durand gedruckt und Anfang 1912 von Ravel orchestriert.

[2]Vgl. in Nr. III die Abfolge der Orgelpunkttöne: T. 1-16: *e*, T. 17: *a*, T. 18-32: *d*, T. 33-40: *fis*, T. 41-56: *h*, T. 57-61 und T. 68-72: *g*.

I. *Modéré – très franc*

Der erste Walzer, zur Gruppe der *valses nobles* gehörig, ist in seinem Grundmaterial homophon. Die beiden Rahmenabschnitte (A = T. 1-20 und A' = T. 61-80) klingen kräftig, durchgehend im Bereich zwischen *f* und *ff*, während sich der zweite Abschnitt (B = T. 21-44) stufenweise bis zum *pp* zurückzieht. Er crescendiert erst gegen Ende wieder, in Vorbereitung auf den dritten Abschnitt (C = T. 45-60), der mehrfach wechselt zwischen im *f* gehaltenen Erinnerungen an das Ausgangsmaterial und aus plötzlicher Zurücknahme aufsteigenden Neubildungen.

Abschnitt A besteht aus einer Kette rhythmisch identischer gepaarter Eintakter, die durch eine sechstaktige, gegen Ende hemiolische Schlussformel ergänzt werden. In Abschnitt B umrahmen ein zweitaktiges und ein in der Länge variierendes neues Muster die Grundkomponente aus Abschnitt A, und in Abschnitt C alternieren zwei neue Zweitaktermuster mit der Grundkomponente, bevor eine viertaktige Überleitung zur Reprise führt.

Die in allen vier Abschnitten ertönende, meist unmittelbar wiederholte Grundkomponente aus zwei verwandten Eintaktern besteht aus Non-, Undezim- und Tredezimakkorden, die entweder in der Gegenüberstellung von Schlag 1-2 zu Schlag 3 oder sogar in sich vertikal Querstände oder querstandähnliche große Septimen und kleine Nonen bilden.

Valses nobles et sentimentales I: Querstände in der Grundkomponente

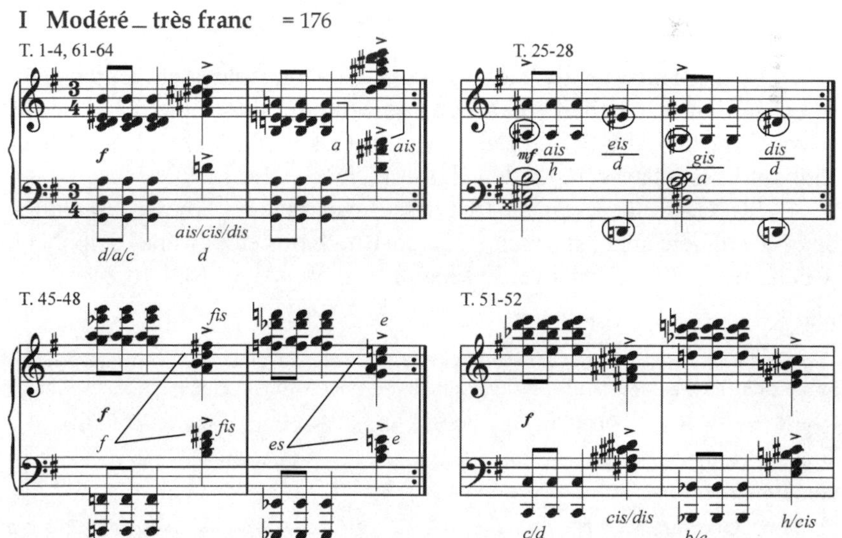

Querstände erklingen außerdem prominent in T. 26-32 zwischen dem hier auf Schlag 3 orgelpunktartig wiederholten Basston *d* und dem im Diskant immer wieder bevorzugten *dis* sowie, besonders gehäuft, in den beiden Schlusstakten von Abschnitt B.[3]

In Abschnitt C werden die Varianten der Grundkomponente unterbrochen von drei Taktgruppen, in denen sich der Bass verselbständigt. Dabei erkennt man eine schrittweise Entwicklung: Im ersten Fall unterliegt der Bassgang mit einer Sequenz aufsteigender Tritoni einem chromatischen Oktavenaufstieg, der mit Non- und Septakkorden in verschiedenen Umkehrungen gefüllt ist.[4] Im zweiten Fall begleitet die Unterstimme der Linken die indirekt chromatische Linie zweier Zweitakter zunächst noch einmal mit sequenzierten Tritoni, dann mit sequenziert aufsteigenden Quarten.[5] Zuletzt und am längsten stehen sich ein fast vollständiger chromatischer Skalenaufstieg in der Oberstimme der Rechten und ein vollständiger Gang durch den absteigenden Quintenzirkel in der Linken gegenüber.[6]

Wie frei und zugleich fantasievoll Ravel mit den Harmonien umgeht, zeigt nicht zuletzt ein Vergleich der Abschnitte A und A'. Während eine traditionelle Reprise die in der 'Exposition' unternommene Modulation zur Dominante entweder vermeidet oder rückgängig macht, findet sich hier eine bis zum vorletzten Takt identische Abfolge der Orgelpunkttöne:

Valses nobles et sentimentales I: Tonale Anlage in Exposition und Reprise

g		*e*	*a*	*d*	
T. 1-8		9-14	15-19	20	
(g)	*g*	*e*	*a*	*d*	*g*
61-64	65-70	71-74	75-78	79	80

Darüber jedoch entwickelt Ravel in der Motivfolge der rechten Hand sowie in den stützenden Akkorden des Mittelgrundes eine Variante des zuvor Gehörten, die der Vorlage in ihrer Gestik stark ähnelt, jedoch ihr Ziel mit interessant veränderten Harmonien erreicht.

(Als Kuriosität sei angemerkt, dass Ravel mit dem Tonwiederholungsbeginn und dem anapästischen ♫♩ ♩ -Rhythmus eine Grundkomponente wählt, die in Schuberts zwei Zyklen nicht ein einziges Mal vorkommt.)

[3]Vgl. T. 43-44, links: Chromatik *g-fis-|eis-e-dis*, dazu rechts: Umspielung von *gis-fisis-gis*; im zweiten Takt anfangs *e* über *eis* und zuletzt *gis* über Mittelstimme *g*.

[4]Vgl. T. 49-50, Bass in Oktaven: *f-h*, *g-cis*, *a-es* unter Diskantoktaven *g-gis-a-ais-h-c*.

[5]Vgl. T. 53-56, Oberstimme: *e-f-fis-*(...)*-fisis-gis-a* (...); Unterstimme: *c-ges*, *d-gis-(cis)*, *e-a*, *fis-h-(gis)*.

[6]T. 57-60, Oberstimme: *a-b-h-c-cis-d-dis-e-eis-fis-g-(c)* über *d-g-c-f-b-es-gis-cis-fis-h-e-a*.

In der 1912 entstandenen Orchesterfassung unterlegt Ravel die Grundkomponente in den Rahmenabschnitten sowie in Abschnitt C mit einer Schlagzeugcombo, die unmittelbar an "Alborada del gracioso" erinnert: Pauke und Tambourin unterstreichen den ganzen ♫♩ ♩ -Rhythmus, die große Trommel die Taktschwerpunkte, während das Becken, die kleine Trommel und am Ende des Zweitakters auch die Triangel den zudem durch Harfenanschläge betonten Schlag "3" verstärken. Den im Klaviersatz erst in T. 7-10 verwendeten akkordischen 𝅗𝅥 ♩♩ 𝅗𝅥 -Hemiolen, die Ravel hier mit Flöte, Oboen, Hörnern, Glockenspiel und Harfen vielfarbig setzt, stellt er schon in T. 5-6 eine im Klaviersatz nicht enthaltene identisch rhythmisierte Gegenstimme der Trompeten und Posaunen voraus. Die in der Urfassung hemiolische Schlussformel erklingt nun im schlagzeugverstärkten Tutti, so dass mit T. 5-10 + T. 17-20 insgesamt genau die Hälfte des Abschnitts A den Walzertakt unterläuft.

Nach dem vom anfänglichen *ff* über *f* und *mf* zum *p* verklingenden Rückzug der Grundkomponentenvarianten ist Abschnitt B farblich durch den melodietragenden Einsatz solistischer Holzbläser geprägt. Bei der Vorstellung einer neuen eintaktigen Figur in T. 29-30 sind die zwei Klarinetten noch Teil einer Oktavparallele mit 1. Geigen und Bratschen; in T. 33-37_2 tritt mit dem daraus entwickelten wiederholten Zweitakter ein Fagott allein in den Vordergrund, in T. 38-42 mit einer wieder anderen Variante imitiert von den beiden Flöten und im überleitenden Crescendo schließlich nach und nach verdoppelt und zuletzt auch oktavierend verstärkt von den beiden Oboen, dem Englischhorn und den ersten Geigen. Der klangliche Wechsel zu den Solostimmen setzt diesen Abschnitt deutlicher vom Rahmen des Walzers ab, als es im Klavierpart möglich ist.

In Abschnitt C, der durch den Wechsel von drei Varianten der Grundkomponente mit zwei teils chromatisch überhöhten Einschüben bestimmt ist, überrascht Ravel damit, dass er die Textur dieser neuen Taktgruppen anders gewichtet als im Klaviersatz. So instrumentiert er in T. 49-50 die crescendierende Linie aus Akkorden, die eine halbtönig steigende Diskantstimme homophon stützen, einerseits neunstimmig mit hohen Holzbläsern und Hörnern im Viertelrhythmus der Klavierphrase, spaltet jeden Akkord jedoch gleichzeitig zu Tonwiederholungen in Achteltriolen, die im vollen Streicherchor erklingen. Die im Klaviersatz kontrapunktisch gleichwertig wirkende oktavierte Basslinie in sequenzierten Tritonussprüngen dagegen ist mit zwei Fagotten und gezupften Kontrabässen eher zart besetzt. Diese Instrumentierung setzt sich im folgenden, zweiteiligen Einschub (T. 53-56/57-60) fort. So verstärkt Ravel auch hier die Abschattierungen und damit den Charme dieses "noblen" Walzers.

II. *Assez lent – avec une expression intense*

Wie schon der Stimmungshinweis in der Überschrift nahelegt, folgt als zweites ein Vertreter der *Valses sentimentales*. Das Tongeschlecht wechselt von G-Dur zu g-Moll, das Tempo ist wesentlich langsamer als im ersten Stück des Zyklus und die Ausdehnung mit 64 gegenüber 80 Takten geringer, doch die Spieldauer beträgt nicht zuletzt dank des jeden neuen Strukturabschnitt ankündigenden, insgesamt fünffachen Ritardandos und der *un peu plus lent et rubato* markierten Takte im vierten Segment mehr als das Doppelte des vorausgehenden Walzers.

Die Struktur zeigt zwei korrespondierende Hälften. Jede ist zudem in sich zweiteilig und beginnt mit einem analogen Achttakter.

Valses nobles et sentimentales II: Doppelt binärer Aufbau

A	T. 1-32		A'	T. 33-64	
	a1	T. 1-8		a3	T. 33-40
	b	T. 9-16		b'	T. 41-48
	a2	T. 17-24		a4	T. 49-56
	c	T. 25-32		c'	T. 57-64

In den vier [a]-Phrasen spielen beide Hände im hohen Register der Tastatur. Die Harmoniefolge aus vier übermäßigen Dreiklängen wird einmal wiederholt und sodann erweitert.[7] So entsteht der Eindruck einer ausgedehnten Bewegungslosigkeit, eines tonalen Schwebens; beim ersten Hören kann man die acht Takte für eine Einleitung halten. Erst anlässlich ihrer drei Wiederaufnahmen erweist sich diese Komponente als für die Gesamtstruktur relevante Phrase.

Eine interessante Ambiguität entsteht dadurch, dass der Diskant des zugrunde liegenden Zweitakters aus zwei fallenden Terzen besteht, man aber in [a1], [a2] und [a4] zugleich chromatisch aufsteigende Linien hört, wie das Notenbeispiel auf der folgenden Seite nachzeichnet. Einzig die Variante, die die zweite Hälfte des Walzers eröffnet, weicht von diesem Schema ab. Die gedehnt wirkenden Erweiterungen der Hauptkomponente lösen sich erst im letzten Augenblick zum Molldominantseptakkord des folgenden Ankertones auf.[8] In dynamischer Hinsicht wächst die Intensität der Komponente von *p* > *pp* in [a1] über *mf* > *p* in [a2] zu *f* > *p* in [a4].

[7] Vgl. T. 1-2 = 3-4: *b*-übermäßig als Vorhalt zu *g*-übermäßig, *as*-übermäßig als Vorhalt zu *f*-übermäßig; T. 17-18 = 19-20 sowie T. 49-50 = 51-52: *cis*-übermäßig als Vorhalt zu *b*-übermäßig, *h*-übermäßig als Vorhalt zu *as*-übermäßig.

[8] Vgl. T. 8: d-Moll-Septakkord zum folgenden Orgelpunkt *g;* T. 24: f-Moll-Septakkord zum folgenden Orgelpunkt *b*, T. 56: B-Dur-Septakkord zum folgenden Orgelpunkt *es*.

Valses nobles et sentimentales II: Die Hauptkomponente

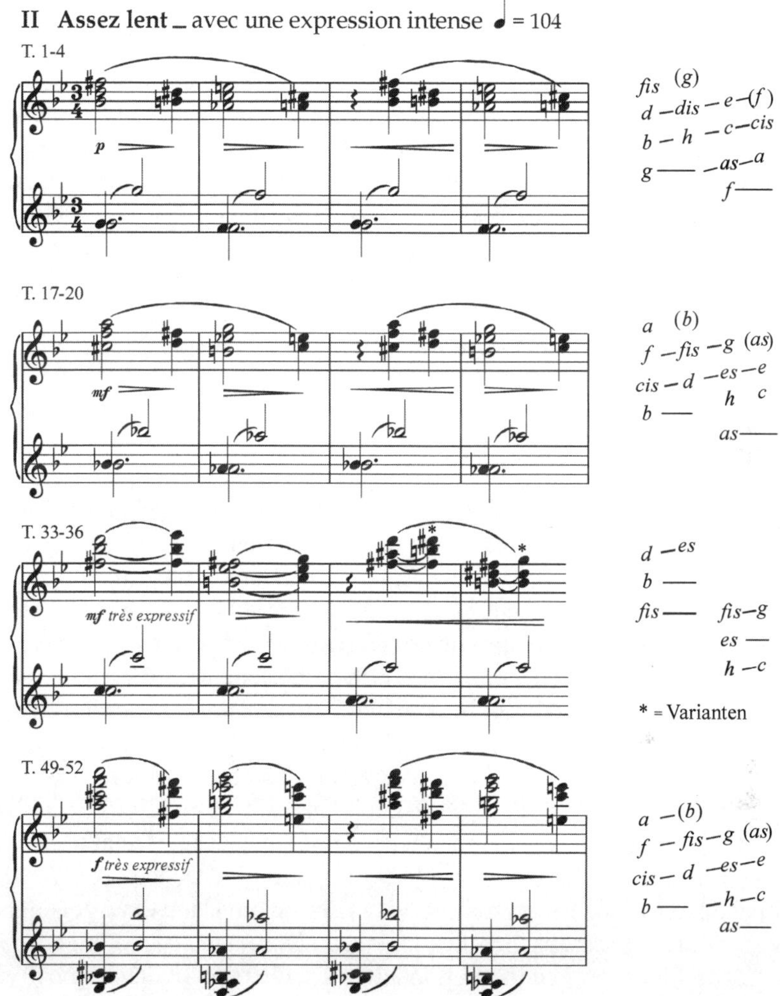

In deutlichem Gegensatz zu dieser gefühlsbetonten Hauptkomponente besteht Segment [b] über traditioneller Walzerbegleitung aus einer schlichten viertaktigen Kontur im mittleren Register, die mit Vorschlägen verziert wiederholt wird. In [b'] erklingt statt des Tonika/Dominante-Basswechsels ein durchgehender Tonika-Orgelpunkt, die Akkorde sind mit zusätzlichen Terzenschichtungen und Alterationen angereichert, und die mit Oktaven verstärkte Wiederholung vollführt ein machtvolles Crescendo.

Segment [c] beginnt gleichfalls mit einem wiederholten Zweitakter, den Ravel sehr leise, im Tempo etwas zurückgenommen und *rubato* markiert. Im Hintergrund der kleinen melodischen Geste steigt ein Quartsextakkord chromatisch auf. Der ergänzende Viertakter klingt in sich sowohl melodisch als auch harmonisch vertraut. Unkonventionell ist dagegen der ihn initiierende tonale Übergang: Während die zweifache Rubato-Geste in *es* ankert, folgt der ergänzende Viertakter auf dessen Tritonus *a* und löst sich von dort nach D-Dur auf. Die Transposition desselben tritonalen Bassschrittes gegen Ende des Walzers sorgt daher analog für den Übergang vom Ankerton *as* der in der Transposition kaum modifizierten Rubatogeste zum *d*-Orgelpunkt, der dominantisch zu g-Moll, der Grundtonart dieses Walzers, zurückführt.

Besonders fantasievoll und innovativ sind Ravels Lösungen in und um die stark veränderte Hauptkomponentenvariante [a3]. Grundton und Terz des Dominantklanges von g-Moll, mit dem die erste Walzerhälfte schließt, werden mit einem *b*, zu dem der höchste Ton des Unterstimmenarpeggios halbtönig aufsteigt, zur Umkehrung des übermäßigen Dreiklanges *b/d /fis* umgewidmet, der alle [a]-Komponenten eröffnet. Dieser Klang, *fis/b/d*, erhebt sich allerdings hier nicht über dem in der Transposition erwartbaren (also eine Kleinterz tiefer liegenden) Unterstimmenton *es*, sondern über *c*. Ravel macht diese Abweichung gleichsam wett, indem er am Taktende nur die Oberstimme des Diskantakkordes chromatisch erhöht, so dass mit *fis/b/es* nun der enharmonisch geschriebene Molldreiklang über dem verdrängten *es* erklingt. Im zweiten Takt der Variante ist die Abweichung von der Vorlage noch größer, indem Ravel auf die zuvor beherrschenden übermäßigen Dreiklänge verzichtet und die Harmonie über dem wiederholten Basston *c* als c-Moll-Dreiklang mit zwei halbtönig aufsteigenden Vorhalten entwirft. Den Wiederaufnahmen des übermäßigen Dreiklanges zu Beginn dessen, was in [a1], [a2] und [a4] die variierte Wiederholung des Zweitakters ist, stellt Ravel in der linken Hand ein *a* gegenüber, bevor er durch chromatische Rückungen den Dominantseptakkord erreicht. Die Entwicklung der Hauptkomponentenvariante beginnt danach noch einmal mit dem für [a] typischen übermäßigen Dreiklang *b/d/fis* ergänzt um ein zuvor fremdes, hier durch die Erneuerung in exponierter Lage bekräftigtes hohes *c*, das den Ausgangspunkt bildet für eine kurze melodische Kontur. Diese hat in der Hauptkomponente kein Vorbild, erinnert jedoch entfernt an die Ergänzung zu Segment [c]. Deren Abschlussharmonie, ein quintloser B-Dur-Nonakkord, verhält sich doppelt querständig zur nachfolgend untransponierten Variante von Segment [b] und verstärkt damit zusätzlich die melodische und harmonische Außenseiterstellung von [a3].

In der Orchesterfassung verstärkt Ravel die Abweichung in [a3] von den direkteren Varianten der Hauptkomponente durch die Instrumentierung und reduziert zugleich den Unterschied zwischen den Kontrastsegmenten [b/b'] und [c/c']. Während die melodische Schicht aus übermäßigen Dreiklängen in [a1] von einem Holzbläserquartett über Basstönen in einem gestopften Horn, die Variante [a2] von einem Holzbläserseptett über Basstönen in Fagott und Celli und [a4] sogar in sechs Holzbläsern, drei offenen Hörnern sowie den 1. Geigen, Bratschen und einer Hälfte der Celli über ebenfalls verstärkten Basstönen erklingt, ist Segment [a3] ausschließlich den Geigen übergeben, begleitet von zweitaktigen Liegetönen in einem Horn. So entsteht ein deutlich zurückgenommener Klangeindruck. In allen Kontrastsegmenten dominiert dagegen die Konstellation einer solistischen Flöte über Harfenbegleitung mit zarter Unterstützung der Streicher. Nur [b'] fällt fahler klingend aus der Reihe, da die Harfen hier in Flageoletts ertönen und die Streicher auf dem Griffbrett streichen. Die klangliche Sonderstellung der Segmentfolge [a3]/[b'] verschleiert für Hörer den in der Klavierpartitur unzweifelhaften Eindruck einer zweiteilig analogen Struktur und verführt zu der Annahme einer 'Reprise' bei [a4]/[c']. In beiden Fassungen besticht dieser langsame Walzer durch seine elegische Stimmung.

III. *Modéré*

Auf die Besonderheit des wieder der Gruppe der *valses nobles* zuzurechnenden dritten Walzers, die schrittweise Modulation ohne Rückkehr zur Ausgangstonart (tatsächlich ohne irgend eine Art tonaler Rundung), wurde bereits hingewiesen. Wie der erste Walzer in Ravels Zyklus ist auch dieser als dreiteilige Form angelegt, wobei der Mittelabschnitt mit seiner Reihung aus drei unterschiedlichen Komponenten umfangreicher ist als die Summe der beiden Rahmenabschnitte:

Valses nobles et sentimentales III: Ternäre Struktur mit dreierlei Kontrast

A	T. 1-16	B	T. 17-56	A'	T. 57-72
a	T. 1-8	b, b'	T. 17-32	a''	T. 57-64
a'	T. 9-16	c, c'	T. 33-47	Coda	T. 65-72
		d	T. 48-56		

In diesem Walzer beginnt Ravel ein Spiel mit Hemiolen, das er in den darauf folgenden Walzern fortsetzen wird. Dies zeigt sich bereits in der Grundkomponente. Die achttaktige Phrase ist, wie schon die Eröffnungen der beiden vorausgehenden Walzer, als wiederholter Zweitakter mit viertaktiger Ergänzung konzipiert. In dieser Ergänzung erzeugt Ravel durch

Zusammenziehung der gebundenen Anschlagspaare aus den Anfangstakten eine erste 6/4-Hemiole (1‿2, 3‿|1, 2‿3 |). In der akkordisch verdichteten Variante [a'] ist die metrische Organisation identisch, nicht jedoch in der Variante [a"] zu Beginn der Reprise, wo nur die Linke die metrischen Verschiebungen übernimmt, wenn auch um einen Takt verzögert:

Valses nobles et sentimentales III: Eine erste Hemiole und ihre 'Korrektur'

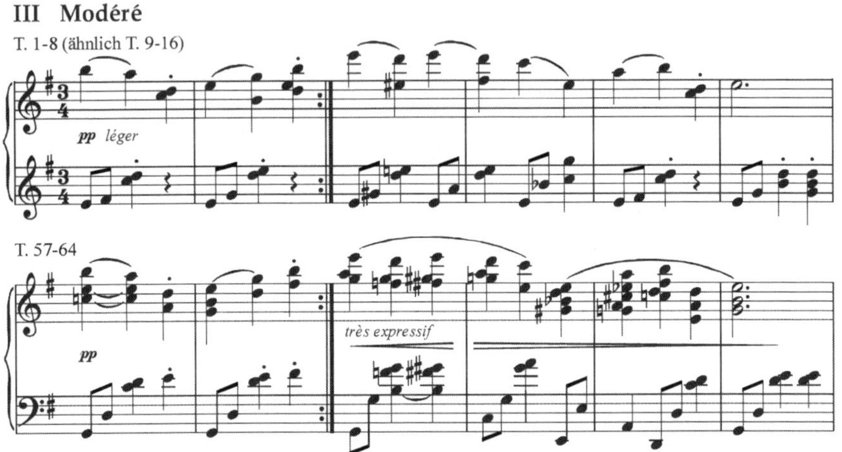

Ähnliches geschieht in der zweiten Komponente: Auf den Achttakter [b] im regulären Dreivierteltakt folgt eine Variante mit durchgehenden Hemiolen. In [c] erklingt eine viertaktige, vierstimmig homophon geführte Melodie, die durch eine oktavierte erste und eine abgewandelte, vor allem aber kontrastierend harmonisierte zweite Teilwiederholung ergänzt wird. Diese akkordische Kontur lässt sich auch in der variierten Transposition metrisch nicht beirren, wohl aber ihre Begleitung, die statt aus unterhalb der melodischen Stimme gelegenen gebrochenen Drei- oder Vierklängen plötzlich aus einem vieroktavig springenden Orgelpunkt besteht, der das Register der Oberstimmenakkorde wiederholt durchbricht und in [c'] erneut zu Hemiolen zusammengezogen wird.

Den Höhepunkt der Entwicklung mit Hemiolen bildet Segment [d]. Der oktavenspringende Orgelpunkt ist hier verlangsamt und zu einer zweitaktigen Kurve erweitert, bevor er sich weiter beruhigt und zurückzieht. Derweil ertönt in der erneut homophon gesetzten Oberstimme ein Zweitakter, in dem Ravel eine punktierte Variante der 6/4-Hemiole einführt. Die Ergänzung, ein Diskantorgelpunkt über chromatisch aufsteigenden Dreiklängen, schließt verklingend mit einer weiteren, nun einfachen Hemiole.

Valses nobles et sentimentales III: Hemiolen am Ende des Mittelabschnitts

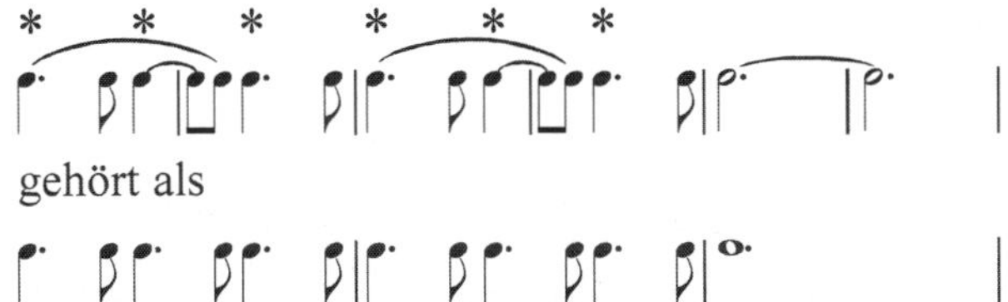

Die beiden zuletzt beschriebenen kompositorischen Mittel – die aus vier Akkorden gebildeten Teilwiederholungen am Ende der [c]-Segmente und die punktierte Variante der 6/4-Hemiole – bestimmen den Schluss dieses Walzers und 'erklären' gleichsam, warum die den Abschnitt A' eröffnende Reprise der Grundkomponente metrisch abweichend gestaltet ist: Ravel stellt hier mit einem vierstimmigen Satz, größeren Phrasierungsbögen und zwei Teilwiederholungen einen zusätzlichen Bezug zum zuvor in [c] Gehörten her. Im abschließenden Zweitakter der Coda, die aus der erweiterten Grundkomponente erwächst, greift er die punktierte Variante der 6/4-Hemiole erneut auf und leitet damit zum vierten Walzer über, in dem dieses metrische Muster thematisch dominiert.

Wie wichtig Ravel dieses Spiel mit Hemiolen war, zeigt seine Orchesterbearbeitung, in der er im jeweils dritten Taktpaar der Segmente [a] und [a'] in Flöte und Klarinetten drei kantable Gegenstimmen hinzufügt, deren Rhythmus die metrische Verschiebung unterstreicht.

Die anderen Abschattierungen der Orchesterfassung sind eher unauffällig, tragen jedoch dazu bei, die Hierarchie der Stimmen zu verdeutlichen und zugleich die tänzerische Beschwingtheit hervorzuheben. In Segment [b'] mutiert der Achtelaufstieg der Linken zu einem durch die Streicherstimmen wandernden Triolenpizzicato, und in [d] ertönt der oktavspringende Orgelpunkt des Klaviersatzes in den zarten Farben von Harfe und Celesta. So ist der Gesamteindruck ätherischer als im Original.

Valses nobles et sentimentales III: Zusätzliche Hemiolen im Orchestersatz

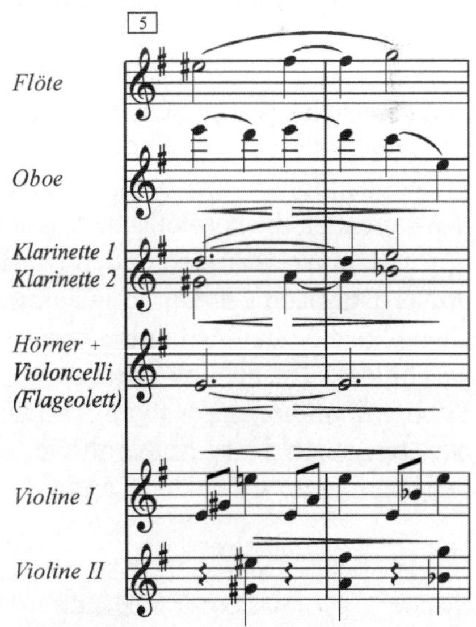

IV. *Assez animé*

Der nach kurzer Verlangsamung *attacca* anschließende vierte Walzer wird durch das im dritten entwickelte rhythmische Muster zusammengehalten und durch einen eng verwandten Bauplan mit diesem verknüpft:

Valses nobles et sentimentales IV: Ternäre Struktur mit dreierlei Kontrast

A	T. 1-16	‖: B	T. 17-56	A'	T. 39-46 :‖
a	T. 1-8	b, b'	T. 17-24	a"	T. 39-46
a'	T. 9-16	c, c	T. 25-30		
		d	T. 31-36		
		Rückleitung	T. 37-38		

Dieser dreiteiligen Anlage unterliegen drei Versionen der im dritten Walzer eingeführten punktierten Variante der 6/4-Hemiole:

Valses nobles et sentimentales IV: Die charakterisierende Rhythmik

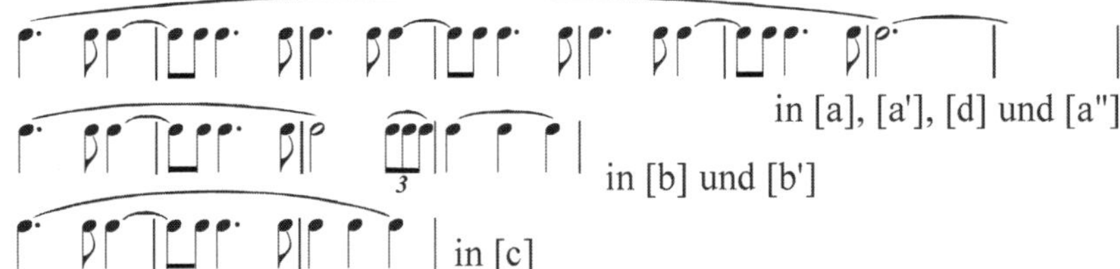

Im Gegensatz zu den drei vorangehenden Walzern ist Nr. IV ohne Tonartsignatur notiert, doch steht er, wie der Schluss der ersten Phrase und der Schluss der Reprise zeigen, eindeutig in As-Dur, mit C-Dur als querständiger Sekundärtonart. (Man kann dies als Huldigung an die Sekundär- und Primärtonarten in Schuberts *Valses sentimentales* lesen.) Für den Übergang im *attacca*-Anschluss an Nr. III konzipiert Ravel erneut eine fantasievolle Lösung: In der Rechten versetzt er das Muster, mit dem der dritte Walzer endet, die hemiolische Wechselbewegung unter der Quart *h/e*, in die höhere Oktave, während er den Durdreiklang der Linken auf den Tritonus, von G-Dur nach Cis-Dur, transponiert. Die Verwendung von Kreuzvorzeichen in den beiden Anfangstakten ist jedoch allein der leichteren Lesbarkeit geschuldet. Tatsächlich erklingt hier, geschrieben als *cis/eis/gis/h/d*, der Subdominantnonakkord von As-Dur, *des/f/as/ces/eses*, in den Folgetakten bestätigt durch die raffiniert alterierten Akkorde der Doppeldominante und der Dominante sowie den Tonika-Quintsextakkord von As-Dur in T. 7-8.[9]

[9]Die Doppeldominante auf *b* erklingt als Nonakkord ohne Quint (T. 3-4: *b/d/as/ces*), die Dominante auf *es* als Undezimakkord mit übermäßiger Quint (T. 5-6: *es/g/h/des/f*).

Diese Anfangsphrase greift in ihren tonalen Mitteln zudem auf die ersten beiden Walzer des Zyklus zurück: Der vertikale Querstand auf dem dritten Schlag des ersten Taktes korrespondiert mit dem an gleicher Stelle ertönenden im ersten Walzer,[10] und die im Tritonusabstand gehaltenen übermäßigen Dreiklänge, die hier die 6/4-Hemiole in T. 5-6 umrahmen, entsprechen den in analoger Position erklingenden im zweiten Walzer.[11] Am Ende der Phrase A' führt der durch die beiden Dreiklänge gerahmte Zweitakter nun statt zum Tonikaquintsextakkord querständig zum sekundären Anker dieses Stückes, einem C-Dur-Dreiklang, den Ravel mit neuer Ornamentik voller chromatischer Vorhalte umspielt.[12]

Unter dem Deckmantel des vertrauten rhythmischen Musters und eines jeweils konstant klingenden Oberstimmentones unternimmt Ravel auch im Mittelabschnitt höchst ungewöhnliche tonale Rückungen. In den auf je vier Takte verkürzten [b]-Segmenten wendet sich die Musik von C-Dur zuerst nach cis-Moll, dann nach E-Dur – zwei unter sich eng verwandten und mit C-Dur durch den Ton *e* verknüpften Tonarten, die jedoch nicht mit funktionsharmonischen Modulationsschritten erreicht werden können. Ravel überspielt die Abruptheit der tonalen Schritte, indem er die Takte mittels fallender Linien in indirekter Chromatik zueinander in Beziehung setzt. Nach dem unspektakulären Schritt vom [b']-Zielklang E-Dur zum Anker *h* in [c] ertönt dort wie zur Antwort auf das Vorangegangene eine indirekt steigende chromatische Linie, als wollte Ravel der Querständigkeit der Takte jeweils einen sekundärmelodischen 'roten Faden' unterlegen.[13]

Phrase [d], die den Mittelteil abrundet, ist mit der Anfangsphrase [a] entfernt verwandt – im ersten Viertakter gestisch, danach als modifizierte Transposition. Zwei Ergänzungstakte leiten in die als kaum variiertes [a] erklingende Reprise über. Der tonale Schritt dieser Überleitung gleicht dem am Ende des A-Abschnitts (Es-Dur → C-Dur ≈ E-Dur → Cis-Dur). Mit dem antizipierten Eröffnungston des darauffolgenden Walzers in T. 46b knüpft Ravel an die enharmonische Ambiguität dieses Walzers an, dessen Harmonik zum Gewagtesten zählt, was er bis 1911 komponiert hat.

[10]Vgl. Walzer IV, T. 1_3 links *eis*, rechts: *e* mit Walzer I, T. 1_3 links *d*, rechts: *dis*.

[11]Vgl. Walzer IV, T. 5_1 rechts: *a/des/f* und T. 6_3 beidhändig: *es/g/h* mit Walzer II, T. 1_1 rechts: *b/d/fis* und T. 2_3 beidhändig: *f/a/cis*. Identisch in T. 13-14 und 42-43, transponiert in T. 35-36.

[12]Für den Querstand vgl. den Basston *es* in T. 13-14 mit der C-Dur-Terz *e* in T. 15-16; für die Vorhaltumspielung vgl. das melodische *f-dis-e* und das zweifach stimmkreuzende *fis-g*.

[13]T. 17-20: rechts *h-b-a* zu links *gis-g-fis-eis*, T. 21-24: rechts *h-b-a* zu beidhändig *gis*; T. 25-27/28-30, Mittelstimme links: *his-cis-cisis-dis*, Querstände *h* unter *his*, *gis* über *gisis*.

In der Orchesterfassung dieses Walzers verschiebt Ravel teilweise die klanglichen Prioritäten und fügt zudem neue Muster hinzu. So werden die punktiert hemiolischen Zweitakter, mit denen sich Flöten und Klarinetten abwechseln, von den seit der Reprise des dritten Walzers mit Dämpfern spielenden Streichern mit dem triolischen Motiv 𝄽 ♩♩♩♩♩♩ | ♩ unterlegt, das dreistimmig in den Geigen erklingt, am Ende der Segmente [a] und [a'] beantwortet mit zum Duett verstärkten Aufgängen von Klarinetten und Harfen (T. 7_2-9_1) bzw. Flöten und Harfen (T. 15_2-16_1). In allen anderen Segmenten ertönen in diversen Bläsern chromatische Gegenstimmen, die im Klaviersatz entweder nicht offensichtlich oder sogar gar nicht enthalten sind – teils im selben Rhythmus wie die Thematik in den gedämpften hohen Streichern, teils als einfache 6/4-Hemiole.[14]

Neu hinzugefügt hat Ravel in Segment [c] und seiner (im Klaviersatz identischen, in der Orchesterfassung klanglich variierten) Wiederholung eine 'hum-da-da'-Walzerbegleitung in Harfe, Bratschen und Celli, die durch die abweichende Artikulation ihrer zwei Schichten eine ganz neue Farbe hinzufügt,[15] sowie in der Rückleitung zur Reprise zwei aufwärts schnellende Harfenglissandi, die den im Klavier einstimmigen triolischen Aufstieg verstärken.[16] Klanglich stark modifiziert ist Segment [d], das nun dynamisch zusammengefasst ist, während die thematische Stimme der mit Dämpfer spielenden 1. Geigen und Bratschen von hemiolisch auf einander zu laufenden Linien der Bläser in den Hintergrund gedrängt wird.

Valses nobles et sentimentales IV: Die übertönte Thematik

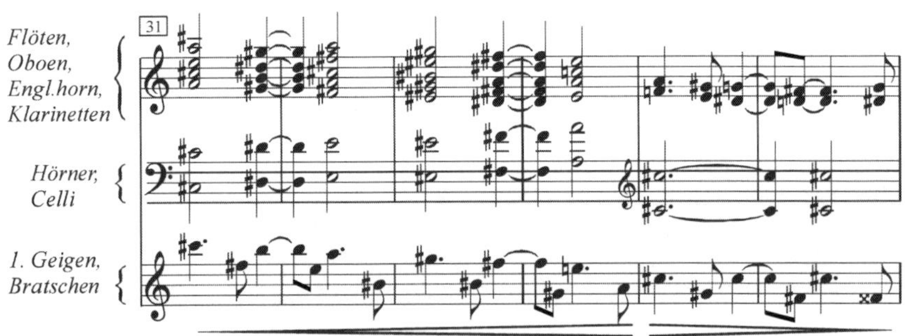

[14]Vgl. Klarinette 1 in [b], T. 17-19, imitiert von der Flöte 2 in [b'], T. 21-23: *c–h-h–b-b–a-|gis*, und 2. Horn + 2. Geigen in [c] T. 25-26 und 28-29: *his–cis–cisis.*

[15]Harfe und Bratschen binden die Viertel auf Schlag 2-3; für die Celli dagegen schreibt Ravel am Taktbeginn einen Legato-zu-Staccato-Bogen, ergänzt mit Pizzicato auf Schlag 3.

[16]Vgl. T. 37_2-38_1: *e — gis'''*, T. 37_1-39_1: *h — dis'''*.

V. ***Presque lent – dans un sentiment intime***

Der E-Dur-Walzer, mit nur 32 Takten der kürzeste im Zyklus, besteht aus vier gleich langen, jeweils zweigeteilten Phrasen. Da die erste, zweite und letzte analog gestaltet sind und nur die dritte thematisch abweicht, wirkt der Bauplan abwechslungsreich aber ungekünstelt:

Valses nobles et sentimentales V: Der Bauplan

a, a'	= T. 1-4/5-8	b, b'	= T. 17-20/21-24
a'', a'''	= T. 9-12/13-16	a'''', a'	= T. 25-28/29-32

Mit dem wie Nr. II zur Gattung des *Valses sentimentales* zählenden Walzer Nr. V knüpft Ravel an mehrere der tonalen Eigenheiten an, die er im unmittelbar vorausgehenden Stück eingeführt hat:

- Während im vorausgehenden As-Dur-Walzer eine Tonartsignatur fehlt und einzelne Takte der einfacheren Lesbarkeit zuliebe mit Kreuzvorzeichen notiert sind, schreibt Ravel hier eine E-Dur-Signatur und notiert auch die Harmonien in den meisten Takten mit Kreuz- und Doppelkreuz-Vorzeichen, ersetzt aber in Segment [c'] ais-Moll und gis-Moll vorübergehend enharmonisch durch b-Moll und as-Moll.
- Die im Mittelteil des vierten Walzers je drei oder sogar sechs Takte durchziehenden Oberstimmentöne mutieren hier in den von der Komponente [a] abgeleiteten Viertaktern zu mehrfach wiederholten Tongruppen, die in ihre Umspielungen eines Dreiklangstones jeweils eine tonartfremde Stufe einbeziehen.[17]
- In Analogie zu den stimmüberkreuzenden chromatischen Linien, die im Mittelabschnitt von Nr. IV einen Zusammenhang erzeugen, der ohne sie nicht sofort evident wäre, schickt Ravel hier den Zielakkorden der Viertakter Vorhaltbildungen durch Einzeltöne oder Dreiklänge voraus, die die ersten zwei der drei Taktschläge mit oft gleichfalls zwischen den Stimmen wechselnden Linien umweben.[18]

[17]Für diese dreitaktig verzierten Oberstimmentöne vgl. [a] in T. 1-3 und [a'] in T. 5-7 sowie 29-31: *gis*, dreimal identischumspielt mit *a* und *eis*; [a''] in T. 9 und 10: *e*, umspielt mit *fis* und *his*, [a'''] in T. 13-16: *g*, umspielt mit *a* und *dis*, und schließlich [a''''] in T. 25-27: *gis*, umspielt mit *ais* und *eis*.

[18]Vgl. z.B. T. 4_1: links *e*, rechts *gis/h* mit Vorhalt *fisis* zu *gis*; T. 4_2: links *gis*, rechts *h/dis* mit Vorhalt *his* zu *h*. Ähnlich T. 12_1: links *c*, rechts *e/g/a* mit Vorhalt *dis/fis/gis*, T. 12_2: links *g*, rechts *h/d/e* mit Vorhalt *ais/cis/dis*.

Wie schon Stuckenschmidt bemerkt, erreicht die Technik der gleitenden Mittelstimmen und melodischen Vorhalte, die Ravel an Schuberts *Valses sentimentales* (besonders dessen Nr. 13) bewunderte, in diesem und dem folgenden Walzer ihren Höhepunkt.[19] Wiederholt setzt Ravel komplex wirkende Harmoniefolgen mit mehrstimmigen Halbtonvorhalten oder chromatisch fallenden Terzgängen in eingängig wirkende Beziehungen.[20]

Gleichzeitig mit den tonalen Mitteln entwickelt Ravel in der Fortschreitung vom vierten zum fünften Walzer auch die rhythmisch-metrischen Muster weiter. In 22 der 32 Takte erklingt eine thematische 6/8-Hemiole: anstelle des Dreiviertelmetrums 1 + 2 + 3 + | 1 + 2 + 3 + | suggerieren die Überbindungen in der Melodiestimme eine Betonung auf dem vierten Achtel und vermitteln damit – besonders in der Eröffnungsphrase mit ihrer noch zaghaften Mittelstimme – den Höreindruck eines zweigeteilten Taktes:

Valses nobles et sentimentales V: Die neuen 6/8-Hemiolen

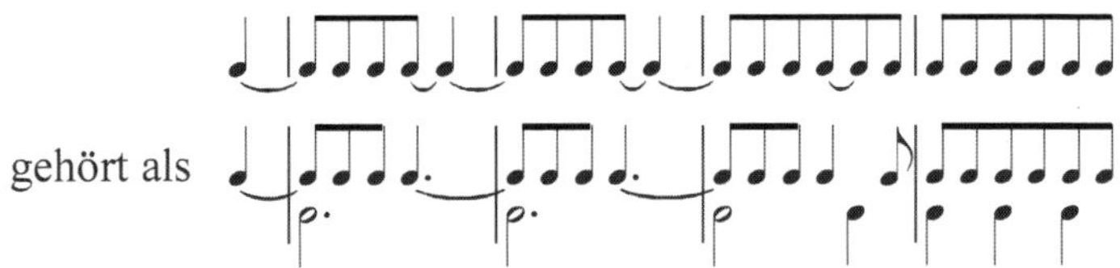

In der Variante des Musters, die in den zweiten Hälften der Kontrastsegmente [b] und [b'] erklingt, ist die metrische Ambiguität noch verstärkt, indem auch die Mittelstimmen vorübergehend einen 6/8-Takt nahelegen:

Valses nobles et sentimentales V: Verstärkte metrische Ambiguität

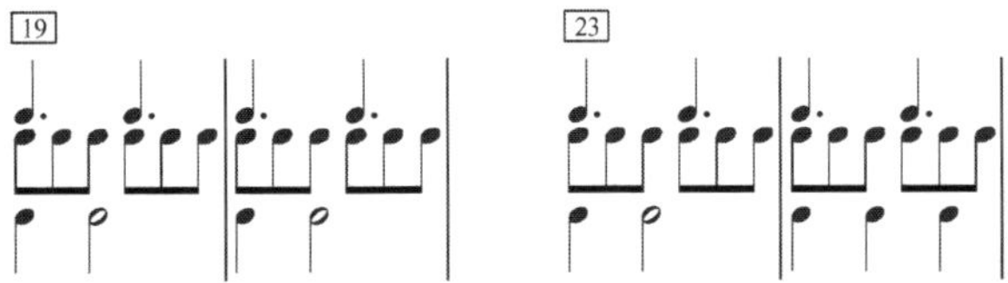

Diese Variante wird Ravel im siebten Walzer, den er selbst als Höhepunkt seines Zyklus bezeichnet hat, ausführlich weiterspinnen.

[19]Stuckenschmidt, *Ravel*, S. 184.

[20]Für die wiederholten Vorhaltterzen vgl. in T. 5-7 und 29-31 je dreimal *gis/his—a/cis*, in T. 25-26 zweimal *ais/cisis—h/d*; für die Terzengänge in indirekter Chromatik vgl. T. 9-12: *g/h–fis/ais–f/a–e/gis–dis/g–d/fis*, T. 13-16: *b/d–a/cis–as/c–g/h–fis/ais–f/a–e/gis–(g-fis-f-e)*. Dreistimmige Vorhaltakkorde erklingen in T. 19-20 als *his/eis/gisis—cis-fis-ais* und in T. 23 als *f/b/d—ges/ces/es* sowie in den Abschlüssen von T. 8 und 32 als *ais/dis/fisis—h/e/gis*.

In der Orchesterfassung ist die eröffnende thematische 6/8-Hemiole der Soloklarinette als metrische Abweichung klar erkennbar dank der Oboensekunden, die die Schläge des zugrunde liegenden Dreivierteltaktes deutlicher, als es im Klaviersatz sinnvoll wäre, dagegensetzen. Doch kaum hat man diese erste metrische Komplexität bemerkt, stellt Ravel ihr in einer 6/4-Hemiole der Flöte, die er durch eine im Klaviersatz nicht angelegte Überbindung erzeugt, eine dritte Dimension gegenüber.

Valses nobles et sentimentales V: Anfang in drei metrischen Dimensionen

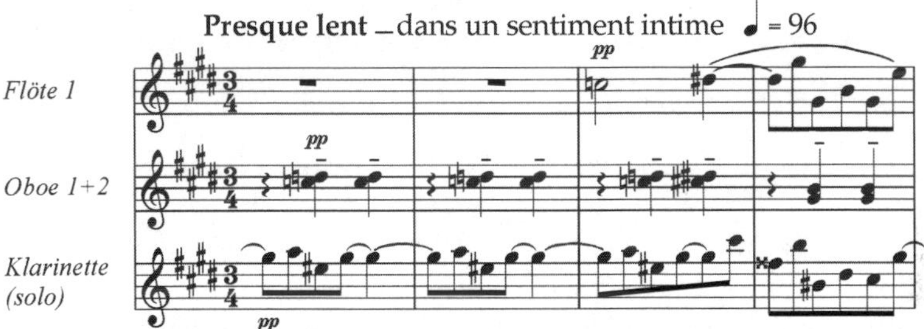

Diese Polymetrik wiederholt sich in den Varianten des [a]-Segmentes jedoch nicht. Stattdessen bietet die Orchesterfassung ihre größte Neuerung in den [b]-Segmenten. Hier übergibt Ravel das im Klaviersatz thematisch führende Oberstimmenduett den 2. Geigen und Bratschen. Da diese jedoch auf dem Griffbrett und damit wenig sonor spielen, werden sie von den hohen Bläsern übertönt, die die hemiolische Viertongruppe in der zweiten Hälfte der Segmente getragener und lyrischer vorbereiten.

Valses nobles et sentimentales V: Die neu modellierte Kontrastphrase

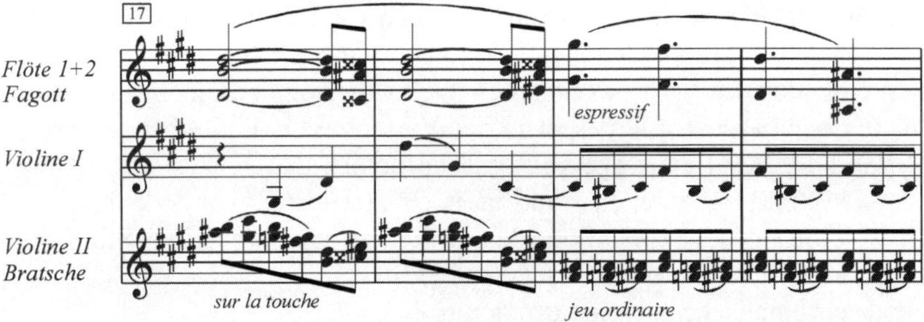

Mit dieser neuen Vordergrundmelodik (in [b'] imitiert in Oboen + Horn als Vorbereitung zu Klarinetten + Horn) setzt Ravel die Kontrastphrasen deutlich von den sechs Varianten der Eröffnungsphrase ab und verstärkt damit die emotionale Ausdruckskraft und Vielfarbigkeit dieses Walzers.

VI. *Vif*

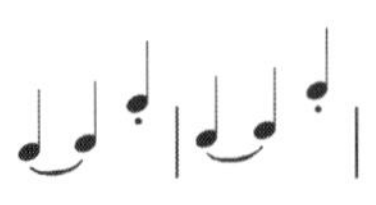

Im sechsten Walzer greift Ravel auf das rhythmische Schema zurück, das er zu Beginn des dritten Walzers eingeführt, später jedoch durch Hemiolen unterlaufen hat. Hier sind die metrischen Abweichungen auf die sporadisch hinzutretenden Mittelstimmen beschränkt.

Der Struktur liegt eine neue Variante des den dritten Walzer bestimmenden Schemas zugrunde; unterschiedlich ist einzig die Ausdehnung der fünf Mittelabschnittphrasen und die Gestaltung der Reprise.

Valses nobles et sentimentales VI: Bogenform ohne Reprisenabweichung

A	T. 1-16	B	T. 17-56	A	T. 45-60
a, a'	T. 1-8/9-16	b, b'	T. 17-22/23-28	a, a'	T. 45-52/53-60
		c, c	T. 29-32/33-36		
		d	T. 37-44		

Wie die Schlusswendungen der Rahmenabschnitte zeigen, ankert der rasche Walzer in C-Dur. Allerdings erreicht Ravels Verschleierung mit Vorhalten und chromatischen Durchgängen in diesem hinsichtlich seiner Gestik so täuschend einfachen Stück ihren Höhepunkt. Alle auf [a] basierenden Viertakter sowie die beiden Sechstakter der [b]-Segmente beginnen im Bass mit einer Tritonus-Quint- bzw. Tritonus-Quart-Folge (vgl. T. 1-3 und T. 5-7: *cis–g–c*). Über den Tritonus stellt Ravel einen Dominantnonakkord mit drei chromatischen Vorhalten, von denen einer – das als Ausgangston des Basses in einer C-Dur-Komposition verwirrende *cis* – zur Quint *d* zu führen verspricht, die jedoch ausbleibt. Dieser ausgelassene Auflösungston zusammen mit den Vorhalten vor Terz und Non (*ais-h, gis-a*) umgibt den zugrunde liegenden konventionellen Schritt V-I mit einem Schleier, der die Hörgewohnheiten nicht nur seiner Zeit, sondern auch heute noch herausfordert. Erst in der Variante von T. 6 wird das *cis*, im Diskant aufgegriffen, ‘regelkonform’ aufgelöst.

Den Part der rechten Hand in T. 6 verbindet Ravel sodann mit der Umspielung des Tonika-Akkordes in T. 7 zu einem zweiten Stimmführungsmodell, in dem zwei versetzt steigende chromatische und eine ganztönig fallende Kontur zu Tönen des C-Dur-Dreiklanges zusammenlaufen.

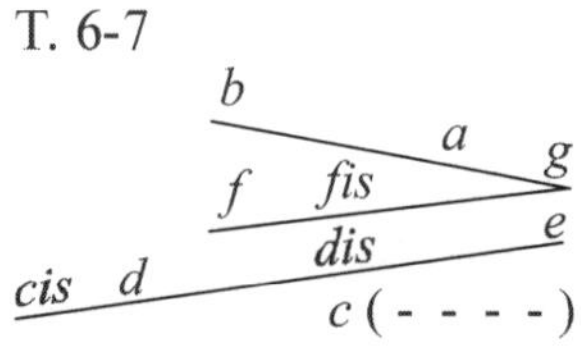

Valses nobles et sentimentales VI:
Ein Stimmführungsmodell

Eine transponierte, verlängerte und auf zwei chromatische Konturen reduzierte Variante dient wenig später als Kopf der beiden [b]-Phrasen:

Valses nobles et sentimentales VI: Erste Variante des Stimmführungsmodells

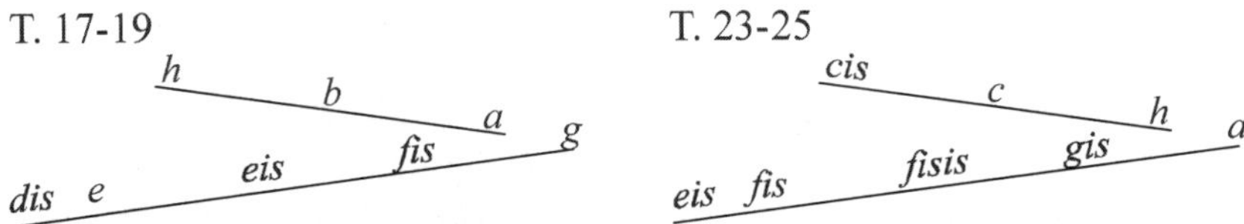

In den beiden [c]-Phrasen steigt jeweils eine einzelne chromatische Linie dreitaktig in zögerlichen Schritten auf. Über ihr ertönt eine zunächst unbewegte Terz, deren Spitzenton erst am Schluss ganztönig absteigt und dabei auf ein *h* zuzusteuern scheint, das sich aber erst zu Beginn von [d] manifestiert. In diesen Phrasen entfernt sich der Bass vollends von C-Dur und scheint stattdessen *cis*, den überraschenden Ausgangsbasston dieses Walzers, zum Grundton eines auf *fis* bezogenen Molldominantklanges umzudeuten.

Valses nobles et sentimentales VI: Zweite Variante

e e e d
cis cis cis c
ais (h)
fisis gis gis a a

Dieses *fis* wird sodann zum Orgelpunkt der den Mittelabschnitt beschließenden und zur Reprise hinleitenden Phrase [d]. Für diese konzipiert Ravel eine weitere entfernte, dafür aber die gesamte Textur einbeziehende und wesentlich umfangreichere Variante der Chromatik, in deren erster Hälfte die aufsteigende Kontur der Einzeltöne mit einem ganztönig aufsteigenden Akkord verschränkt ist, während die zweite Phrasenhälfte an die [c]-Phrasen anknüpft, jedoch auf den Abstieg verzichtet.

Valses nobles et sentimentales VI: Dritte Variante

fis fis fis fis fis
e e e e e
e
d d
c c
b
eis fis eis fis fis g fisis gis gis a
dis e
cis d
h c ais
gis
fis
e

Nach diesen Entwicklungen, die der Logik von Linien folgen, aber harmonisch höchst innovativ sind, erklingen die verbleibenden 16 Takte als unveränderte Wiederaufnahme des Anfangs. Sie enden in reinem C-Dur.

In der sinfonischen Version dominiert ein ganz anderer Aspekt: die Durchdringung auch dieses Walzers mit Hemiolen. Zwar sind diese im Klavierpart durchaus bereits präsent, doch betreffen sie ausnahmslos den Mittelgrund zwischen Bass und Oberstimme und werden von den Diskantfiguren einerseits und den indirekten chromatischen Linien andererseits aus dem Fokus der Aufmerksamkeit gedrängt.

In seiner Orchestrierung trifft Ravel jedoch eine Entscheidung, die keine Zweifel darüber zulässt, um was es ihm hier vordringlich geht: Er fasst je zwei Takte der Klavierfassung zu einem einzigen zusammen und wechselt dabei beständig das Metrum, indem er die hemiolischen (Doppel-)takte mit 3/2-Signatur hervorhebt und ihnen die im echten Walzermetrum gehaltenen als 6/4-Takte gegenüberstellt. So zeigt sich sehr eindrücklich, dass genau die Hälfte des Walzers hemiolisch angelegt ist:

Valses nobles et sentimentales VI: Die Metrik in der Orchesterfassung

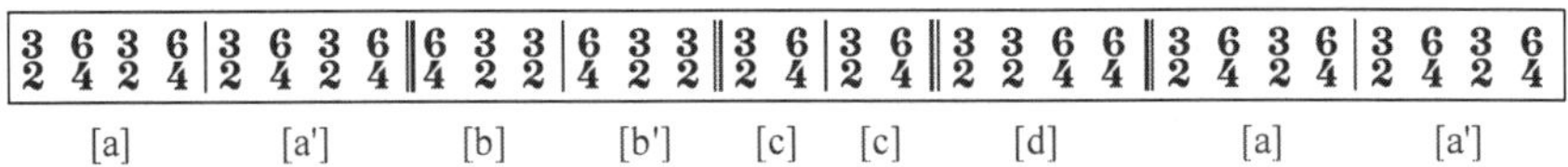

Eine weitere deutliche Abweichung vom Original ist die klangliche Variante in Segment [a]: In der Exposition initiieren die 1. Geigen die für diesen Walzer typische Figur, während die getrageneren Notenwerte von Bass und Mittelstimmen in den Holzbläsern erklingen, von den tieferen Streichern nur mit leisen Pizzicati verdoppelt. In der zweiten Hälfte von [a] kehrt sich das klangliche Verhältnis zwischen Streichern und Holzbläsern weitgehend um, wobei der hemiolische Mittelstrang zusätzlich von den vier Hörnern und der Harfe verdoppelt wird. Dieselbe Instrumentation wählt Ravel für Segment [a'] in Exposition und Reprise, jedoch nicht für das die Reprise eröffnende [a]. Dort sind nicht nur die Parts von Violinen und hohen Holzbläsern vertauscht, sondern es tritt zusätzlich schon in der ersten Segmenthälfte die Harfe hinzu, die den Gegensatz von 3/2- und 6/4-Takt explizit unterstreicht. Dasselbe gilt für den Schlagzeugstrang aus kleiner Trommel, Tambourin und Triangel, der in der Exposition fehlt, die Reprise jedoch mit einem ostinat wiederholten Muster durchzieht.

Valses nobles et sentimentales VI: Das Schlagzeugostinato in der Reprise

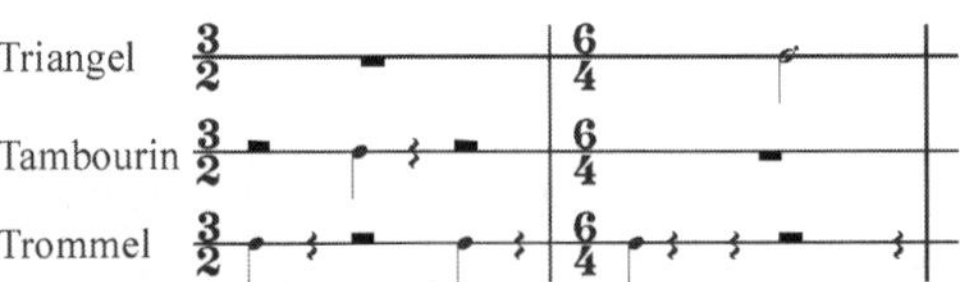

Auch in den Kontrastsegmenten im Zentrum des Walzers weicht Ravel in immer wieder neuer und höchst origineller Weise vom originalen Klaviersatz ab:

- Während der Klaviersatz im variiert wiederholten zweiten Zweitakter der Segmente [b] und [b'] eine Diskantmelodie vorgibt, in der einfache Töne mit den Spitzentönen eines Arpeggios wechseln, teilt Ravel diese Aufgabe in der Orchesterfassung, indem er die Diskantkontur in [b] der solistischen Oboe, in [b'] einer solistischen Klarinette als strahlend führende Stimme übergibt, die Arpeggien dagegen der Harfe und einem Pizzicato der hohen Streicher.
- Im schon im Klaviersatz mit *mf* beginnenden und dann stark an- und wieder abschwellenden Segment [c] verstärkt das Orchester Wirkung und Dauer des Basstones *cis*, indem dieser in Fagotten, Posaune, Celli und Bässen den ganzen 3/2-Takt durchklingt und in seiner Schwellung von einem dynamischen Paukenwirbel auf *cis* unterstrichen wird. Den Höhepunkt der Steigerung markiert der Einsatz der großen Trommel, deren verklingender Wirbel das Diminuendo im ergänzenden 6/4-Takt begleitet.
- In Segment [d] ist die klangliche Zusammensetzung wieder anders: Das 1. Fagott und eine Hälfte der Kontrabässe übernimmt die hier tief liegende thematische Figur, vom 2. Fagott, der zweiten Hälfte der Kontrabässe und einem Paukenwirbel mit dem durchklingenden *fis* im Bass an- und wieder abschwellend untermalt. Das rückleitende Segment wird von drei Hörnern angeführt, die aus den auf Schlag "3" im Klavier vorgesehenen Tönen eine homophone Parallele bilden.

Valses nobles et sentimentales VI: Die Hörnerparallele der Rückleitung

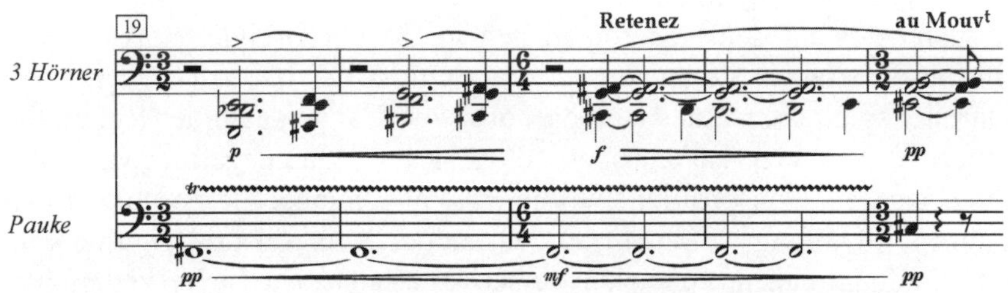

Bestimmend für diesen Walzer ist bei aller Differenziertheit vor allem sein beträchtliches Tempo (𝅗𝅥. = 100), das zusammen mit dem vorwiegenden *pp* einen Eindruck von flüchtigem Vorbeieilen erzeugt.

VII. *Moins vif*

Der siebte Walzer ist mit 158 Takten fast doppelt so umfangreich wie der 80-taktige erste und unvergleichlich viel gewichtiger als alle anderen. In seiner Spieldauer wird er nur vom abschließenden "Épilogue" übertroffen. Die Rahmenabschnitte der Bogenform (T. 19-66 und 111-158), wie im vorausgehenden sechsten Walzer identisch komponiert, enthalten nicht nur zwei kontrastierende thematische Komponenten und eine motivisch unabhängige Schlusswendung, sondern zudem je eine Einleitung, deren Grenze Ravel raffiniert verschleiert. Auftakte, die dem Ende einer Begleitfigur gegenübergestellt sind, sowie die Durchbrechung der anfangs dominierendenViertakter mit zweitaktigen Segmenten sorgen für eine unkonventionelle Phrasenstruktur. Anders als in den vorausgegangenen Walzern in A B A-Form ist der kontrastierende Abschnitt hier sowohl kürzer als auch einfacher strukturiert als die Hauptabschnitte, insofern er nur eine thematische Komponente enthält. Die Übergänge von der ohne Tonartsignatur notierten, durch übermäßige Dreiklänge bestimmten Einleitung zum A-Dur im Hauptabschnitt und weiter zum F-Dur im Kontrastabschnitt sind dynamisch und agogisch unterstrichen, vor allem durch eine mit *languissant* angezeigte Temporeduktion in Einleitung 1, die durch einen Pausentakt mit Fermate verstärkt wird, eine kontinuierliche Steigerung von *pp* zu *ff* in der zweiten Hälfte des Hauptabschnitts und ein insgesamt beschleunigtes Tempo im Mittelteil.

Die in den Walzern I-VI nacheinander eingeführten und entwickelten Kompositionsmittel – übermäßige Dreiklänge, konsonante Akkorde, die mit querständigen Tönen gefärbt sind, sowie Harmoniefolgen, die durch stimmkreuzende chromatische Linien und die Rhythmisierung mit 6/4- und 6/8-Hemiolen verbunden sind – erreichen hier einen neuen Kulminationsgrad.

Die Einleitung beginnt mit 16 Takten über dem Orgelpunktton *c*, der ausnahmslos auf dem unbetonten Schlag "3" der Dreivierteltakte ertönt und nach passiver Verlängerung zum Schluss nur implizit weiterklingt. Darüber spielt die rechte Hand eine aus vier Klängen gebildete Figur, die innerhalb von vier Takten ebenfalls passiv verklingt, gefolgt von zwei modifizierten Transpositionen – die erste gleich lang, die zweite auf den doppelten Umfang verlängert. Die Grundgesten dieser drei Figuren sind durch stimmkreuzende und oktavversetzte chromatische Linien verbunden. Übermäßige Dreiklänge ("ü" im Notenbeispiel) charakterisieren die Basisgeste an beiden Enden, die erste Transposition nur an deren Anfang und die zweite nur an deren Ende, wo in der Verlängerung der ganze Dreiklang die Chromatik fortsetzt.

Valses nobles et sentimentales VII: Einleitung mit indirekter Chromatik

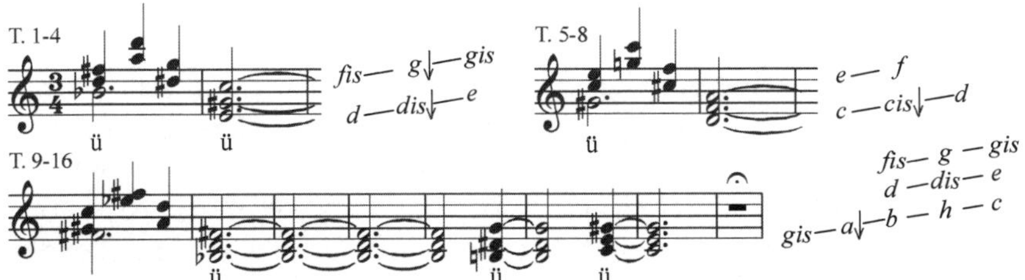

Nach dem mit einer Fermate verlängerten Pausentakt wiederholt Ravel den zuletzt gehörten chromatischen Aufstieg des übermäßigen Dreiklanges in Form einer ersten 6/4-Hemiole. Die Anweisung *Tempo 1°* scheint diesen Zweitakter als Auftakt zum Folgenden auszuweisen. Dies überzeugt im unmittelbaren Kontext, da T. 19-20 in T. 22-23 identisch wiederkehrt, so dass der Zweitakter unter *Tempo 1°* als gedehntes Pendant zum einfachen Auftakt in T. 21 gehört wird. Auch die Tatsache, dass nach dem Ende der unregelmäßig gegliederten Phrase [a] in T. 19-28 die (transponierte, harmonisch alterierte und verkürzte) Phrase [a'] von einer Transposition des Zweitakters – nun über einer den Kontext bestätigenden Begleitfigur – eingeleitet wird, stützt die Bedeutung des Zweitakters für die Thematik und damit seine Rolle als Auftakt. Dagegen spricht allerdings nicht nur Ravels Wechsel zur Tonartsignatur von A-Dur erst in T. 19, sondern vor allem die Wiederkehr des Hauptabschnitts nach dem Kontrastteil. Hier steht *1*^{er} *Mouv*^{t} erst über dem wie zuvor den Wechsel nach A-Dur anzeigenden T. 111. Auch ist die variierte Wiederkehr der Einleitung, die ganz um die Hinführung zum chromatisch aufsteigenden übermäßigen Dreiklang kreist, bis zuletzt mit dem Einleitungs-Orgelpunktbass *c* unterlegt. Es scheint, als wollte Ravel die Frage nach dem ersten Auftakt zum Hauptabschnitt bewusst offen lassen. Was dies bedeutet und wie stark die erste Hälfte des Hauptabschnitts von Hemiolen geprägt ist, zeigt das folgende Rhythmusschema.

Valses nobles et sentimentales VII: Hemiolen in der ersten Hälfte von A

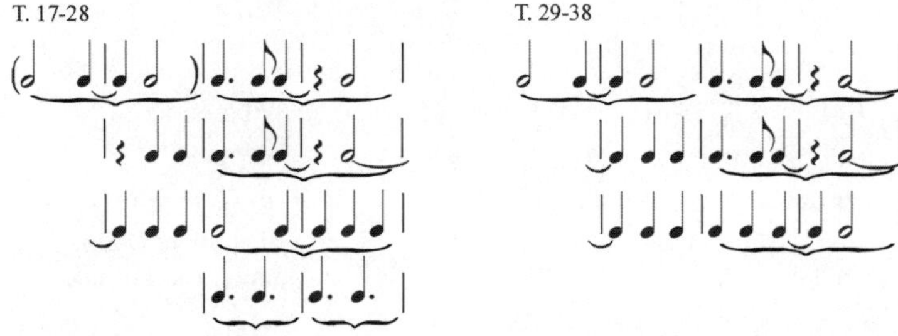

Die zweite Hälfte des Hauptabschnitts steht in deutlichem Gegensatz zur ersten. Hier verzichtet Ravel auf übermäßige Dreiklänge und indirekte Chromatik ebenso wie auf Hemiolen und Zweideutigkeiten der Phrasenstruktur. Das im Mittelgrund der Textur herrschende rhythmische Muster 𝄽 ♩. ♪ | ♩ ♩ ♩ bestimmt mit wiederholten oder minimal variierten Zweitaktern die ersten sechzehn Takte sowie nach einem leicht abgewandelten viertaktigen Einschub mit rauschend aufschießenden Arpeggien weitere vier über einem vor allem in Quarten und Quinten fortschreitenden Bassgang.[21]

Die sehr eingängige Entwicklung wird mit einer viertaktigen Schlussfloskel abgerundet, die (erstmals im Zyklus) das rhythmische Muster des ersten Walzers aufgreift und es mit einer an die 6/4-Hemiolen erinnernden Synkope verbindet: ♫♩ ♩ | ♩ ♩ ♩‿♩. ♬♩ | ♩ ♩ . Die ganze 28-taktige zweite Hälfte des A-Abschnitts wird durch ein gewaltiges, sich vom *pp* bis zum *ff* steigerndes Crescendo zusammengefasst.

Der Kontrastabschnitt trägt die Signatur von F-Dur; schon der erste Takt stellt sich mit *f, c* und *g* querständig gegen die gerade zuvor in der A-Dur-Schlussformel gehörten Töne *fis, cis* und *gis*. Während Ravel den Bassgang innerhalb des Abschnitts noch einmal auf der Grundlage von Quart- und Quintgängen konzipiert,[22] stellt er dieser Basis schon bald bitonal unabhängige Harmonien gegenüber.[23] Gegen Schluss des Abschnitts ertönt immer häufiger der reine Dominantnonakkord von F-Dur, doch kehrt die Harmoniefolge nie wieder zur sekundären Tonika selbst zurück.

Die metrische Gestaltung ist, diesmal durchgehend, die im fünften Walzer eingeführte 6/8-Hemiole, in der auch die Mittelstimmen in zwei Dreiachtelgruppen erklingen und nur der Bass mit zwei Grundmustern des Dreivierteltaktes dagegenhält.

Valses nobles et sentimentales VII: Verstärkung der Hemiole wie in Nr. V

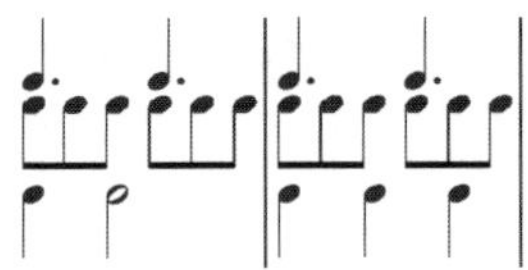

[21]Vgl. *a* – *d* (T. 39-50), *h* – *e* (T. 51-58), *fis* – *h* (T. 59-60), *h* – *e* (T. 61-62), *e* – *a* (T. 64-66).

[22]Vgl. *f* + *c* (T. 67-80), *g* + *d* (T. 81-90), *c* + *g* + *d*(T. 93-94, 97, 99).

[23]Vgl. z.B. T. 68: rechts cis-Moll über links *f* / *c*, T. 69, 71, 73 und 75: E-Dur^{7} über *f* / *c*, T. 70 und 74: cis-Moll^{7} über C, T. 76: E-Dur über *c*; T. 80: E-Dur^{7} über D-Dur^{7}, T. 81, 83, 85 und 87: Fis-Dur^{7} über *g* / *d*; T. 82 und 86: Fis-Dur-Quintsextakkord über *d*, T. 88: Fis-Dur über *d*.

Diesen 36-taktigen Mittelteil wünscht Ravel sich *un peu plus animé* und *très doux, le chant en dehors* (ein wenig bewegter, dabei "sehr zart, den Gesang hervorgehoben"). Die melodische Kontur ist als volkstümliche Liedform entworfen: Eine 'erste Strophe' in Form einer zwölftaktigen Phrase mit Binnenwiederholungen kehrt in einer 'zweiten Strophe' transponiert wieder (wobei das Transpositionsintervall mehrfach wechselt) und wird dann in einem Abgesang durch zunehmend kürzere Ergänzungen verlängert.

Valses nobles et sentimentales VII: Die Melodie in Abschnitt B

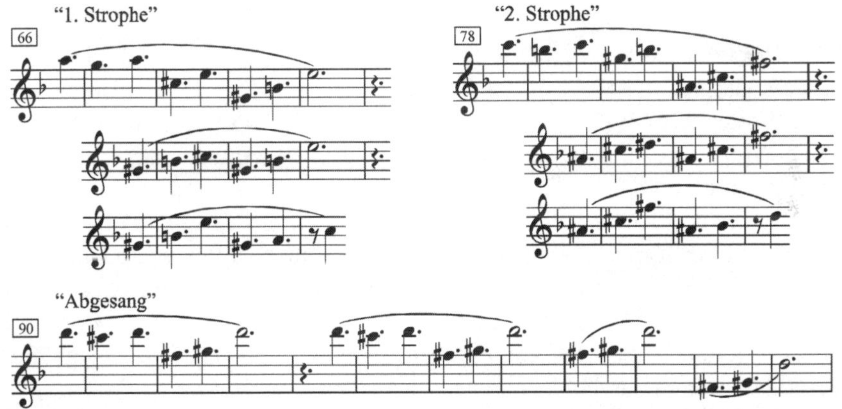

Wie schon erwähnt, geht der identischen Wiederholung des Hauptabschnitts eine neuerliche Einleitung voraus. In ihr zitiert die Musik drei unterschiedliche hemiolische Varianten des chromatischen Aufstiegs durch übermäßige Dreiklänge, der in T. 10-15 erklungen war. Die Variantenfolge wird hier durchgehend vom reiterierten Basston *c* gestützt. Die neun Takte fungieren somit als Einleitung mit integriertem Auftakt zur Reprise.

In der Orchesterfassung belässt Ravel diesmal die Reprise als noten- und klanggetreue Wiederaufnahme der Exposition. Auch die Frage nach den Auftakten beantwortet er, indem er für die analogen Stellen eine weitgehend identische Instrumentierung wählt: Der hemiolische Zweitakter mit chromatisch steigenden übermäßigen Dreiklängen in T. 17-18 erklingt in zwei Oboen und Englischhorn sowie 2. Geigen und geteilten Bratschen. Dasselbe Klangmuster liegt dem tonal entsprechenden, wenn auch stark gedehnten Ende des Reprisenvorspiels in T. 106-110 zugrunde, zart unterstrichen durch den Orgelpunktton *c* im gestopften Horn, ertönt ähnlich aber auch in den Binnenauftakten zu [a'] in T. 29-30 und 121-122.

In Exposition und Reprise identisch ist auch der Beitrag des ungestimmten Schlagzeugs, der das von einer zunehmenden Anzahl Bläser- und Streicherstimmen ausgeführte große Crescendo in der zweiten Hälfte von Abschnitt A unterstreicht. Synchron zum Rhythmus des thematischen Zweitakters 𝄽 ♩. ♪ | ♩ ♩ ♩ trifft in T. 39-50 ein leiser Triangelschlag auf den punktierten Ausgangston, gefolgt von einem abtaktigen Wechselschlag der kleinen Trommel (♬♩) im Zentrum des Zweitakters. Danach intensiviert Ravel die Schicht mit längeren Trommel- und Tambourinwirbeln, bis beim *ff* die Paarung von Becken und großer Trommel hinzutritt, die auch die Phrasierung in der motivisch unabhängigen Schlusswendung noch zweimal bekräftigt.

Der kontrastierende Mittelteil, den Ravel sich schon im Klavierstück zart und singend wünscht, ist im Orchesterpart klanglich dadurch abgesetzt, dass dieser "Gesang" in einer dreistimmigen Parallele aus tremolierten Tönen der Flöte und der geteilten 1. Geigen besteht, zu der Ravel die Oberstimme und die im Klavierstück nachschlagenden Achtel der Mittelstimme vertikal zusammenfasst; nur das solistische Fagott und das dessen Kontur weiterführende Englischhorn spielen die thematische Kontur als einfache Linie. Die Harfe mit zunächst einzelnen langsamen Arpeggien, später huschenden Glissandokurven, die übrigen Streicher mit Pizzicati über Liegetonklängen und wenige ganz leise Becken- und Triangelschläge vervollständigen das Bild.

Attila Csampai charakterisiert den umfangreichen Walzer Nr. VII als einen "Wiener Walzer mit 'poetischer' Einleitung, der den großen Tanzwalzer evoziert und im Trio die aristokratische Blässe des Chopinschen Walzer-Tonfalls streift."[24] Ravel selbst erwähnt in einem Beitrag für das von René Lenormand herausgegebene Buch *Études sur l'harmonie moderne* die 'erste Strophe' des Kontrastabschnitts als hervorstechendes Beispiel für die in seinem neuen Stil typischen frei einsetzenden Dissonanzen.[25] So spricht sowohl ein Bewunderer der Komposition als auch deren Schöpfer selbst von Harmonien und Dissonanzen, Struktur und Rhythmus, da es so schwer ist, den Charme dieses Werkes in Worten zu beschreiben.

Ravel nützt den erweiterten Umfang dieses Stückes, um über strukturelle und harmonische Reize hinaus alle Register zu ziehen: sehnsuchtsvoll lyrische Trägheit geht über in Figurenspiel und brillante Dramatik – eingebettet in die rhythmischen Verzögerungen eines Wiener Walzers.

[24] Attila Csampai, *Der Konzertführer: Orchestermusik von 1700 bis zur Gegenwart* (Rowohlt, 2005), S. 755.

[25] Paris: Max Eschig, 1913; Erstveröffentlichung 1912 im Feuilleton von *Le Monde musical.*

VIII. Épilogue: *Lent*

Das achte Teilstück der *Valses nobles et sentimentales* steht wie die vorausgehenden im Dreivierteltakt und kann somit als ein weiterer Walzer gelten – wenn auch das Tempo ausgesprochen langsam einsetzt und zudem auf den Schluss zu immer mehr nachgibt.[26] Ravels Charakterisierung als "Epilog" lässt eine Art Rückblick erwarten. Tatsächlich greift mehr als die Hälfte des Stückes thematisch auf frühere Walzer zurück: 36 Takte neuen Materials stehen 38 Takten mit Anspielungen auf die Walzer I, II, III, IV, VI und VII gegenüber. Zudem finden sich im (neuen) Epilog-Thema die aus dem ersten Walzer erinnerten Querstände ebenso wie die im Kontrastabschnitt des siebten Walzers eingeführten bitonalen Gegenüberstellungen, die einfachen Rhythmen aus Walzer I, III und VI ebenso wie die im vierten Walzer vorherrschende punktierte Variante der 6/4-Hemiole.

Die Tonartsignatur mit einem Kreuzvorzeichen kündigt schon zu Beginn das erst später verwirklichte G-Dur und damit die Rückkehr zum tonalen Ausgangspunkt des Zyklus an. Das Epilog-Thema beginnt in T. 1-8 täuschend einfach mit Dur- und Molldreiklängen über einem Bassgang in fallenden Quinten, doch entstammen die Töne keiner gemeinsamen Skala.[27]

Valses nobles et sentimentales VIII: Das Epilog-Thema

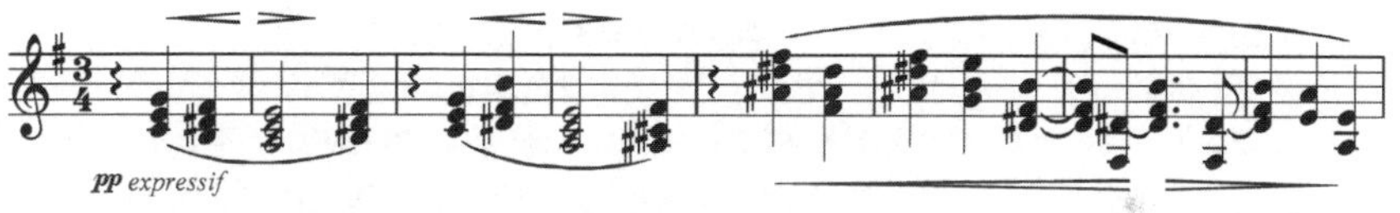

Schon im vierzigtaktigen ersten Abschnitt erklingt das Thema dreifach verarbeitet: in T. 9-16 mit neu harmonisiertem Diskant in der ersten und melodischer Spreizung in der zweiten Hälfte, in T. 21-24 verkürzt auf den Vordersatz, dessen Melodik nun chromatisch zusammengezogen und mit Molldreiklängen über einem sekundären Orgelpunkt harmonisiert ist, und in T. 29-36 als eine Kombination aus der Transposition der chromatisch verdichteten ersten und der melodisch gespreizten zweiten Hälfte.[28]

[26] T. 1-45: *Lent*, T. 46-54: *Plus lent*, T. 55-56: *Un peu plus lent*, T.57-61: *Encore plus lent*, T. 62-66: *même Mouv^t un peu plus las*, T. 66-71: *Plus lent et en retenant jusqu'à la fin*, T. 72-74: *Très lent.*

[27] Vgl. T. 1-8 Bass: *a-d-g-c*; thematische Dreiklänge: C- und H-Dur, a-, dis- und e-Moll; Töne aus harmonisch e-Moll (*e-fis-g-a-h-c-dis-e*) plus Durchgangston *ais*, dazu *d* im Bass.

[28] T. 29-32 = Quarttransposition mit Duraufhellung von T. 21-24; T. 33-36 = leicht verdichtete Quinttransposition von T. 13-16.

Valses nobles et sentimentales VIII: Chromatisch verdichteter Vordersatz

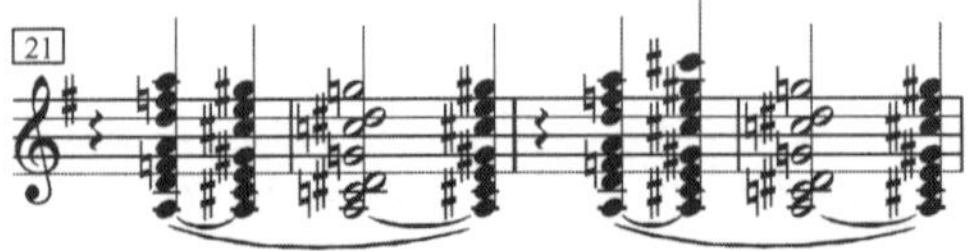

Zudem kontrastiert Ravel das Thema viermal mit früherem Material:

- Am Ende der Eröffnungsphrase erinnert die mit Synkopen auf und ab springende Diskantstimme an die punktierte Hemiole im Thema des vierten Walzers.
- Noch deutlicher ist der Rückgriff auf Nr. IV in den Schlusstakten der Abschnitthälften, d.h. in T. 16-20 und transponiert in T. 36-40.
- Der Transposition in T. 36-40 unterlegt Ravel eine chromatisch aufsteigende Binnenstimme, wie sie mehrere Walzer durchzieht.[29]
- Im Anschluss an die verkürzte und chromatisch zusammengezogene Phrasenhälfte zitieren rechte Hand und Mittelstimmen in T. 25-27 die Takte 1-2 und 6-8 aus Walzer Nr. VI (in einer Achtel- statt der ursprünglichen Viertelbewegung und damit in ähnlichem Tempo).

Der kontrastierende Mittelabschnitt des Epilogs in T. 41-61 besteht fast ausschließlich aus Rückblicken; nur einmal, in T. 46-49, erklingt die viertaktige Hälfte des Epilogthemas in der Version mit chromatisch zusammengezogenem Diskant, hier ausgehend von einem übermäßigen Dreiklang.

Alle übrigen Takte spielen auf vorausgegangene Walzer an:

- In T. 41-42 hört man – sehr leise und sehr fern (*ppp très lointain*) – eine neue Version der punktierten 6/4-Hemiole aus Nr IV. Das Tempo der Komponente ist ähnlich wie in der Vorlage,[30] die in drei Stufen fallende Reihung der Hemiole erinnert trotz abweichender Intervalle an das Thema aus dem vierten Walzer.
- T. 43-45 zeigt eine auf die rechte Hand beschränkte rhythmische Anspielung auf den ersten Walzer. Die Notenwerte sind auf ein Drittel verkürzt, so dass das ursprüngliche Taktpaar mit seiner Wiederholung für eine weitere hemiolische Rhythmisierung sorgt. Der Bassorgelpunkt – hier bereits die Tonika *g* – unterlegt die Passage mit einer aufs Doppelte gedehnten Hemiole.[31]

[29] Vgl. T. 37-40: *eis-fis-g-gis—gis-a-ais-h.*

[30] Im *Assez animé* des Walzers Nr. IV schreibt Ravel Metronom = 80 für den ganzen Takt; im Tempo des Epilogs (Viertel = 76) erklingt die vormals einen ganzen Takt füllende rhythmische Figur triolisch innerhalb eines Viertelschlages, also nur wenig langsamer.

[31] Vgl. rechts Zitat aus I in T. $43_{1\text{-}2} + 43_3\text{-}44_1$, links T. 43-46: 4/4 + 4/4 + 4/4.

- Die Folge dieser Anspielungen auf die Walzer IV und I ertönt am Ende des Mittelabschnitts rahmend erneut in gedrängter Form: In T. 59-60 zitiert Ravel T. 5-7 aus dem vierten Walzer fast notengetreu und ergänzt es um eine Transposition der Anspielung auf den ersten Walzer, beides über dem Tonika-Orgelpunkt.
- Im Zentrum des Mittelabschnitts erklingen, durchgehend über dem Tonika-Orgelpunkt *g*, der von nun an nicht mehr verlassen wird, Anspielungen auf Fragmente aus den Walzern VI, VII und III:
  - Epilog T. 50 erinnert an Walzer VI T. 37-40 (der chromatische Aufstieg erklingt hier ametrisch rhythmisiert und mit einer Terzenparallele im 'Tenor');
  - Epilog T. 51 erinnert an Walzer VII T. 51-52;
  - Epilog T. 52-54 erinnert an Walzer VI T. 11-13;
  - Epilog T. 55-56 erinnert an Walzer III T. 1-4;
  - Epilog T. 57-58 erinnert an Walzer VII T. 39-50.

Ein letzter Rückbezug, diesmal als Zitat aus dem bisher noch nicht in Erinnerung gerufenen zweiten Walzer, ergänzt die auf den Mittelabschnitt folgende Reprise: Nachdem in T. 66-67 der reine G-Dur-Dreiklang und die das Epilogthema verzierende, zweioktavig fallende Vorschlaggruppe zum Terzton *h* bereits die Coda eingeläutet haben, setzt mit Antizipation in T. 67_3 eine aufsteigende Mittelstimme ein, die Ravel oktaviert aber sonst notengetreu aus der Reprise des zweiten Walzers übernimmt.[32] Danach beschließen zwei Takte eines sehr langsamen und kaum noch hörbaren ("sich verlierenden") Nachhalls der Harmonietöne und ein einzelner, durch eine Fermate verlängerter Basston den Epilog und mit ihm den achtteiligen Walzerzyklus.

In der Orchesterfassung schöpft Ravel noch einmal aus, dass die Klangdauer gestrichener und geblasener Instrumente sowie deren farbliche Abschattierungen Lösungen ermöglichen, die im Klaviersatz nur schwer oder gar nicht zu erzielen sind. Dies betrifft vor allem den Vordersatz des Epilogthemas, der sich im Klavierpart wie vor einem zarten Hintergrund aus leise durch je drei Oktaven fallendem *h* entfaltet. Zusammen mit seiner vorübergehenden Transposition auf die Subdominante in T. 30 und 32 und der in Walzer II vorgegebenen Sekundverdoppelung als *a/h* in der Coda durchzieht diese 'klingelnde Tonikaterz' ein Drittel der 74 Epilog-Takte.[33]

[32] Vgl. Epilog T. 68-71 mit Walzer II T. 41-44.

[33] Vgl. die Hintergrundfärbung durch das fallende Vorschlags-*h* in T. 1-4, 9-12, 22, 24, 45-47, 49, 63 und 65-66, ersetzt durch das subdominantische *e* in T. 30 und 32 sowie durch *a/h* in T. 70, 72 und 73.

Die Vorschlagfigur des Klaviersatzes wird im Orchestersatz zu einem fahlen Tönen bei minimaler Bewegung: In T. 1_2 setzen die geteilten Bratschen zu einem mit Dämpfer auf dem Griffbrett gestrichenen Liegeton ein, der sich am Schluss des Vordersatzes in T. 4_3 zum *ais* senkt – eine Sekundärmelodik, die das Original nicht vorsieht. Die Harfe verdoppelt den Liegeton mit Oktaven, die taktweise auf Schlag "2" in wechselnder Höhe ertönen, die tiefere in T. 2 und 4 als Flageolett. Die Kombination dieser instrumentalklanglichen Entscheidungen im ersten Viertakter dient sodann als Vorbild für alle analogen Stellen, wobei die Zahl der Takte mit dieser Hintergrundfärbung im Orchestersatz noch größer ist, als es aus technischen Gründen im Klavierstück möglich wäre.[34]

Die komplexe Konzeption des Zyklus mit seinen vielfältigen Tempo- und Stimmungsänderungen, nachvollziehbaren Entwicklungsstufen und Querbezügen scheint dem Bezug zu Schuberts Walzerzyklen eine kleinere Rolle zuzuweisen, als es der Titel des Werkes nahelegt.[35] Schon Ravels Interpretin Marguerite Long hatte von einem "stilistischen Panorama des Walzers" gesprochen.[36] Im Ausdrucksspektrum sowie in etlichen Aspekten der Konzeption erinnert Ravels Komposition vielmehr an die schumannschen Zyklen romantischer Charakterstücke, die ja, wie Erika Reimann für *Papillons, Davidsbündlertänze* und *Carnaval* argumentiert, "auf der zentralen Idee einer Walzerkette" basieren, wenn diese Gattung auch "in Funktion und Detail grundsätzliche Veränderungen erfahren hat."[37] Manuel Rosenthal, ein Schüler und enger Vertrauter Ravels, bestätigt, dass dieser Schumann verehrte, "immer wieder die tiefe Menschlichkeit von Schumanns Musik betonte" und "dank der unzähligen pianistischen Entdeckungen" besonders dessen Klaviermusik bewunderte.[38]

[34]Instrumentierung durchgehend mit Liegeton in (oft durch andere Streicher verdoppelten) Bratschen sowie auf dem zweiten Taktschlag hinzugefügten Oktaven der Harfe und/oder Celesta; Harfenoktaven entweder direkt oder als Flageolett gegriffen: auf *h* bzw. *ces* in T. 1-4, 9-12, 21-24, 43-49 und 63-67, auf *e* in T. 29-32, als Sekunde *a/h* (alternierend mit der 'Sekunde' *cis/es*) in T. 70-74. Ergebnis: 45% des Walzers mit Hintergrundfärbung.

[35]Nichols, *op. cit.*, S. 70: "Schuberts Einfluss scheint nicht weit über den Titel hinausgegangen zu sein".

[36]Übersetzt nach einem Zitat in Jean-Christophe Branger, "Ravel et la valse." In *Ostinato rigore* 24 (2005), S. 145-60.

[37]Übersetzt nach Erika Reiman, *Schumann's Piano Cycles and the Novels of Jean Paul* (Rochester, NY: University of Rochester Press, 2004), S. 6-7.

[38]Übersetzt nach Manuel Rosenthal, *Ravel: Souvenirs de Manuel Rosenthal, recueillis par Marcel Marnat* (Paris: Éditions Hazan, 1995), S. 9.

Michael Puri geht dieser Beziehung in einem ausführlichen Essay nach.[39] Dabei schlägt er vor, in der titelgebenden Paarung von *noble* und *sentimentale* weniger eine Anspielung auf die schubertschen Zyklen als den impliziten Einfluss von Schumanns Pseudonymen Florestan/Eusebius zu sehen, da sich die ravelschen Walzer dem Gegensatz von stürmisch-leidenschaftlich und sanft-introvertiert überzeugender zuordnen lassen als dem Wortpaar edel/sentimental. Darüber hinaus zeigt Puris vergleichende Analyse, dass es z.B. zu Schumanns *Papillons* sowohl äußere als auch innere Beziehungen gibt. Schon dort finden sich die in Ravels Zyklus auffälligen Satzverknüpfungen, erzielt entweder durch eine Ähnlichkeit der Anfangstakte zweier aufeinanderfolgender Stücke oder durch die Übernahme einer Schlusswendung in den Beginn des nächsten Stückes. Auch lässt sich das abschließende Stück der *Papillons*, in dem Schumann den Großvatertanz vom Beginn des Zyklus in Erinnerung ruft und dann fragmentierend verklingen lässt, als Vorbild für Ravels Epilog deuten.

Aus dem tonalen Blickwinkel betrachtet spiegelt Ravels Epilog zudem eine Besonderheit in Schumanns *Davidsbündlertänzen*. Man kann von einer Parallele der Teleologie sprechen, insofern beide Zyklen ein doppeltes Ende haben. Ravel rundet seinen Zyklus zuerst in Nr. VII ab, in dem die tonale Fortschreitung mit dem letzten als "Walzer" bezeichneten Stück ein Ziel erreicht, dann jedoch erneut im achten Stück, das rahmend zur Ausgangstonart zurückkehrt und diese ungewöhnlich ausführlich bekräftigt. Indem Ravel Nr. VIII als "Epilog" betitelt, scheint er das verdoppelte Ende zu unterstreichen, insofern das Etikett den vorausgehenden, besonders umfangreichen Walzer Nr. VII de facto zum Abschluss einer Folge macht.

Wie Puri ausführt, hat eben dieses doppelte Ende einen Vorläufer:

> In den *Davidsbündlertänzen* krönt Schumann die umfassende Wiederkehr der Nr. II in Nr. XVII mit einer virtuosen Coda, die zunächst den Zyklus zu beenden scheint, dann aber unerwartet einem zusätzlichen Satz weicht. Die Nr. XVIII in C-Dur ist ein kurzer Walzer, der als Epilog des Zyklus dient, obwohl es weder eine tonale noch eine thematische Reprise gibt. Seine Funktion als Ergänzung wird jedoch durch die Aufforderung unterstrichen, mit der Schumann den Satz in der Erstausgabe überschrieben hat: "Ganz zum Überfluss meinte Eusebius noch Folgendes, dabei sprach aber viel Seligkeit aus seinen Augen."[40]

[39]Michael J. Puri, "Ravel's *Valses nobles et sentimentales* and its Models". In *Music Theory Online* 23/3 (2017).

[40]Übersetzt nach Absatz [61] der obigen Online-Veröffentlichung.

Zuletzt ist noch Ravels Epigramm zu erwähnen. Die Worte, die der Partitur vorangestellt sind – " . . . le plaisir délicieux et toujours nouveau d'une occupation inutile" (das köstliche und stets neue Vergnügen einer nutzlosen Beschäftigung) – stammen aus dem Vorwort von Henri de Régniers Roman *Les rencontres de M. de Bréot*.[41] Sie können als Ravels selbstironische Charakterisierung seines Faibles für Tänze im Allgemeinen und Walzer im Besonderen verstanden werden.

Das "Vergnügen einer nutzlosen Beschäftigung" charakterisiert vor allem das Libretto des Balletts, das Ravel zu seiner sinfonischen, für die Bühnenfassung zu *Adélaïde ou Le langage des fleurs* umbenannten Walzerfolge entwarf. Die Handlung kreist um Szenen, in denen eine kokette Kurtisane und zwei ihrer Freier, ein sanft-melancholischer Dichter und ein sich leidenschaftlich gebender aber hochmütiger Herzog, Gefühlen von Liebe, Hoffnung, Ablehnung etc. durch den Tausch von Blumen Ausdruck verleihen – ein Spiel voller Charme aber ohne Tiefe.[42] Auch hier mag Ravel an Schumanns Eusebius und Florestan gedacht haben. Das Ballett wurde am 22. April 1912 im Théâtre du Châtelet mit dem Orchestre Lamoureux unter Ravels Leitung uraufgeführt, die bis heute weit erfolgreichere konzertante Orchesterfassung dagegen erst am 15. Februar 1914 im Casino de Paris unter Pierre Monteux.

[41]Herausgegeben 1904 beim Pariser Verlag Mercure de France der Éditions Gallimard; heutige Ausgabe in Henri de Régniers *Romans costumés* (Paris: Mercure de France, 1992).

[42]Ravels Libretto (im französischen Original mit englischer Übersetzung) ist abgedruckt in Mawer, *Ballets*, S. 130-131.

Le tombeau de Couperin

Die Gattungsbezeichnung *tombeau* steht für Instrumentalwerke, die nach Art eines metaphorischen "tönenden Grabmals" an eine verehrte Persönlichkeit erinnern. Die französische Lauten-, Gamben- und Cembalomusik des 17. und 18. Jahrhunderts ist reich an solchen kompositorischen Huldigungen. Schon ein Jahrhundert früher kannte die Literatur poetische Hommages. Als Dichter des *Fin de siècle* auf diese Tradition zurückgriffen, wählten sie vereinzelt denselben Genretitel. Berühmte Beispiele aus Ravels Lebensumkreis sind die drei Tombeau-Gedichte aus der Feder von Stéphane Mallarmé: Bereits 1876, im Jahr nach Ravels Geburt, schrieb Mallarmé das Sonett *Le tombeau d'Edgar Poe* in Erinnerung an den 1849 verstorbenen amerikanischen Dichter, dessen Werk er zum Teil übersetzt hatte. Zwanzig Jahre später folgten seine beiden Ehrungen für französische Dichter: *Le tombeau de Charles Baudelaire* von 1895 und das nur *Tombeau* überschriebene Sonett von 1897 zum Gedenken an den damals gerade verstorbenen Paul Verlaine.

Als Ravel diesen Zyklus im Frühjahr 1914 konzipierte und weitgehend skizzierte, plante er eine fünf- bis sechssätzige "Suite". Diese schon in der Renaissance bekannte Gattung war anfangs lediglich durch eine Folge kontrastierender aber tonal verwandter Tänze definiert. Im Gegensatz zu der in Deutschland durch Joh. Jakob Froberger (1617-1667) etablierten Satzfolge Allemande – Courante – Sarabande, die gegen Ende des 17. Jahrhunderts durch optionale Tänze wie Menuett, Gavotte, Bourrée etc. und die Gigue als Abschluss erweitert wurde, bestand die Suite in Frankreich aus einer losen Folge zahlreicher Sätze, die keiner vorgegebenen Reihenfolge verpflichtet waren. Prominentester Komponist solcher Suiten war François Couperin (1668-1733). Seine 23 als *Ordres* bezeichneten Cembalosuiten aus den Jahren 1713-1730 enthalten insgesamt über 220 Sätze.[1]

[1]Ein Beispiel bietet Couperins *Second ordre*, seine 2. Cembalosuite. Sie umfasst 23 Sätze. Von diesen sind neun in ihren Titeln als Tanzsätze ausgewiesen (neben Allemande, Courante, Sarabande, Menuett, Gavotte und Passepied die weniger bekannten Genres Rigaudon und Canaries), fünf sind allein oder zusätzlich durch eine menschliche Eigenschaft charakterisiert ("Die Fleißige", "Die Prüde", "Die Beflissene", "Die Schmeichlerin" und "Die Sinnliche") und neun durch Widmungsträger (sechs zeitgenössische und drei mythologische Personen). Dazu kommen zwei Genrestücke: "Die Schmetterlinge" und "Die glücklichen Gedanken".

Neben diesen ausufernden Suiten für Cembalo schrieb Couperin acht mehrsätzige Werke für "clavier" oder zweistimmige Kammermusik, die unter dem Titel *Concerts* veröffentlicht wurden. Diese sind mit einem Umfang von fünf bis sieben Sätzen wesentlich überschaubarer. Auch beginnen sie wie Bachs Englische Suiten für Cembalo oder Clavichord sowie seine sechs Suiten für Violoncello solo jeweils mit Prélude und Allemande und beschränken sich danach ganz auf Tanzsätze. Somit entsprechen diese "Konzerte" den für musikalische Soireen gedachten Suitenkompositionen deutscher Barockkomponisten eher als die pittoresken aber ausufernden *Ordres*. Die ersten vier der couperinschen "Konzerte" erhielten später den Beinamen *Concerts royaux*, da sie am Hof von Louis XIV gespielt wurden. Einzelne Sätze des vierten *Concert royal* dienten Ravel als Vorbild für seine eigene Suite.

Den Titel "Tombeau" präzisierte Ravel erst 1917 anlässlich der Vollendung des Werkes nach seiner Entlassung aus dem Militärdienst. Dabei verdreifachte er gleichsam den Erinnerungsbezug: Neben Couperin, zu dessen Ehrung er das ganze Werk komponierte, widmete er jeden der sechs Sätze einem seiner im Weltkrieg gefallenen Freunde. Zugleich und ohne öffentlich sichtbare Zuschreibung gilt dieser Nachruf auch seiner während seines Kriegsdienstes verstorbenen Mutter.[2] Die Komposition wurde noch im selben Jahr veröffentlicht. Die Uraufführung am 11. April 1919 im Pariser Gaveau-Saal spielte Marguerite Long.

Die schon in der ursprünglich geplanten Suite beabsichtigte Huldigung an einen der großen Barockkomponisten Frankeichs war, ähnlich wie Debussys Wiederentdeckung Rameaus zum selben Zeitpunkt, sicherlich auch Ausdruck von Ravel Verstörung über die Feindschaft seiner Nation mit Deutschland und Österreich. Doch ging sein Patriotismus nicht so weit, dass er eine Erklärung der Nationalen Liga zur Verteidigung der französischen Musik unterschrieben hätte, deren Ziel es war, alle Aufführungen urheberrechtlich geschützter Werke deutscher und österreichischer Komponisten zu untersagen.[2] Er äußerte sich dazu in einem Brief an die Liga, in dem er eine Mitgliedschaft entschieden ablehnte:

[2]Ravel hätte gern eine aktive Rolle bei der Verteidigung seines Landes übernommen, war jedoch sowohl von der Infanterie als auch von der Luftwaffe wegen Untergewicht für wehruntauglich erklärt worden. So arbeitete er zuerst ehrenamtlich in einem Lazarett; später wurde er als Lastwagenfahrer für militärische Transporte engagiert und schließlich doch noch an die Front von Verdun geschickt. Dort erreichte ihn die Nachricht vom Tod seiner seit längerem kranken Mutter, die zu seinem Zusammenbruch und seiner Entlassung aus dem Kriegsdienst führte.

> Es wäre meiner Meinung nach sogar gefährlich für die französischen Komponisten, systematisch die Produktion ihrer ausländischen Kollegen zu ignorieren und so eine Art nationaler Clique zu formieren: Unsere derzeit so reiche Tonkunst würde unweigerlich degenerieren und sich in schablonenhaften Formeln einschließen. Mich kümmert es wenig, dass zum Beispiel Monsieur Schönberg Österreicher ist. Er ist nichtsdestoweniger ein Musiker von hohem Wert, dessen überaus interessante Recherchen nicht allein auf einige Komponisten alliierter Länder, sondern sogar bei uns einen positiven Einfluss gezeitigt haben. Mehr noch: Ich bin ausgesprochen erbaut davon, dass die Herren Bartók, Kodály und ihre Schüler Ungarn sind und dass sie dies in ihren Werken zu glutvoll zum Ausdruck bringen.[3]

Typisch für die traditionelle Tombeau-Komposition waren feierlich schreitende Tanzgattungen wie die Allemande und die Pavane. Auf beide verzichtet Ravel bezeichnenderweise. Stattdessen eröffnet er seine Komposition mit der Paarung "Präludium und Fuge" in e-Moll und rundet sie ab mit einer Toccata, die gleichfalls in e-Moll steht. Dazwischen stehen drei Tanzsätze, von denen zwei zu eher ausgefallenen Gattungen gehören: eine Forlane in e-Moll, ein Rigaudon in C-Dur und ein Menuett in G-Dur. Das Titelblatt der Notenausgabe von Durand (Abbildung unten) zeigt ein von Ravel selbst gezeichnetes Trauerarrangement mit Urne.

Trotz des Trauerbezugs in Wort und Bild gilt es als strittig, ob dieses Werk als eine musikalische Totenklage anzusehen ist. Cortot weist auf den "abstrakten" Charakter der Suite hin. Zwar stehe die Herbheit der harmonischen Sprache in deutlichem Gegensatz zum sinnlichen Reichtum der Texturen in Ravels früheren Werken, doch sei das nicht auf Kriegseindrücke oder Verlusterfahrungen zurückzuführen, da die Gesamtkonzeption wie auch die Satztypen schon vor Ausbruch des Krieges und vor dem Tod der Mutter feststanden. Vielmehr knüpften die extrem virtuosen Passagen ebenso wie die Fülle von Ornamenten und schnellen Tonwiederholungen direkt an die französische Cembalotradition an. Im Vordergrund stehe somit die Huldigung an den großen Couperin.[4]

Anders sehen es Theoder W. Adorno und Hans Heinz Stuckenschmidt. Adorno erkennt unter der perfekten, klassizistischen Oberfläche des *Tombeau*, das er als Ravels "archaistisches Hauptwerk" bezeichnet, eine

[3]Michael Stegemann, *Maurice Ravel* (Reinbek bei Hamburg: Rowohlt, 1996), S. lxiii.

[4]Alfred Cortot, *La musique française de piano* (Paris: Presses Universitaires de France, 1948); S. 51.

echte Trauermusik.[5] Ähnlich empfindet Stuckenschmidt, wenn er schreibt: "Hinter der hellen, spielerischen Bewegung dieser Tänze und kunstvoll nachgeformten Clavecinisten-Stücke verbirgt sich ein tief schmerzliches, ja tragisches Grundgefühl. [...] Das ganze Werk trägt die Aura von Abschied. Ravel tritt gleichsam aus dem Land der Jugend und Kindheit in das des Lebensernstes. Die schöpferische Ausbeute dieser Situation ist eine Art von Verzicht, ein Verschleiern und Verbergen von Abgründen der Erfahrung hinter einer hellen und beinahe galanten Verkleidung."[6]

Le tombeau de Couperin: Ravels Titelillustration für die Durand-Ausgabe

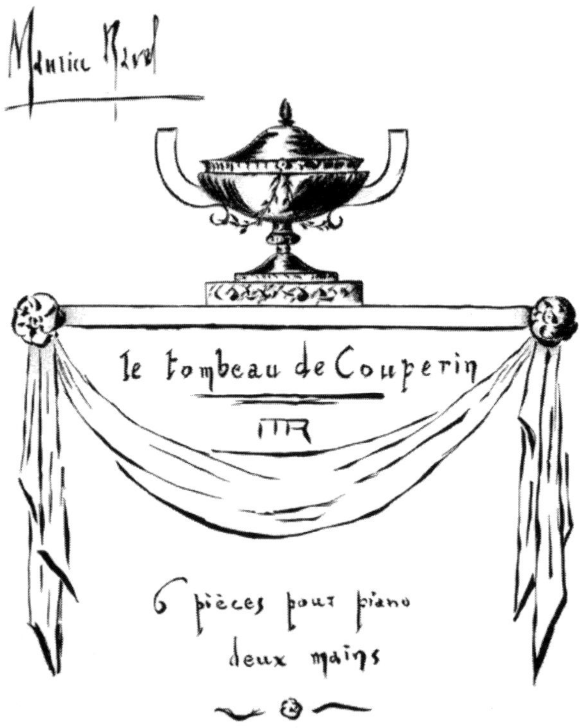

[5]Theodor W. Adorno: *Gesammelte Schriften: Musikalische Schriften IV* (Frankfurt: Suhrkamp, 1982), S. 63. "Durch die hochmütige Kinderlandschaft führt die Tournée seiner Musik ins Altertümliche [...]: in Trauer ohne Glauben. Kein Zufall, dass sein archaistisches Hauptwerk, mit dem welken Duft der Forlane, die von den eigenen Harmonien entblättert wird; mit dem zärtlichsten Menuett; dass dies große, über Jahre hin komponierte *Tombeau de Couperin* eine Trauermusik ward."

[6]Stuckenschmidt, *Ravel*, S. 216-217.

Prélude

Das Prélude steht in e-Moll. Die Tonart wird allerdings sowohl durch die zahlreichen pentatonischen Komponenten[7] als auch durch den Einsatz von G-Dur als momentanem Tonika-Stellvertreter[8] wiederholt in Frage gezogen. Das schnelle Tempo (*Vif*, ♩. =92) und das 12/16-Metrum mit einer ununterbrochenen Sechzehntelbewegung, die durch "auf dem Schlag" zu spielende Praller und Mordente zusätzlich verdichtet wird und erst fünf Takte vor dem Schluss plötzlich zum Stillstand kommt, verleihen dem Satz den Charakter einer ausufernden, im Detail ständig veränderten Kette von Ornamenten.

Im Aufbau entspricht dieses wie improvisiert wirkende virtuose Stück einer (ravelschen) Sonatensatzform: Auf die wiederholte 29-taktige Exposition folgt eine harmonisch bis zum Tritonus ausgreifende Durchführung mit zwei Gegenüberstellungen von Hauptmotiv und Seitensatz (28 Takte), eine erweiterte Reprise der Abfolge, die die Exposition beschloss (25 Takte), und zur Abrundung eine zwölftaktige Coda. Dynamisch bewegt sich die Musik mit Ausnahme der zwei mächtigen, strukturell analogen Seitensatz-crescendi im Bereich um *pp* und *p*.

Das thematische Material besteht im Wesentlichen aus drei Komponenten. Jede wird dreimal entscheidend variiert, wobei Ravel Kürzungen, Verlängerungen und sogar Taktvertauschungen sowie Überleitungen und Vorwegnahmen einbezieht.

- Das Hauptmotiv weist den höchsten Grad an Wiederholungen auf: jede Takthälfte sowie der Zweitakter als Ganzes ertönt zweimal:

Le tombeau de Couperin I: Das Hauptmotiv

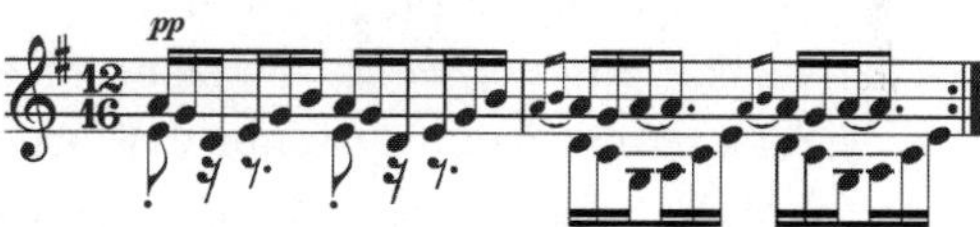

Die erste Variante in T. 10-13, eine kleine Terz tiefer transponiert, überrascht durch eine vertauschte Taktfolge und ein hinzugefügtes *dis*, das die Pentatonik zugunsten der Dominant- und Subdominantdreiklänge H-Dur und A-Dur durchbricht. Die Wiederholung des Abschnitts T. 5-30 endet in einer mit der Quintenschichtung *g/d/a* harmonisierten Figur aus T. 1. Dies antizipiert die zweite Variante,

[7] Vgl. im eröffnenden Zweitakter rechts den Tonbestand *e-g-a-h-d*, mollpentatonisch auf *e*, und links *a-c-d-e-g*, mollpentatonisch auf *a*.

[8] Vgl. T. 1-4 mit dem strukturell analogen Viertakter T. 30-33: Zu Beginn der Wiederholung der ersten Prélude-Hälfte ersetzt Ravel den ursprünglichen Orgelpunkt *e* durch *g / h*.

in der Ravel die Quintenschichtung im ersten Takt (T. 34) vertikal zu *c/g/d/a*, im zweiten (T. 35) zu *f/c/g/d/a* erweitert. Die dritte Variante des Hauptmotivs, transponiert von *a* über *e* in T. 1 zu *e* über *a* in T. 46, übernimmt die ankernden Quinten, in T. 47 als *g/d/a/e*, in T. 49 sogar als *c/g/d/a/e*. Die vierte Variante schließlich, mit der Ravel die Coda eröffnet, steht harmonisch ganz im Zeichen von e-Moll, deren Tonika (T. 83 und 85) mit dem Subdominant-Tredezimakkord *a/c/e/[g]/h/d/fis* alterniert.

- Das doppelt so lange zweite Motiv, dem die Rolle des Seitensatzes zufällt, erklingt erstmals in T. 22-29. Läufe und Arpeggien in Sechzehnteln unterstreichen die von Mordenten verzierte, lyrische Kantilene des Diskants mit einem kräftigem Crescendo.

Le tombeau de Couperin I: Der Seitensatz

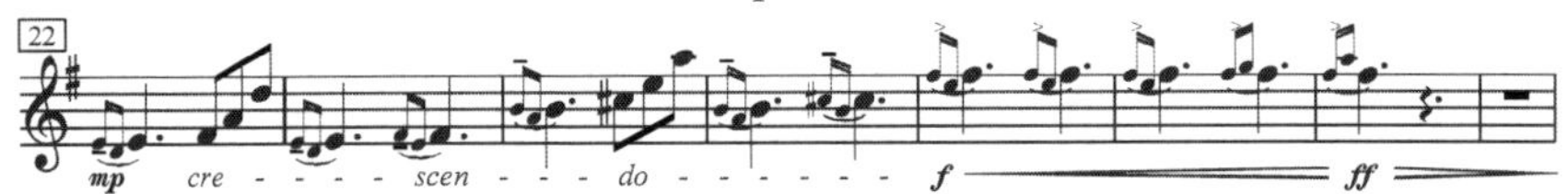

Die erste Variante in T. 38-45 dieses Motivs ist abweichend gegliedert: Aus dem aufwärts versetzten Zweitakter mit halbtaktig aufsteigenden Sekunden (*e-fis, e-fis*) wird ein abwärts sequenzierter Dreitakter mit halbtaktig absteigenden Tonschritten (*e-d, e-d*). Die auf zwei Takte verkürzte Ergänzung leitet antizipierend in das folgende Hauptmotiv über. Die zweite Variante in T. 50-57 besteht ebenfalls aus 3 + 3 + 2 Takten, wobei die 3/8-Gruppen nun als Quartgänge erklingen und der jeweils dritte Takt einen Quintfall vorhaltartig verzögert. Tonal repräsentiert diese Variante mit ihrem Rahmenton *b* den Tritonus der Grundtonart e-Moll. Erst die dritte Variante in T. 68-77 knüpft im zugrunde liegenden Zweitakter wieder an die ursprüngliche Gestik an, verlängert dann jedoch das Ende.

- Als Verbindung zwischen diesen beiden führenden Komponenten und ihren Varianten erklingen zwei Versionen eines noch deutlicher ornamental konzipierten Motivs. Die erste führt ausgehend vom im Hauptmotiv alternierend gehörten Anker *a* über einen wiederholten e-Moll-Nonakkord zum H-Dur der ersten Hauptmotivvariante. Die zweite, die zuerst zur Grundform des Seitensatzes, bei ihrer Reprise ab T. 58 dann zur (der Grundform wieder angenäherten) letzten Variante hinleitet, tritt jeweils im Tandem mit einer Transposition auf, wobei Ravel jedem Viertakter beim zweiten Auftreten ein

Arpeggio hinzufügt, das – unerwartet im Kontext seiner sonst meist stark erweiterten Harmonik – einen reinen Durdreiklang durchläuft.[9]

Le tombeau de Couperin I: Die zwei Verbindungskomponenten

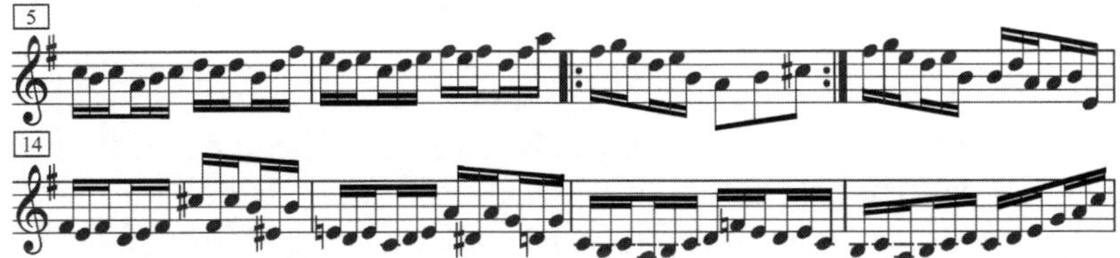

Der Kleinteiligkeit der thematischen Figuren stehen die großen Linien in den Nebenstimmen entgegen, durch die Ravel Zusammenhang stiftet. Diese treten besonders ins Bewusstsein, wenn sie chromatische, diatonische oder ganztönige Skalen bilden oder den Quintenzirkel durchschreiten. So verläuft die zuletzt erwähnte sequenzierte Überleitungskomponente beim ersten Mal über Begleitstimmen, die in unsynchronisierter Zweistimmigkeit chromatisch absteigen,[10] beim zweiten Auftreten über einer fallenden Ganztonskala, die ihrerseits in der Mittelstimme mit Quintschritten aufgelockert wird.[11] Die im Diskant statische zweite Hälfte von Motiv 2 crescendiert, in der ursprünglichen Gestalt wie auch in der analog gestalteten dritten Variante, über Arpeggien auf diatonisch absteigenden Basstönen, im ersten Fall ergänzt durch fallende Quinten, im letzteren durch einen verzögerten Fall durch zwei Quarten.[12] Die zweite Variante des Motivs bewegt sich in den hervorgehobenen Diskanttönen und den Ankertönen der begleitenden Arpeggien ebenfalls in Quintschritten.[13]

[9]Das Transpositionsintervall ist in beiden Fällen ungewöhnlich: ein Septimsprung von T. 14 zu T. 18, ein Tritonus von T. 58 zu T. 63. Dabei glättet Ravel die Intervallsprünge der ersten zwei Takte: Die Folge von Quint/Tritonus – Tritonus/Quart in T. 14-15 und 18-19 ist in T. 58-59 und 63-64 zu vier chromatisch absteigenden Quintwechseln harmonisiert. Die zwei erweiternden Arpeggien stehen in D-Dur (T. 62) und As-Dur (T. 67).

[10]Vgl. T. 14-17 Mittelstimme: *dis-d-cis-c-h-b-a-gis/fis-f-e*, Unterstimme: *h-ais-a-gis-g-fis-f-e* plus 'Kadenzschritte'; vgl. T. 18-21 Mittelstimme: *c—h-b-a-as-g—fis-f-e*, Unterstimme: *a-gis-g-fis-f-e-es-d* plus 'Kadenzschritte'.

[11]V gl. T. 58-67, links: Ganztonskala *gis-fis-e ... d, d-c-b ... as,* in der Mittelstimme ergänzt durch *gis-dis-ais, fis-cis-gis, e-h-fis* und in Kombination beider fortgesetzt als *h ... e-a-d;* weiter ab T. 65 mit *b-f-c, f ... b-es-as.*

[12]Vgl. den Bass in T. 26-30: *d-c-h-a-e; h-e-a-d-g*; T. 73-83: *d-c-h-a-g-f-e-d-a—a—a—e.*

[13]Vgl. T. 50-56, rechts: *b-b-(e)-es-as-as-(d)-des* über links: *c-c-f-b-b-es-gis.*

Fugue

Die das Prélude zum Satzpaar ergänzende Fuge in e-Moll ist das satztechnisch sprödeste Stück der Suite. Die junge Komponistengeneration um Ravel betrachtete die Fugenkomposition als eine Disziplin, die ein Absolvent der Konservatorien gemeistert haben musste, später aber nicht unbedingt ästhetisch wichtig nehmen sollte. Einige Kritiker spotteten, Ravel habe in sein *Tombeau* nur deshalb eine Fuge aufgenommen – eine Gattung, die bei Couperin vergleichsweise selten vorkommt und deren Referenzfunktion daher nicht unbedingt einleuchtet[14] –, um sich und anderen zu beweisen, dass er auch diese Form beherrschte, nachdem er mehrmals am Fugenwettbewerb in der Vorrunde des Prix de Rome gescheitert war.

Unzweifelhaft bestätigt der Satz, dass Ravel nicht nur in der Lage war, eine Fuge zu schreiben, sondern dass er innerhalb des strengen Satzes sowohl eine elegische Stimmung zu erzeugen als auch allerlei metrische und strukturelle Verschleierungen einzubauen wusste. Seine dreistimmige, 61 Takte umfassende Komposition beschränkt sich dabei in ihrem thematischen Material fast ausschließlich auf Subjekt und Kontrasubjekt.

Das Subjekt ist täuschend einfach: die zweitaktige Grundform des Dux besteht in der Ausgangslage abwechselnd aus den ersten fünf Tönen der e-Moll-Tonleiter oder der ans Prélude anknüpfenden Mollpentatonik auf *e*;[15] der Comes endet wiederholt viertönig mit Überbindung oder Pause. Die der kurzen Phrase auferlegte Fragmentierung mit Teilwiederholung und Binnenerweiterung stellt eine doppelte Herausforderung dar: für Hörer durch die Verschleierung des Metrums im 7/8-Kopf, für Pianisten durch die zahlreichen Artikulationsakzente, besonders in den Engführungen.

Le tombeau de Couperin II:
Das Fugensubjekt wie gehört

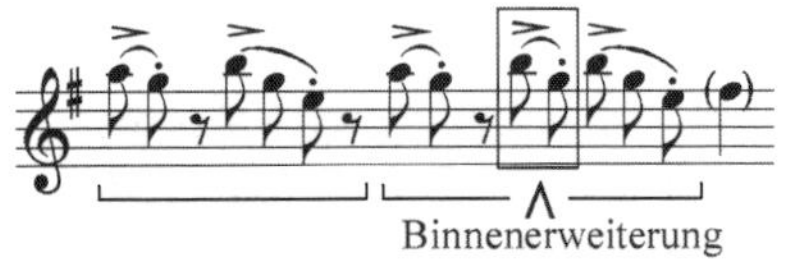

Le tombeau de Couperin II:
Das Fugensubjekt wie notiert

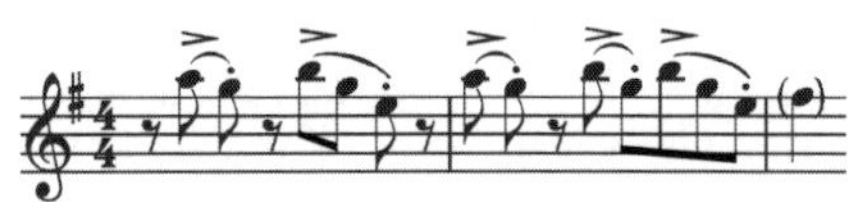

[14] In Couperins berühmter *Messe à l'usage ordinaire des paroisses pour les fêtes solennelles* trägt das zweite Kyrie den Satztitel "Fugue sur les jeux d'anches", das Gloria ist als "Petite fugue sur le chromhorne" ausgewiesen, und das wie eine erweiterte französische Ouvertüre gebaute *Offertoire sur les grands jeux* besteht aus drei umfangreichen Abschnitten: einem Präludium, einer chromatischen Fuge und einer Fuge im Stil einer Gigue. Auch Couperins *Concert royal* Nr. II enthält eine "Allemande fuguée" und ein "Air contrefugué".

[15] Vgl. das Subjekt in T. 1-3_1 und 9-10_1: *e-fis-g-a-h*, T. 5-7_1: *e-g-a-h-d*.

Ganz anders das Kontrasubjekt. Es ist mit seinem Umfang von genau einem Takt, der der zweiten Hälfte des Subjekts gegenübergestellt ist, metrisch eindeutig, beschreibt einen sanften Abstieg, dessen schwingende Triole dem zuvor zerrissenen Tonfluss einen lyrischen Anstrich verleiht, und endet in seiner Grundform mit der Andeutung einer kadenzierenden Formel, die allerdings später vielfach abweichend gestaltet ist.

Le tombeau de Couperin II:
Das Kontrasubjekt

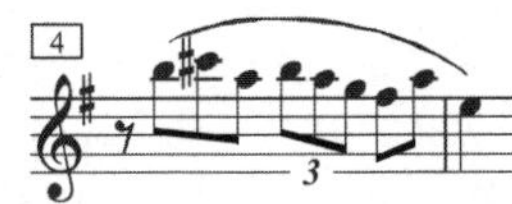

In ihrem Aufbau verbindet der Satz typische Merkmale barocker Fugenkomposition mit der ravelschen Vorliebe für hörend erkennbare Parallelisierungen. Einerseits entwickelt sich die polyphone Komplexität schrittweise, von einfachen Durchführungen mit den Grundformen von Subjekt und Kontrasubjekt über die Einführung der Umkehrformen bis hin zu zweistimmigen und zuletzt einer dreistimmigen Engführung. Dabei duplizieren diese Engführungen die Gesamtentwicklung: In ihnen ertönen Subjekt und Kontrasubjekt erst im Original, dann in der Umkehrung, und schließlich in zwei gemischten Gegenüberstellungen, bevor die Fuge in dreistimmigen Engführungen erst des Subjektes, dann des Kontrasubjektes gipfelt.

Wie in barocken Fugen folgt auf jede Durchführung des Subjektes, später sogar auf jede einzelne Engführung eine Passage reduzierter thematischer Aktivität. Die Betonung liegt allerdings in dieser Fuge auf dem Wort "reduziert", denn kaum ein Takt ist frei von Fragmenten des Subjekts oder, noch häufiger, des Kontrasubjektes. Diese Episoden sind dynamisch nicht etwa zurückgenommen, sondern gewinnen vielmehr kurz an Intensität, bevor sie sich vor dem nächsten Subjekteinsatz wieder in große Zartheit zurückziehen.

Auch die oben erwähnte strukturelle Parallele zwischen der Entwicklung der Einzeleinsätze und der Engführungen unterstreicht Ravel durch die Dynamik. Die ersten drei der vier Durchführungen mit Einzeleinsätzen und die ersten drei zweistimmigen Engführungen beginnen sehr leise. Jeweils im Anschluss an das Auftreten der Umkehrformen (T. 22-25 und 39-40) erhöht Ravel die Lautstärke zum *mf*, das auch den nächsten Einsatz bzw. die nächste Engführung bestimmt. In der jeweils folgenden, umfangreichen themafreien Passage von T. 26-34 und 50-57 schwillt die Musik zum *forte*, gefolgt von einer allmählichen Entspannung zum durch Unisono unterstrichenen Ende (vgl. in T. $34\text{-}35_1$ das Diminuendo zum dreistimmigen *h*, in T. $57\text{-}58_1$ das Diminuendo/Ritardando zum einstimmigen *e*). Wieder *pianissimo* und in einem Tempo, das von *Meno allegro* ausgeht und sich dann bis fast zum Stillstand verlangsamt, schließt die Fuge mit einer Art Apotheose: einer Coda mit dreistimmigen Engführungen von Subjekt und Kontrasubjekt, die durch keine nichtthematische Note gestört werden.

Das folgende Diagramm will die komplexe Struktur visuell erfahrbar machen. Die Kürzel “S” und “KS” stehen für vollständige Einsätze der thematischen Komponenten, “s” für in Zwischenspielen ertönende Subjektfragmente, “ks” für die unterschiedlich langen Auftritte des Kontrasubjektes in subjektfreien Passagen, “O, M, U” bzw. O/M/U für Einsatzfolgen bzw. Engführungen mit Ober-, Mittel- und Unterstimme, und “Z” für Passagen mit reduzierter thematischer Aktivität(Zwischenspiele).

Le tombeau de Couperin II: Parallelität im Aufbau der Fuge

T. 1-7_1 – *pp* S in O (e-Moll) S in M (h-Moll) + KS in O S in U (e-Moll) + KS in M	T. 35-37_1 – *pp* S in O (e-Moll) verschränkt mit S in M (h-Moll)
T. 7-9_1 = Z1: ks in O, M, ½ ks in O	T. 37-39_1 = Z5: ks in O / ks in M
T. 9-13_1 – *pp* < *p* S in M (e-Moll) + KS in U S in O (h-Moll) + KS in M	T. 39-41_1 – *pp* < *mf* S-Umk in U (a-Moll) + KS in M verschränkt mit S-Umk in O (C-Dur)
T. 13-15_1 = Z2: s in O, M	T. 41-44_1 = Z6: ks in O/U/M, s in M
T. 15-19_1 – *pp* < *p* S in O (G-Dur) + KS in M S in U (D-Dur) + KS in M	T. 44-46_1 – *pp* < *mp* S in O (e-Moll) verschränkt mit S-Umk. in M (h-dim)
T. 19-22_1 = Z3: ks in O, U, ½ ks in M	T. 46-48_1 = Z7: ks in O/M/U
T. 22-26_1 – *p* < *mf* < *f* S-Umk in M (G-Dur) S-Umk in O (C-Dur)	T. 48-50_1 – *mf* < *f* S in O (H-Dur) verschränkt mit S-Umk in M (fis-Moll)
T. 26-29_1 = Z4a: ks-Umk in U, ks in O, Trugschlusskadenz mit s/s-Umk	T. 50-54_1 = Z8a: s + s-Umk in O/M/U Kadenz mit s-Umk
T. 30-33_1 = Z4b: ks in O + s in M, ks in M + s in O, ks in U + s in O	T. 54-56_1 = Z8b: ks-Umk in M/O/U
T. 33-35_1 = Z4c: ks in M, O, U	T. 56-58_1 = Z8c: ks-Umk in U/O/M
Coda:	T. 58-61 – *pp* S in O/M/U, KS in O/M/U *Meno allegro, Ral., Lent, Ral.*

Forlane

Der erste der Tanzsätze ist zugleich der gewichtigste in Ravels Suite. Die Entscheidung zu dieser Gattung wurde nur sehr indirekt von Couperin inspiriert. Wie aus einem im Frühjahr 1914 geschriebenen Brief Ravels an seinen Freund Cyprian Godebski hervorgeht und von Marcello Cofini und nach ihm Volker Helbing ausführlich dargelegt wurde,[16] geht der Anstoß zur Wahl gerade dieser Tanzgattung auf eine Direktive aus dem Vatikan zurück:

> Pius X ließ Anfang 1914 den frisch importierten, als anstößig und unzivilisiert empfundenen Tango auf den Index setzen und rief stattdessen zur Wiederbelebung des alten venezianischen Tanzes auf. Binnen weniger Tage machte eine Anekdote ihre Runde durch die internationale Presse, wonach der Papst einem aristokratischen Geschwisterpaar, das man gebeten habe, ihm einen Tango vorzuführen, empfohlen habe, sich anstelle solch exotischer und wilder Vergnügungen doch lieber an die alte venezianische ›Furlana‹ zu halten.[17]

Die Forlane, ein beschwingter italienischer Paartanz in Rondoform, erhielt im 17. Jahrhundert ihre stilistische Prägung und wurde im frühen 18. Jahrhundert in Frankreich zu einem beliebten Hoftanz. Sie steht im 6/8- oder 6/4-Takt und zeichnet sich durch kleinteilige Motivwiederholungen sowie zahlreiche, oft kettenartig verwendete halbtaktige Punktierungsgruppen aus. Auch in die konzertante Musik fand sie vereinzelt Eingang: In Deutschland ließen sich Georg Philipp Telemann und Johann Sebastian Bach zu Instrumentalsätzen dieses Typs inspirieren.[18]

Die Forlane in Couperins viertem *Concert royal* umfasst einen Refrain und vier Couplets in abwechslungsreicher aber gut überschaubarer Gliederung.[19] Alle Phrasensegmente beginnen auftaktig mit dem dritten Achtel des 6/8-Taktes und enden regelmäßig nach 2, 4 oder 8 Takten. Mit Ausnahme

[16]Brief Ravels zitiert in René Chalupt et al., Hrsg., *Ravel au miroir des ses lettres* (Paris: Laffont, 1956), S. 105-106; Marcello Cofini, "La furlana, ballo del Papa", in *Strenna dei Romanisti* (1995), S. 127-146; Volker Helbing, "Der Papst und die Tänzerinnen. Zur Forlane des *Tombeau de Couperin*", in *Zeitschrift für Musiktheorie* 5/1 (2008), S. 63-88.

[17]Helbing, *op. cit.*, S. 63.

[18]Vgl. den 6. Satz in Telemanns *Ouvertüre für 2 Hörner, Streicher und Basso Continuo* F-Dur (TWV 55:F16) und den 4. Satz in Bachs Orchestersuite Nr. 1 in C-Dur (BWV 1066).

[19]Refrain = 4 + 4 Takte (a, a_v), zur Eröffnung wiederholt. Couplet 1 = 4 + 4 Takte (b, b), Couplet 2 = 8 Takte (c), Couplet 3 = 4 + 4 + 4 + 4 + 4 Takte (d, d_v, d', d", d''_v), Couplet 4 = 2 + 2 + 4 + 4 Takte (e, e, e', e'). [https://www.youtube.com/watch?v=2e3TeKlmMn8]

des nach Moll abgedunkelten und ostinatoartig über dem Orgelpunktwechsel *a–g–a–g* verharrenden vierten Couplets steht der Satz in E-Dur. Die Punktierungsgruppe ♩.♪♩, die im Refrain nur kurz eingeschoben ist, bildet in den ersten drei Couplets zunehmend lange Ketten,[20] fehlt im kontrastierenden vierten Couplet jedoch ganz.

Ravels Forlane, die er nach der Vorlage von Couperin komponiert zu haben behauptete, gleicht ihr trotz eines wesentlich größeren Umfanges tatsächlich in vielen strukturellen Aspekten, setzt sich an anderen Stellen jedoch in charakteristischer Weise von diesem Vorbild ab.

- Couperins Forlane wechselt für das 4. Couplet von E-Dur zu e-Moll; Ravel hellt sein e-Moll für das 3. Couplet kurz zu E-Dur auf.
- Die Länge der Teilsegmente wechselt im Refrain ständig zwischen ganz- und halbtaktigem Beginn: dem ganztaktigen Incipit aus T. 1 geht in T. 5, der Wiederholung von T. 1 und T. 9 ein halbtaktiger Auftakt voraus; die Reprise der Anfangszeile endet erst in der Taktmitte von T. 29.[21] In Refrain 2 und 3 erhält die Variante von [a] eine neu imitierende Mittelstimme. Und während im ersten Couplet alle Teilsegmente in der Taktmitte beginnen und enden, verwendet Ravel im zweiten und dritten Couplet den bei Couperin vorgegebenen verlängerten 4/8-Auftakt. Die an den Übergängen entstehende Inkompatibilität der Phrasierungen führt mehrfach zu metrischen Verschränkungen, in denen ein Phrasenschluss mit dem Beginn einer neuen Einheit überlappt.
- Ob die auf das dritte Couplet folgenden Zeilen trotz des zwischen beiden fehlenden Refrains als viertes Couplet anzusehen sind, wie Helbing meint, erscheint mir aufgrund der deutlich abweichenden Motivreihung und Harmonisierung zweifelhaft, zumal schon Ravels drittes Couplet den von Couperin erst im vierten Couplet vorgenommenen Wechsel des Tongeschlechtes zeigt. Die folgende Übersicht geht von einer Rondoform mit drei Couplets aus, gefolgt von einer Coda, die mit einer Liquidation des Refrain-Incipits endet.

So ergibt sich für die Segmente und Phrasierungen folgendes Bild:

[20] Refrain, T. 1 und 5: je 1 x; T. 3 und 7: je 2 x; Couplet 1, T. 10-11 und 14-15: je 3 x, Couplet 2, T. 9 und 13: je 1 x, T. 17-19: 5 x und T. 20-23: 6 x; Couplet 3, T. 24-31: 15 x, T. 32-35, 36-39 und 40-43: je 6 x.

[21] Die wiederholte Grundphrase enthält Segmente von 2½ + 1 + 3 + 1 + 3 + 1 + 3 + 1 Takten. Ein Wechsel von der halbtaktigen zurück zur ganztaktigen Phrasierung erklingt bei T. 12|13. Doch selbst hier fallen die Akzente vorerst noch weiter auf die Taktmitte, bis die Kadenz in T. 17-18 die Ganztaktigkeit bekräftigt. Die Reprise der ersten Refrainzeile (T. 25-29) ist mit 2½ + 1 + 1 Takten vollends metrisch unregelmäßig.

Le tombeau de Couperin III: Die Segmente im Refrain der Forlane

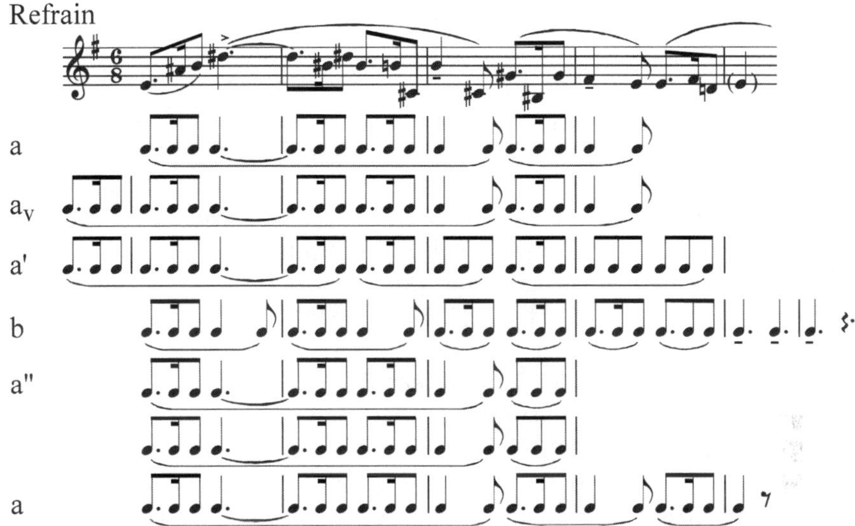

Le tombeau de Couperin III: Der weitere Verlauf des Satzes

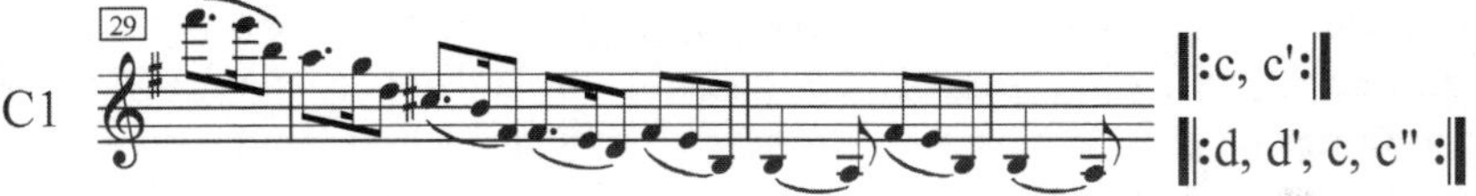

Refrain 2 (nur a, a_v + neue Mittelstimme): Anfang überlappend mit C1-Ende

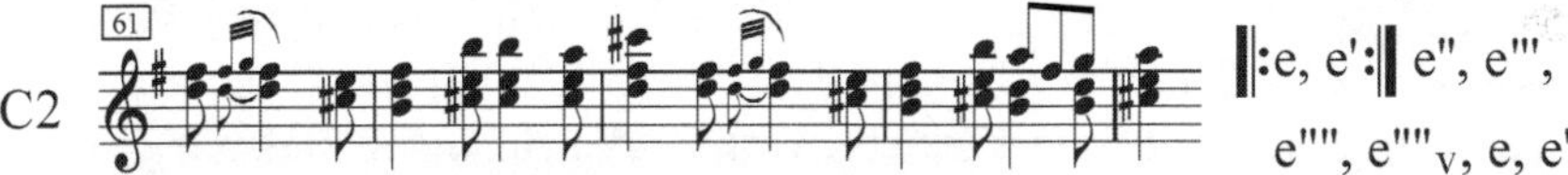

Refrain 3 (ganz, a_v + neue Mittelstimme): Anfang überlappend mit C2-Ende

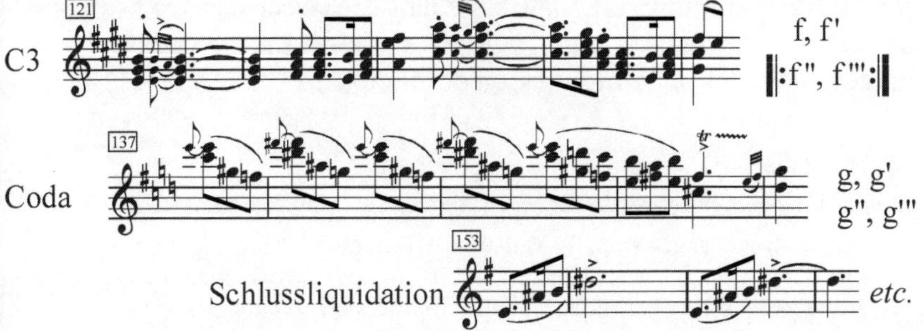

Vom Refrain durch die drei Couplets nimmt die harmonische Komplexität deutlich ab. Die 2½-taktige Eröffnungsphrase des Refrains erhebt sich über einem chromatischen Aufstieg aus übermäßigen Dreiklängen: *g/h/dis–gis/his/e–a/cis/eis*. Dabei sind T. 1 und 2 durch die große Sept *e-dis* beherrscht, die sowohl horizontal als Rahmen der melodischen Geste als auch vertikal in der betonten Synkope erklingt. Im zweiten Teilsegment und im halbtaktig zur Wiederholung der Phrase überleitenden dritten wird der Aufstieg mit einem Abstieg durch diatonische Dreiklänge beantwortet. Auf einer dritten Texturebene treten ab T. 2 Basstöne hinzu, die der akkordgestützten Diskantstimme mit *a–fis–h–e* die Schritte einer (modal verfremdeten) iv–ii–v–i-Kadenz unterlegen. Der melodische Aufstieg *e-ais-h-dis* entpuppt sich vor diesem Hintergrund als terzloser Tonikadreiklang mit Leittönen zur Quint und zur (unaufgelöst bleibenden) Oktave.

Die drei Couplets durchlaufen einen Prozess harmonischer Vereinfachung. In den Rahmenphrasen von Couplet 1 führt eine gestaffelt fallende halbtaktige Figur mit Vorhaltsdissonanz über einer e-Moll-Welle zu Abschlüssen in reinen Durdreiklängen, unterbrochen von einem Mittelteil über Orgelpunkten auf *fis* und *dis*. Couplet 2 setzt diese Entwicklung fort; Helbing konstatiert hier eine "scheinbar regressive, fast kindlich wirkende Diatonik".[22] Wieder erstreckt sich der Mittelteil über Orgelpunkttönen, die – im ungewöhnlich hohen Register angesiedelt – taktweise pulsierend getupft werden sollen.[23] In Couplet 3, das rhythmisch Couperins Couplet 2 nachgebildet ist, sind die Hauptklänge in jambischem Rhythmus mit ihrer Wiederholung gepaart. In den zwei höheren Texturschichten stellt Ravel terzverwandte Dreiklänge übereinander, in der dritten ergänzt durch dreitönige Quintenschichtungen.[24]

Die Hauptphrasen der Coda unterscheiden sich von den Couplets sowohl durch das Fehlen der Forlane-typischen Punktierungsfiguren als auch durch ihre dodekaphone Färbung. Über kadenzierenden Bassgängen erklingen im wiederholten eröffnenden Eintakter von [g] und [g'] zehn der zwölf, an entsprechender Stelle in [g"] und [g'''] sogar alle zwölf Halbtöne. Die sechstaktige Schlussphrase – auch sie dank der wechselnden Mittelstimmen zehntönig – präsentiert, gleichsam als letzte Erinnerung an den Refrain dieses Rondos, eine Liquidation des Incipits.

[22]Helbing, *op. cit.* S. 75.

[23]Vgl. Abschnitt [e"] über einem wiederholtem *e"*, Abschnitt e''' und seine Variante über *fis"*.

[24]Vgl. ab T. 121: E-Dur über gis-Moll, fis-Moll über A-Dur, cis-Moll mit 4-3-Vorhalt über E-Dur, ergänzt durch die Quintenschichtung *h/fis/cis.* In der Entwicklung: G-Dur über h-Moll, ergänzt durch *cis/gis/dis*, und fis-Moll über a-Moll, ergänzt durch *g/d/a.*

Rigaudon

Der Rigaudon ist ein Reihen- und Paartanz im Zweiertakt. Er hat seinen Ursprung in Volkstänzen, die in der Provence und im Languedoc getanzt wurden, entwickelte sich im 17. Jahrhundert zu einem beliebten Hoftanz und wurde von Couperin und Rameau sogar in Ballette und Opern integriert. Auch außerhalb Frankreichs entstanden bald einzelne Rigaudons, so von Henry Purcell, Georg Philipp Telemann und Georg Friedrich Händel für seine *Wassermusik.*

Der sehr lebhafte Tanz kannte hüpfende und stampfende Bewegungen zu einer Musik, die auf langen Ketten gleichmäßiger kleiner Notenwerte basiert. Typisch für die barocke Variante waren Phrasen, die mit Achtelauftakt beginnen, gefolgt von betonten, meist verzierten Vierteln. Damit zeigte der Rigaudon Ähnlichkeiten mit der Bourrée. Couperins solistische Instrumentalwerke enthalten zwei Rigaudons: einmal als zehnten Satz der anfangs erwähnten 23-sätzigen *Ordre* Nr. II für Cembalo, zum anderen als vorletzten Satz – vor der oben beschriebenen Forlane – im *Concert royal* Nr. IV. Letzterer zeigt die Charakteristika der Tanzgattung in besonders reiner Form:

François Couperin,
Quatrième Concert royal:
Eröffnungsphrase

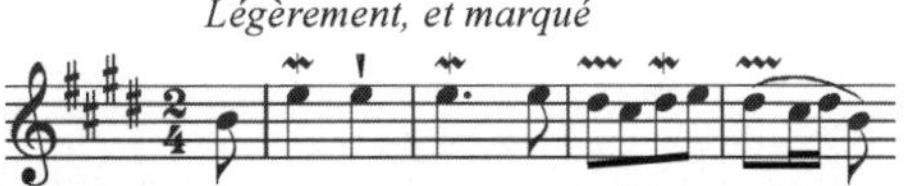

Ravel beginnt und beschließt die Rahmenabschnitte seines in C-Dur als groß angelegte ABA-Form konzipierten Rigaudon mit einem kräftigen fanfarenartigen Aufschwung in akzentverstärktem *fortissimo* (im Folgenden: [x]), der rhythmisch dem Endglied aus Couperins Eröffnungsphrase nachgebildet ist und mit dem Abschwung ([y]) zu einer vollständigen Kadenz ergänzt wird.

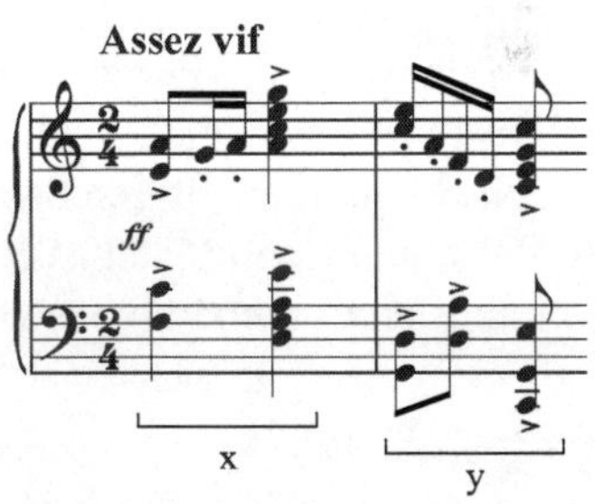

Le tombeau de Couperin IV:
Die Anfangs- und Schlussgeste

Erst danach erklingt, die Phrase [a] lancierend, der Rigaudon-typische Auftakt, hier in Form von zwei Sechzehnteln. Ein viertaktiges Crescendo mit kreiselnder Oberstimme und hüpfender Begleitung mündet in zwei weitere Takte im eröffnenden Rhythmus. Der erste geriert sich als einfacher Abschluss wie bei Couperin; der zweite, in T. 8, im anfänglichen akzentverstärkten *fortissimo*, als gestische Wiederaufnahme von [x].

Während dieser erste wiederholte Achttakter zwar mit Halbschluss endet, aber doch im Bereich der Grundtonart C-Dur verbleibt, streift der nachfolgende, aus Phrase [b] und ihren Ableitungen gebildete Abschnitt eine große Anzahl auch fernliegender Tonarten, bevor er schließlich in die originale, in C-Dur ankernde Fanfare aus [x + y] mündet. Die viertaktige Phrase [b] ist in ihrem Zentrum mit lauter Durdreiklängen harmonisiert, die in ihrer z.T. parallel verschobenen Abfolge vier Querstände erzeugen, führt dann jedoch noch einmal nach C-Dur zurück. Die auf drei Takte verkürzte Phrase [b'] dagegen endet mit einer Variante des fanfarenartigen Aufschwunges [x] in B-Dur:

Le tombeau de Couperin IV: Die querständigen Phrasen [b] / [b'][25]

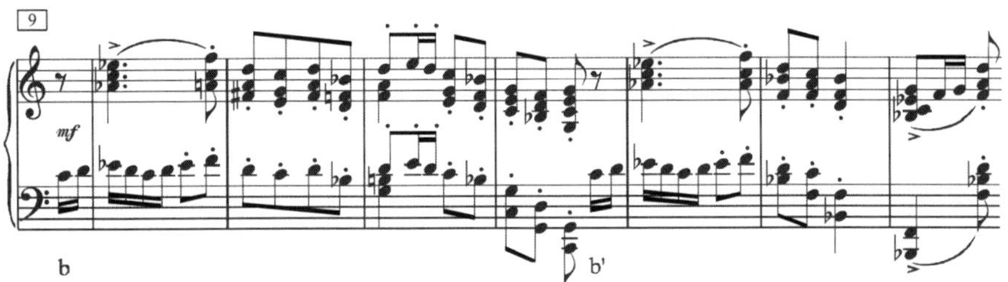

Die anschließende freie Transposition mit ständig wechselndem Versetzungsintervall beginnt in Des-Dur und erreicht, nach neuerlichen querständigen Rückungen, eine Ableitung der Aufschwungsgeste [x] in Fis-Dur, die diesmal mit [y] zum Achttakter vervollständigt wird und nach dem vorausgehenden Crescendo wieder im ursprünglichen *fortissimo* erklingt. Umso überraschender ist das *pianissimo subito* zu Beginn der Entwicklung der [b]-Phrase. Diese senkt sich über zwölf Takte chromatisch (im Diskant) bzw. diatonisch (in der Begleitfigur) von fis-Moll nach G-Dur. Nach einer mächtigen Steigerung zurück zum *fortissimo* rundet Ravel den Rahmenabschnitt seines Rigaudon mit einem notengetreuen Zitat der zweitaktigen C-Dur-Fanfare vom Anfang des Tanzes ab.[26]

[25]Für die Querstände vgl. T. 10: As-Dur→ F-Dur (*as* → *a*), T. 10-11: F-Dur → D-Dur (*f* → *fis*), T. 11: D-Dur → B-Dur (*fis* → *f*), T. 11-12: B-Dur → G-Dur → B-Dur (*b* → *h* → *b*).

[26]Die Reprise des Abschnitts unterscheidet sich allein an fast unbemerkten Stellen. Die fanfarenartige Geste [x-y], die in T. 1-2 und 35-36 von einem Subdominantseptakkord ausgeht, setzt in den beiden anlogen Taktpaaren T. 93-94 und 127-128 von dem (eng verwandten) Nonakkord der Subdominantparallele ein. Zudem hat Ravel die letzten vier Takte der zum Abschluss führenden tonalen Absenkung so verändert, dass statt des dominantischen Zielklanges G-Dur das subdominantische F-Dur erreicht wird. Doch ändert dies nichts an der grundlegenden Analogie der beiden 36-taktigen Abschnitte.

Der 56-taktige Mittelteil kontrastiert mit den Rahmenabschnitten in beinahe jeder Hinsicht. Das Tempo ist auf *Moins vif* verlangsamt, die Grundtonart von C-Dur nach c-Moll eingedunkelt, und die Dynamik spielt durchgängig in und um *pianissimo*. Die Grundphrase besteht aus ungleichmäßig langen melodischen Komponenten, die in den verschiedenen Ableitungen stark modifiziert werden und dabei ihre Plätze tauschen.

Le tombeau de Couperin IV: Ableitungen mit vertauschten Gliedern

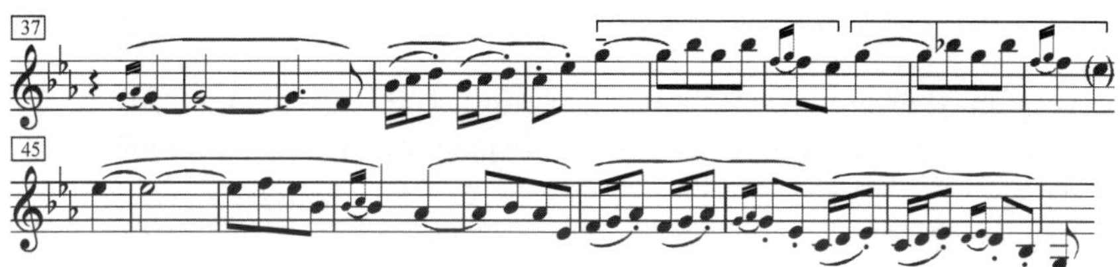

Die linke Hand, die in den Rahmenabschnitten entweder eine halbtaktig aufspringende Begleitfigur beiträgt oder (in den querständig harmonisierten [b]-Phrasen) als Teil der thematischen Komponente erklingt, ist nun mit Ausnahme zweier kurzer Einschübe ganztaktig über Orgelpunktbässen konzipiert.[27] Die tonalen Wagnisse der [b]-Phrasen, denen später eine versöhnliche Rückführung folgt, fehlen in den Anfangsphrasen des Mittelabschnitts ganz, doch holt Ravel das in der Entwicklung der [c]-Phrase mit tonalen Ausweichungen nach fis-Moll und Fis-Dur nach. Dabei überträgt er den Bauplan der [b]-Phrase und ihrer Ableitungen in raffiniert abgewandelter und auf doppelte Länge gedehnter Form auf gänzlich anderes Material: Die Abfolge der übergeordneten Einheiten ist, großzügig betrachtet, analog:

[b]	[b']	[b'']	[b''']	[b'''']
T. 9-13	13-16	16-20	20-24	24-34
[c]	[c']	[c'']	[c''']	[c'''']
T. 37-45	45-53	53-61	61-68	69-84

In der zwölftaktigen Codetta, die den Kontrastabschnitt abrundet, schwebt ein ruhiger Diskant diminuierend über einem den Quintenzirkel gegenläufig durchschreitenden Bass.[28] Mit diesem Stück gelingt es Ravel, die Vorgaben einer barocken Form zu übernehmen und dabei einen für seine Ästhetik charakteristischen, in Harmonie und Feinstruktur einzigartigen Satz zu komponieren.

[27]Vgl. die Orgelpunktquint *c/g* in T. 37-44 und 53-57, abgesenkt auf *f/c* in T. 57-61, in der Entwicklung gefolgt von *dis* (T. 69-72), *fis* (T. 81-85) und *e* (T. 87-91).

[28]Vgl. T. 81-92/93-94: *fis-h-e-a-d-g-c*.

Menuet

Im Menuett seines *Tombeau* ersetzt Ravel das übliche “Trio” im Zentrum der Bogenform durch eine in der Partitur explizit ausgewiesene Musette. Zugleich harmonisiert er das *da Capo* des Menuetts von Beginn an konsequent abweichend und transponiert später sogar dessen Diskantkontur, so dass nur die letzten vier Takte vor dem Schlussakkord identisch sind. Diesen folgt dann eine mit 24 Takten relativ umfangreiche Coda:

A = T. 1-32, B = T. 33-72, A' = T. 73-104, Coda = T. 104-128

Auch innerhalb der Rahmenabschnitte verweigert Ravel die einfache Reprise: Über eine immer wieder abweichende Harmonisierung hinaus bildet er anlässlich der Wiederaufnahme des eröffnenden Achttakters sogar die Teilphrasen um, so dass ihre Diskantkontur das in sich abgerundete Muster ||: a, a' :||: ... a", a :|| erhält.

Die Basisphrase des Menuetts ist konzipiert als Variante einer ganz anspruchslosen Melodielinie:

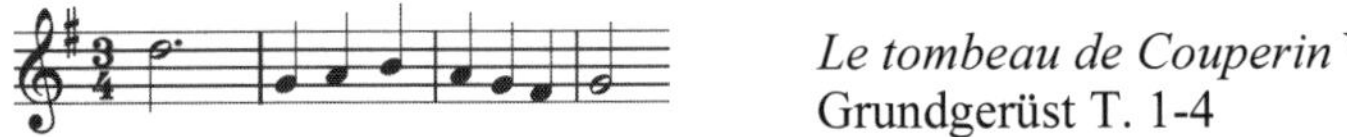

Le tombeau de Couperin V: Grundgerüst T. 1-4

Im Bass fasst eine relativ konventionelle Linie den ersten Achttakter zusammen. Die Spiegelung des eröffnenden Abstiegs im abschließenden Aufstieg scheint sogar die unübliche Modulation in [a'] von G-Dur nach H-Dur, der Dominante der Tonikaparallele e-Moll, zu rechtfertigen.

Le tombeau de Couperin V: Bassgang T. 1-8

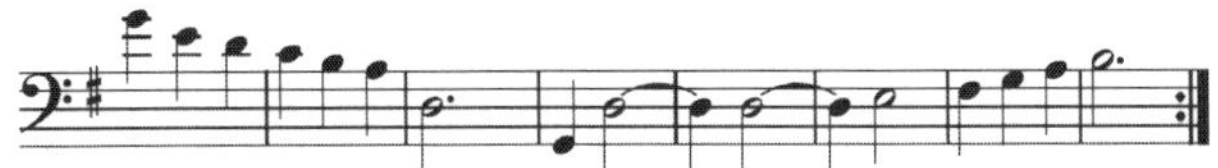

In der Ableitungsform [a"] schließlich konterkariert Ravel die scheinbare Einfachheit der Melodik durch eine Kombination aus mehreren Vorhalten, einem unmittelbaren und mehreren indirekten Querständen und einer unterschwelligen Bassfortschreitung.[29]

[29]Vgl. in T. 25-26: rechts melodisch a-Moll (*e–a–c*), durch die Akkorde der linken Hand harmonisiert als Teil des d-Moll-Nonakkordes *d/f/a/c/e* mit *gis*-Vorhalt zur Quint *a*. T. 27: rechts *a–fis–gis*, durch linke Hand *h-e* definiert als E-Dur mit beidseitigem Vorhalt zur Terz; Melodietöne harmonisiert als d-Moll, h-Moll, E-Dur mit Querstand *f* → *fis* in der Abfolge der beiden Vorhaltakkorde. Die tonale Basislinie des Viertakters steigt in T. 25-28 stufenweise (*d–e–f*) und fällt dann in Quarten abwärts zur Tonika (T. 28-29: F–c–G^9).

In den sechzehn Takten zwischen [a, a'] und [a", a] entwickelt Ravel die Charakteristika der Rahmenphrasen, indem er teils bereits Gehörtes abwandelt, teils Kommendes vorwegnimmt. So greift die Oberstimme von T. 9-11 den Rhythmus des Diskants in T. 1-3 auf und beantwortet dessen zweitaktige melodische Kurve (*g-a-h-a-g-fis*) mit einer freien Umkehrung (*e-c-h-a-h-c*), unterschlägt jedoch den Zieltakt und fügt stattdessen eine Variante dieses Dreitakters hinzu. Zugleich antizipiert das Begleitmuster mit nachschlagenden Basstönen die Takte 25-26 + 29. Es folgt ein weiteres sechstaktiges Segment, diesmal gegliedert in zwei Taktpaare erweitert um eine Variante des zweiten. Der verbleibende Viertakter beginnt als neue Variante (T. 21 ≈ 17, 19), steigert sich dann aber zu einem ersten zarten Höhepunkt und endet in D-Dur, der Dominante der Grundtonart.

Die nach g-Moll abgedunkelte, von der Bordunquint *g/d* begleitete Musette basiert auf einer Phrase, die archaisierend harmonisiert ist: ausgespannt zwischen B-Dur und d-Moll liefert die g-Moll-Tonika selbst weder Anfang noch Schluss und erklingt auch zwischendurch nur kurz.

Le tombeau de Couperin V: Die Grundphrase der Musette

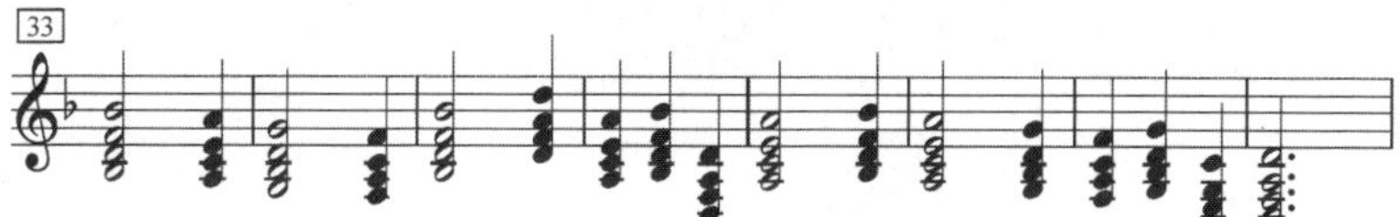

In ihrer Struktur ähnelt die Musette dem Menuett. Die Grundphrase mit variierter Wiederholung umrahmt zusammen mit ihrer identischen Reprise einen Mittelabschnitt, dessen erste 4 + 4 Takte rhythmisch dem eröffnenden Viertakter nachgebildet sind und ihm auch melodisch ähneln, sich dabei jedoch, für eine Musette ganz ungewöhnlich, zum *fortissimo* steigern. Die ergänzenden acht Takte sind nicht nur als 2 + 3 + 3 unregelmäßig gegliedert, sondern bewegen sich zudem mehrfach chromatisch und stehen dem Bordunton immer wieder tonal fremd gegenüber.[30]

Die Coda beginnt wie T. 5-6, variiert den Zweitakter in der Wiederholung und erweitert ihn dann, erneut bis zum *forte* crescendierend und von dort wieder langsam verklingend. Der letzte Achttakter beginnt mit drei oktavversetzten Varianten von T. 1, ergänzt durch einen stark verlangsamten zweifachen Anhang der Bassfigur und, in "*Très lent*", einen dreitaktigen Schlussakkord, in dem Terz und Quint des G-Dur-Nonakkordes für die Dauer eines Taktes getrillert werden und dann verklingen.

[30] Vgl. T. 57-64: Orgelpunkt = *g*; chromatische Akkordfortschreitungen besonders in T. 57-58 (Des-Dur, C-Dur, H-Dur, C-Dur) und T. 63_3-65 (Des-Dur, C-Dur, Ces-Dur, B-Dur, a-Moll).

Toccata

Ravels Toccata ist als eine kontinuierliche Kette sehr schneller Sechzehntel entworfen (*Vif*, Viertel = 144), die erst im vorletzten der 251 Takte unterbrochen wird. In ihrer Virtuosität ist sie vergleichbar mit Franz Liszts *Études d'exécution transcendante*, ihr Bauplan ist der eines Sonatenrondos mit einer verkürzten zweiten Hälfte aus Durchführung + Reprise, und hinsichtlich Tonalität und Harmonik durchläuft sie eine stringente Entwicklung, die weitgehend ohne ravelsche Akkorderweiterungen auskommt.

Ausgangspunkt dessen, was als immer wieder neu variierter Refrain fungiert, ist die auf zwei Hände verteilte Tonwiederholung [x]. Sie generiert in T. 3-4 eine Art akkordischen Doppelschlag [y] und in T. 5-8 eine erste rudimentäre Thematik [z], in der der Doppelschlag vertikal verstärkt, durch Wechsel mit seiner Dreiklangsverschiebung horizontal erweitert und zuletzt durch eine crescendierende Teilwiederholung ergänzt wird.

Le tombeau de Couperin VI: Die Einleitung des Rahmenmaterials

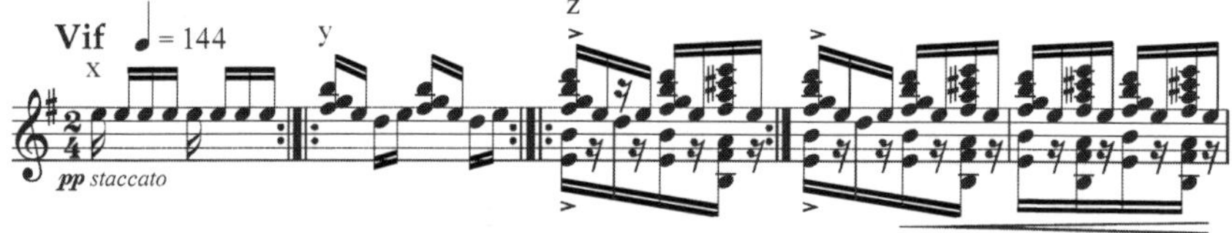

Gegenstück dieser Entwicklung der Tonwiederholung auf dem Tonikagrundton *e* ist eine Art diminuierende 'Ausleitung' [q], die im Part der linken Hand den bisherigen Ankerton als aufsteigenden Septakkord weiterführt, in der Rechten jedoch die vorausgegangene Tonwiederholung um einen Ganzton aufwärts auf *fis* transponiert.

Der folgende Überblick zeigt eine 144-taktige 'Exposition', parallelisiert in einer Durchführung und einer Reprise mit Coda.

Le tombeau de Couperin VI: Binärer Plan mit gestrafftem zweiten Durchlauf

T. 1-10	Refrain 1 (x–y–z, q)	T. 145-154	Refrain 6 (x–y–z)
T. 11-22	Couplet 1	T. 155-159	aus Couplet 4
T. 23-34	Refrain 2 (z)	T. 160-167	Refrain 7 (y–z)
T. 35-42$_1$	Couplet 2	T. 168-172	aus Couplet 4
T. 42-56	Refrain 3 (x-y-x-y-x-y-x, q)	T. 173-180	aus Couplet 1
T. 57-69	Couplet 3	T. 181-190	Refrain 8 (z, z)
T. 70-85	Refrain 4 (y–z, q; x)	T. 191-204	aus Couplet 2
T. 86-95	Refrain 5 (z, z, q)	T. 205-216	Refrain 9 (z), G.P.
T. 96-121	Couplet 4, erste Hälfte	T. 217-220	Codaeinleitung (q)
T. 122-131	Refrain-z als C4-Kontrast	T. 221-233	aus Couplet 3
T. 132-144	Couplet 4, zweite Hälfte	T. 234-251	y–z + Abschluss

Die vier Couplets unterbrechen die wilde Jagd der Refrains mit unterschiedlichen Stimmungen. In ihren direkt oder indirekt erzeugten melodischen Konturen basieren sie zunächst wie die Refrainkomponente [z] auf der Kombination von Achteln und Vierteln in vier- bzw. achttaktigen Segmenten (Couplet 1 und 2), beziehen dann auch Punktierungen und unerwartete Phrasierungen mit ein (Couplet 3) und entwickeln schließlich eine umfangreiche expressive Kleinform (Couplet 4).

Couplet 1 präsentiert sich als ein Viertakter mit Wiederholung und Fortspinnung, dessen akkordisch gesetzte Kontur sich in Achteln und Vierteln mit Tonwiederholung jedes Melodietones bewegt.

Le tombeau de Couperin VI: Die Grundphrase von Couplet 1[31]

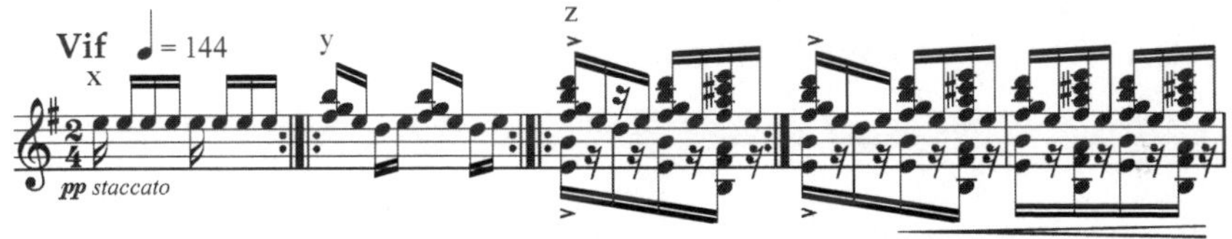

Couplet 2 erklingt in der 'Exposition' als eine achttaktige Phrase, die der Toccaten-Spieltechnik angepasst ist und deutlich kadenzierend schließt. Bei der Wiederaufnahme in der 'Durchführung' isoliert und erweitert Ravel die melodische Komponente als Legatolinie, die mächtig crescendierend über mehroktavigen Akkordbrechungen in die Höhe steigt.

Le tombeau de Couperin VI: Couplet 2 in 'Exposition' und 'Durchführung'

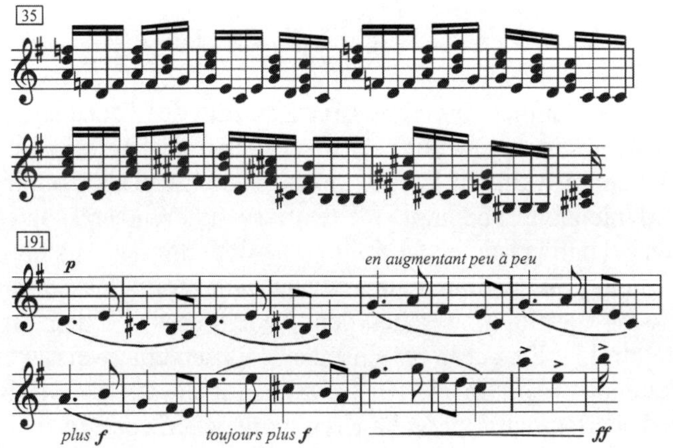

[31]Dieses und die folgenden Notenbeispiele geben Ravels zweihändigen Notentext in einer exzerpierenden Umschrift wieder, die dem Hörerlebnis Rechnung trägt.

Auch Couplet 3, in der Dominanttonart h-Moll ankernd, erklingt als akkordisch unterfütterte Oktavparallele, doch sorgen ein langsameres Tempo (*Un peu moins vif*), melodische Punktierungen und eine Basiskomponente im Umfang von nur drei Takten mit ametrischer Segmentierung[32] dafür, dass diese Komponente bedeutend lyrischer klingt als das Vorausgehende. Die Struktur ist insgesamt unregelmäßig: An die oktavversetzte Wiederholung des Dreitakters schließt sich, nun nochmals eine Oktave tiefer und damit im Bassregister, eine Ergänzung aus 4 + 3 Takten an, die den folgenden, volltönend verstärkten Wiedereintritt der variierten Refrainkomponenten mit einem machtvollen Crescendo von *pianissimo* zu *forte* vorbereitet und dabei zum Ausgangstempos zurückkehrt.

Le tombeau de Couperin VI: Die Basiskomponente von Couplet 3

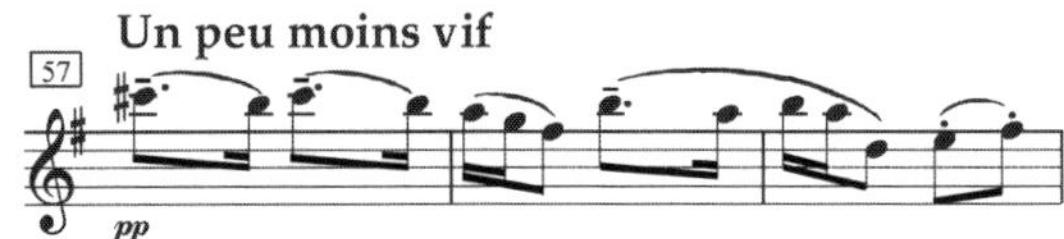

Als wollte Ravel das Spektrum möglicher thematischer Varianten voll ausreizen und zugleich den anhand von Couplet 2 unternommenen Verwandlungsprozess umkehren, greift er die in der 'Exposition' eher lyrische Komponente von Couplet 3 in der 'Reprise' in ungebremstem Tempo und einer in donnerndem *fortissimo* ausgeführten Toccatatechnik auf:

Le tombeau de Couperin VI: Dieselbe Basiskomponente, neu beleuchtet

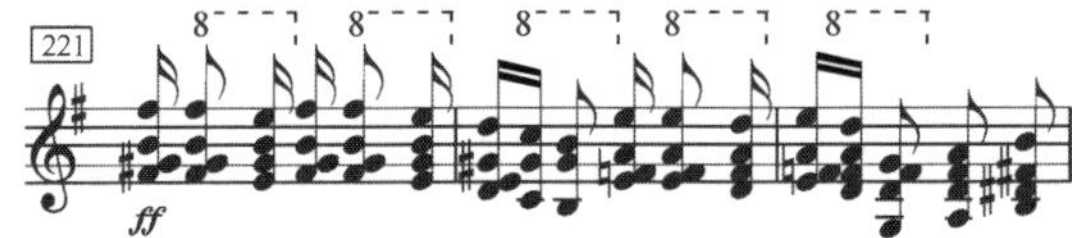

Das vierte Couplet, das expressive Zentrum der Toccata, ist in mehrfacher Hinsicht hervorgehoben. Da ist zunächst das Refrainmaterial, das nach dem oben erwähnten Crescendo im Anschluss an Couplet 3 stark variiert und intensiviert beginnt. Weiter crescendierend erreicht es mit den Segmenten [y] und [z] ein erstes *fortissimo*, dem mit der Ausleitungskomponente [q] eine Entspannung zurück zum *piano* folgt. Das anschließende verlängerte [x] vermittelt zwischen dem Ende dieses und dem Beginn des nächsten Refrains. Erneut in *pp* einsetzend führen ein zweifaches [z] und ein überleitendes [q] zum vierten Couplet, für dessen dis-Moll-Rahmen Ravel die Tonartsignatur zu sechs Kreuzvorzeichen erweitert.

[32]Die Grundphrase dieses Couplets ertönt als ein Dreitakter, dessen Diskantmelodie als aus 3/4 + 2/4 + 1/4 zusammengesetzt gehört wird.

Diese wichtigste Sekundärkomponente der Toccata stellt dem mehrteiligen und vielgestaltigen Refrain einen echten Kontrast gegenüber, ohne dabei je die kontinuierliche Sechzehntelbewegung zu durchbrechen. Die melodische Kontur, beruhigt zu einer Kombination aus Vierteln, Halben, punktierten Halben und (in Vor- und Nachspann) noch größeren Notenwerten, ertönt im expressiven Diskant einer im hohen Register angesiedelten, ganz diatonisch harmonisierten Klangtextur. Strukturell präsentiert das Couplet eine eigenständige Kleinform (a a | b b || c c' || a' b' mit Ein- und Ausleitungen). Ravels Konzeption ist raffiniert ironisierend: Den Kontrast im Zentrum des Couplets bildet eine chromatisch verengte, tiefe Variante des Refrainsegmentes [z] gefolgt von dessen Transposition. Nach einer abrupt vom bisherigen *pp* zum *forte* crescendierenden Überleitung rundet Ravel die Kleinform durch eine wieder im hohen Register ertönende Folge der beiden thematischen Viertakter mit ihrem Ausklang ab.

Le tombeau de Couperin VI: Der melodische Verlauf in Couplet 4

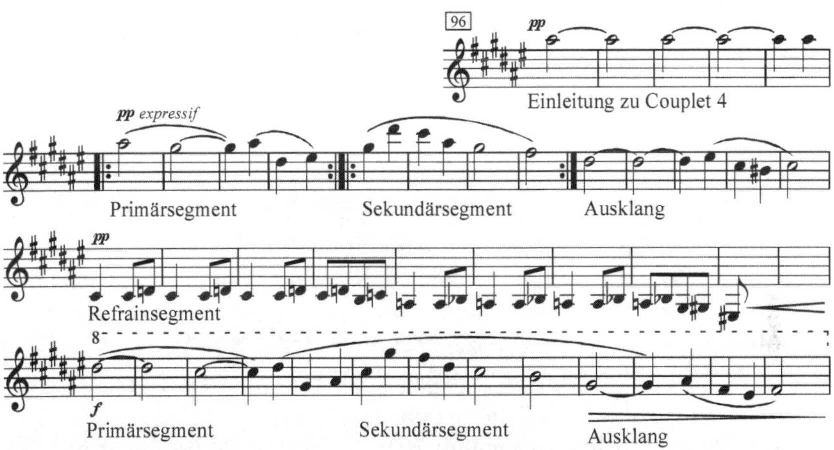

Den beschleunigten zweiten Durchlauf durch die vielfach umgestalteten Komponenten des thematischen Materials fasst Ravel auf dreierlei Weise zusammen: durch tonale Schritte, dynamische Entwicklungen und einen abrupten Bruch in der Sechzehntelkette. Die Ankertöne der 'Durchführung' durchlaufen absteigend die fünf Stufen von der Quint zum Grundton der Molldominante (*fis–e–d–cis–h*). Die zweite Hälfte des Abschnitts steigert sich dabei vom *pp* zum *ff* und, auf der nun ins Dur aufgehellten Dominante, darüber hinaus. Die 'Durchführung' endet mit einer auf minimalen Raum zusammengedrängten Unterbrechung: einer mit Fermate verlängerten 32stelpause.

Der (Teil-)'Reprise' – T. 221-241 ≈ T. 57-77 – geht eine erneute Steigerung von *p* nach *ff* auf der Dominantharmonie voraus. Es folgt, trotz Ravels Änderung der Tonartsignatur zu vier Kreuzvorzeichen nach wie vor in e-Moll, die oben gezeigte brillant tobende Variante des ursprünglich vergleichsweise lyrischen zweiten Couplets, ergänzt wie in der 'Exposition' von den Refrainkomponenten [y] und [z]. Diese durchlaufen hier fremd wirkende Harmonien, bis sie in die achttaktige, in reinem E-Dur gehaltene Coda einmünden.

Le tombeau de Couperin VI: Durchführung, Reprise und Coda

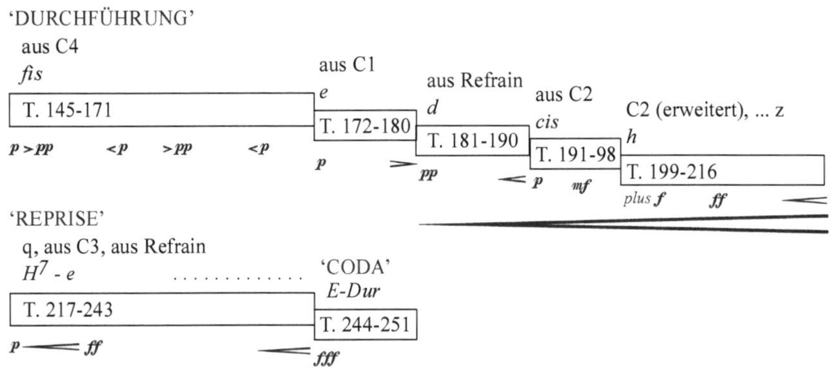

Mit diesem fulminanten Gegenstück zum das *Tombeau* eröffnenden Prélude schafft Ravel eine Suite, die an Farbenreichtum und Formenvielfalt ihresgleichen sucht. Innerhalb des virtuosen Rahmens stehen einander zwei Satzpaare gegenüber: einerseits die als Suitensatz ungewöhnliche Fuge und die harmonisch anspruchsvolle, melodisch stellenweise exzentrische Forlane, andererseits in Rigaudon und Menuett zwei ravelsche Adaptationen traditioneller Tanztypen.

Als Ravel den Zyklus im Juni 1919 orchestrierte, wählte er nur vier der sechs Sätze, wobei er die Reihenfolge im Interesse der Schlusswirkung vertauschte. Die resultierende sinfonische Fassung (I Prélude, II Forlane, III Menuet, IV Rigaudon) gibt den Klaviersatz weitgehend unverändert wieder. Das Prélude klingt zart und introspektiv dank seiner Behandlung der Streicher mit Pizzicati, gedämpften Violinen und flageolettierenden Celli sowie der gestopften Trompete und der obertonerzeugenden Harfenlinie. Wie im Prélude dominieren auch in Forlane und Menuet die Holzbläser, sehr oft unter Führung der Oboe und des Englischhorns, begleitet von Harfe und Streichern. Die Farbe ändert sich, wenn Trompete und Horn in den Vordergrund treten und die Fanfare des Rigaudon beherrschen.

Dieses kürzere *Tombeau de Couperin* erlebte seine Uraufführung in Paris am 28. Februar 1920 mit dem Orchestre Pasdeloup unter der Leitung von Rhené-Baton.

In der Folge stimmte Ravel einer Ballettadaptation der vier Sätze zu, komponierte dafür jedoch keine neue Musik und beteiligte sich auch nicht selbst am Entwurf eines Szenarios. Die Ballets Suédois, eine schwedische Kompagnie, die in Paris mit den Ballets Russes zu konkurrieren versuchte, entwickelte auf Ravels Vorlage eine äußerst erfolgreiche Tanzversion. Sie präsentierten das Prélude als instrumentale Ouvertüre und füllten nur die drei auf alte Tänze zurückgehenden Sätze mit Gesten und Figuren, die Ravels neoklassisch empfundenen Musikstücken zu entsprechen suchten, indem sie in Kostümen, Perücken und Tanzschritten auf das 17. und 18. Jahrhundert anspielten.

Le tombeau de Couperin: Adaptation durch die Ballets Suédois

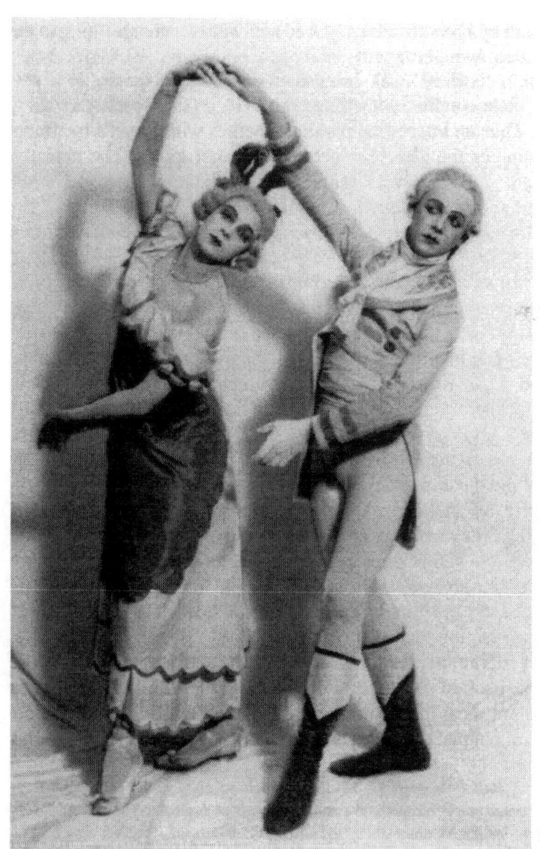

Die Premiere des Balletts *Le tombeau de Couperin* im Théâtre des Champs-Élysées fand am 8. November 1920 statt und wurde sogleich ein großer Erfolg, so dass die Einstudierung bereits in der ersten Saison 102 Aufführungen erlebte. Weitere 65 folgten in den Jahren darauf, in denen die Truppe auch Gastspiele in Schweden, Italien und weiteren Ländern gab.[33] 1975 nahm sich im Rahmen der Feierlichkeiten zu Ravels 100. Geburtstag auch George Balanchine des Stoffes an. Er choreografierte für sein New City Ballet alle vier Sätze des sinfonischen *Tombeau.* Diese Version erfuhr ihre Erstaufführung am 29. Mai 1975 unter der musikalischen Leitung von Robert Irving. Noch im selben Jahr kam die Choreografie auch in Paris auf die Bühne; weitere Aufführungen folgten in Genf (1976), Amsterdam (1977) und Zürich (1981).

[33]Mehr dazu bei Mawer, *Ballets*, S. 193-204.

Konzert für die linke Hand

Im Jahr 1928, bereits geschwächt von seiner schleichenden Krankheit, unternahm Ravel eine viermonatige Konzertreise durch Nordamerika, in deren Verlauf er in 25 Städten der Vereinigten Staaten und Kanadas auftrat. Von dieser Reise brachte er eindrückliche Erinnerungen an den dort gehörten Jazz mit, den er als gleichsam 'zweite Tonsprache' neben seiner inzwischen prägnant ausgebildeten eigenen in einem Instrumentalwerk einzusetzen hoffte. Dabei schwebte ihm ein Klavierkonzert vor, das er ursprünglich selbst zur Uraufführung bringen wollte, was ihm allerdings durch seine zunehmenden Erschöpfungszustände verwehrt blieb.

Mit den Vorarbeiten daran begann er im Frühjahr 1929. Zur selben Zeit erhielt er einen Kompositionsauftrag des Pianisten Paul Wittgenstein (1887-1961), dem älteren Bruder des Philosophen Ludwig Wittgenstein. Diesem war infolge einer Verletzung zu Beginn des Ersten Weltkrieges der rechte Arm amputiert worden. Er beschloss jedoch, an seiner Karriere festzuhalten. Da seine Familie vermögend war, konnte er es sich leisten, bei so bekannten Komponisten wie Britten, Hindemith, Prokofieff, Ravel und Richard Strauss Solowerke für die linke Hand allein oder Konzerte für die linke Hand und Orchester in Auftrag zu geben.

So kam es, dass Ravel in seinen letzten Jahren aktiven Schaffens im Bereich der Instrumentalmusik an gleich zwei Klavierkonzerten parallel arbeitete. Die Partitur des Konzertes für Paul Wittgenstein, das er noch 1930 abschließen konnte, erschien 1931 bei Durand im Druck; das etwas größere und auch in der Spieldauer längere G-Dur-Konzert, das Ravel ursprünglich selbst aufzuführen hoffte, später jedoch der berühmten französischen Pianistin Marguerite Long übertrug und ihr auch widmete, war erst im Herbst 1931 vollendet und wurde 1932 ebenfalls von Durand verlegt. Die beiden Konzerte unterscheiden sich nicht nur in der Eigenart des Klavierparts und der Gliederung, sondern auch im Charakter. Das für sein eigenes Spiel geplante Konzert ist heiter und brillant; es entstand unter dem Arbeitstitel "Divertissement für Klavier und Orchester".[1] Das Konzert für die linke Hand dagegen ist wesentlicher ernster, aber auch dramatischer im Charakter.

[1]Stuckenschmidt, *op. cit.*, S. 290.

Ravels erster Höreindruck seines “Konzertes für die linke Hand” war für ihn ein großer Schock. Michael Stegemann beschreibt die Szene sehr anschaulich:

> Da Ravel selbst das Werk noch nie gehört hatte, lud ihn der einarmige Pianist nun zu einer Soirée ein, bei der er ihm – von einem zweiten Klavier begleitet – das Konzert vorspielte.[2] Ravel war entsetzt und erkannte seine Musik kaum wieder, wie Marguerite Long als Augenzeugin berichtet hat: “Er ging langsam auf Wittgenstein zu und sagte: ‘Aber das stimmt doch alles gar nicht!’ Der verteidigte sich: ‘Ich bin ein alter Pianist, und das klingt so nicht.’ Genau das, was er nicht hätte sagen dürfen. ‘Und ich bin ein alter Orchestrator, und das klingt!’, konterte Ravel.”[3]

Allerdings konnte Ravel zunächst nichts gegen diese willkürliche Bearbeitung unternehmen, denn Wittgenstein hatte sich eine fünfjährige Exklusiv-Schutzfrist ausbedungen. Als diese schließlich abgelaufen war, bat Ravel seinen Jugendfreund und regelmäßigen Kammermusikpartner, den Pianisten Jacques Février, die “eigentliche” Uraufführung des Konzertes zu spielen. Diese fand in Paris am 19. März 1937 mit dem Orchestre de la Société des Concerts du Conservatoire unter Charles Munch statt und begeisterte sowohl das Publikum als auch die Kritiker.[4]

Die Tonartbezeichnung dieses Konzertes als “in D-Dur” ist irreführend. Zwar zeigt die Partitur die Signatur mit zwei Kreuzvorzeichen für die ersten 82 und die letzten 27 der insgesamt 530 Takte, doch viel häufiger als Dur hört man Moll oder verschiedene modale Entwicklungen. Auch ankern nur 46 Takte insgesamt überhaupt in *d* – und davon auch nur die fünf Codatakte in D-Dur –, während der Orgelpunktton *e* mit insgesamt 153 Takten in drei längeren Abschnitten ungleich prominenter ist.[5]

[2]Ravel selbst transkribierte das Werk später für zwei Klaviere; die Fassung erschien 1937 bei Durand.

[3]Michael Stegemann, *op. cit.*, S. lxxxvii.

[4]Eine Einspielung vom 8. Oktober 1942 mit denselben Ausführenden ist bei Youtube zu hören unter https://www.youtube.com/watch?v=jHuWqYLFMZA. Eine beeindruckende, hörens- und sehenswerte Live-Aufnahme des Konzertes vom 10. Oktober 2016 zeigt den Pianisten Jean-Efflam Bavouzet mit dem Sinfonieorchester des Hessischen Rundfunks unter der Leitung von Juraj Valčuha (https://www.youtube.com/watch?v=dYURhyb5mCs).

[5]Der Ankerton *d* erklingt in vielen kurzen Passagen; vgl. T. 36-47, 58-64, 89-92, 373-381, 455-461 und 523-530. In *e* dagegen ankern zwei rahmende und die lange zentrale Passage: T. 1-32, 113-215, 472-489.

Der Gesamtaufbau gliedert sich in zwei Großabschnitte, eine kürzere Reprise in *Tempo primo* und eine rudimentäre Coda im Charakter des zweiten Großabschnitts.

I:	*Lento*	T. 1-120
II:	*Allegro*	T. 121-458
III	*Tempo I*	T. 459-525
Coda	*Allegro*	T. 526-530

Tempo und Charakter der beiden Großabschnitte sind zusätzlich gegliedert. Dem *Lento*-Hauptthema, das dank der Doppelpunktierungen in seinen immer neuen Varianten und motivischen Ableitungen an den Stil einer französischen Ouvertüre erinnert, steht die rhythmisch ganz gegensätzliche, durch mehrere Synkopen kreiselnde Hauptthema-Ergänzung in T. 7-14 fremd gegenüber. Das Tempo bleibt in der 32-taktigen Orchestereröffnung unverändert. Dagegen wird es in der von improvisatorischen Einwürfen durchbrochenen Antwort des Solisten vielfach modifiziert. Erst in der Wiederaufnahme durch das Orchester findet die Musik zur ursprünglichen Ruhe zurück, die dann im *Più lento* des lyrischen Seitensatzes noch vertieft wird. Eine neuerliche Variante des Hauptthemas folgt im *Andante*, bevor eine dreitaktige Überleitung stark beschleunigend zum zweiten Großabschnitt führt.

Das umfangreiche *Allegro* ist im schnellen 6/8-Takt notiert und verbindet in seiner ersten Hälfte (T. 121-269, Ziffer 14-26) Charakteristika des Jazz und des *Saltarello*. Auch hier erklingt kurz vor dem Ende ein lyrischer Seitensatz. In der zweiten Hälfte des *Allegro* (T. 269-458, Ziffer 27-45) kontrapunktiert Ravel eine Variante derselben Kombination mit der polymetrisch unabhängigen, synkopisch kreiselnden Hauptthema-Ergänzung aus dem ersten Abschnitt des *Lento*, bevor er diesen Großabschnitt mit einer *Più vivo ed accelerando* markierten Stretta beendet.

Die Reprise ist in sich dreiteilig. Sie beginnt mit Erinnerungen an das *Lento*-Hauptthema, integriert sodann eine umfangreiche Kadenz des Solisten, in der die Musik vor allem auf sekundäre thematische Komponenten zurückgreift, und rundet den Abschnitt in intimer Kontrapunktik von Orchester und Pianist ab. Die knappe Coda zitiert die Jazzbegleitung des Orchesters und das *Allegro*-Hauptthema.

Die Varianten des *Lento*-Hauptthemas unterscheiden sich vor allem durch die Intervallik bei Ton 3-6 und die Platzierung seiner rhythmischen Figuren. Unter den fünf abgeleiteten Motiven lassen die ersten zwei die Doppelpunktierung aus, während die dritte den Eröffnungsschritt nivelliert und die beiden letzten zunehmend gekürzt erklingen.

Konzert für die linke Hand: Drei der Varianten des *Lento*-Hauptthemas

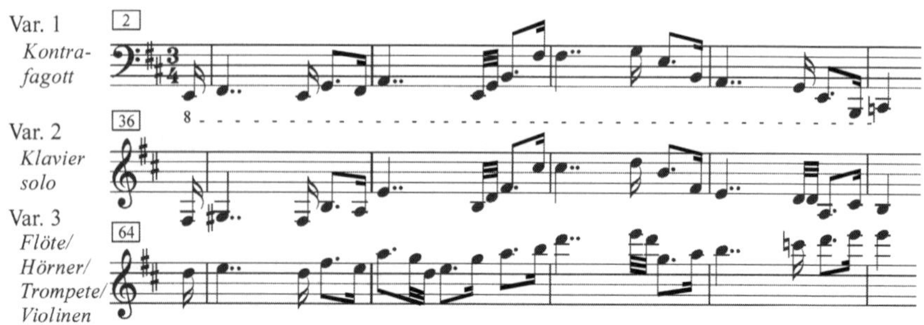

Konzert für die linke Hand: Zwei Hauptthema-Motive

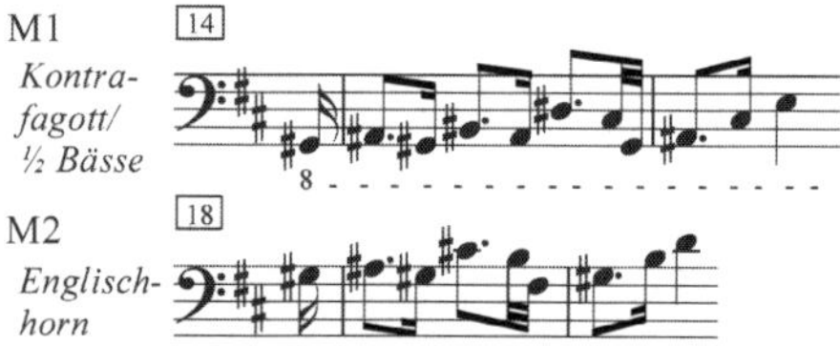

Konzert für die linke Hand: Drei entfernt verwandte Motive

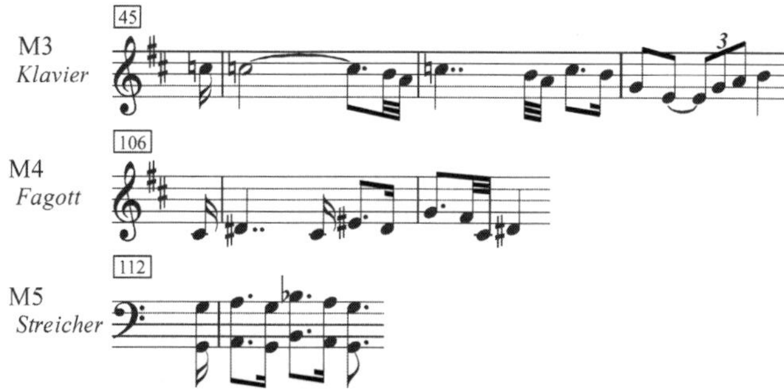

In Erweiterung des ersten Hauptthema-Einsatzes ertönt in den Hörnern eine Ergänzung, charakterisiert durch in sich kreiselnde Dreitonzüge und zahlreiche Synkopen, aber ganz ohne die thematischen Punktierungen. Ein zweiter, metrisch verschobener Einsatz folgt in Trompeten und Posaunen ab T. 23 (Ziffer 3) auf die von Trommelwirbeln untermalte Kombination aus M1 und M2 der tiefen Holzbläser. Mit dieser Wiederaufnahme der Kontrastphrase endet die Orchester-Eröffnung. (Wie wichtig Ravel diese Komponente ist, zeigt sich, wenn sie in der Kontrapunktik des *Allegro* als alleiniger thematischer Repräsentant des *Lento*-Abschnittes fungiert.)

Konzert für die linke Hand: Die Hauptthema-Ergänzung

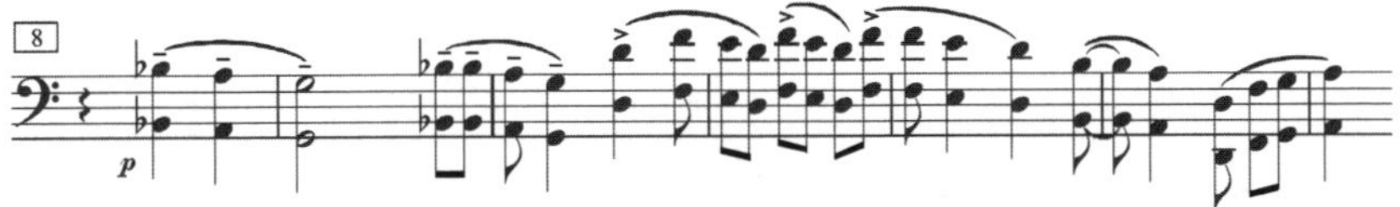

Den Hintergrund der insgesamt 32-taktigen Orchester-Eröffnung bilden arpeggierte Figuren der Streicher über dem Orgelpunkt *e*, der in einer Hälfte der Kontrabässe 22 Takte als Liegeton durchklingt, bevor er sich auch in höhere Oktaven ausbreitet. Ähnliches gilt für die begleitenden Arpeggien: auch sie beginnen in den Kontrabässen, wo sie für die Dauer von 18 Takten in gleichmäßig flüsternden Sechzehnteltriolen zunächst Quartenschichtungen über *e*, später auch verschiedene Dreiklänge durchlaufen. Ab T. 19 wandern die zu 32steln beschleunigten Arpeggien in die Celli und werden bald, rhythmisch weiter verdichtet, von den Bratschen verstärkt. Beim Wiedereinsatz der Hauptthema-Ergänzung haben alle Instrumente ein sonores *forte* erreicht, das mit dem nun recht intensiven Rauschen der mittleren Streicher und einem nicht-thematischen, aber strahlenden Zweitakter in Violinen und hohen Holzbläsern über einem zehntaktigen Paukenwirbel zum Abschluss dieses Abschnittes führt.

Die Antwort des Solisten, die in der Partitur 26 Takte umfasst, jedoch dank mehrerer ausgedehnter *a piacere*-Takte der Spieldauer der Orchester-Eröffnung entspricht, versetzt den zuvor dominierenden Ankerton *e* mit Quartsprüngen über *a* (im metrisch freien Anfangstakt einschließlich des langen *Accelerando* und des kurzen kadenzierenden *Rallentando*) zum *d*. Sowie dieser vorgebliche 'Grundton' des Werkes erreicht ist, kehrt das Tempo zum *Lento* zurück. Das Zentrum der solistischen Exposition bilden, analog zur Orchester-Eröffnung, die zweite Hauptthemavariante (über der orgelpunktähnlichen Bassfigur *a-d*) und drei Ableitungen aus dem dritten Hauptthema-Motiv, alle in drei- bis vierstimmigem homophonen Satz über interpolierten Bassfiguren gesetzt. Die letzte, besonders freie Ableitung mündet in einen rahmend dem Anfang entsprechenden improvisatorischen Zweitakter in *Vivo – Ritenuto – Strepitoso.*

Das Orchester bestätigt diese Hauptthema-Einkleidung des Solisten, indem es zunächst die vom Klavier entwickelte zweite Hauptthemavariante auf *d* übernimmt und dann die dritte hinzufügt, die im eine weitere Quart höheren *g* ankert. Dieser Themeneinsatz führt zu einem *ff*-Höhepunkt mit Schlagzeugtrillern unter einem strahlenden Zweitakter des Tutti, dessen drei Wiederholungen allmählich verklingen und sich dabei in tiefere Register zurückziehen.

Schon anlässlich des achttaktigen Höhepunktes verlässt Ravel die Quartschritte des Basses und wendet sich unerwartet nach Fis-Dur. Über einem Fis-Dur-Dreiklang, der in den Streichern passiv weiterklingt, setzt der Pianist mit einer langsam arpeggierenden Überleitung ein, die mit weiterer Reduzierung der Lautstärke und nun auch des Tempos sowie einer Erniedrigung der Terz zusammen mit den Streichern die Wendung zum fis-Moll und *Più lento* des Seitensatzes vollzieht.

Diesen Seitensatz präsentiert das Klavier bis auf einen untermalenden Streicherakkord unbegleitet. Die Gegenüberstellung einer *espressivo* markierten melodischen Kontur im 3/4-Takt mit einer im 9/8-Metrum notierten arpeggierenden Begleitung dient dabei in praktischer Hinsicht lediglich der für Ravel typischen Vermeidung wiederholter Triolenzeichen, stellt jedoch einen einhändigen Spieler vor eine besondere Herausforderung klanglicher Abschattierungen. Das Seitensatzthema selbst ist in seiner harmonischen Sprache spätromantisch verträumt. Seine Phrasenstruktur jedoch ist nicht nur durch die Zusammensetzung aus 6 + 8 Takten unkonventionell, sondern wird zudem im Nachsatz durch einen ganztaktigen virtuosen Einschub ("..." im folgenden Notenbeispiel) unterbrochen.

Konzert für die linke Hand: Der Seitensatz des *Lento*-Abschnittes

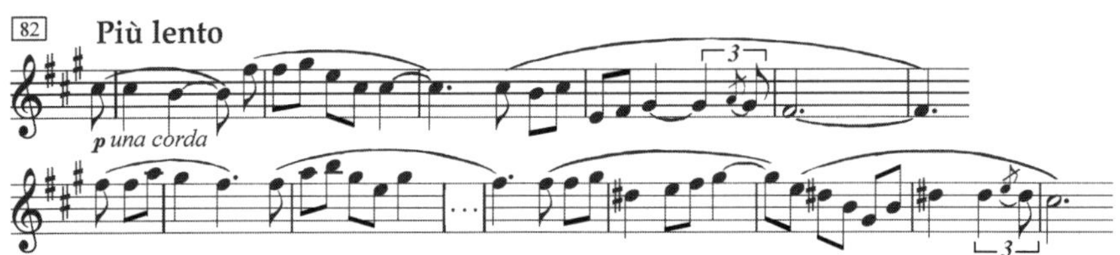

Das abschließende *Andante* ist das erste Segment des Konzertes, in dem Solist und Orchester länger zusammenspielen. Im Englischhorn ertönt eine neue Variante des Hauptthemas, von der Klarinette einen Ganzton tiefer imitiert und vom Klavier mit sanften Arpeggien begleitet und beendet. Die Fagotte folgen, einen weiteren Ganzton tiefer, mit M4, imitiert von den Hörnern und dann von den höheren Holzbläsern verlängert. Den Abschluss des Abschnittes bildet ein siebenteiliger Aufstieg des kurzen M5, wobei die jeweils tiefsten Begleitinstrumente mit dem Basston *e* eine Brücke zurück zum Beginn des *Lento* schlagen. Mit einem *Crescendo*, in den letzten drei Takten unterstrichen von einem machtvollen *Accelerando,* erreicht die Musik das mehr als doppelt so schnell markierte *Allegro*-Tempo. Ein Auftakt mit Trommelwirbel und chromatischem Posaunenschleifer kündigt einen neuen Stil, eine neue Farbe an.

Der zweite Großabschnitt ist in der Partitur fast dreimal so umfangreich wie der erste (338 gegenüber 120 Takten), benötigt jedoch nur die Hälfte der Spielzeit (ca. 4½ : 8½ Minuten). Sein Charakter wird wesentlich bestimmt von einem begleitenden Ostinato binär rhythmisierter Eintakter, das 95 Takte lang statisch in *e* ankert, nach einer tonal meandernden Passage weitere orgelpunktartige Positionen durchläuft und erst ganz am Schluss aussetzt.[6]

Konzert für die linke Hand:
Der ostinate Eintakter im *Allegro*

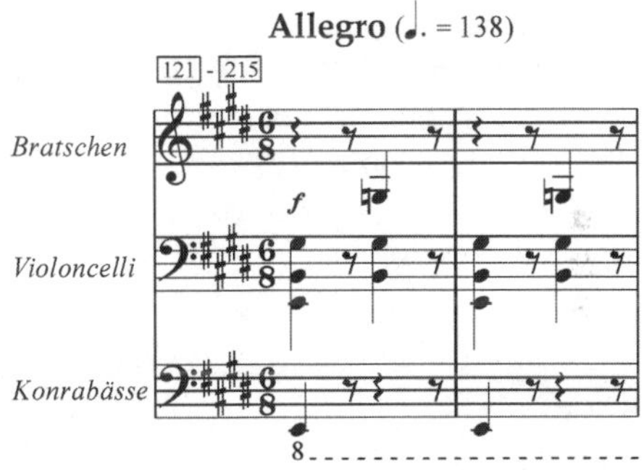

Mit diesem Begleitmuster legt Ravel den Grundstock für seinen am Jazz orientierten Stil. In den tiefen Streichern, teilweise verdoppelt in den Bläsern, erklingt über einem Kontra-*e* der Bässe in den Celli ein E-Dur-Dreiklang in weiter Lage, dessen Spitzenton in der Taktmitte von den Bratschen mit einer Mollterz überlagert wird. Im weiteren Verlauf fügt Ravel im höheren Register nach Art der *tensions* im Jazz die verschiedenen Obertöne hinzu, vor allem die Sept *d* oder *dis*, die None *fis* und die Undezime *ais* (oft als *b* notiert). Die Akkorde erinnern an die vom Jazz geprägte Filmmusik der 20er-Jahre und stehen vermutlich in direktem Zusammenhang mit dem, was Ravel im Vorjahr auf seiner Amerika-Tournett gehört hatte.

Von den zwei Hauptthemen des *Allegro* ist das erste ebenfalls dem Jazz nachempfunden. Es besteht aus einer Dreiklangsparallele in markantem Staccato, die von d-Moll nach e-Moll fällt und so dem E-Dur-Dreiklang des Begleitmusters schon am Taktanfang die Mollterz gegenüberstellt. Ergänzt wird das Motiv nach dem ersten Klaviereinsatz durch chromatische Klarinettenschleifer, später durch Klavierakkorde, die die chromatischen Glissandi in der Dreiklangstextur weiterführen und zu voller Zwölftönigkeit ergänzen. Dabei stehen nicht nur die weiße-Tasten-Parallele, sondern auch die nach der jeweiligen chromatischen Verschiebung erreichten Dreiklänge in G-Dur und F-Dur querständig zum begleitenden E-Dur/Moll. Einzig der Schlussklang des Themas verschmilzt mit dem Ostinato.

[6]Vgl. die ostinaten Eintakter auf *e* (T. 121-215, Z. 14-22), *c* (T. 269-314, Z. 27-30), *a* (T. 315-335, Z. 31-32), *fis* (T. 336-345, Z. 33), *es* (T. 346-356, Z. 34), *c* (T. 357-365, Z. 35), *a* (T. 366-372, Z. 36), *d* (T. 373-381, Z. 37) und *h* (T. 382-416, Z. 38-40).

Konzert für die linke Hand: Das jazzige Hauptthema im *Allegro*

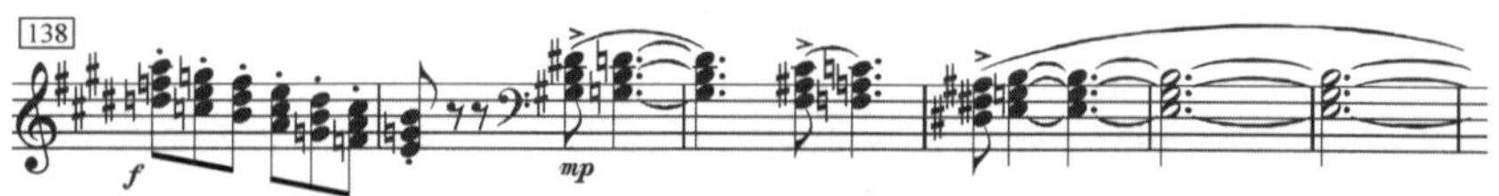

Das von Varianten desselben ostinaten Eintakters begleitete Kontrastthema geht auf eine ganz andere Quelle zurück: einen altitalienischen Tanz, der aufgrund seiner gehüpften Rhythmen als "Saltarello" bekannt wurde. Während Ravel schon in früheren Werken Anspielungen auf alte Tanzmusikgattungen mit moderner Harmonik verbunden hatte – man denke an die Sätze "Forlane" und "Rigaudon" im *Tombeau de Couperin* – geht er hier noch weiter, indem er ein aus dem späten Mittelalter überliefertes Genre mit zeitgenössischen Stilmitteln kombiniert.

Der Saltarello ist in der Konzertmusik vor allem aus Mendelssohns *Italienischer Sinfonie* bekannt, deren vierter Satz diesen Titel trägt. Ein mit Ravels Adaptation noch näher verwandtes Beispiel findet sich im Finalsatz von Edvard Griegs *Streichquartett* op. 27, der nach einer *Lento*-Einleitung ab T. 12 als "Presto al Saltarello" überschrieben ist. Ab T. 237 erklingt dort die typisch rhythmisierte Saltarellomelodik, und im g-Moll-Abschnitt ab T. 400 entfalten sich die typischen Hüpfer sogar über einem ähnlichen binären Begleitmuster:

Edvard Grieg, *Streichquartett* op. 27/IV: aus *Presto al Saltarello*

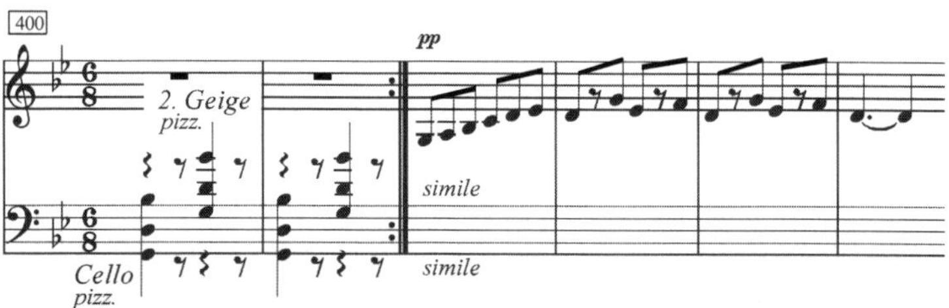

Ravels Saltarello-Thematik besteht aus zwei verwandten Phrasen unterschiedlicher Ausdehnung und harmonischer Eigenständigkeit, in großem Abstand ergänzt um zwei Einsätze einer dritten Ableitungsform. Die 16 Takte umfassende Grundphrase ertönt im Klavier zweimal ganz und zweimal verkürzt, bevor ihr Anfang von verschiedenen Bläsern imitiert wird.[7]

[7]Vgl. für die Grundphrase des Saltarellothemas Klavier solo T. 152-167 (Z. 17), T. 191-206 (Z. 21), T. 304-315 (Z. 30), T. 325-336 (Z. 32), Piccolo T. 346-354 (Z. 34), Trompeten T. 373-377, Hörner T. 377-381 (Z. 37).

Sie ankert im selben Ton wie ihr Begleitmuster, doch stellt Ravel dem orchestralen E-Dur/Moll in den ersten acht Takten eine Kontur in E-Lydisch gegenüber, die erst später ins natürliche e-Moll mündet.

Konzert für die linke Hand: Die Grundphrase des 'Saltarello'

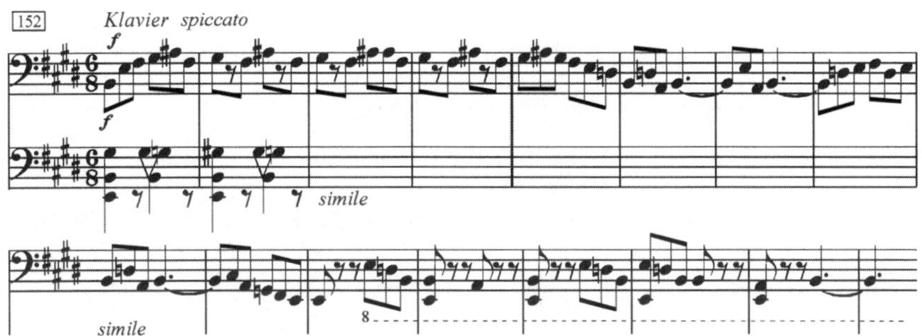

Die unmittelbar anschließende, mit acht Takten halb so lange zweite Saltarellophrase entwirft Ravel polytonal, indem er den begleitenden Eintakter mit seinem E-Dur/Moll-Septakkord mit einer Gegenstimme überlagert, die in G-Dur beginnt und am Schluss zur Mollterz über *b* aufsteigt. Diese Phrase ertönt in Transposition erneut im Anschluss an die Wiederaufnahme der Grundphrase und später noch zweimal in verkürzten Imitationen aus dem Orchester.[8]

Konzert für die linke Hand: Die zweite Phrase des 'Saltarello'

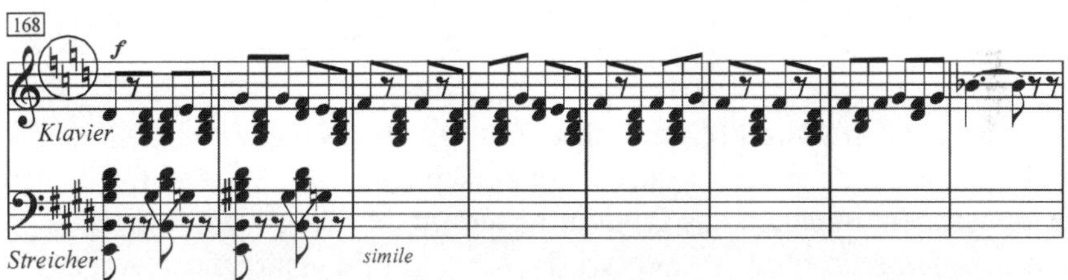

Die aus einem sechstaktigen Vordersatz in Mollpentatonik auf *gis* und einem verlängerten Nachsatz in melodischem gis-Moll gebildete dritte Ableitungsform teilt mit den beiden vorangehenden Saltarellophrasen die Einführung durch den Klaviersolisten und die Artikulation *spiccato* sowie mit der Kontrastphrase des *Lento* die in sich kreiselnden Dreitonzüge.[9]

[8]Vgl. Klavier T. 168-175 (Z. 18) und T. 207-214 (Z. 22) sowie Fagott T. 395-400 und Horn T. 401-406 (Z. 399).

[9]Vgl. T. 217-231 (Z. 23) und T. 357-368 (Z. 35).

Am Ende der ersten Hälfte des *Allegro* wird auch dieser Abschnitt durch einen lyrischen Seitensatz ergänzt. Er erklingt als Duett der Unterstimme der sanften Arpeggiowellen im Klavier mit einer Parallele aus Piccolo und Harfe im höchsten Register und ankert erneut im von der vorgeblichen Grundtonart denkbar weit entfernten gis-Moll. Sobald das Klavier sich melodisch zurückzieht, scheint die Musik nach *e* zu kadenzieren, doch wird der Schlusston als Terz von C-Dur umgedeutet.

Konzert für die linke Hand: Das lyrische Duett im *Allegro*

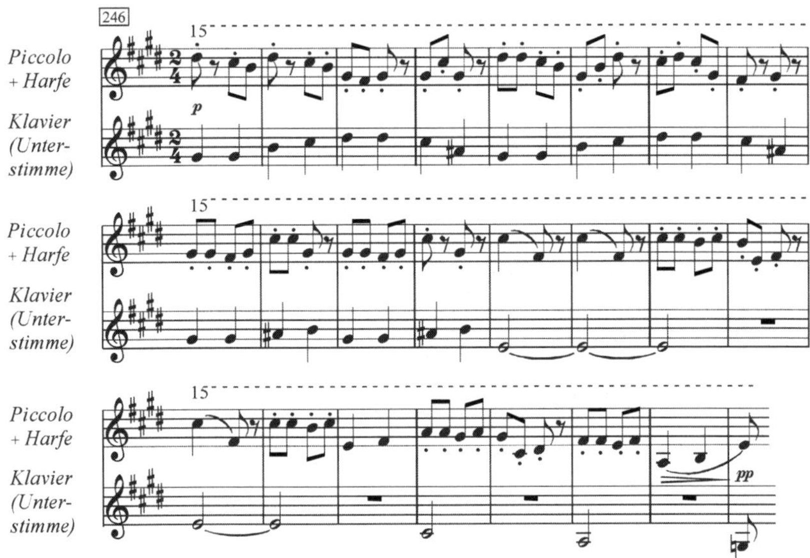

Im großen Durchführungsabschnitt des *Allegro* alterniert Ravel die von den Eintaktern seiner Jazz-Thematik begleiteten Saltarello-Themen mit Passagen, in denen das Begleitmuster mit der Hauptthema-Ergänzung aus dem *Lento* kontrapunktiert wird. Diese Komponente, die schon zuvor durch Synkopen und metrische Verschiebungen aufgefallen war, steht hier in polymetrischen Gegensatz zur Ankerschicht des *Allegro*. Interessanterweise divergieren dabei Notentext und Höreindruck: Ravel schreibt die C-Dur/Moll-Eintakter der Streicher wie zuvor im 6/8-Takt, die vom Fagott übernommene kontrapunktische Gegenstimme jedoch im 2/4-Metrum. Da diese Gegenstimme jedoch ausschließlich aus punktierten Vierteln und ihren Vielfachen besteht, hört man tatsächlich eine Folge von melodischen 3/8-Takten vor einem binären Hintergrund, der ohne Kenntnis der Partitur als 2/4 wahrgenommen wird.

Konzert für die linke Hand: Polymetrische Kontrapunktik

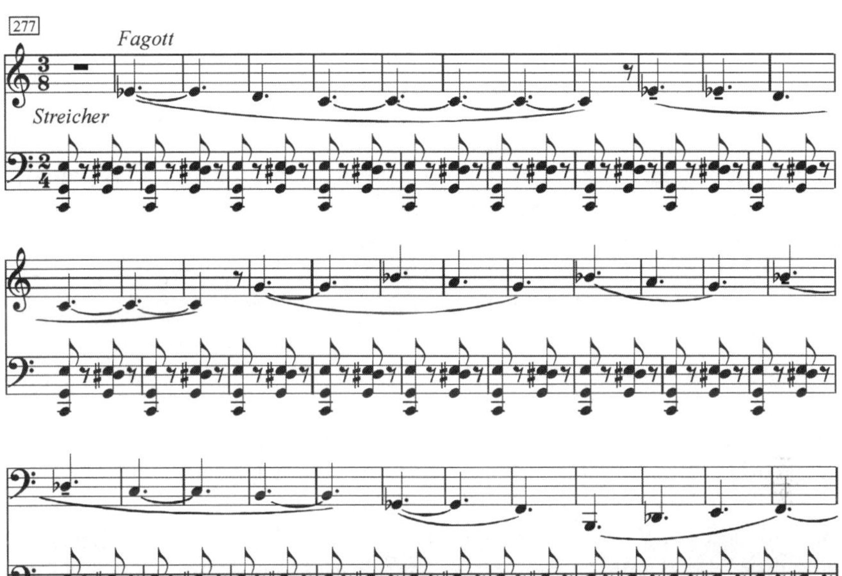

Während die tiefen Streicher noch eine Weile auf ihrem C-Dur/Moll-Begleitmuster beharren, die Bratschen einen Kanon aus Flageolettwellen und die Violinen sehr leise Flageolett-Liegtöne dagegensetzen, spielt das Klavier in seiner höchsten Oktave eine Variante der Saltarello-Grundphrase in C-Lydisch, ersetzt aber das erwartete Ende der Komponente durch einen über vier Oktaven abfallenden g-Moll-Lauf.

Am Ziel dieses Laufes wechselt der begleitende Eintakter für 21 Takte nach A-Dur/Moll, bevor er wie schon in der ersten Hälfte des *Allegro* verschiedene Tonstufen durchläuft. In den folgenden 100 Takten präsentiert Ravel zunehmend komplexere Texturen, in denen die zuvor vom Fagott initiierte Melodik im faktischen 3/8-Takt über dem binären Begleitmuster der tiefen Streicher der Saltarello-Phrase zusätzlich dem in 8/16-Gruppen rhythmisierten Wellen-Kanon gegenübergestellt ist.

Gleichzeitig wird auch die Schlagzeuggruppe aktiv und fügt der vierteiligen Polymetrik der gestimmten Instrumente eine fünfte Schicht hinzu. Diese besteht aus zwei verwandten Rhythmen ([x] und [y]), die zunächst als 4½-taktiges Paar wiederholt werden, zwischendurch auf das 2½-taktige [y] beschränkt sind, dann noch zweimal gepaart erklingen und zuletzt zu einer Kette in regelmäßigen Achteln liquidiert werden.

Konzert für die linke Hand: Der ametrische Schlagzeugrhythmus

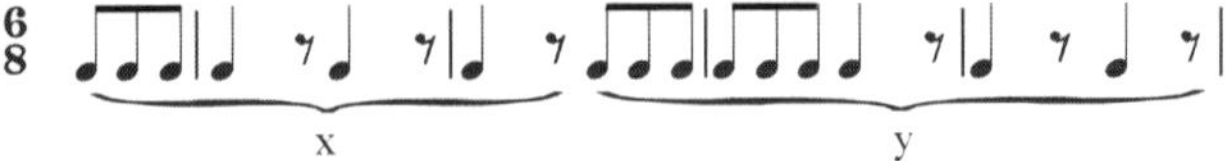

Der Schlagzeugbeitrag zur Polymetrik umfasst T. 315-395 (Z. 31-38). Er wechselt dabei mehrmals die Farbe;[10] ab T. 368 unterstreicht zudem der Pianist die Rhythmen. Dynamisch konzipiert Ravel die kontrapunktische Durchführung des Konzertes als Crescendo von *p* (T. 277, Z. 28) über *mp* (T. 315, Z. 31), *f* (T. 356, Z. 35) zum *ff* (T. 382, Z. 38), anfangs mehrfach unterbrochen von *pp*-Passagen anlässlich der Saltarello-Grundphrase im hohen Register und am Ende ergänzt durch eine kurze Rückkehr zum *p*.

In einem letzten kurzen Segment über dem Begleitmuster aus binären Eintaktern, jetzt in H-Dur/Moll, erklingt nach langer Pause erneut die zweite Saltarellophrase in den Bläsern und die Weiße-Tasten-Parallele des *Allegro*-Hauptthemas – Letztere zuerst im Klavier, doch dann in dichter werdender Abwechslung und erneutem Crescendo auch in den Trompeten. Darauf folgt, *p subito* einsetzend und nun in h-Moll, der zweite Einsatz des lyrischen Seitensatzes, des Duetts aus Klavierarpeggien und Piccolo-Harfe-Parallele, das hier allerdings nicht zart verklingt, sondern am Ende zu der *Più vivo ed accel.* markierten Codetta crescendiert.

Der bei Ziffer 46 durch die Überschrift *Tempo 1°* markierte dritte Abschnitt des Konzertes dient als Reprise des ersten. Er gliedert sich in fünf Segmente.

- Das erste umfasst die strahlende, untransponierte Orchesterreprise eines Ausschnittes aus dem ersten Einsatz des Solisten zu Beginn des Konzertes, unterstrichen von brillanten Klavierarpeggien und gefolgt von drei stark diminuierenden Takten, die zur Solo-Kadenz überleiten.

  T. 459-471 ≈ T. 44-55.[11]

- Das erste Segment der Solo-Kadenz zitiert, ebenfalls untransponiert, die Phrase, die im *Lento* zweimal als Ergänzung des Hauptthemas gehört wurde. Die begleitenden Arpeggien des

[10]Vgl. ||: [x] + [y] :|| ab T. 315: kleine Trommel, ab T. 336 von Woodblock übernommen, ab T. 347 von Triangel verdoppelt, ab T. 356 gemeinsam in kleiner Trommel + Woodblock; ||: [y] :|| ab T. 365 in kleiner Trommel + Woodblock, ab T. 373 in Pauke + Triangel; ||: [x] + [y] :|| ab T. 377 in Pauke + Triangel.

[11]T. 459-462: Hth-Motiv 3 vgl. T. 45-49, T. 463-466: Hth-Motiv 3 sequenziert, vgl. T. 49-53; T. 467-471: Entwicklung des Hth-Motivs 3, vgl. T. 53-56.

Pianisten sind eng verwandt mit den in T. 7-14 von einer Hälfte der Kontrabässe gespielten.

T. 475-483 ≈ T. 7-14

- Das zweite Segment der Solo-Kadenz rekapituliert den lyrischen Seitensatz aus dem *Lento*, transponiert auf *e*, den heimlichen Grundton des Konzertes.

  T. 484-499 ≈ T. 83-96

- Im dritten Kadenz-Segment greift der Pianist über Ankertönen, die in Quinten absteigen (*cis – fis – h – e – a*) drei Varianten des *Lento*-Hauptthemas auf. Mit dem Ankerton *a* wäre hier die Dominante des offiziellen Grundtones *d* erreicht. Ravel interpoliert jedoch ein weiteres Segment über der Subdominante *g*, bevor er in die Tonika einmündet.

  T. 499-515 ≈ T. 96-109[12]

- Der Wiedereintritt des Orchesters erlaubt es Ravel, im fünften Reprisensegment zusätzlich zu den thematischen Komponenten aus dem *Lento* die im *Allegro* eingeführte kontrapunktische Textur in Erinnerung zu rufen: Über dem oktavierten Diskant des Klavierparts, der über schnellen Klavierarpeggien und einem G-Dur-Liegeklang in den tiefen Streichern noch einmal die Hauptthema-Ergänzung aus dem *Lento* zitiert (in der Phrasenmitte vom solistischen Fagott verdoppelt), entwickeln die Holzbläser einen freien Kanon aus neuen Varianten der Hauptthema-Motive M1 und M2, der in der zweiten Hälfte von einem crescendierenden Paukenwirbel, im letzten Takt zudem von einem Wirbel auf dem hängenden Becken untermal wird.[13]

  T. 515-522

- Den Abschluss der Reprise bildet ein dreifach wiederholter Tuttitakt, in dem das tonikale *d* der tiefen Streicher und Bläser in den tremolierenden Geigen und Bratschen sowie in den vieroktavigen Arpeggiokurven von Klavier und Es-Klarinette durch einen D-Dur-Dreiklang mit hinzugefügter Mollsext gefärbt wird.

  T. 523-525

[12]Vgl. Klavier T. 499-504 mit Englischhorn T. 96-101, Klavier T. 504-509 mit Klarinetten T. 101-105, Klavier T. 509-515 mit Fagotte/Klarinetten/Oboen T. 106-108/108-109/109-110.

[13]Vgl. in T. 515-522 die nacheinander thematisch einsetzenden, dann frei weitergeführten Holzbläserstimmen Bassklarinette, Klarinette, Englischhorn, Oboe und Flöte, ab T. 519 mit Pauke, in T. 522 mit Beckenwirbel.

Das Konzert endet mit einer fünftaktigen Coda, die – nun über *d* und zum vollen Einsatz des Schlagzeugs – das den *Allegro*-Abschnitt charakterisierende Begleitmuster der binären jazzigen Eintakter zitiert. Zuletzt ertönt noch einmal das Hauptmotiv des *Allegro*, allerdings nicht wie zuvor als Dreiklangsparallele in e-Phrygisch, sondern nun als Oktavparallele des Klaviers in d-Phrygisch, mit Verdoppelung in Teilen aller tiefen Bläser und Streicher. Ein letztes aufschießendes Arpeggio in den Klarinetten über einem crescendierenden Beckenwirbel beendet das außergewöhnliche Werk.

In seinem Aufbau präsentiert sich das *Konzert für die linke Hand* somit als Hybrid. In den beiden *Lento*-Abschnitten erkennt man unschwer die (nicht wiederholte) Exposition und Reprise einer Sonatensatzform, wobei allenfalls auffällt, dass die Solokadenz nicht auf die Reprise folgt, sondern selbst den wesentlichsten Anteil an der Wiederaufnahme des Expositionsmaterials hat. Zwischen diesen beiden *Lento*-Abschnitten bietet Ravel jedoch keine Durchführung, sondern eine (variiert wiederholte) alternative Exposition in kontrastierendem Tempo, Metrum und Stil, mit drei thematischen Komponenten, die denen des *Lento* gänzlich unabhängig gegenübergestellt sind. Erst in der freien Wiederholung dieser alternativen Exposition vereint Ravel die zweite thematische Phrase aus dem *Lento* mit den Varianten des zweiten Themas aus dem *Allegro*. Dabei überzeichnet er die Idee der Kontrapunktik, indem er die Komponenten polymetrisch und polytonal nebeneinander herlaufen lässt.

Erst die Coda 'korrigiert' gleichsam einen anderen hybriden Aspekt des Werkes: den der Grundtonart. Nachdem sowohl die *Lento*-Exposition als auch die *Allegro*-Exposition ihren Ausgang über dem Orgelpunktton *e* genommen haben und dieser selbst im Kontext von Ravels bekannter Vorliebe für lange gleichbleibende Ankerung mit einmal 32, das andere Mal 95 Takten ungewöhnlich ausgedehnt ausfällt, und nachdem dieser Ankerton auch zu Beginn der größeren Solokadenz gegen Ende des Werkes noch einmal bestätigt wird, sorgt die kurze Coda mit ihrem D-Dur/Moll und vor allem mit ihrem Abschluss in reinem D-Dur für den Eindruck, dass hier ein durch vielfache Hindernisse lange hinausgezögertes Ziel endlich doch noch erreicht wird.

Klavierkonzert G-Dur

Ravel widmete sein G-Dur-Konzert der mit ihm befreundeten Pianistin Marguerite Long, die es unter seiner Leitung am 14. Januar 1932 mit dem Orchestre Lamoureux im Pleyel-Saal als Teil eines Ravel-Festivals aus der Taufe hob. Seine Einschätzung des Werkes bleibt faszinierend, wenn auch viele Details bei genauerer Betrachtung relativiert werden müssen:

> [Es] ist ein Konzert im echtesten Sinne dieses Gattungsbegriffs. Damit meine ich, dass es im Geist der Konzerte Mozarts und Saint-Saëns' geschrieben ist. Die Musik eines Solokonzertes muss meiner Meinung nach leicht und brillant sein und darf weder auf Tiefe noch auf dramatische Effekte abzielen.[1]

Allegramente

Ungewöhnlich in Hinblick auf die reklamierten Ahnherren Mozart und Saint-Saëns ist schon der Beginn in der Taktmitte mit einem Peitschenschlag, aus dem sich ein leiser Trommelwirbel herausschält, verdoppelt in den Celli durch ein Tremolo auf *d* und ein Flageolett in der dritten Oktave. Derweil stellt die Piccoloflöte das Hauptthema vor, das einen Einschlag des baskischen Volksgutes aus der Heimat von Ravels Mutter erkennen lässt. Begleitet wird das in den drei grundlegenden Viertaktern im leittonlosen G-Dur gehaltene Thema von Achteltriolen des Klaviers, in denen Ravel einem Fünftonausschnitt aus G-Dur (*d-g-a-h-c*) eine Parallele durch die fünf schwarzen Tasten gegenüberstellt. Eine dritte Texturschicht führt die 'amerikanische' Farbe ein: Im zwölftaktigen Rumpf des Themas sind die Akkorde der hohen Streicher wie zur Begleitung typischer Bluesmelodien rhythmisiert und durchgehend mit Leittönen angereichert.[2] Erst in der dreitaktigen Ergänzung dieser zwölftaktigen Grundform ändert sich alles: Piccolo und große Flöte, in leittonlosem D-Dur zum Zielton *d* absteigend, beschreiben ein Crescendo zum *f*, während das solistische Klavier die schwarze-Tasten-Schicht und die hohen Streicher ihre Blues-Akkorde durch eine absteigende Parallele aus Dur- und Molldreiklängen ersetzen.

[1]Zitiert nach Stegemann, *op. cit.*, S. lxxxvi.

[2]Die zwei Grundakkorde sind *cis/d/fis/g/d/ais/h/d*, ein G-Dur-Dreiklang mit drei chromatischen Leittönen, und *cis/d/gis/a/d/c/d*, ein ähnlich gefärbter (terzloser) Dominantseptakkord.

Konzert G-Dur I: Das Hauptthema mit begleitendem Bluesrhythmus

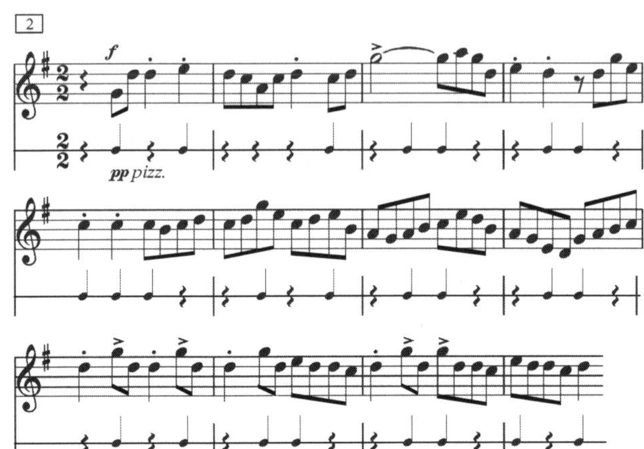

Eine von dreioktavigen Glissandowellen des Klaviers, vereinzelten Beckenschlägen und Bläserfiguren markierte Überleitung führt zur Wiederholung des Hauptthemas in der Trompete, der diesmal ein Pauken- und Beckenschlag vorausgeht. Während das Klavier schweigt, werden Rhythmik und Akkordfärbung der dritten Texturschicht von Hörnern, Posaunen, Harfe und Streichern sowie kleiner Trommel übernommen. Die Ergänzung ist eine große Terz aufwärts auf *fis* transponiert und erklingt jetzt im *ff*.

Diesem insgesamt 41 Takte umfassenden Hauptthemakomplex folgt verlangsamt eine meditativ wirkende Überleitungsgruppe (T. 42-75_1), die durch den Ankerton *fis* zusammengehalten wird. Sie besteht aus

- einer zweitaktigen Englischhornkantilene [a] über nachschlagenden Pizzicato-Achteln der Streicher,
- einer achttaktigen Klavierphrase [b], deren Vorder- und Nachsatz über einer annähernd ostinaten Legatobegleitung mit dem wiederholten Vorhaltpaar *gis-fis* beginnen und auf *fis* enden,
- einer Fünftonfigur der Bläser [c] mit Oktavimitation über triolischen Klavierarpeggien und einer nachschlagenden Zelle aus Vierteln + Achtelpaaren in Becken und Woodblocks,
- einer zweiten achttaktigen Klavierphrase [d], in der die linke Hand die nachschlagenden Achtelpaare übernimmt,

sowie

- einer Wiederaufnahme der Fünftonfigur [c] mit jetzt zwei oktavierten Imitationen und
- einer Transposition der zweiten Klavierphrase [d] über untransponierter Begleitung.

Konzert G-Dur I: Die nachschlagende Zelle

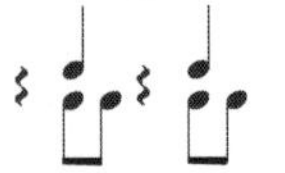

Der dritte Abschnitt präsentiert zwei Einsätze eines lyrischen Seitenthemas (ab Z. 7 im Klavier, ab Z. 9 im Fagott), verbunden durch eine mit zwölf Takten besonders umfangreiche, mit Nonakkorden harmonisierte Kontrastphrase [e] des Solisten (Z. 8) und abgerundet durch eine crescendierende Teilimitation des Seitenthemas in der Trompete. Der Vordersatz beginnt in beiden Einsätzen mit einer doppelten Vorhaltsdissonanz; zudem werden Vorder- und Nachsatz jeweils durch Verlängerungen ergänzt, in denen ein Liegeklang der Streicher von der in der Überleitungsgruppe eingeführten Zelle aus nachschlagenden Vierteln und Achtelpaaren konterkariert wird. In der Harmonisierung dieser Ergänzungen knüpft Ravel erneut an den Jazz an, indem er Dur/Moll-Dreiklänge schreibt, mit oder ohne Quint, aber um drei oder sogar vier Terzen nach oben erweitert.[3] Hier scheint Gershwins *Rhapsody in Blue*, die Ravel bewunderte, Pate gestanden haben.

Konzert G-Dur I: Das Seitenthema, ergänzt um die Rhythmuszelle

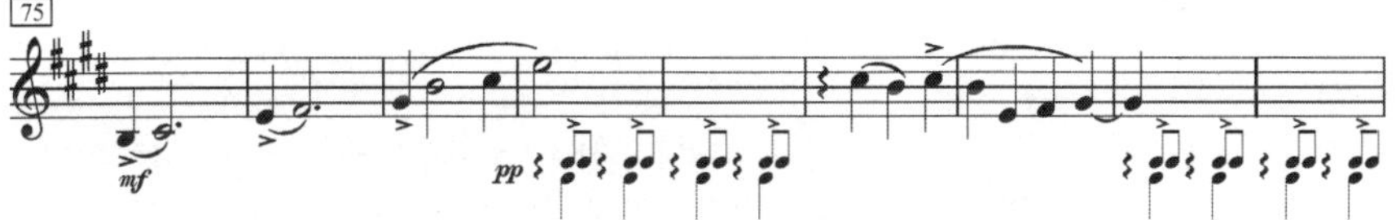

Anlässlich der Rückkehr zu *Tempo 1°* (Z. 10) intensiviert sich die Bewegungsenergie. Thematisch werden die 64 Takte zwischen Ziffer 12 und dem Beginn der virtuosen Rückleitung bei Ziffer 17 von zwei Komponenten beherrscht, die gleichermaßen das Motorische in der Vordergrund stellen: einem Toccatamotiv und einer Passage in stark akzentuierter Jazzrhythmik über einer Bassfortschreitung, die durch den Quintenzirkel abfällt.

Das Toccatamotiv ist kaum melodisch zu nennen: Die im Wechselspiel der Hände erzeugte Kontur besteht mit Ausnahme zweier indirekter Auftakte und des Zieltones einzig aus dem herrschenden Dreiklang, die durchgehende Achtelbewegung setzt nur nach dem Zielton kurz aus, und die Begleitung betont binär ausschließlich Taktbeginn und Taktmitte.

Konzert G-Dur I: Das Toccatamotiv

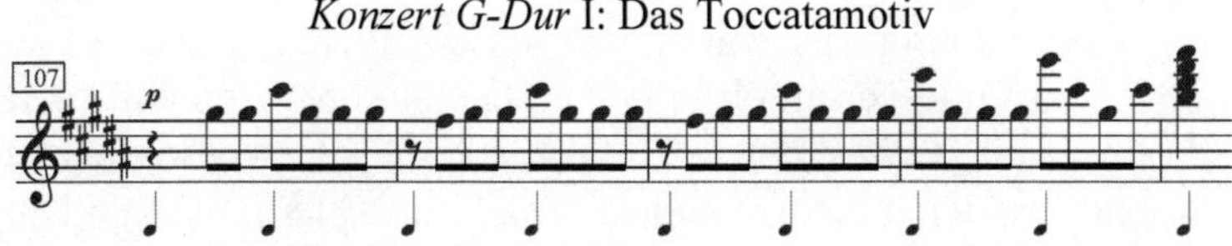

[3]Vgl. die ersten zwei Thementakte mit *fisis* und *ais* vor *[e]/gis/h*, außerdem in T. 78-80 (4. bis 6. Takt in Ziffer 7) *e/g/gis/[h]/d/[fis]/ais/cis,* mit Verdopplung von *gis/g/d/ais/cis* im Klavierrhythmus, sowie T. 82-84 (8. bis 10. Takt in Ziffer 7) *a/c/e/gis/dis.*

Für die zweite Komponente der motorischen Schlussgruppe verzichtet Ravel ganz auf Melodik. Vielmehr spielt er mit unterschiedlichen Gruppierungen der acht Achtelanschläge im Takt:

Konzert G-Dur I: Der Jazzrhythmus

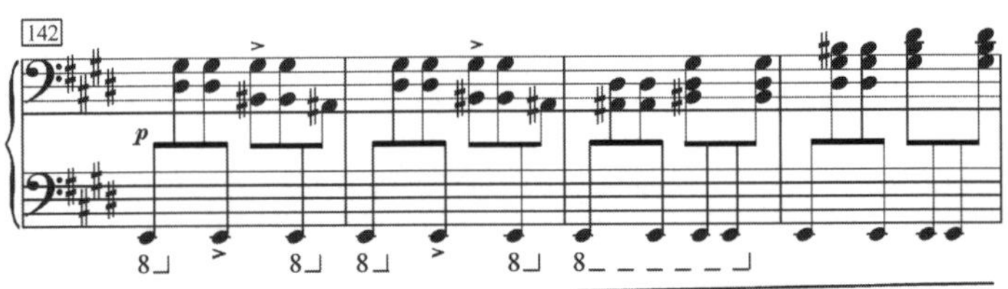

Die vorausgegangene Beschreibung legt nahe, dass es sich hier um eine Exposition handeln könnte, der nach Art üblicher Kopfsätze in Sonaten, Sinfonien, Kammermusikwerken und Solokonzerten eine Durchführung sowie eine Reprise – meist mit Coda – folgen. Ravel aber geht auch hier eigene Wege. Wie die Gegenüberstellung der ersten 172 mit den verbleibenden 151 Takten zeigt (vgl. dazu die Tabelle auf den Seiten 226 / 227 unten), entwirft er für diesen Satz eine binäre Struktur aus analog gebauter Exposition mit virtuoser Rückleitung und Reprise mit Coda, aber ohne Durchführung. Die Solokadenz ist, wie im *Konzert für die linke Hand*, integraler Teil der Reprise.

Tatsächlich ist der Verlauf weitgehend analog:

- Im ersten Abschnitt der 'Reprise' geht dem neu instrumentierten und nun sehr kräftigen Hauptthema statt des Peitschenschlags zu Beginn des Werkes und des Pauken-/Beckenschlags vor dem zweiten Einsatz nun ein *fortissimo*-Schlag der großen Trommel voraus. Die thematische Kontur setzt im homophon verstärkten Solopart ein, wird aber bald zunächst von der Piccoloflöte, dann nacheinander von verschiedenen hohen Holzbläsern weitergeführt, während die übrigen Bläser und hohen Streicher ohne verstärkendes Schlagzeug den begleitenden Bluesrhythmus beisteuern. Eine Wiederholung des Hauptthemas fehlt hier. Die Ergänzung ist bluesartig unvermittelt um einen Ganzton abwärts auf *f* gerückt.
- Im zweiten Abschnitt erklingt die erste Klavier-Solophrase [b] nun mit leicht umspielten Vorhalt-Auftakten. Während in der Exposition das Schlagzeug schweigt, sind hier die ersten drei Taktanfänge des Vordersatzes von je einem Tamtamschlag in *pp*, die des Nachsatzes von ebenso leisen Beckenschlägen untermalt.

Die zweite Solophrase [d] erklingt zunächst verfremdet im tiefen Register der Harfe mit einer teilweise rezitativisch gebrochenen *Andantino*-Präsentation, in der die nachschlagenden Achtelpaare ganz fehlen. Ein eingeschobener, mit Fermate verlängerter Takt mit Triangeltriller teilt die Phrase in zwei Segmente, deren jedes von mehrfach auf und ab schießenden Glissandowellen eingeleitet wird. Ähnliche Glissandowellen werden anschließend von den Streichern übernommen, wo sie die Fünftonfigur [c] mit ihren oktavierten Imitationen begleiten. Zur Transposition der Phrase [d] im Horn im *Andante a piacere* mutieren dieselben Glissandi zu Skalenwellen der Holzbläser.

- Im dritten Abschnitt wird der erste Einsatz des lyrischen Seitenthemas einschließlich der ihm folgenden Kontrastphrase [e] dank brillanter Umspielung mit Arpeggien und Trillerketten zum Inhalt der Solokadenz; im zweiten Einsatz vereint sich die Kontur in den Violinen mit dem Klavierpart, der diese nach wie vor virtuos umspielt.
- Im vierten Abschnitt sind die Abweichungen subtiler, aber nicht weniger faszinierend: Das Toccatamotiv ist hier nicht diatonisch sequenziert, sondern zunächst wiederholt und dann – wieder bluestypisch unvermittelt – um einen Halbton aufwärts gerückt. Zudem sind die drei Viertakter vier Oktaven tiefer versetzt und zusätzlich zu den äquidistanten Basstönen mit einem aus dem Blues bekannten Betonungsschema unterlegt:

Konzert G-Dur I: Das Toccatamotiv mit neuem Betonungsschema

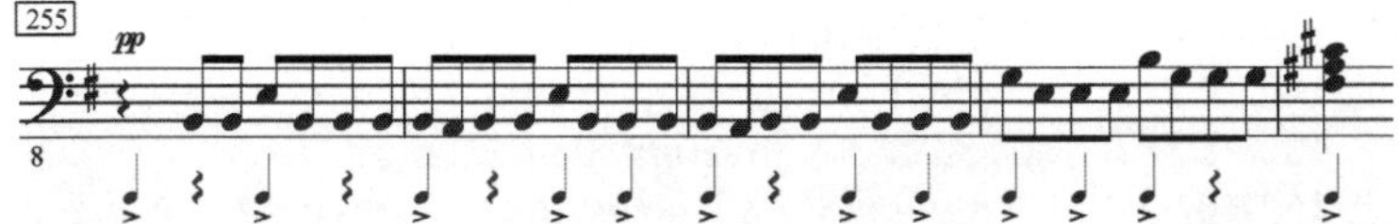

Die Analogie der Satzhälften setzt sich im weitesten Sinne sogar in den auf den ersten Blick unterschiedlichen Abschlüssen fort: Die virtuose Oktavparallele, mit der das solistische Klavier in die ‘Reprise’ überleitet, ist ohne Taktstriche notiert und zählt so theoretisch als ein Takt. Sie umfasst jedoch 90 Achtelwerte, entspricht somit in ihrer Spieldauer gut 22 Takten, und bildet daher ein durchaus ernst zu nehmendes Gegenstück zu der 29-taktigen Coda.

Konzert G-Dur I: Exposition T. 1-172

T. 1-42	Hauptthemakomplex, Ankerton *d*, zuletzt *fis*	
	T. 2-13	Hauptthema in der Piccoloflöte, Ankerton *d*
	T. 13-16	Hauptthema-Ergänzung (*d*)
	T. 16-25	Überleitende Passage mit Glissandi
	T. 25-36	Hauptthema in der Trompete, Ankerton *d*
	T. 36-41	Hauptthema-Ergänzung (*fis*)
T. 42-75	Überleitungsgruppe *meno vivo*, Ankerton *fis*	
	T. 42-44	[a], Englischhorn
	T. 44-52	[b], Klavierphrase
	T. 52-55	[c], Fünftonfigur mit Imitation Es-Klarinette/Trompete
	T. 55-63	[d], Klavierphrase r.H. *espressivo*, l.H. nachschlagende Achtelpaare *staccato*
	T. 63-67	[c], Fünftonfigur mit Imitation Piccolo/Klarinette/Trompete
	T. 67-75	[d], Klavierphrase mit transponiertem Diskant
T. 75-106	Seitensatzkomplex (ohne orgelpunktartige Ankertöne)	
	T. 75-83	Seitenthema im Klavier, mit Teilphrasenergänzung
	T. 83-96	überleitende Kantilene im Klavier
	T. 96-104	Seitenthema im Fagott, mit Teilphrasenergänzung
	T. 104-106	Seitenthema-Teilimitation in der Trompete
T. 107-170	motorische Schlussgruppe über *cis-fis-[h]-e-a-d-g-c-f-b-es-[as]*	
	T. 107-111	Toccatamotiv im Klavier, Ankerton *cis*
	T. 111-115	Toccatamotiv transponiert im Klavier, Ankerton *fis*
	T. 115-119	Toccatamotiv variiert, Klavier + Holzbläser, Ankerton *fis*
	T. 123-115	Toccatamotiv transponiert, Klavier + Holzbl., Ankerton *fis*
	T. 123-130	Fortsetzung mit Fünftonmotiv im Klavier, Ankerton *fis*
	T. 131-138	Fortsetzung mit Fünftonmotiv variiert, Ankerton *fis*
	T. 139-14s	Toccatamotiv-Teilimitation in der Trompete
	T. 142-149	Jazzrhythmik im Klavier über *e, a, d, g*[4]
	T. 150-152	Toccatamotiv im Horn, Ankerton *g*
	T. 152-161	Jazzrhythmik im Klavier fortgesetzt über *c, f, b*
	T. 162-170	Abstieg mit Dreitonmotiven, Ankerton *es*

	T. 171-172	Rückleitung im solistischen Klavier, virtuose Oktavparallele, 11-tönig nicht-metrischer Takt mit Viertelpause + 88 Achteln

[4]Für die tonale Fortschreitung vgl. das Notenbeispiel auf S. 228 unten.

Konzert G-Dur I: Reprise und Coda T. 172-323

T. 172-189 verkürzte Reprise des Hauptthemakomplexes
- T. 172-183 Hauptthema im Klavier mit Piccolo etc., Ankerton *d*
- T. 183-189 Hauptthema-Ergänzung Flöte/Oboe/Klarinette auf *f*

T. 189-230 Überleitungsgruppe *meno vivo*, Ankerton *a*
- T. 189-191 [a], Oboe
- T. 191-198 [b], Klavierphrase, variiert
- T. 199-204 [c], Fünftonfigur im Klavier mit oktavierten Diminutionen
- T. 204-216 [d], Harfe (*Andantino*) über Liegeklang Celli, unterbrochen durch A-Dur-Takt mit Triangeltriller, Fermate
- T. 216-220 [c], Fünftonfigur mit Imitation Piccolo/Klarinette/Trompete
- T. 221-230 [d], Horn solo vor Holzbläserläufen

T. 230-254 Seitensatzkomplex (ohne orgelpunktartige Ankertöne)
- T. 230-234 Seitenthema getrillert, Anfang der Solokadenz im Klavier
- T. 234-244 Kantilene getrillert, Mitte der Solokadenz im Klavier
- T. 245-249 Seitenthema in Klavier + Violinen über Streicherklang
- T. 249-254 Teilimitation tutti, metrisch verschoben, *Accelerando*

T. 255-294 motorische Schlussgruppe über *a —, [b-f-b, g-c], a-d-g-c-f-b-es*
- T. 255-259 Toccatamotiv transponiert, Ankerton *a*, Bluesrhythmisierung
- T. 259-263 Toccatamotiv wiederholt, Bluesrhythmisierung
- T. 263-267 Toccatamotiv chromatisch gerückt, Ankerton *a*, Bluesrh.
- T. 267-269 Toccatamotiv-Variante, Ankerton *a*, ohne Bluesrhythmus
- T. 269-275 Toccatamotiv freie Fortspinnung, Ankerton *b* Bassgang *b-c-d-es-e-f*
- T. 275-276 Toccatamotiv-Variante verkürzt in Trompete, Ankerton *f*
- T. 277-280 Jazzrhythmik im Klavier über *b — b, g*
- T. 281-283 Jazzrhythmik im Klavier fortgesetzt über *c — c, a*
- T. 284-288 Jazzrhythmik im Klavier fortgesetzt über *d — d, g, c, f, b*
- T. 289-295 Abstieg mit Dreitonmotiven, Ankerton *es*

T. 295-323 Coda in G-Dur
- T. 295-300 Hauptthema in Trompete alternierend mit Flöte/Klarinette kontrapunktiert mit Dreitonabstieg im Klavier
- T. 301-312 virtuose Fortspinnung über *e, a, d*
- T. 313-321 Ausklang G-Dur: Klavier + Orchester mit Schlagzeug
- T. 321-323 Skalensabstieg G-Dur/G-Lydisch, 12-tönig harmonisiert in parallelen Dreiklängen

Konzert G-Dur I: Der Jazzrhythmus mit Quintabstieg

Die Behandlung der Tonalität im Kopfsatz des Klavierkonzertes ähnelt der im *Konzert für die linke Hand*: Der nominelle Grundton *g*, der nur insgesamt 30 Takte bestimmt, wird als Ankerton in den Hintergrund gedrängt von *d* (53 Takte), *a* (55 Takte) und vor allem *fis* (70 Takte). Ihre Bedeutung erhält die Tonart G-Dur in diesem Satz einzig durch die Reprisen-Einsätze des Seitenthemas in und nach der Solokadenz und die Rahmensegmente der Coda.

Adagio assai

Der in E-Dur konzipierte langsame Satz präsentiert sich als ein Zwiegespräch zwischen dem Klavierdiskant und dem Englischhorn. Einzelne weitere Holzbläser fügen kurze melodische Einwürfe hinzu, während die Streicher verhalten bleiben, Blechbläser und Harfe nur minimal und die Schlaginstrumente gar nicht beteiligt sind.

Eine interessante Rolle kommt der linken Hand des Klavierparts zu. Dies betrifft zunächst deren ostinates Begleitmuster: Dem Dreivierteltakt der thematischen Konturen stellt der Klavierbass eine faktische 6/8-Bewegung entgegen, die besonders in allen längeren Notenwerten des Diskants das Metrum in Frage stellt und zuweilen sogar einzelne Melodienoten synkopisch wirken lässt. Zwar schreibt Ravel durchgehend drei Achtelpaare, doch hört man unweigerlich eine wiederholte Dreiachtelgruppe:

Konzert G-Dur II: Der Bass unterläuft die 3/4-Metrik

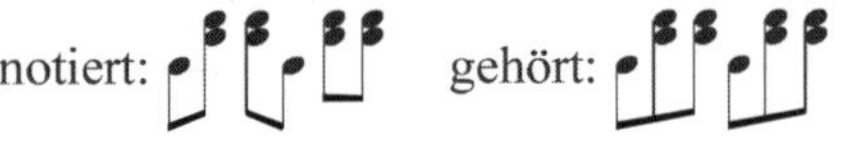

Der Gesamtplan des lyrischen Satzes ist denkbar unkompliziert:

Konzert G-Dur II: Eine einfache Bogenstruktur

A	B	A'	Coda
T. 1-45	T. 45-73	T. 74-96	T. 97-108

Abschnitt A umfasst drei Phrasengruppen, die jeweils in einer authentischen Kadenz enden. Die erste, vom Klavier allein gespielt, schließt in T. 18_2 auf der Tonika E-Dur. Die zweite, weiterhin im Klavier angelegt, scheint in T. 35 erneut in der Tonika enden zu wollen, wie der kadenzierende Bassschritt *fis–h–e* und der Triller auf *fis* andeuten, doch bringt Ravel die Flöte mit einer Imitation der Takte 31-32 ins Spiel, während das Klavier seinen Trillervorhalt ausdehnt. So ergibt sich ein überzeugendes Phrasenende erst in T. 36 mit einem Schluss in der Subdominante A-Dur, vom Bass mit der Verlängerung der Kadenzschritte zu *fis–h–e–a* bestätigt. Im dritten Segment des A-Abschnitts setzt das Klavier seine Diskantkontur aus und führt nur das 6/8-Muster begleitend weiter. Die Melodik ist in diesem Segment den Bläsern anvertraut. Sie beginnt in der Oboe mit einer rhythmisch zusammengezogenen weiteren Imitation der Klaviertakte 31-32 und der Flötentakte 35-36 und schließt nach einer Modulation zur E-Dur-Mediante gis-Moll in T. 45 auf der Dominante Dis-Dur (Bass: *ais–dis*).

Die Proportion der drei Segmente in Abschnitt A, 18 + 18 + 9 Takte, lädt dazu ein, hier mit Dorottya Marosvári[5] eine instrumentale Adaptation der Barform zu erkennen, die die mittelalterliche Kanzonenstrophe mit den Segmenten Stollen / Gegenstollen / Abgesang bestimmt. Dies ist umso schlüssiger, als sich das Strukturmuster sowohl in Abschnitt B als auch auf der Ebene der Phrasen innerhalb jedes Stollen-Segmentes wiederholt.[6]

Im reprisenartigen Abschnitt A' greift das Englischhorn die Kontur des ersten Segmentes vollständig und die des zweiten auszugsweise auf.[7] Dabei wird die in Abschnitt A beobachtete Kadenzverzögerung vermieden. Stattdessen eröffnet ein Schritt vom H^{11}-Akkord zu Cis-Dur mit einem ungewöhnlichen Trugschluss die Coda.

Die melodischen Konturen der Rahmenabschnitte sind für Ravel ungewöhnlich tonal gehalten: Nur zwei Töne in A2 und die wiederholte Cis-Dur-Terz *eis* in der Coda liegen außerhalb der E-Dur-Skala. Auffallend und den stilistischen Eindruck prägend sind die Schlussbildungen, die mit ihren oft synkopiert-ornamentierten Vorhaltfloskeln an mittelalterliche oder frühbarocke Musik erinnern:

[5] Dorottya Marosvári, "Maurice Ravel: Klavierkonzert in G-Dur (Analyse des zweiten Satzes *Adagio assai*), in *Studia Universitatis Babes-Bolyai - Musica* 2 (2015), S. 143-161.

[6] Vgl. dazu die Struktur der Melodie in Segment A1: T. 2-8_2 = 7 Takte, T. 8_3-15_2 = 7 Takte, T. 15_3-18_2 = 3 Takte; in A2: T. 18_3-26_2 = 8 Takte, T. 26_3-34_2 = 8 Takte, T. 34_3-36 = 2½ Takte.

[7] Vgl. Englischhorn T. 73-90 und T. 91-96 mit Klavierdiskant T. 2-18 und T. 29-34.

Konzert G-Dur II: Charakteristische Schlussfloskeln

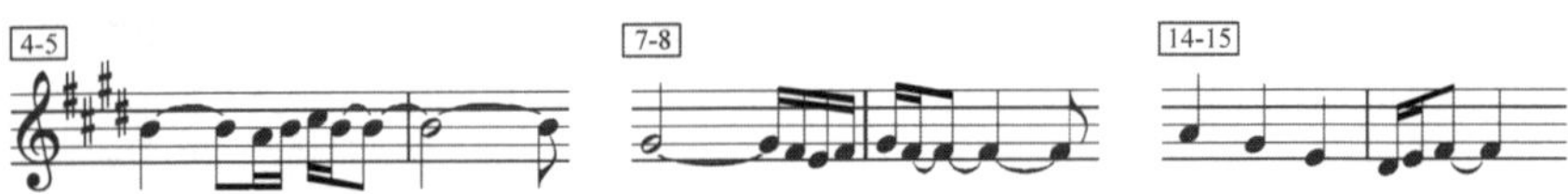

Auch die Zweitstimme, die von den halbtaktig skandierenden Basstönen erzeugt wird, bewegt sich überwiegend in diatonischen Linien, die nur durch ein kurzes chromatisches Bindeglied und die schon erwähnten Quart- oder Quintsprünge der Kadenzschritte an den Enden der Phrasen unterbrochen sind.[8]

Im melodisch und harmonisch stark kontrastierenden Abschnitt B ist die Struktur sowohl insgesamt als auch – sogar noch deutlicher – auf der Phrasenebene zu erkennen. Die drei durch Kadenzen bekräftigten Segmente sind B1: T. 45_3-57, B2: T. 58-65 und B3: T, 66-73; innerhalb von B1 entsprechen einander die zwei eröffnenden Viertakter (der zweite ist eine Ganztonsequenz des ersten), innerhalb von B2 sind es die zwei eröffnenden Zweitakter (der zweite ist hier eine Halbtonsequenz des ersten). Parallel sind die beiden 'Stollen' dieses Abschnitts auch insofern gestaltet, als sie mit unverhüllt bitonalen Takten beginnen: In der ersten Phrase von B1, die in T. 48-49 cis-Moll erreicht, überträgt Ravel den aufwärts zum *cis* strebenden Basslinien die Töne *his* und *ais*, also die siebte und sechste Stufe der melodischen Mollskala, während er im thematisch führenden, melodisch absteigenden Klavierdiskant *h–a* dagegensetzt. Dasselbe wiederholt sich in der auf h-Moll zielenden Sequenz (T. 49_3-53_2) mit *gis* und *ais* in den Basslinien gegen *a-g* im Klavierdiskant. Im Segment B2 ist die Bitonalität noch ausgeprägter: Fagotte und Hörner spielen eine steigende Dreiklangparallele aus der Es-Dur-Skala mit den Tönen *c* und *d*, die auch in den tiefen Streichern und im Klavierbass liegen, sowie der Durterz *g*, während der Klavierdiskant eine Girlande mit *ges, ces* und *des* durchläuft. Dieselbe Gegenüberstellung erklingt im darauffolgenden Zweitakter noch einmal, dessen Grundton *es* auf dem Weg zum Zielton *e* enharmonisch zum Leitton *dis* umgedeutet wird.

[8]Vgl. T. 1-18: Nach je dreitaktigem Orgelpunkt auf *e* und *gis* Abstieg ganztaktig diatonisch von *gis* nach *cis*, dann halbtaktig von *h* nach *e,* weiter halbtaktig vom oktavierten *e* nach *h* und wieder ganztaktig vom oktavierten *h* zum Abschlusston *e*. Nach modulierendem Durchgangston *dis* dreitaktiger Orgelpunkt auf *cis*, etc. Beispiel für chromatischen Aufstieg T. 27-29 von *a* nach *cis*; Beispiel für Kadenzschritte T. 33-34 *fis–h* und T. 35-36 *h-e-a*.

Als wäre dies zur Bestätigung des Barform-Musters nicht genug, komponiert Ravel die 'Abgesänge' von B1 und B2 als gut erkennbare Entsprechungen:

Konzert G-Dur II: Analoge Schlussphrasen in Segment B1 und B2

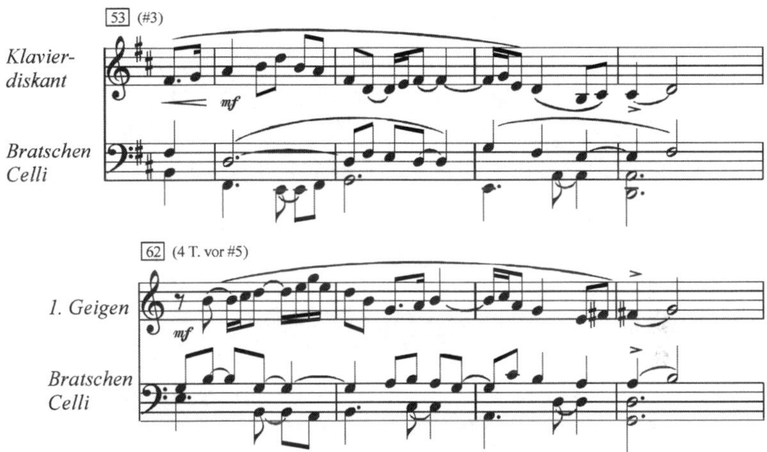

Das dritte Segment in Abschnitt B schließlich ist durchgehend polytonal konzipiert. Nachdem die ornamental absteigende Klavierstimme und die aufsteigenden Sexten der Streicher ihre Töne über einem siebentaktigen Klavierorgelpunkt auf *g* aus unterschiedlichen Skalen bezogen haben, entwickelt Ravel als Überleitung zur Reprise (T. 71-73) eine tonale Gegenbewegung: Während der Klavierbass noch auf *g* verharrt, ertönt als Zielpunkt eines Crescendos ein *fortissimo*-Ausbruch des Tutti – hier sogar mit Trompeten und Posaunen – mit einem gis-Moll-Dreiklang. Aus dem anderthalbtaktigen Querstand *g/gis* steigt der Klavierbass schließlich, in Vorbereitung auf die Tonika E-Dur, zum *f* ab.

Wie schon erwähnt, enthalten die zwei Segmente der Reprise A' Wiederaufnahmen der entsprechenden Phrasen aus Abschnitt A. Dies betrifft sowohl die melodische Kontur, die vom Klavierdiskant ins Englischhorn wechselt, als auch die 6/8-Begleitung der linken Hand, die unverändert übernommen und in der Basslinie durch die Celli verdoppelt wird. Neu hinzugefügt erklingt eine ornamentale 32stel-Kette, die eine intensivierte Variante der Sextolen aus Segment B3 mit Skalenläufen durchwirkt. Dies setzt sich in den letzten zwölf Takten fort, so dass diese Passage die zweifache Rolle eines 'Abgesanges' der Reprise und einer Coda des langsamen Satzes vereint.

Presto

Der virtuose Finalsatz des Konzertes sorgt für einen wirkungsvollen Schluss. Gebaut als freie Sonatenhauptsatzform (mit Exposition T. 1-139, Durchführung T. 140-213, Reprise T. 214-295 und Coda T. 295-306) ist er durchzogen von drei nur bedingt thematischen Komponenten, die hier als [x], [y] und [z] bezeichnet werden sollen. Die erste ist ein kräftiger homophoner Viertakter, den die tiefen Bläser und Streicher mit Untermalung eines Trommelwirbels und Unterstreichung des Schlusstones durch ein Pizzicato der Kontrabässe und einen Schlag der großen Trommel einführen.

Konzert G-Dur III: Die strukturierende Komponente [x]

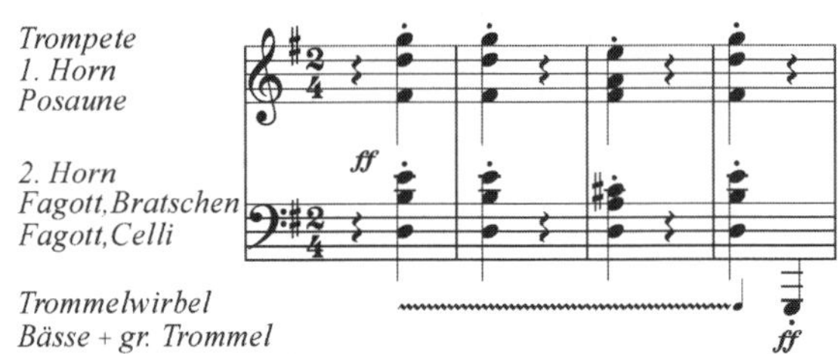

Identisch in Tonart und Details umrahmt [x] das erste Segment der Musik und kehrt, nun verstärkt durch die hohen Orchesterinstrumente, am Schluss des Satzes noch einmal wieder (T. 1-4 = T. 33-36 = T. 303-306). Zusätzlich zu diesen drei analogen Einsätzen erklingen im Verlauf des Satzes drei transponierte Varianten.[9]

Die zweite Komponente, als Zweitakter nur halb so umfangreich, ist ebenfalls homophon. Sie durchzieht einen entscheidenden Anteil des Satzes, ist jedoch so unauffällig, dass sie Hörern meist gar nicht bewusst werden dürfte. Es handelt sich um drei Anschläge, die unmittelbar nach dem eröffnenden [x] von den Streichern in *piano pizzicato* eingeführt werden und danach in wechselnder Instrumentierung und tonaler Definition ausgedehnte Passagen begleiten.[10]

Konzert G-Dur III:
Das Begleitmuster [y]

5
Streicher (pizz.)

[9]Vgl. T. 76-79, metrisch verschoben, auf *h*, mit Klavier und einem Peitschenknall anstelle des Schlages der großen Trommel; T. 124-127 und 136-139: nur Klavier, auf *e* bzw. *gis*.

[10]Vgl. T. 5-12 (*g*), 17-22 (*g*), 23-28 (*c*), 29-32 (*a*), 57-58 + 60-61 (*g*), 62-63 + 65–66 (*f*), 154-167 (*es*), 170-179 (*c*), 182-189 (*a*), 190-197 (*b*), 198-205/206-209/210-213 (*fis/ges/fis*), 214-219 (*g*), 220-227 (harmonisch vagierend); 100 der 306 Takte oder knapp ⅓ des Satzes.

Die dritte der neutralen Komponenten wird vom Klavier zu diesem Begleitmuster als Toccata eingeführt. Ausgeführt im leisen Wechselschlag der Hände kreisen die kontinuierlichen Sechzehntel um eine Melodie der beiden Daumen, die im weiteren Verlauf des Satzes von unterschiedlichen Instrumenten aufgegriffen wird – identisch oder auch in angedeuteter Umkehrung beginnend, aber stets früher oder später frei weitergesponnen. Diese Wiederaufnahmen würden die Komponente [z] in die Nähe echter thematischer Komponenten rücken, wäre da nicht die flüsternde Qualität der immer ähnlichen und oft wiederholten Figuren, die sich mehr als Gesamteindruck denn im Einzelnen vermittelt. Harmonisch färbt das von Beginn an in den Toccatanebenstimmen, ab T. 9 auch in der Melodie ertönende *cis* statt *c* die Tonart nach D-Dur ein und steht damit dem G-Dur der Begleitkomponente selbstbewusst gegenüber.

Konzert G-Dur III: Die Sechzehntelkette [z] und ihr melodisches Gerüst

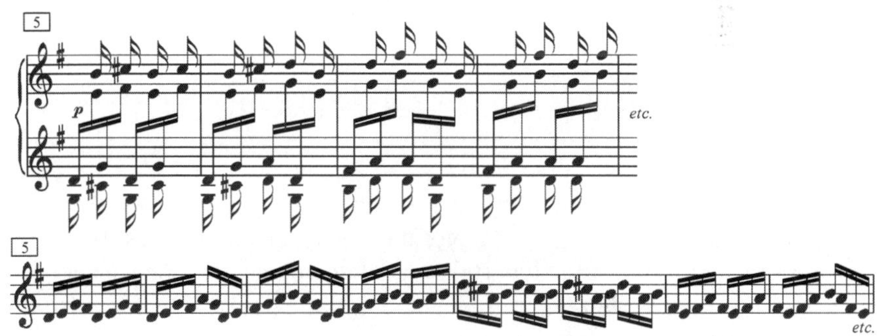

Die einzigen Zitate, die den Toccatawechselschlag des Klaviers beibehalten, folgen noch innerhalb des ersten 36-taktigen Segmentes.[11] Danach schweigt die Komponente für den Rest der Exposition. In der polyphonen Durchführung wandert sie, bald auch in freier Umkehrung lanciert, durch verschiedene Orchesterstimmen und Tonarten.[12] Erst am Anfang der Reprise kehrt sie in ihre ursprüngliche Form zurück und wird so von den Violinen imitiert.

Überraschend im Anfangssegment der Exposition ist eine Figur, die Ravels neu entdeckte Begeisterung für den Jazz mit seinen langjährigen polytonalen Experimenten verbindet. Sobald die Toccatenkomponente des

[11]Vgl. T. 17-22_1 mit T. 5-10_1 sowie T. 22_2-30 mit T. 6_2-14 in Quarttransposition.

[12]Vgl. Fagott T. 158-163, Klavier T. 170-175 (ohne Toccataquinten); in Umkehrung Celli ab T. 182, Bratschen ab T. 190, Celli ab T. 198, Bratschen ab T. 206 und ab T. 210.

Klaviers in T. 17 neu beginnt, stellt Ravel ihr einen glissandoartigen Skalenaufstieg der kleinen Klarinette gegenüber, der sich in der Fortsetzung in es-Moll verortet und somit dem G-Dur des Begleitmusters [y] und dem impliziten D-Dur der Komponente [z] als dritte Tonart gegenübersteht.

Konzert G-Dur III: Polytonalität mit Jazzkomponente

17 #1

Klarinette

Klavier

Streicher (pizz.)

Die chromatischen Vorschläge (*a-b* zu Beginn der Skala, *d-es* vor dem Septaufschwung im vierten Takt) vervielfältigen sich im Ges-Dur-Abstieg des fünften und sechsten Taktes, bevor ein ergänzendes Tritonusglissando der Posaune den Jazzeindruck perfekt macht und dabei die tonale Rückung zur Quarttransposition unterstreicht: [z] klingt im Klavier nun auf *g*, [y] in den Streichern auf *c*, und die Jazzfigur in der Piccoloflöte in gis-Moll. Abrundend ertönen steigende chromatische Gänge der drei Blechbläser, die den anschließend in den Streichern erreichten C-Dur-Dreiklang vorbereiten[13] und über diesem zur Rahmenkomponente [x] zu führen.

Der zweite Abschnitt der Exposition setzt die polytonale Gegenüberstellung in abgeschwächter Form fort. Das Seitenthema in D-Dorisch, vom Klavier in einer robusten Dreiklangsparallele eingeführt, wird teils vom Klavierbass, teils vom Fagott mit dem Quartfall *f-c* unterlegt.

Konzert G-Dur III: Das modale Seitenthema

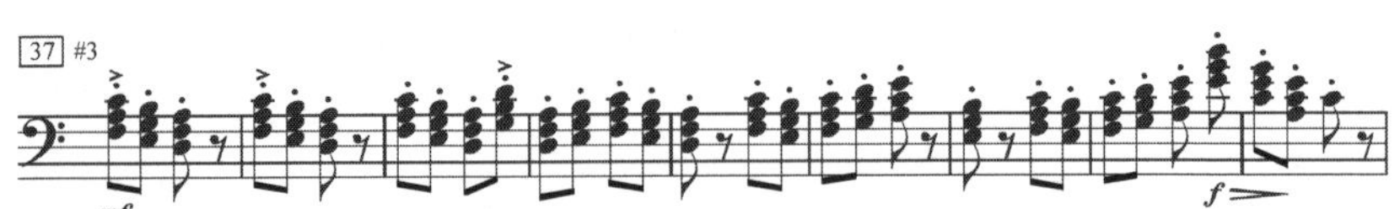

[13]Vgl. T. 29-32: Posaune *dis-e-eis-fis* [g], Horn *gis-a-ais* [c], Trompete *cis-d-dis* [e].

Die identisch beginnende Imitation der Streicher dagegen begleiten im Bass die Quintfolge *d-g-c* und im Klavierdiskant ein in Tonwiederholungen aufgespaltenes und mit Leittönen verziertes Arpeggio, das von d-Moll nach e-Moll überleitet. Erst die zweite Variante des Seitenthemas, die in hohen Holzbläsern, Hörnern und hohen Streichern gemeinsam erklingt, vereint sich mit den Hintergrundsträngen zum dorischen Modus auf *e* und endet in reinem E-Dur.

Eine freie Wiederaufnahme der Sechzehntelkette aus dem ersten Expositionssegment, in dem die Flöten mit der Wechselschlagtextur des Klaviers alternieren, führt vom gerade erreichten tonalen Anker *e*, unterbrochen von einer Sequenz auf *d* und anschließend vom Klavier allein virtuos weitergesponnen, zu einer der harmonisch (und hier auch metrisch) abweichenden Ableitungen der strukturierenden Komponente [x], die einen erneuten Schluss auf *e* ansteuert, den Zielton dann jedoch durch eine kurze Generalpause ersetzt.

In der dritten thematischen Komponente – der Schlussgruppe in der Terminologie klassischer Analysen – dominieren die Blechbläser, während Ravel die polytonale Gegenüberstellung vom Vertikalen ins Horizontale verlegt. Zwei Hörner eröffnen den Vordersatz in H-Dur [a], von der Trompete ergänzt mit Segment [b] im tritonal entfernten F-Dur.[14] Zu Beginn des verlängerten Nachsatzes nähern sich die Hörner mit [a'] dem begleitenden E-Dur, dem die Trompete mit der neuen Ergänzung [c] noch entschiedener zustrebt. Das Jazzduo von Posaune und Klarinette jedoch biegt die Tonalität durch chromatische Abwärtsgänge zurück, mit Paukenabschluss auf *h*.

Konzert G-Dur III: Die Schlussgruppe

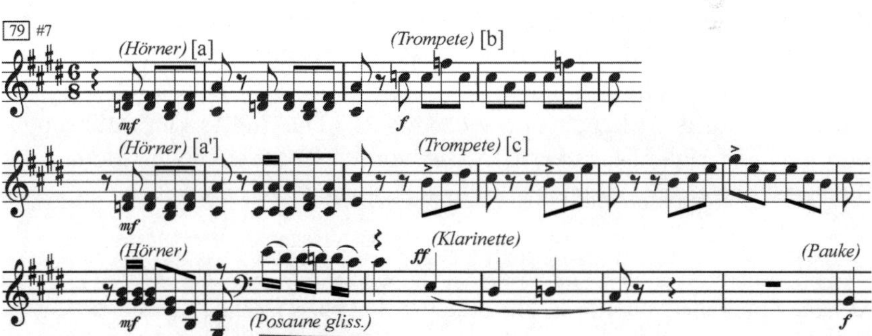

[14]Das Hörnersegment beginnt in H-Dur/Moll (*d* im zweiten Horn, *dis* im begleitenden Cello) und endet in einem H-Dur-Nonakkord (H-Dur im Hintergrund der tieferen Streicher, Sept und Non in den thematischen Hörnern). Das Trompetensegment wird in den Violinen von einem F-Dur-Septakkord mit hinzugefügtem Leitton zur Quint umgeben.

In der variierten Wiederholung übergibt Ravel die Thematik dem Klavier, im ersten Trompetensegment verdoppelt durch die Piccoloflöte. Diesmal sequenziert er die Nachsatzverlängerung der Trompete, verlegt die fallenden Glissandopaare der Posaune ins Klavier (ebenfalls in doppelter Länge: *h-ais-a-gis, cis-his-h-ais*) und den wieder identisch zitierten chromatischen *ff*-Abstieg einer Oktavparallele aus Flöte und Fagott. Diesmal aber endet die Musik über e-Moll.

Die ausgedehnte Überleitung von der Exposition zur Durchführung spielt das Klavier in zwei analogen Zwölftaktern: Der erste beginnt mit einer Sechzehntelkette aus hauptsächlich fallenden chromatischen Läufen und vieroktavig wieder steigenden Arpeggien über einem ostinatoartigen, halbtaktig wiederholten Bläserakkord, gefolgt von der zweiten Variante der strukturierenden Komponente [x] auf *e*; im zweiten Zwölftakter ornamentiert das Klavier die fallende Chromatik virtuos mit Brechungen über drei Oktaven und alteriert die aufsteigenden Arpeggien derart, dass sie zur dritten Variante von [x] auf *gis* führen. Mit diesem Zielton – dem Halbton neben *g*, dem Grundton des Konzertes – endet die Exposition.

Die Durchführung umfasst fünf Segmente. Das erste (T. $140\text{-}152_1$) unterscheidet sich von den vier folgenden durch das Fehlen der Begleitkomponente [y]. Stattdessen charakterisiert Ravel die zwölf Takte des nur spärlich begleiteten Soloinstrumentes mit einer stringenten tonalen Entwicklung, die einen partiellen Fall durch den Quintenzirkel mit einem chromatischen Anstieg ergänzt und damit einen raffinierten harmonischen Bogen beschreibt.[15]

Die drei zentralen Durchführungssegmente in T. $152\text{-}170_1$, $170\text{-}182_1$ und $182\text{-}198_1$ sind analog gebaut: Alle beginnen mit Komponente [y], zu der nacheinander die Sechzehntelkette [z], eine verkürzte Variante des Seitenthemas und verschiedene Schlussgruppenfragmente hinzutreten. Die zitierten thematischen Fragmente werden von einem Durchführungssegment zum nächsten länger und vielfältiger.[16] Das fünfte Durchführungssegment (T. $198\text{-}214_1$) übertrifft die vorausgehenden noch, indem alle thematischen Komponenten ausführlicher zitiert werden.[17]

[15]Vgl. T. 140-147: *gis – cis – fis – h – e – a*, gefolgt von T. 148-152: *a-ais-h-c-cis-[d]-es* (*d* nur in den parallel zum Klavier aufsteigenden Bratschen, nicht im Klavierbass selbst).

[16]Vgl. insbesondere die Einwürfe aus dem Material der Schlussgruppe: T. 167-168 nur [a] einstimmig im 2. Horn, T. 178-179 [a'] variiert in 2 Hörnern, T. 187-190 dasselbe verlängert, ergänzt von T. 190-194 [c] in der Trompete sowie einem polyphonen Spiel in 2 Hörnern + Trompete in T. 194-198, gekrönt von einem aufwärts gerichteten Posaunenglissando..

[17]In T. 204-206 wird auch das Posaunenglissando erneut von der Klarinette beantwortet.

In der Reprise, die in T. 214 beginnt, fehlt dem ersten Segment die rahmende Komponente [x]. Stattdessen werden die Begleitfigur [y] in den tiefen Streichern und die Sechzehntelkette [z], die hier zwischen Violine I und II wechselt, vom Klaviersolisten unmittelbar mit der polytonal konkurrierenden Jazzkomponente und deren Variante in neuer Transposition überlagert. Auch die abschließend aufsteigende Chromatik am Ende des Segmentes ist nun dem Soloinstrument überlassen. Dieses holt dabei das toccatenartige Wechselspiel der Hände nach, das seine Komponente [z] in der Exposition charakterisiert, unterfüttert jeden Ton mit einem Molldreiklang und vervollständigt zudem die Skala mit den Tönen, die die Bläser in der Exposition übersprungen hatten. Das Seitenthema, aus seiner ursprünglich tiefen Lage um eine Oktave + Quint höher versetzt, ist in der Reprise vier hohen Holzbläsern unter der Führung der kleinen Klarinette anvertraut, gestützt vom Klavier mit Fagotten und Hörnern. Dieselbe Gruppierung übernimmt auch die einzige Variante, die mit einem Tutti-Crescendo zum *ff* auf der Tonika G-Dur endet. Eine weitere Hauptthemaverarbeitung fehlt hier, und auch die Schlussgruppe erklingt wesentlich verkürzt: sie endet mit dem Posaunenglissando und dessen nun in die Hörner verlegter Antwort in a-Moll.

In der Überleitung von der Reprise zur Coda kehrt Ravel die Zielrichtung der in der Exposition an dieser Stelle fallenden Chromatik um: Die Sechzehntelketten des Klavierdiskants erklingen über halbtaktigen Basstönen, die, verdoppelt von den Bratschen und zum Schluss zusätzlich von den ersten Geigen, über etwas mehr als eine Oktave ansteigen. Nach einer kurzen Erinnerung der hohen Holzbläser an den Beginn des Seitenthemas erklingt ein erneuter, auf Sechzehntelschritte verdichteter und dadurch viereinhalboktaviger chromatischer Aufwärtslauf, den das Klavier mit den schon in der Exposition an dieser Stelle eingeführten brillanten Oktavbrechungen der einfachen Linie von Fagott und Klarinette zur Seite stellt. Dieser Lauf erreicht mit einem Crescendo zum *ff* bei Ziffer 26 den Grundton des Konzertes, der nun als Unisono-g im höchsten Register der Flöten, Violinen und des Klaviers ertönt. Die Coda beginnt *piano subito* und führt crescendierend in einer sechzehnfach wiederholten Figur zur furios ohne jedes Ritardando abschließenden Komponente [x], die somit den Satzanfang symmetrisch aufgreift.

Dank des durchgehenden *Presto*-Tempos und der unter sich ähnlichen, neutralen Komponenten entsteht ein Satz, der wie eine einzige langgezogene Geste wirkt und so den komplexen Kopfsatz und das anrührende *Adagio assai* brillant aber ohne Anspruch auf große Tiefe abrundet.

Michael Stegemann berichtet über das weitere Schicksal dieses erfolgreichen Werkes:

> An die glanzvolle Pariser Uraufführung schloss sich eine viermonatige Tournee an, auf der die Pianistin und der Komponist das neue Werk in allen wichtigen Musik-Metropolen Europas vorstellten; dabei wirkte Ravel lediglich für sein Konzert als Dirigent mit, während er für die (meist ausschließlich seinen Werken gewidmeten) Rest-Programme das Pult den jeweiligen Orchesterchefs überließ: Sir Malcolm Sargent in London, Wilhelm Furtwängler in Berlin, Willem Mengelberg in Amsterdam, Václav Talich in Prag.[18]

Der Pianist Vlado Perlmuter, der das Konzert mit dem Komponisten erarbeitete, beschreibt den Eindruck, der ihn und seine Zeitgenossen beim ersten Hören erfasste, als "une exubérance perpétuelle, une jubilation" – einen beständigen Überschwang, einen Jubel.[19] Mit diesem Werk, in dem er das französische Ideal einer "musique pour faire plaisir" anstrebte, verabschiedete Ravel sich vom Klavierrepertoire.

[18]Stegemann, op. cit., S. 123-124.

[19]Perlemuter, op. cit., S. 84.

Epilog: Kryptogramm und Zahlenspiel

Menuet sur le nom d'Haydn

Im Jahr 1909 jährte sich Joseph Haydns Todestag zum 100. Mal. Aus diesem Anlass plante Jules Écorcheville, der Herausgeber der Pariser *Revue musicale de la Société Internationale de Musique*, eine Sondernummer mit dem Titel "Hommage à Haydn". Dafür erbat er von sechs französischen Komponisten ein Klavierstück, das die alte Tradition des musikalischen Namenszuges aufgreifen sollte, wie es von Bachs *b-a-c-h* am Beginn des dritten Thema aus dem Finalsatz seiner *Kunst der Fuge*, Schumanns *a-b-e-g-g*-Variationen, Schostakowitschs *d-es-c-h*-Signatur und vielen anderen Beispielen bekannt ist.[1] Für "Haydn" sollten die Buchstaben *h, a* und *d* von den deutschen Tonbezeichnungen übernommen werden, ergänzt um die Töne, die sich für *n* und *y* ergeben, wenn man das Alphabet einer vieroktavigen Tonleiter unterlegt:

Ein Vorschlag zur Konstruktion von Tonnamen-Mottos

Alphabet	a	b	c	d	e	f	g,	h	i	j	k	l	m	n
Buchstabe	a			d				h						n
Ton	*a*			*d*				*h*						*g*
	(erste Oktave)							*(zweite Oktave)*						
Alphabet	o	p	q	r	s	t	u,	v	w	x	y	z		
Buchstabe											y			
Ton											*d*			
	(dritte Oktave)							*(vierte Oktave)*						

[1]Die Idee einer Komposition auf der Basis eines Kryptogramms aus diesem erweiterten Alphabet wurde in der Folge von anderen französischen Komponisten aufgegriffen. So entstanden 1924 zum Tod von Gabriel Fauré Charles Koechlins *Choral sur le nom de Fauré* (mit *f-a-g-d-e* als polyphonem Thema) und Ravels *Berceuse sur le nom de Gabriel Fauré* für Violine und Klavier (mit Vor- und Nachnamen des Geehrten in der an die angelsächsischen Tonnamen angelehnten Umschrift *g-a-h-d-h-e-e* , *f-a-g-d-e*). Für ein 1929 erneut von der *Revue musicale* initiiertes Hommage für Albert Roussel erfanden Jacques Ibert in *Toccata sur le nom d'Albert Roussel* und Francis Poulenc in *Pièce brève sur le nom d'Albert Roussel* eigene musikalische Kryptogramme. 1976 schließlich, als der Cellist Mstislaw Rostropowitsch zwölf international angesehene Komponisten um Beiträge zum 70. Geburtstag des Schweizer Mäzens Paul Sacher bat, gab er als Motto für den Namen SACHER die Tonfolge *es-a-c-h-e-d* vor, mit dem deutschen erniedrigten *e* für den Anfangsbuchstaben "S" und der italienischen Bezeichnung *re* = *d* für den Endbuchstaben "R".

Menuet sur le nom d'Haydn:
Kryptogramm als Motto

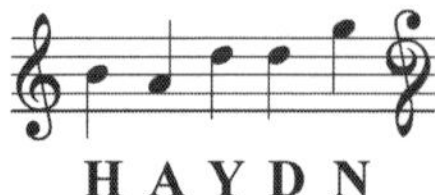

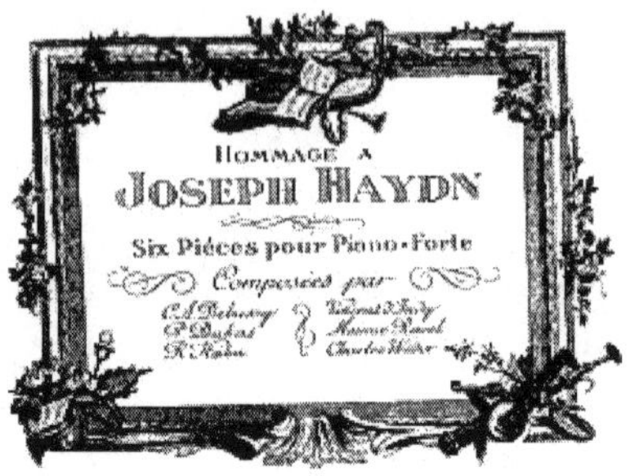

Revue musicale:
Titelseite der Erstausgabe
vom 15. Januar 1910

Die sechs eingereichten Kompositionen arrangierte Écorcheville dann in Form einer Suite:

Claude Debussy	*Hommage à Haydn*
Paul Dukas	*Prélude élégiaque sur le nom de Haydn*
Reynaldo Hahn	*Thème varié sur le nom de Haydn*
Vincent d'Indy	*Menuet sur le nom d'Haydn*
Maurice Ravel	*Menuet sur le nom d'Haydn*
Charles-Marie Widor	*Fugue sur le nom d'Haydn*

Wie Peter Revers in einem Vortrag auf der Salzburger Tagung "Aspekte der Haydn-Rezeption" im November 2009 ausführte, reflektieren die sechs Hommage-Kompositionen

> eine breite Palette an unterschiedlichen Auseinandersetzungen mit Haydn, so etwa die einer Stilübung vergleichbare enge stilistische Anknüpfung (Reynaldo Hahn), die Fokussierung einer an Bach orientierten Fugentechnik (Widor), eine die Dialektik von Melodik und Klanglichkeit aufhebende, dezidiert an zeitgenössischen Kompositionstechniken orientierte Perspektive (Dukas), die historisierende Inszenierung unterschiedlicher Anverwandlungen des soggetto (Ravel) und schließlich ein geradezu kaleidoskopisches Spiel mit diesem bei Debussy.[2]

Ravel komponierte zu diesem Anlass ein kleines dreiteiliges Menuett, dessen Phrasen teils notengetreu wiederholt ([a]: T. 0-8 = T. 8-16), teils transponiert und durch Binnensequenzen erweitert werden ([b]: T. 16-24, [b']: T. 24-38). Nach einer Rückleitung (T. 38-42) erklingt eine neu harmonisierte Version der Eröffnungsphrase, deren Erweiterungen tonal und melodisch so gestaltet sind, dass sie nahtlos in die Coda übergehen, deren Beginn nicht vom Vorangehenden abgegrenzt ist ([a']: T. 42-54).

[2]Peter Revers, "Die Hommage-Kompositionen der Société Internationale de Musique (S.I.M.) zur Haydn-Zentenarfeier 1909 (Hahn, Widor, d'Indy, Dukas, Ravel, Debussy)" [https://www.moz.ac.at/apps/app_ck/ckuserfiles/15349/ files/Abstracts_Haydn_Tagung.pdf]

Trotz der Kürze ist das Stück höchst originell konzipiert. Im Rahmen einer Stimmführung, die trotz klassischer Begleitmuster eine Wanderung der Melodie in die Mittel- und Unterstimmen erlaubt, wird das Motto den barocken Transformationen des Krebses und der Krebsumkehrung unterworfen und als Krebs zudem mehrfach transponiert.[3]

Menuet sur le nom d'Haydn: Mottofigur mit Transformationen

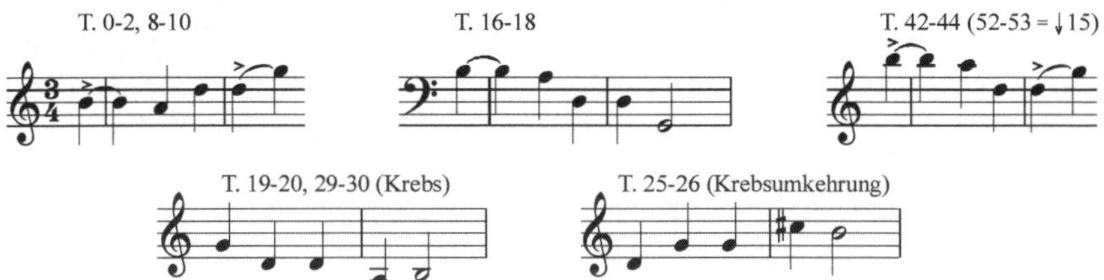

Dieses Geflecht aus Transformationen reichert Ravel an mit einer vielfach aufgegriffenen sekundären Viertonfigur[4] sowie Skalenfortschreitungen in melodischen Abschnitten,[5] chromatischen Nebenstimmen[6] und Quintgängen im Bass.[7] Die auftaktig vorgezogene Synkope, die die Hauptphrase sowie auch den auf das Motto folgenden Zweitakter eröffnet und die viertaktige Rückleitung durchgehend beherrscht, verleiht dem Menuett Eleganz und Charme. Mit der Halbtonrückung zum Akkordpaar Es-Dur[13] / As-Dur unmittelbar vor der authentischen G-Dur-Kadenz der letzten drei Takte fügt Ravel dem kurzen Werk ein Überraschungsmoment hinzu.

Nach dem Abdruck in der ersten Nummer der *Revue musicale* erschien die Partitur 1910 bei Durand. Die Uraufführung fand am 11. März 1911 in einem Konzert der Société Nationale im Pariser Pleyel-Saal statt. Es spielte der damals neunzehnjährige Ennemond Trillat (1890-1980), der später als Pianist und Komponist sowie als langjähriger Direktor des Konservatoriums in Lyon berühmt wurde.

[3]Vgl. dazu in Phrase [b'] T. 27-28: Krebs halbtönig aufwärts versetzt in der '2. Stimme', T. 31-32: dasselbe eine Oktave tiefer, T. 33-34: Krebs eine Quint abwärts transponiert.

[4]Vgl. in T. 7 und 15 gegen Ende der [a]-Phrasen: *e-fis-d-cis*, rhythmisch und diastematisch leicht verändert aufgegriffen in den [b]-Phrasen: T. 19-21 und 27-30.

[5]Vgl. die Anfänge der Phrasen [b] und [b '], T. 16-18: *c-d-e—fis-g-a—h-cis-d* bzw. T. 24-27: *g-a-h—cis-d-e—fis-g-gis*.

[6]Vgl. in der Rückleitung zur Reprise, T. 38-43: *ais-h-c-cis-d-dis-e-eis, g-gis-a, h-his-cis.*

[7]Vgl. T. 22-25 und 27-38: *fis-h-e-h, cis—fis—h—*.

Frontispice

Dieses merkwürdige, nur 15 Takte umfassende Klavierstück für zwei Klaviere zu fünf [!] Händen schrieb Ravel 1918 für seinen langjährigen Freund Ricciotto Canudo (1877-1923), einen Mann, den die Franzosen aufgrund seiner vielfältigen Begabungen im Bereich der künstlerischen Avantgarde überschwänglich als "écrivain franco-italien, romancier, poète, philosophe, critique d'art, critique littéraire, critique de cinéma, musicologue, scénariste" beschreiben.[8] Wie Arbie Orenstein entdeckte, enthält Ravels Bibliothek in Montfort l'Amaury mehrere Werke Canudos mit persönlicher Widmung des Autors.[9] Im Gedichtband *S.P. 503 Poème du Vardar*,[10] für dessen ideelle Einführung und musikalische Illustration Ravel sein *Frontispice* bestimmte, präsentiert Canudo in poetischem Gewand "eine Reihe philosophischer Reflexionen, die auf seine Kampferfahrungen im Ersten Weltkrieg zurückgehen."[11]

Die Taktangabe zeigt 15/8 im 1. Klavier über 5/4 im 2. Klavier, was zu einer faktischen polymetrischen Gegenüberstellung von 3:2, 3:4 etc. führt. Ab T. 7 treten zusätzlich Triolen und Quintolen hinzu, die die Textur bald schier undurchschaubar werden lassen. In den ersten sechs Takten setzen drei Spieler mit fünf metrisch unterschiedlich definierten Stimmen nacheinander ein. Es folgen vier Takte des Zusammenwebens in zunehmender rhythmischer Dichte und Komplexität. Das letzte Drittel des Stückes kontrastiert mit dem Vorausgehenden in jeder Hinsicht: Die Figur aus T. 1, jetzt mit Dreiklängen in homophon geführten Vierteln harmonisiert. Drei Wiederholungen, in denen sich die Stimmenzahl nach oben und unten vervielfältigt, crescendieren mächtig – zu einem Abschlusstakt in *ppp subito*.

Die in T. 1 allein einsetzende Stimme (1. Klavier, linke Hand) gibt dem Stück ein Ostinato vor, das als einziges bis in den vorletzten Takt beibehalten wird, wenn auch in T. 9 und erneut in T. 10 augmentiert. Auch zwei der drei in T. 6 zuletzt einsetzenden Stimmen sind auf gleichbleibende Figuren beschränkt: Die eine präsentiert eine schlicht rhythmisierte Tonwiederholung, die andere eine umfangreichere, durch immer gleich lange Binnen- und Außenpausen unterbrochene Gruppe mit Vorschlagterzen.

[8]So zu lesen in https://fr.wikipedia.org/wiki/Ricciotto_Canudo.

[9]Orenstein, *op. cit.* (1978), S. 203.

[10]Der Vardar ist ein Fluss in Südosteuropa, der durch Nordmazedonien verläuft und im griechischen Zentralmakedonien mündet, sowie die durch den Fluss geprägte Region.

[11]Das Buch erschien 1923 in Paris in der Serie "Les Poètes de la Renaissance du Livre". Es enthält neben Ravels Frontispiz ein Porträt Canudos von Picasso. Die Abkürzung "S. P. 503" steht für die Feldpostnummer von Canudos Kampfdivision an der Mazedonischen Front.

Frontispice: Die drei durchgehenden Ostinati

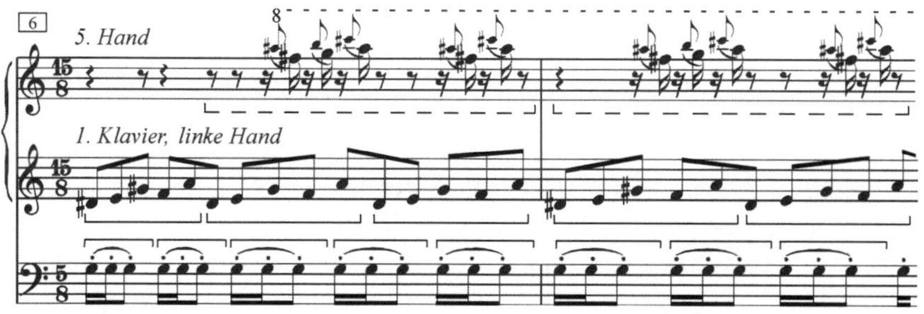

Zuletzt pendeln sich ab T. 9_3 nacheinander zwei weitere Stimmen auf Wiederholungsgruppen ein. So endet die Polyphonie der ersten zwei Drittel dieses kurzen Stückes mit einer crescendierenden Gegenüberstellung ganz unterschiedlich rhythmisierter und nie synchronisierter Schichten.

Die tonale Definition erschließt sich am einfachsten im Rückblick. Der fünf Oktaven überspannende Abschlussakkord ankert mit seiner Basis in H-Dur, schließt dann jedoch siebentönig mit einem alterierten H-Dur-Tredezimakkord (*h/dis/fis/a/cis/eis/g*), der dem plötzlich ins *ppp* abgedämpften Schlusstakt einen Eindruck von Unaufgelöstheit verleiht. Bis auf den Grundton, der prominent erst ganz zum Schluss ertönt, liegen die Töne dieses Akkordes in verschleierter Form bereits den Stimmen zugrunde: *dis* und *fis* der Linken am 1. Klavier, *dis* und ab T. 7 *cis* als Zentrum der Umspielungen in der Rechtem am 1. Klavier, *g* im Tonwiederholungsostinato der Linken am 2. Klavier und *fis/g/a/h/cis* in den Vorschlagsfiguren der in T. 6-10 zusätzlich benötigten "fünften Hand". Konsequent querständig zum H-Dur-Tredezimakkord klingt die als zweite einsetzende Stimme, beigetragen von der Rechten am 2. Klavier, mit einer frei ornamentierenden Linie, die dank ihrer Segmentanfänge vor allem in *d* ankert, später wiederholt *e* hervorhebt und zuletzt auch *a* und *c* betont, sowie die sich zweimal von *c* zur Quint *b/f* spaltende Unterstimme der Linken am 2. Klavier. Der somit im 2. Klavier vorherrschende Klang *b/d/f/a/c/e/g* stellt sich als chromatischer Nachbar quer zum H-Dur-Tredezimakkord.

Ravels Konzeption bezieht sich auf Canudos Gedichte in zweifacher Weise. Der erste Bezugspunkt ist die Zahl 503 im Titel, der Postcode, unter dem der Dichter während seines Kriegsdienstes Nachrichten aus der Heimat erhielt. Sie bietet Ravel Anlass zu einem zahlensymbolischen Spiel mit den Ziffern 5 und 3: Er schreibt für drei Spieler und fünf Hände, wobei sich der tiefste Strang sehr bald seinerseits in drei Stimmen spaltet. Zudem platziert er das führende fünftönige Ostinato in einen Takt, dessen fünf 3/8-Gruppen die tatsächlich erklingenden drei 5/8-Figuren verschleiern, und beschränkt die folgenden Komponenten entweder auf den Raum von fünf Tönen[12] oder wie in der fünften Hand auf fünf Anschläge, die (als 3 + 2) eine 5/16-Pause umrahmen. Die größte Intensität erreicht das Spiel mit 3 und 5 im letzten Takt vor der Coda, wo im zweituntersten System fünf Triolenpaare wiederholt werden, während im zweitobersten System jede der fünfzehn Achtel in eine ornamentale Quintolenfigur aufgespalten ist.

Der zweite Bezugspunkt liegt vor in Form, Inhalt und Anspielungen der Gedichte in Canudos Gedichtband, denen die Musik vorangestellt ist. Der Dichter selbst schrieb dieser Sammlung später eine unmittelbare Beziehung zur Musik zu: *Le poème du Vardar* bestehe aus vier "Sätzen"; einen davon habe er als poetische Fuge konzipiert. Zu seiner Heranziehung Ravels für diesen Vorspann bemerkte Canudo: "Nur Musik hat das Recht, die Atmosphäre eines Gedichtes vorzugeben."[13]

Die Erstveröffentlichung von Ravels *Frontispice* in der Kunstzeitschrift *Feuillets d'art*, die der Buchveröffentlichung um einige Wochen vorausging und wohl als Ankündigung diente, stellt das Klavierstück einem achteinhalbstrophigen poetischen Text Canudos voran, der den Titel "Sonate pour un jet d'eau" trägt.[14] Jede der Strophen beginnt mit einem Couplet, in dem der Dichter (in Großbuchstaben für die beiden zentralen Substantive) darüber sinniert, dass das WASSER der Fontäne sich – zutiefst entmutigend für die durstgeplagten Soldaten – in FEUER zu verwandeln scheint und so die unter Hitze und Dürre leidenden Soldaten zur Verzweiflung treibt.[15] Die Polarität von Wasser und Feuer beherrscht das Gedicht und verleiht ihm einen düsteren Charakter von Qual und Verzweiflung.

[12] Die als zweite einsetzende Stimme (2. Klavier, rechte Hand, ab T. 2) verbleibt vier Takte lang im Fünftonraum *a-c-d-e-f* mit Ankerton *d*; die dritte (1. Klavier, rechte Hand, ab T. 3) kreiselt, ebenfalls vier Takte lang, durch *dis-cisis-cis-ais-gisis* mit Ankerton *dis*.

[13] Übersetzt nach Glenn Watkins, *Proof Through the Night: Music and the Great War* (Berkeley, CA: University of California Press, 2003), S. 388.

[14] Siehe *Feuillets d'art* II, Ausgabe vom 31. August 1919, S. 73-74 .

[15] In freier deutscher Übersetzung:

Strophe I: "Die elegante Bemühung des WASSERS, das FEUER zu imitieren! Meine Männer, des Durstes müde, durchbohrten den Felsen. ...";

Strophe II: "Wir lebten auf einem Laken aus WASSER, das in den Tagen des FEUERS litt. Das wussten wir nicht. Alles, was wir kannten, waren unsere Qualen im mazedonischen Ofen, der Durst und die Hitze des Malariafiebers. ...";

Strophe IX: "Dann warfen wir uns, getrieben von unserem teuflischen inneren FEUER, hasserfüllt auf das WASSER. Hände und Mund ausgestreckt, weit offen zu den Bächen."

Die Gegenüberstellung des Grundakkordes H^{13}, der in Ravels *Frontispice* die komplexe, vielstimmige und sich wandelnde Textur durchtönt und zuletzt aufschießend beschließt, mit dessen permanent querständiger Störung durch den halbtönig abgesenkten, harmonisch unbezogenen Konkurrenten B^{13} kann als klingendes Bild für den im Gedicht beschworenen Kontrast von gefällig sprudelndem Wasser und verdurstenden Soldaten, von Fülle und Mangel, von Leben und Tod gelesen werden.

Wie fast alle Gedichte in diesem Band endet auch das für die Vorankündigung ausgesuchte mit einem Ausruf, den Canudo als eine Art gemeinsamer linguistischer Coda zu verwenden scheint: einem (stets kursiv gedruckten, stets die Schlusszeile allein beanspruchenden) "*haut !*" Mit diesem wie unvermittelt hinzugefügten, emphatischen "hoch!" – einer Kurzform des Ausrufes "Haut les cœurs !",[16] der in etwa dem deutschen "Nur Mut!" entspricht – scheint der Dichter (nicht sehr überzeugend) anzudeuten, dass ihm trotz und jenseits der in diesem und den anderen Gedichten des Bandes deprimiert wirkenden Schilderungen daran gelegen ist, ermunternd zu enden. Es entspricht der Zweideutigkeit des ganzen Gedichtes, dass dieser Hochruf zugleich Mut zusprechen möchte, aber auch ironisch die Verzweiflung des Kriegsgeschehens zu konterkarieren sucht. Etwas Ähnliches vermittelt Ravel, wenn er im Schlusstakt seines Stückchens auf ein zuletzt 13stimmiges Crescendo ein plötzlich ganz sanftes *ppp* folgen lässt.

[16] Diesen Hinweis verdanke ich dem französischen Dichter Max Alhau.

Ravels Klavierwerke im Überblick

Titel	Entstehung	UA	Erstveröffentlichung
Solowerke			
Sérénade grotesque	1893	1975	1975
Menuet antique	1895/1929	1898/1930	1898/1930
La Parade	1896 (?)	—	—
Valse in D-Dur	1898	—	—
Pavane pour une infante défunte	1899	1902	1900
Prélude et fugue (in F-Dur)	1901	—	—
Jeux d'eau	1901	1902	1902
Sonatine	1903-05	1906	1905
Menuet in cis-Moll	1904	—	—
Miroirs	1904-05	1906	1906
Gaspard de la nuit	1908	1909	1909
Menuet sur le nom d'Haydn	1909	1911	1910
Valses nobles et sentimentales	1911	1911	1912
À la manière de Borodin	1913	1913	1914
À la manière de Chabrier	1913	1913	1914
Prélude (Blattspielprüfungsstück)	1913	1913	1913
Le tombeau de Couperin	1914-17	1919	1918
Werke für zwei Pianisten			
Habanera für 2 Klaviere	1895	1898	1975
Entre cloches für 2 Klaviere	1897	1898	1975
Ma mère l'oye für Klavier 4hdg	1908-10	1910	1910
Frontispiece für 2 Klavier zu 5 Händen	1918	?	1975
Werke für Klavier und Orchester			
Concerto pour la main gauche	1929-30	1932/1937	1931
Concerto pour piano et orchestre	1929-31	1932	1932

Transkriptionen erster Hand

Titel des Originalwerkes	Titeländerung	Bearbeitungsjahr
Klavierwerke, orchestriert		
Habanera	*Rapsodie espagnole* III	1907
Pavane pour une infante défunte		1910
Ma mère l'oye	*Suite pour orchestre*	1911
auch Ballett	*Ma mère l'oye*	1911
Valses nobles et sentimentales		1912
auch Ballett	*Adélaïde ou Le langage des fleurs*	
Alborada del gracioso		1918
Le tombeau de Couperin I, III, IV, V		1919
Sérénade grotesque		1928
Menuet antique		1929

Instrumentalwerke, transkribiert für ein Klavier

La valse (Klavier solo)	1920
Boléro (Klavier vierhändig)	1929

Instrumentalwerke, transkribiert für zwei Klaviere

Introduction et Allegro	1906
Rapsodie espagnole	1907
La valse	1920
Boléro	1930

Liste der Illustrationen

Musikbeispiele

Abbildungen

Gedichte und literarische Exzerpte (französisch/deutsch)

Bibliografie

Selbstzeugnisse

Chalupt, René et al., Hrsg., *Ravel au miroir des ses lettres*. Paris: Laffont, 1956.

Jankélévitch, Vladimir, *Maurice Ravel: mit Selbstzeugnissen und Bilddokumenten*. Reinbek: Rowohlt, 1991.

Jourdan-Morhange, Hélène et al., *Ravel d'après Ravel, suivi de Rencontres avec Vlado Perlemuter par Jean Roy*. Aix-En-Provence: Alinea, 1989.

Orenstein, Arbie, Hrsg. *A Ravel Reader: correspondence, articles, interviews*. New York, NY: Columbia University Press, 1990.

Ravel, Maurice, "Esquisse autobiographique" in Arbie Orenstein et al., *Maurice Ravel: Lettres, écrits, entretiens*. Paris: Flammarion, 1989.

Sekundärliteratur allgemein

Adorno, Theodor W., "Ravel" in Gesammelte Schriften: Musikalische Schriften IV. Frankfurt: Suhrkamp, 1982.

Goubault, Christian, *Maurice Ravel: le jardin féerique*. Paris: Minerve, 2004.

Helbing, Volker, *Choreographie und Distanz. Studien zur Ravel-Analyse*, Hildesheim: Olms 2008.

Hirsbrunner, Theo, *Maurice Ravel und seine Zeit*. Laaber: Laaber-Verlag, 2014 (1989).

Kaminsky, Peter, Hrsg., *Unmasking Ravel: new perspectives on the music*. Rochester, NY: University of Rochester Press, 2011.

Kleinen, Günter, *Hommage à Ravel: 1987*. Bremen: Hochschule für Gestaltende Kunst und Musik, 1987.

Larner, Gerald, *Maurice Ravel*. London: Phaidon Press, 1996.

Léon, Georges, *Maurice Ravel, – l'homme et son œuvre*. Paris: Seghers, 1964.

Long, Marguerite und Pierre Laumonier, *Au piano avec Maurice Ravel*. Paris: Julliard, 1971.

Marnat, Marcel, *Maurice Ravel*. Paris: Fayard, 1988.

Mawer, Deborah, *The Cambridge companion to Ravel*. Cambridge: Cambridge University Press, 2000.

Nichols, Roger, *Maurice Ravel im Spiegel seiner Zeit, portraitiert von Zeitgenossen*. Zürich: M & T Verlag, 1990.

Nichols, Roger, *Ravel*. London: Dent, 1977.

Nichols, Roger, *Ravel remembered*. London: Faber and Faber, 1987.

Orenstein, Arbie, *Maurice Ravel: Leben und Werk*, deutsch von Dietrich Klose. Stuttgart: Reclam, 1978.

Priest, Deborah, *Debussy, Ravel et Stravinski: textes de Louis Laloy (1874-1944)*. Paris: L'Harmattan, 2007.

Puri, Michael, J., *Ravel the decadent: memory, sublimation, and desire*. New York [u.a.]: Oxford Univ. Press, 2011.

Roland-Manuel, "Lettres de Maurice Ravel et documents inédits", in *Revue de Musicologie* 38 (7/1956).

Roland-Manuel, *Ravel*. Paris: Édition Mémoire du Livre, 2001.

Rosenthal, Manuel, *Ravel: Souvenirs de Manuel Rosenthal, recueillis par Marcel Marnat*. Paris: Éditions Hazan, 1995.

Stegemann, Michael, *Maurice Ravel*. Reinbek: Rowohlt, 1996.

Stuckenschmidt, Hans Heinz, *Maurice Ravel: Variationen über Person und Werk*. Frankfurt: Suhrkamp, 1976.

Stuckenschmidt, Hans Heinz *Schöpfer der neuen Musik: Portraits und Studien*. Frankfurt: Suhrkamp, 1958

Tadday, Ulrich, Hrsg., *Maurice Ravel* (*Musik-Konzepte* 154), München: edition text + kritik, 2011.

Vuillermoz Émile et al., *Maurice Ravel par quelques-uns de ses familiers*. Paris: Éditions du Tambourinaire, 1939.

Studien zum Klavierwerk

Branger, Jean-Christophe , "Ravel et la valse." In *Ostinato rigore* 24 (2005), S. 145-60.

Bricard, Nancy, *Le Tombeau de Couperin: for the Piano*. Van Nuys, CA: Alfred Music Publishing, 1997.

Cortot, Alfred, *La musique française de piano 2: Maurice Ravel, Saint-Saëns, Vincent d'Indy, Florent Schmitt, Déodat de Séverac, Maurice Emmanuel*. Paris: Presses Universitaires de France, 1948.

Helbing, Volker, "Der Papst und die Tänzerinnen. Zur Forlane des Tombeau de Couperin", in *Zeitschrift der Gesellschaft für Musiktheorie* 5/1; Hildesheim u.a.: Olms, 2008, S. 63-88.

Howat, Roy, *The art of French piano music : Debussy, Ravel, Fauré, Chabrier*. New Haven, CT: Yale University Press, 2009.

Jost, Peter, "Vorwort" in *Maurice Ravel: Sonatine* (Urtextausgabe). München: Henle, 2011.

Marosvári, Dorottya, "Maurice Ravel: Klavierkonzert in G-Dur – Analyse des zweiten Satzes *Adagio Assai*", in *Studia Universitatis Babes-Bolyai – Musica* 60/2 (2015), S.143-161.

Mawer, Deborah, *The Ballets of Maurice Ravel: Creation and Interpretation*. Aldershot, England: Ashgate, 2006.

Puri, Michael J., "Ravel's *Valses nobles et sentimentales* and its Models". In *Music Theory Online* 23/3 (2017).

Reutter, Hans Peter, "Mozart, Ravel, die imperfizierte Kadenz und die perfekte Melodie. Zwei Melodien aus Mozarts Klarinettenquintett KV. 581 und Ravels Klavierkonzert G-Dur", in *Zeitschrift der Gesellschaft für Musiktheorie* 5/1 (2008), S.89-107.

Schmalzriedt, Siegfried, *Ravels Klaviermusik: Ein musikalischer Werkführer*. München: C. H. Beck, 2006.

Teboul, Jean-Claude, *Ravel: le langage musical dans l'œuvre pour piano; à la lumière des principes d'analyse de Schoenberg*. Paris: Le Léopard d'Or, 1988.

Index der Eigennamen

Über die Autorin

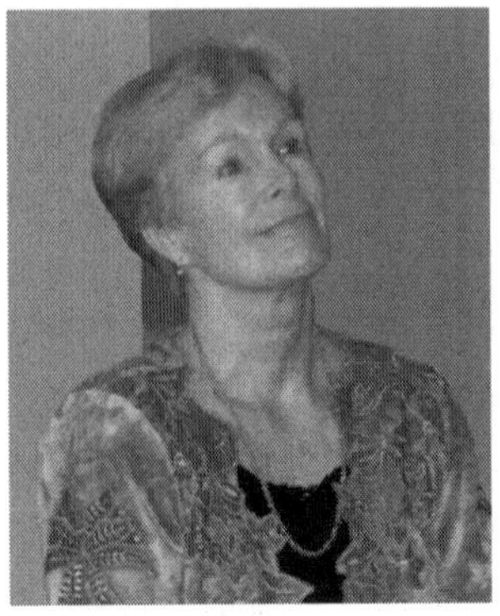

Siglind Bruhn, Konzertpianistin und Musikwissenschaftlerin, forscht seit 1993 als Life Research Associate am Institute for the Humanities der University of Michigan/Ann Arbor. In zahlreichen Veröffentlichungen widmet sie sich der Musik des 20. und 21. Jahrhunderts, besonders in deren Beziehungen zu Literatur, Kunst und Religion. Für ihren amerikanischen Verlag Pendragon Press betreut sie die Buchreihe "Interplay: Music in Interdisciplinary Dialogue". 2001 wurde sie in die Europäische Akademie der Wissenschaften und Künste gewählt; 2008 verlieh ihr die Linnaeus-Universität in Schweden die Ehrendoktorwürde.

Buchpublikationen der letzten Jahre in deutscher Sprache:

- « Dunkel ist das Leben ». Liedsinfonien zur Vergänglichkeit von Mahler bis Penderecki (2020)
- Buchtrilogie zum Werk von Claude Debussy (2017-2019)
  I: Debussys Klaviermusik und ihre bildlichen Inspirationen; II: Debussys Vokalmusik und ihre poetischen Evokationen; III: Debussys Instrumentalmusik im kulturellen Kontext
- Henri Dutilleux. Jede Note auf der Goldwaage gewogen (2016)
- Aribert Reimanns Vokalmusik (2016)
- Schönbergs Musik 1899-1914 im Spiegel des kulturellen Umbruchs (2015)
- Europas klingende Bilder (2013)
- Die Musik von Jörg Widmann (2013)
- Buchtrilogie zum Schaffen Paul Hindemiths (2009-2012)
  I: Hindemiths große Bühnenwerke; II: Hindemiths große Vokalwerke; III: Hindemiths große Instrumentalwerke
- Buchtrilogie zur musikalischen Symbolsprache Olivier Messiaens (2006-2008)
  I: Messiaens musikalische Sprache des Glaubens; II: Olivier Messiaen, Troubadour; III: Messiaens 'Summa theologica''
- Christus als Opernheld im späten 20. Jahrhundert (2005)
- Das tönende Museum (2004)

Zu anderen Themen erschienen in englischer Sprache zuletzt:

- Frank Martin's Musical Reflections on Death (2011)
- The Musical Order of the World: Kepler, Hesse, Hindemith (2005)
- Saints in the Limelight: Representations of the Religious Quest on the Post-1945 Operatic Stage (2003)
- Musical Ekphrasis: Composers Responding to Poetry and Painting (2000)
- Musical Ekphrasis in Rilke's *Marienleben* (2000)